研究与实践

——天津市国际贸易学会2011年征文获奖文集

主　编　陈明铎

副主编　孙剑荣

　　　　张　颖

南开大学出版社

天　津

图书在版编目(CIP)数据

研究与实践：天津市国际贸易学会2011年征文获奖文集 / 陈明铎主编. —天津：南开大学出版社，2011.12

ISBN 978-7-310-03807-7

Ⅰ. ①研… Ⅱ. ①陈… Ⅲ. ①国际贸易—文集
Ⅳ. ①F74-53

中国版本图书馆CIP数据核字(2011)第241209号

南开大学出版社出版发行

出版人：孙克强

地址：天津市南开区卫津路94号 邮政编码：300071

营销部电话：(022)23508339 23500755

营销部传真：(022)23508542 邮购部电话：(022)23502200

*

河北昌黎太阳红彩色印刷有限责任公司印刷

全国各地新华书店经销

*

2011年12月第1版 2011年12月第1次印刷

880×1230毫米 32开本 15印张 1插页 424千字

定价：35.00元

如遇图书印装质量问题，请与本社营销部联系调换，电话：(022)23507125

二〇一一年天津市国际贸易学会“学术研究与调研报告”征文评审组名单

佟家栋（组长）： 南开大学副校长、博士生导师、教授，全国世界经济学会副会长，天津市国际贸易学会副会长

钱伟荣： 天津商务职业学院院长，天津财贸干部管理学院院长、教授、工学博士，南开大学兼职导师，澳门国际公开大学、美国内申大学客座教授、博导，天津市国际贸易学会副会长

刘恩专： 天津财经大学经济学院副院长、国际经贸系主任、博士生导师、教授，天津市国际贸易学会副会长

阎金明： 天津社科院城市经济研究所所长、研究员，天津市国际贸易学会副会长，天津市台湾研究会副会长

白　玲： 天津商业大学经济学院总支书记、教授、研究生导师，天津市国际贸易学会副会长

李一中： 北方国际集团顾问、高级经济师

杨声一： 天津市国际贸易学会常务副秘书长、高级经济师

序 言

以"十二五：中国外经贸的形势和任务"为主题的"学术研究与调研报告"（第九届）征文活动，得到广大理论和实际工作者的广泛参与。大家以饱满的热情、开阔的视野，面向世界、联系中国、联系天津，围绕外经贸可持续发展中的难点、热点问题，进行深入研究，提出对策建议，撰写论文126篇，涌现出一批优秀作品。

天津市国际贸易学会搭建征文活动这个平台，旨在充分发挥我市广大外经贸理论和实际工作者的聪明才智，繁荣外经贸理论研究，为外经贸决策服务，为商务事业的发展服务。九年来，很多政策建议得到了关注和认可，对政府决策和实际业务发展发挥了积极作用。希望大家再接再厉，当好参谋，搞好服务，为我市外经贸事业发展做出新的贡献。

本次征文活动由天津市国际贸易学会和北方国际集团联合主办，得到了北方国际集团的大力支持。学会对此表示衷心的感谢。

天津市国际贸易学会

陈明铎

2011年11月

目 录

特别奖

一等奖

二等奖

三等奖

特 别 奖

关于加强境外营销网络建设的研究

黄 玲 孙 薇

导言 境外营销网络建设及其理论分析

一、营销网络的界定与境外营销网络战略

（一）境外营销网络的含义

境外营销网络是企业营销网络向国际范围的延伸，是产品从一国生产者手中向另一国消费者手中转移所有权所经过的路径集合。它是企业通过在国外寻找“战略伙伴”或“同盟者”建立地区性营销中心、并购海外销售渠道、开设品牌连锁店、设立售后服务站等多种方式，建立起跨国界的从事国际营销和服务的市场拓展体系。境外营销网络战略是企业扩大产品市场份额、提升企业品牌知名度、增强国际竞争力，以获得更广泛、更有效的地区市场的一种发展战略。

（二）营销网络模式与分类

营销学将营销网络模式划分为：营销网络的系统模式、营销网络的规模模式、营销网络的演变模式以及营销网络的管理模式。本调研报告重点研究营销网络的系统模式和规模模式。

1. 营销网络的系统模式，指营销网络成员之间的合作关系构成的组织形态，其具体模式如图 1 所示。包括：（1）所有权式营销组织形式。（2）契约式营销组织形式。（3）管理式营销组织形式。三种模式的比较如表 1 所示。

2. 营销渠道的规模模式，主要有长度、宽度、渠道类型及分布区域的选择几个方面。

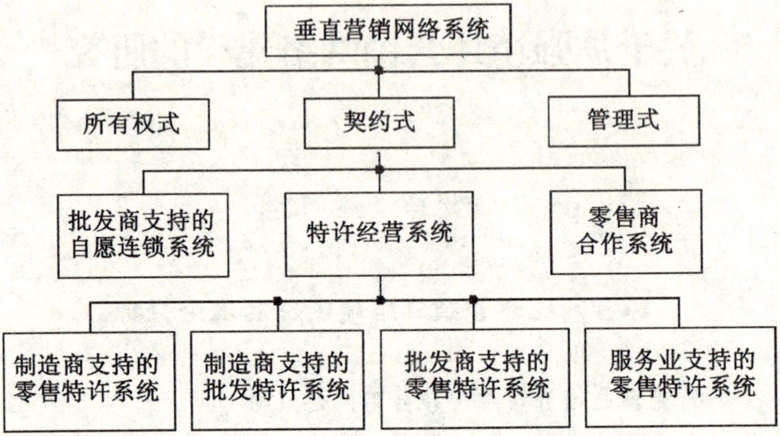

图1 垂直营销网络系统

表1 三种营销系统的比较

类型	所有权式	契约式	管理式
特征	各成员在产权统一的基础上相互分工协作	通过契约联系各成员形成竞争优势	各成员围绕系统核心进行分销
优势	1. 贯彻公司分销策略 2. 避开大零售商控制 3. 有利于树立品牌形象 4. 容易了解市场需求	1. 系统建立容易 2. 资源配置好 3. 灵活性较强	1. 系统存在核心 2. 关系相对稳定 3. 成员目标一致 4. 可实现资源有机组合
劣势	1. 成本高 2. 适应性较差 3. 需要学习过程	1. 难于控制 2. 灵活性比管理式差	1. 过分依赖核心 2. 存在合作终结风险
举例	麦当劳、肯德基、沃尔玛	富士、柯达	宝洁、宝马、惠普、可口可乐

（三）境外营销网络的选择

影响跨国公司营销网络决策的因素，主要包括：产品因素、市场因素、生产企业本身的因素和竞争因素。

二、建设营销网络的意义和作用

随着企业间竞争激烈性和对抗性的加剧，营销方面尤其是渠道的选择与管理不仅仅影响管理的职能与日常运作,也是建立和发展企业核心能力的重要源泉。而国内部分企业的经营者只将资金、厂房、技术、设备等视为企业资产，并未将渠道视为企业的资源。当前企业是否有能力建设有效覆盖和控制整个目标市场的营销网络,并建立保证营销网络有效运转的营销管理体制已经成为企业最宝贵、最重要的资本。

第一部分　天津市企业境外营销网络建设的现状

为加强天津境外营销网络建设，全面了解天津企业境外营销网络建设的现状、面临的困难和存在的问题，近日对我市已在境外设立机构的企业进行了问卷调查，为明确今后工作的思路和方向，加快我市推进境外营销网络建设提供决策依据。

一、天津企业境外经济发展（国际化程度）总体情况

截止到 2009 年 12 月底，我市共在境外 94 个国家和地区设立企业和机构 894 家，其中企业 685 家，机构 209 家；直接投资总额为 16.35 亿美元，中方投资额为 12.82 亿美元，占投资总额的 78.4%；年境外承包工程、设计咨询、劳务合作营业额已达 21 亿美元（累计达 78.2 亿美元）；派出各类境外劳务人员累计达 10.3 万余人次。

我市对外经济发展的转折点是从 90 年代开始的，结束了天津国际经济技术合作公司在外经行业一家独有、一家独大的格局，一批以中铁十八局、中海油田为代表的驻津央企，以北方国际集团、天物集团为代表的大中型国企和以天士力、天狮为代表的民企开始涉足甚至主攻外经领域。目前我市涉足外经业务的企业已有 300 余家，以外经业务为主业或已具备一定规模的企业有 100 余家，涌现了泰达集团、华勘集团、北方国际集团、天士力集团等一批知名企业，在天津外经工作发展中发挥着越来越大的主导和促进作用。

二、天津市境外营销网络建设调研情况

此次问卷调查向本市已建立境外营销网络的重点企业发出 30 份，收回 28 份，反馈率达 93%。其中，国有企业 20 家，占 71.4%；民营企业 5 家，占 17.9%；三资企业 3 家，占 10.7%。样本企业重点选择具有长期出口传统的企业以及境外投资大户，其中绝大部分是非上市企业。

（一）天津境外营销网络发展基本情况和类型

1. 企业境外营销网络的分布

从被调查企业设立的境外营销网络区域分布来看（如表 2 所示），首先，大约 75%的企业的境外营销机构主要集中在亚洲，主要是我国香港地区、东南亚地区（老挝、菲律宾、缅甸、泰国、越南、柬埔寨、印尼、马来西亚、孟加拉国）、阿联酋迪拜、伊朗、约旦、蒙古乌兰巴托、韩国和日本；其次是北美（约 25%），主要是在美国（11 家）；然后是欧洲和非洲。值得注意的是，虽然只有 4 家企业在非洲，但机构数已达 21 家，即在非洲等发展中国家选择的国家范围比较大，而在欧美等发达国家则相对集中于少数几个国家。

表 2　天津市企业境外营销网络分布情况

	企业数量	机构数量	设置时间
亚洲	21/75%	42	2004～2009
北美洲	9 /25%	12	2006～2009
欧洲	5 /18%	8	2004～2009
非洲	4 /14%	21	2006～2008
拉丁美洲	1	5	1998
大洋洲	1	1	1992
合计		89	

从境外机构设置的时间看，主要是从 2004 年开始。当然一些国营外贸公司则早在上世纪 90 年代初期就开始在国外建立驻外机构，但随着外贸体制的调整，有些机构已陆续脱离原来的企业或只成为境外的一个信息联络点。

从境外营销机构的行业分布来看，首先集中在批发和零售业（48

个）：矿产品和燃料、贸易、五金矿产品进出口、食品粮油、钢铁贸易、纺织服装、分析材料、产品、仪器设备开发销售等进出口业务；其次在租赁和商务服务业（8 个）：主要从事研修生管理服务、包装材料与制品贸易及相关技术咨询服务、策划咨询租赁投资、飞机船舶买卖及租赁投资商业咨询；再次是采矿业（4 个）、制造业（3 个）、电力和煤气等工业（3 个），以及交通运输、仓储和邮政业、房地产业、居民服务和其他服务业以及卫生、社会保障和社会福利业（共 5 个）。

2. 企业境外营销网络发展规模

从我市企业境外营销机构的投资规模来看，境外总投资 5720.685 万美元，其中中方投资 5417.095 万美元，占 94.68%。从投资比例上看，中方投资比例在 100%或者说全额出资的企业有 16 家，占 57%；中方投资比例超过 50%的企业占 64%，说明我市企业境外营销网络的建设主要依靠国内投资。

从营销机构的员工人数上看，总人数 670 人，其中国内派出人数占 71%，当地聘用的人数占 29%。

从境外营业/办公面积上看，总面积为 3662 万平方米，年租金为 286.61 万美元，购置金额为 48 万美元。

从缴纳的税金看，每年在境外缴纳的税金达 200.83 万美元。

从境外营销网络的销售状况看，仅 7 家企业回答该问题的情况，境外营销机构的年销售额达 10150 万美元。其中，年销售额占境内投资主体总销售收入 10%的有 5 家，占 20%～60%的有 1 家，占 80%以上的有 1 家；年带动出口额计 16813.64 万美元。大部分企业在国内采购非本企业产品在境外营销网络中销售。可见，天津市境外营销网络的类型主要还是间接营销网络，对天津市的出口增长产生了巨大的带动效应。

3. 企业境外营销网络发展类型

当前我市企业境外营销机构设立方式选择以独立自设为主（占 68%），无一家企业采用并购方式及品牌连锁经营的方式（如表 3 所示）。境外营销机构的经营方式，首先是直接投资（包括独资和合资共 15 家），占 54%；其次是设立贸易公司（10 家），占 36%；再次是设立地区性营销中心，占 21%；其他的方式如设立代表处或办事处、代理等约占 43%；设立售后服务站只占 7%。这说明企业更重视拥有充分的自主权，在企业规模、企业分布、管理体系安排等诸多方面可以更主动，并有利于转移过剩的国内生产能力，在宏观上创造更大的对外贸易空间。

表3　境外营销网络设立方式

经营方式	机构数量	占比
直接投资（独资、合资）	15	54%
设立贸易公司	10	36%
地区性营销中心	6	21%
并购销售渠道		
品牌连锁店		
设立售后服务站	2	7%
其他（请说明）	代理4；代表处5；办事处1；合作经营2	43%

（二）天津境外营销网络的作用

调查问卷反映出天津市境外营销网络的建设，除具有营销及出口带动效应外，还发挥着其他重要的作用：对国外市场的信息搜集作用；沟通联络作用；品牌宣传作用；辐射周边作用；贸易预警作用；扩大境内公司影响力、增加业务量的作用。

三、企业境外营销网络发展存在的问题

（一）投资对象国投资政策壁垒问题

46%的企业认为受到外汇政策的影响；39%的企业认为，有设立与经营障碍；28.6%的企业认为承担的税负过重；25%的企业认为，在境外设立机构有人员进出困难。

（二）投资对象国经营与市场问题

39%的企业认为，经营成本过高，费用成本太高；32%的企业认为，存在境外国内企业同业竞争（如不规范促销、渠道冲突、争夺客户、跨区串货等）；7%的企业认为，国外市场容量狭小；4%的企业认为，对周边市场辐射作用不强。

（三）被调查企业自身的困难

61%的企业认为存在企业资金短缺、融资渠道不畅、跨国经营人才

缺乏（如经营管理人才、外语人才、营销人才）等主要困难；有46%的企业认为，境内支撑体系缺乏（如外汇审核、货物通关、检验检疫、项目管理等）；21%的企业认为缺乏跨国经营管理经验；18%的企业认为对境外目标市场缺乏全面了解、风险大；7%的企业认为目前市场信息不足；4%的企业认为“走出去”跨国经营的观念较保守。

四、结论：我市境外营销网络发展仍处于国际化初级阶段

（一）投资规模以中、小型为主

我市被调查企业（提供数据的21家）平均为272.41万美元；境外企业中方投资100万美元以下的占57.14%，500万美元以上的有23.80%，该指标与国内平均水平相比略高。但是，这种投资规模水平不仅远远低于发达国家，也低于发展中国家的平均水平。

（二）企业境外投资区域分布相对集中

从企业境外投资分布上看，我国企业跨国经营的地理选择以周边发展中国家和地区为主。虽然我国的境外投资企业对包括美国在内的北美地区、俄罗斯和欧洲各国的投资都在稳步增长，但跨国经营仍相对集中于亚太地区。我市被调查企业有接近一半投资于亚洲，集中于发展中国家，约占47%。

（三）进入方式相对集中

我市境外直接投资占54%。这种经营方式的好处是中方在管理上有较大的自主权；不利因素是难以利用当地企业的资源和经营渠道，不能很快地打开经营局面。境外设立贸易公司占36%，经营领域集中在以产品输出为主的贸易领域，绝大多数企业仍停留在商品出口阶段；缺乏对境外企业渠道的并购与建立品牌连锁店等方式；一些企业的进出口业务在一定程度上还由中间商控制。

（四）缺乏自主品牌效应

在被调查的企业中只有9家企业填写，其中8家在境外网络中销售自主品牌共23个；1家反映无自主品牌；其他18家没有就该项问题做出反馈。

（五）境外营销网络体系需要规范和完善

很多企业由于国际化经营的水平较低，无法充分利用国内外资金、技术和市场，海外投资企业效益较差，投资回收率低。

企业海外投资技术水平和抵御风险能力较低，从事国际化经营的企业之间缺乏组织上的协调，各自为战，容易引发内部的过度竞争。

第二部分　国内外企业营销网络发展的比较与经验分析

一、国内其他省市境外营销网络建设与发展

以目前境外营销网络发展取得一定成绩的广东、广西、浙江、湖南和辽宁（以下简称五省）作为重点分析。

（一）境外营销网络建设基本情况

1. 企业境外营销网络的分布

从投资的国别和地区分布来看，投资的重点区域略有不同；从投资的行业来看，由于各省的发展水平及重点不尽相同，每个省市的境外营销所涉及的行业侧重点也不同（如表4所示）。

表4　我市与其他省境外营销网络分布比较

省　份	区域分布	行业分布
广东	亚洲、美国、非洲、拉美、欧洲	轻工电子产品（电视机、VCD、电话机、程控交换机、摩托车、服装、箱包、地毯）的组装和加工
广西	亚洲（东亚、东南亚）	贸易、机电、化工、医药、服装加工、农产品、旅游、房地产、工程承包、餐饮、咨询等十几个行业
浙江	欧洲、东南亚、北美、中东	纺织、服装、丝绸、轻工、食品、机械、化工、建材等行业
湖南	美国、俄罗斯及东南亚	食品加工、石油化工、建筑材料、造纸工业、电子信息、新材料、生物医药等行业
辽宁	俄罗斯、美国、日本	机械制造及装配、制药、木材加工、商业服务等行业
天津	亚洲、北美、欧洲、非洲、拉美	矿产、石油、电力、钢铁、医药、粮油食品、纺织服装、仪器、电子、房地产、贸易、租赁、咨询服务等

2. 境外营销网络发展规模

五省境外营销网络的发展规模包括到境外投资的企业数、总投资额、中方投资额、中方投资比例等指标（如表 5 所示）。五省及我市的境外营销网络中中方投资额占总投资额的比重都超过了 60%，说明各省企业在境外营销网络建设中起主导作用，具有绝对支配地位。

表 5　境外营销网络的投资规模比较

省市＼指标	企业数（项目）	总投资额（万美元）	中方投资额（万美元）	中方投资比例
广东	（25）	—	—	—
广西（2004）	137	11814	9565	80.90%
浙江（2008）	148	49675	46534	93.70%
湖南（2002）	（18）	3153	2171	68.90%
辽宁（2004）	873	2771	1843	66.50%
天津	89	5721	5417	94.68%

3. 企业境外营销网络发展类型

如表 6 所示，与我市境外营销网络建设方式相对集中单一、数量少的情况相比，2009 年浙江企业新建区域营销总部、地区性物流仓储分拨中心、专卖店、售后服务站等各种形式的境外营销机构突破 400 家，平均每个境外营销机构能够带动出口 557 万美元。

表 6　企业境外营销网络类型比较

省市	企业境外营销网络类型
广东	采用境外加工贸易的方式
广西	采用独资方式进行投资经营的企业占境外投资和经营企业总数的 62%，采用合资或合作方式进行投资经营的企业占境外投资和经营企业总数的 38%
浙江	构建境外营销网络，建设境外经贸合作区，在境外设立机构，推进跨国并购
湖南	采取独立自设的占 74.3%，合办的占 25.7%，请国外代理的占 40%（三种设置有重叠）
辽宁	生产型境外加工贸易和劳务合作

（二）境外营销网络建设重点和目标

因为各省的发展方向和规划不同，所以，境外营销网络建设的重点和目标也各有异同。如表 7 所示。

表 7　境外营销网络建设目标比较

省市＼异同	不同点	共同点
广东	向上游复杂零部件生产、产品研发延伸；向下游的物流、金融、分销等服务环节延伸	加强自有品牌建设；完善政策，政府发挥扶持引导作用；落实项目，推进营销网络建设
广西	建立和完善境外投资信息服务体系；有条件地放开人民币境外投资的行为	
浙江	在重点市场建立各种形式的境外营销网点；开拓新兴市场、巩固传统市场、深度开发主流市场	
湖南	政府加强多边或双边经贸磋商，减少和排除境外各种贸易技术壁垒；免费的外向型人才和“建立境外销售机构相关政策业务程序”培训	
辽宁	科学选择优势产业，充分发掘自身的比较优势，将其转变为竞争优势	

（三）境外营销网络建设问题和经验

1. 存在的问题

各省政策倾斜及自身发展程度不同，主要问题包括：对市场状况较陌生，竞争对手更强大；管理监控难度大；对境外贸易机构投资少，机构规模普遍较小；企业缺乏科学设计营销网络的能力；人才缺乏，特别是既懂生产、经营、管理，又懂外语的人才缺乏；对外投资优惠政策的支持力度小，执行效率低。

2. 成功的经验

民营企业“走出去”办实业积极性高；投资方式种类增多，呈现多元化格局，在发达国家设立研发中心实现突破；大中型企业、上市公司设立境外企业，市场多元化有所突破；有效地利用营销策略应对市场变化；进行科学管理，严格监管；用合理的手段解决网络渠道冲突。

二、国外发达国家境外营销网络发展与经验分析

目前全球最大的500家跨国公司已有近400家来华投资，投资项目达2000多个；美国排名前500名的大公司已有一半以上到华投资。

（一）跨国公司在我国营销网络的系统模式分析

1. 以麦当劳和肯德基为代表的所有权式营销网络模式

人们一直以为麦当劳和肯德基是以特许经营的方式在中国进行扩张的，实际上至2001年底，麦当劳和肯德基在中国主要是以合资公司直接投资建立分店的形式进行扩张的，其快速发展主要是开办直营店的结果，即采取所有权式的网络模式。

2. 以柯达为代表的特许经营式营销网络模式

在中国胶卷市场上，竞争成败的关键在于营销通路，即专业洗印店的发展速度。柯达专业洗印店就是采取了特许经营的网络发展模式，建立了标准化管理模式和统一形象，为顾客提供专业和统一的影像产品和服务。

3. 以宝洁为代表的管理式营销网络模式

绝大多数进入中国的跨国公司采用的是管理式营销网络模式。例如，宝洁公司采取多种措施，实现分销商网络结构优化，提高了分销商的管理水平和分销商的竞争力。

（二）跨国公司在我国营销网络规模模式分析

1. 以可口可乐为代表的“长而宽”营销网络模式

可口可乐公司在中国的营销网络纵向经过的环节多，横向尽可能多地利用中间商，采用“由点到点、点点相连”，形成一个非常可观的营销网，使广大消费者能很方便地喝到可口可乐。

2. 以戴尔为代表的直复式营销网络模式

戴尔公司坚持“将产品直接销售给顾客”的原则，采取电话和互联网的销售方式取得了成功。直复营销又称为直效营销，具体包括电话销售、目录销售、电视销售和网上销售等。

3. 以安利为代表的直接销售网络模式

直接销售网络模式和直复营销网络模式的最大区别在于前者是通过人员直接向顾客推销，而后者是通过信息媒体进行营销。安利、雅芳、玫琳凯都是进入中国最著名的直接销售公司。

4. 以西门子为代表的多渠道营销网络模式

多渠道营销网络属于分销网络广度的概念，是宽度概念的某种扩展和延伸。采用的方式既可以是在本地区采用直接渠道、在外地则采用间接渠道，也可以是在有些地区独家经销、在另一些地区多家分销，还可以是对消费品市场用长渠道、对生产资料市场则采用短渠道等。

三、对我市企业建立境外营销网络的启示

（一）注重本土化经营

跨国公司在华建立营销网络十分重视本土化，在进入方式和网络扩张等方面表现得更为明显。绝大多数跨国公司在早期进入中国时，都是通过双方政府牵线搭桥的方式进入，并且基本都是采取与中方企业合资的方式，因此有利于加快本土化的速度。同时，还有一些企业为逐渐实现本土化，先与港台企业合资，借助港台企业这个跳板进入中国大陆。进入中国以后，从利用中国原有营销网络入手，逐渐加大对其控制的力度，很少自己投资建立营销网络，通常采取改造和扶持具有合作条件的原有网络的方式。

（二）营销网络设置趋向扁平化

卖方市场向买方市场的转变使得顾客占据了自主权，顾客的目标成为企业交易的价值所在，因而现代营销的核心已由对产品功能的诉求转变为对顾客价值的诉求。这要求厂商与消费者有更直接、更快捷的沟通，而中间商产品推广功能的下降和经销商利润空间的缩小，以及厂家对营销网络辐射力和控制力要求的提高，使渠道职能越来越短，营销网络趋于扁平化。

（三）营销网络规模趋于多样化

一是根据客户购买特征提供多种销售渠道与沟通方式；二是在不同的地区采用不同的分销渠道。如在商业发达地区通过大量零售商直接推

出产品，而在商业相对落后的地区则通过中间商销售商品。

（四）营销网络系统以管理式为主

跨国公司在中国的营销网络系统，存在着自己投资建立的连锁网络，也存在着特许经营网络，但是绝大多数为没有产权关系、没有特许关系的管理式网络。可口可乐、百事可乐、宝洁、联合利华、惠普、IBM等都是如此。这说明在进行境外网络发展中，管理式系统是适应性最强的方式。

（五）营销网络规划强调科学性

营销网络建设与发展的最大特征是科学地进行规划和调整，表现在：一是坚持科学的规划与设计过程，不是凭感觉和经验进行决策。二是遵循效率和效益原则，哪种营销网络出效益就用哪种网络。例如，宝洁、可口可乐、卡夫、箭牌、和路雪等都是与成千上万的个体经销商合作取得分销成功的。

第三部分　营销网络建设的思路、方向和目标任务

一、政府的引导思路

（一）完善政策，发挥扶持引导作用

首先，我国已经在外汇管理制度、海外投资审批制度、企业税收等方面进行了改革，为我国企业的跨国经营打下了有利的基础，但有关政策制度还应进一步健全和完善。如提高政府办事效率，简化外汇审核程序，专业技术及决策人员的相关政策要便利和灵活，政策要保持连续性，对境外营销企业给予宏观指导和培训等。

其次，对企业在境外投资建立地区性营销中心、并购海外销售渠道、开设品牌连锁店、设立售后服务站等给予财政支持。特别是对以企业自主品牌拓展海外业务，并取得成效的企业，其海外业绩经由政府有关职能部门牵头、评估确认后，给予配套政策和财政支持。

再次，加强对境外跨国经营人才的培养，造就一支知识结构、年龄结构合理，综合素质和学习能力高的营销队伍。从此次调研反映的情况看，我市大部分企业面临着境外人员选派的困难和问题：一是缺乏具有

境外营销管理与经营经验的人才；二是境外工作人员的用人制度和机制的缺乏，造成驻外机构功能弱化、管理松散、缺乏持续性等。前者的问题需要政府提供专家指导、人才培训的机会和免费的系列培训课程；后者则只能依靠企业的管理机制来完善。企业可根据生产规模和产品特点，形成从营销战略专家、营销技术专家到销售执行经理、推销员的多层次人才结构，并将营销人员的选聘配备、营销人员的培训、营销人员的考核、营销人员的奖惩和营销人员的淘汰有机结合起来。

（二）明确重点，增强示范效应和经验推广

1. 营销主体：确定一批重点企业，以国有大企业为依托，做大做强大型企业集团；以迅速发展的民营企业为基础，发展中小跨国公司，构建市场经济条件下的跨国营销网络体系。

首先，我市集团公司对企业开拓市场、扩大销售起到了重要的作用。如北方国际集团旗下的七家企业在亚、非、欧、北美、拉美和大洋洲等地区设立了 41 家境外机构，涵盖了直接投资和设立贸易公司、地区营销中心、售后服务站以及合作经营和存仓分拨等多种经营方式，独立自有品牌达 12 个。但由于集团组建是靠行政命令捆绑的，难以真正解决企业发展的根本动力问题，与市场经济国家的跨国公司相比，在形成途径、投资主体、治理结构和形成环境上都有着本质的不同。因此，需要政府引导集团的并购、联合、重组，形成真正统一的决策体系和发展战略，建立有效的投资主体和治理结构。

其次，我国民营企业内部机制、经营方式是按照市场经济规律设立的，与国有企业相比更具有市场竞争力。如我市天士力国际营销控股有限公司，在亚洲、非洲和欧洲先后设立了 19 家境外营销机构，投资金额达 647.84 万美元，境外营销网络总员工数已达到 500 人，不仅带动了企业的国外销售以及出口额的增长，也对东道国的税收和就业做出了贡献。

2. 营销目标：针对不同的目标市场，予以政策倾斜，采用不同的经营合作方式。

对于经济发展水平较低或相当的发展中国家或地区的市场，选择直接投资、项目投资与合作、创建和加强独立知识产权品牌产品的连锁经营与销售，形成稳定、规范、不断推进的营销网络体系。而对于经济互补性强、政局稳定、市场覆盖面大的发达国家和地区，鼓励选择并购、合作经营、建立区域营销中心和售后服务站等经营方式，规避发达国家的投资壁垒，迅速融入当地主流营销渠道，加速本土化经营，缩小经营理念上的差距，实现国内外资源的真正、有效整合。

3. 营销产品：重点推进境外布点所在市场需求的出口产品。注重产品质量，强化产品售后服务意识；通过质量认证体系促进产品满意度和客户忠诚度稳步提高；质量是产品的保障，只有过硬的产品质量，才能营造出良好的企业信誉。

（三）落实项目，尽快形成境外营销网络雏形

目前境外加工贸易、工程承包与劳务合作等仍然是我国具有比较优势的行业。我国改革开放 30 多年来，OEM（原始设备制造）作为一项有效率的合作方式，已经成为我国制造企业进入国际价值链体系、参与国际市场的主要途径。更重要的是，企业通过 OEM 的资本积累、技术积累,逐步向 ODM（原始设计制造）、OBM（原始品牌制造）升级才是我们要走的道路。这样既可以避免后发企业在产品创新、技术创新初级阶段走的弯路，降低开发成本；又可以通过持续的学习逐步形成独立设计能力与专有产品的创新和研发能力，为将来培育自主的全球品牌打下基础。

二、境外营销网络建设目标和方向

根据调研的结果和境外营销网络建设的思路，应支持企业发展跨国连锁经营，完善多元营销体系，创建具有我市产业特点的境外营销网络。

在营销主体的建设上，根据我市的实际情况，发挥产业集聚的特色优势，着力扶持建立境外营销网络的重点企业和拥有自主品牌的出口企业。

在营销目标市场建设上，根据当前我市企业境外投资方向、对外贸易出口市场的分布情况，综合考虑开拓新兴市场、巩固传统市场、深度开发主流市场，以及大力实施出口品牌战略，力争在东盟、中东、东欧、北非西非、中亚和中北美等六大布点地区市场取得较大提升。

在营销产品的确定上，结合特色产业的发展方向，重点推进纺织服装、医药品、粮油食品、五金矿产和燃料、钢铁石油装备、机械及仪器设备、房地产开发、租赁及商业咨询服务等产品类别，重点放在品牌产品上，并在逐步拥有自己的营销渠道后，使企业在国际市场上的角色从制造商向经销商、品牌持有人转变，真正提高我市企业产品的价值和境外的影响力，增强境外营销能力，巩固营销渠道并持续发展。

第四部分　对策建议

一、深入调研，加强公共信息服务

应继续深入调查、研究企业在境外营销网络建设中出现的新情况和新问题，建立经常性的、固定的公共信息收集和发布通道，给企业提供政治、经济、法律法规、汇率波动、行业及商品动态等各方面的境外市场相关信息，并对企业提供及时有效的风险提示和预警报告。

强化政府的服务功能，并通过一定的政策鼓励中介机构的发展,逐步把某些政府的管理职能向行业协会或同业工会移交。加强并完善中介机构为企业“走出去”服务的职能，发挥商会和行业协会的作用，为企业提供及时、准确、系统的信息资料。

可以由政府出面整合我市境外企业和中介机构的信息网络平台，使企业在进行境外营销网络决策时，可以找到相应的合作伙伴；使企业之间的信息共享，降低信息成本；使企业了解境外目标市场的消费购买特征，以及竞争对手的营销网络状况，使决策更加科学合理。

二、尽快出台发展境外营销网络的扶持政策

首先，应充分用好对外经济合作扶持资金、贷款贴息的信贷政策等，加大推进我市企业建立境外营销网络的支持力度。针对当前存在的投入资金相对不足的问题，我市协同财政或金融机构安排一定的专项发展资金，用于企业单独或合作在境外投资建立营销机构、网络和服务平台。对企业在境外投资设立营销机构、营销网络、营销公共服务平台、网络营销服务平台、境外营销联盟发生的前期和建设费用（包括广告宣传费；购买、建设、租赁土地、厂房、仓储场地、物流场地的费用和首次装修的费用；境外网站建设费用等）、贷款贴息、保险费用，专项资金考虑给

予支持。

其次，为降低企业运营成本，提高我市企业现有境外营销网络的覆盖面和运营效率，可以有针对性地引导一些企业组成战略联盟，共享销售资源或抱团出击共建境外营销网络、服务平台并给予重点扶持。对成功推动企业组成境外营销联盟的有关单位，给予部分经费补助。境外营销机构设立后，有关部门将按照其年完成或带动的出口额（销售额）进行奖励。

再次，适当放宽境外投资购汇管理政策，简化用汇审批程序。建议对境外加工贸易装配和贸易中心项目免交汇回利润保证金；对境外加工贸易和境外贸易中心设备、技术、原材料、零配件等产品出口收汇核销期限适当延长；允许境外企业自开办之日起一定期限内，将所获利润充实资本金；简化用汇审批程序，加强事后监管力度。对境外投资企业在取得专项用于境外企业运营的银行流动资金款的情况下，经外汇管理部门核准后调出境外。

最后，保险部门也应为企业“走出去”提供信用担保，适当调低保险费率。成立专门的全国性的海外投资保险部门，专门负责为中国的海外投资企业提供政治和经济等类别的保险。

三、建立启动时期的公共平台（天津市商务代表体系）

在政府搭建信息平台的同时，先期选择联系比较紧密的重点扶持企业的境外网点的营销人员作为“天津市商务代表”，不再局限于本企业业务，利用其在境外把握市场动向及时、准确的优势，按照收取佣金的市场原则，在更大范围内向其他企业开展咨询和贸易购销对接服务，大力开拓国际市场，形成新的业务增长源，并形成一个公共的境外营销网络，服务于各个企业，加强企业间的协调，特别是对境外营销启动时期的中小企业具有现实意义。

四、加大培训和宣传

对领导干部和企业负责人进行培训，提高对重要性的认识，增强企业“走出去”跨国经营管理水平。

经营是人的行为，人就是经营的重要因素。国际化经营人才的稀缺是企业“走出去”面临的问题之一。目前我国派往海外企业的人员素质远远不能适应国际市场的激烈竞争，个别人既不懂国际商务、法律及经营窍门，又不了解当地的法律、规章和当地市场的特点，经营盲目而无秩序，更谈不上形成一套较强的经营战略和方针。甚至有极少数人语言不通，在国外只能同华人打交道，也被派出搞经营。经营海外企业的人若对当地的法律、商品需求状况及产品特点等基本情况没有进行科学深入的研究，没有以专家的精神和毅力去考察、学习当地的经验，就无法经营好海外企业，就无法使海外企业国有资产保值增值。至于过硬的政治素质，更是海外企业经营人员不可或缺的。因而，必须加强对海外企业外派人员的思想教育和业务培训，提高人员素质，使他们既有过硬的思想，又有过硬的从事跨国经营的能力。

同时要注意加强有关新闻宣传，营造良好的舆论环境。

总之，构筑境外营销网络不仅是企业面对日趋激烈的国际竞争、谋求更强竞争力和控制力的被动表现，更是企业不断拓展全球化视野，寻求更广范围、更高层次合作的主动行为。无论从企业角度还是从政府角度，都是一个循序渐进的过程。但是，随着中国企业建立海外营销网络的经验和实践不断丰富，必将涌现一大批有实力的中国跨国公司和著名品牌，同时这也会成为“走出去”战略跨越式发展的重要方面。

（作者：黄玲 天津市商务委　副处长；孙薇　副主任科员）

以东疆保税港区为“核心”推进区域物流集散与发展的研究

天津海关课题组

为进一步推进天津滨海新区的开发开放，天津市政府于2006年出台了《天津滨海新区综合配套改革试验总体方案》并于2008年经国务院批复予以原则同意，滨海新区的发展已经成为国家关注的焦点。2011年5月，胡锦涛同志在天津考察时再次指出，要更好地发挥滨海新区服务辐射和龙头带动作用，充分体现国家对滨海新区的定位要求，努力成为深入贯彻落实科学发展观的排头兵。

2007年底，东疆保税港区封关运作。《天津滨海新区综合配套改革试验总体方案》对其定位为：以东疆保税港区建设为龙头，推进保税区、出口加工区和保税物流园区等海关特殊监管区域和场所功能整合、政策叠加，完善与周边地区和内陆腹地的保税物流体系，建设辐射并带动“三北”地区、对内对外开放、全面连接东北亚经济圈的国际物流运营中心。该方案不仅确立了以东疆保税港区为核心，推进区域物流大集散大发展的功能定位，也为海关的业务改革与发展提出了新课题。为此，东疆保税港区海关围绕如何推进东疆保税港区物流集散与发展进行了专题调研，提出了以保税港区为核心，辐射和带动港口、关区、省际、亚欧的“四圈”物流联动发展的思路和策略，以更好地发挥东疆保税港区在滨海新区发展中的龙头作用。

一、适应“四圈”物流需求，推动物流集散发展

以东疆保税港区为圆心，以服务功能为半径，由近及远可以画出四个圈状地带，即港口圈、关区圈、省际圈、亚欧圈。上述四个圈状地带

就是东疆保税港区物流集散的主要区域。

港口圈，主要是指天津港区。天津港是天津最重要的核心战略资源，规划面积245平方公里，是我国北方最大的港口。目前，航道水深19.5米，可以接卸所有进入渤海湾的船舶，同世界上180多个国家和地区的400多个港口保持贸易往来。2010年货物吞吐量突破4亿吨，集装箱吞吐量1005万标准箱，正在致力于建设现代化的国际大港。东疆保税港区是天津港的重要组成部分，天津港是东疆保税港区物流集散的重要依托。

关区圈，主要是指天津海关管辖的海关监管服务区。在这个区域内，几乎包含了全部现有的海关监管特殊区域，集合了现阶段海关监管方面所有的优惠政策，是东疆保税港区提供口岸监管一流服务的重要保障。

省际圈，主要是指东疆保税港区服务辐射的腹地。包括我国的华北、西北以及东北的部分地区，既包括了京津冀都市圈，也涵盖了环渤海地区。随着国家对区域发展支持力度的不断加大，这些地区经济快速发展，外贸进出口业务量迅猛增长，是东疆保税港区物流的主要来源地。

亚欧圈，主要是指东疆保税港区服务辐射的东北亚、中亚以及蒙古和俄罗斯远东地区。上述地区利用亚欧大陆桥和国际航线，从我国沿海港口进出口的货物量很大，是东疆保税港区发展国际中转业务、加强国际项目合作的重要资源。

鉴于此，东疆保税港区实现物流集散的总体思路是：适应“四圈”发展和物流需求，加快功能开发，优化政策体系，提高服务效率，增强吸引能力，实行联合发展、融合发展、互动发展，逐步扩大总量，提高质量，实现物流的大集散大发展。

二、加快东疆保税港区功能开发，进一步提升港口圈的综合竞争力

天津港是东疆保税港区对外开放、辐射内地、发挥龙头作用的载体和平台。东疆保税港区是天津港提升物流效能、参与国际港口竞争的核心资源。目前，天津港功能仍较为单一，码头装卸、运输、场站堆存等传统码头作业收入占天津港总收入的80%，抗风险能力较差。东疆保税港区的设立，为天津港从单纯码头作业为主的功能性港口向具备码头装

卸、保税物流、仓储、加工、转口、分拨、展示、配送等综合物流功能的国际第四代港口发展创造了条件。在共同发展中，东疆保税港区应以自身的优势主动融于天津港的整体战略需求，带动整个港口物流水平的提高。

当前，东疆保税港区一期 4 平方公里封关运作已近 4 年，二期基础设施建设正在顺利推进。截至 2010 年已有 382 家企业注册，国际中转、国际配送、国际采购、国际转口贸易和进出口加工五大功能拓展取得积极进展。一是保税物流加工产业加速形成。新加坡港务集团、丰树集团、世能达物流及法国普罗旺斯、意大利比诺集团和中航国际等国内外知名国际航运、采购、分拨、跨境贸易和出口加工企业纷纷进驻，保税物流加工初步形成规模。二是国际产品交易市场建设成效明显。设立了中国北方第一家国际船舶交易市场，航运交易市场、工程机械交易市场正式运营，10 家注册市场交易主体整体开展业务，钢材交易市场、农产品交易市场、冻品交易市场、建材交易市场、汽车零部件交易市场等国际产品展示和交易平台完成注册。三是内陆无水港和国际贸易功能对接深入开展。积极加强与 18 个内陆无水港的合作，更好地拓展无水港功能。与蒙古国经贸合作进展顺利，大新华物流和蒙古国亚洲物流的合资公司落户，天津和蒙古国两个物流中心加快建设。四是国际航运企业快速聚集。已有法国达飞轮船、瑞士地中海航运、韩国韩进海运等 28 家航运企业注册。五是以融资租赁为重点的金融创新取得突破。国内金融租赁公司飞机融资租赁业务的“第一单”和公务机融资租赁业务“第一单”的单机公司注册，多家保理公司和融资租赁公司落户。浦发银行、招商银行的分支机构已经开展离岸业务，正在推动 4 家具有离岸业务资格的银行设立北方离岸业务部。六是休闲旅游业迅猛发展。东疆湾人工沙滩对外开放。邮轮母港投入运营，年接纳游客能力可达到 50 万人次。游艇会所和游艇码头开工建设，2011 年将建成 71 个游艇泊位。金融大厦、免税店、星级酒店、商务楼宇等项目加快建设，为国内外游客提供了休闲、旅游、度假、购物的良好环境。

但是，影响东疆保税港区功能开发的不利因素还不少。从国际物流中心建设方面来看，东疆保税港区作为海关的特殊监管区域，现行的管理体制、运行机制还需要进一步理顺，保税港区的立法、海关监管的操作细则等政策支持方面还有待完善，监管机制和涉外经济体制与国际运作成熟的自由贸易港区相比还存在很大的创新空间。货物从境外进入东疆还不够便捷，对保税货物的分拨、配送和国际贸易产生了一定影响。如，出口货物目前还只能以美元交易，才能享受到入区退税的优惠，很大程度上削弱了东疆保税港区作为“境内关外”的功能优势。从国际航运中心建设方面看，现行的船舶登记制度对航运企业入区发展增加了很大的成本，航运融资政策还没有真正突破，使东疆保税港区聚集航运要素资源的能力受到了限制，有影响力的航运和物流项目还不够多。

为此，东疆保税港区必须加快功能开发，完善政策体系，利用自身优势，更好地发挥龙头带动作用。我们分析，应从以下几点入手：

1. 加快功能开发。一是进一步整合资源。优化各功能区域布局，通过在各类型码头、物流功能区域间建立统一的信息化管理平台，合理制定道路规划，科学设置港岛主、分卡口和监管设施等手段，使优越的税收政策和便捷的通关措施尽快对各功能区域实现全覆盖，逐步形成“一线放开、区内自由、二线管住”的一体化东疆特区。二是进一步拓展功能。充分利用区港一体的优势，加快国际产品交易市场建设，开展高档商品展示、展销，创新保税与非保税业务开展模式，完善集装箱港口运输装卸功能等，促进国际中转、国际配送、国际采购、国际转口贸易和进出口加工五大功能的发展。三是加快推进自由贸易港区研究和建设。《方案》中已经指出，条件成熟时，可对东疆保税港区向自由贸易港区发展进行探索研究。所以，目前要聚集全市和新区各方资源，研究探索建设自由贸易港区涉及的战略规划、管理模式、政策安排、功能配套、创新举措、税收制度等内容，加快自由贸易港区建设步伐。

2. 完善政策体系。一是全面争取落实北方国际航运中心核心功能区建设配套政策。落实国际船舶税收、国际航运税收、物流和仓储业务税收优惠政策，有效聚集国内外优质航运资源。配合滨海新区相关部门，启动北方国际航运中心建设专项资金。二是实现货物入区直提直放。扩大直提直放的企业范围，简化货物直提直放手续，营造贸易便利化和低成本的通关环境，实现真正意义上的区港联动。三是推动货物入区备案制度改革创新。简化备案内容，探索以仓单为报备内容的通关业务模式，推进国际拆拼箱业务开展。四是推进船舶登记制度创新。充分利用船舶出口融资退税政策，先行先试国际船舶登记制度，量身定做便捷的通关模式，加快吸引国际船舶和游艇登记，促进航运要素聚集。五是进行航运金融政策创新。完善飞机船舶融资租赁试点政策，进一步试行在东疆进口单机免征增值税和关税政策，结合正在试点的单机、单船公司注册，快速聚集一批租赁企业和相关金融机构。重点发展与国际航运配套的金融、保险、船籍注册、代理、理赔、检测、商品展示、研发等服务业务，进一步完善国际航运融资体系建设。六是试行跨境贸易人民币结算试点。根据企业现实需求，推动在天津注册、具有进出口经营权的企业，货物出口实行人民币结算及出口退税，降低企业物流成本，促进北方国际物流中心建设。

3. 推动现代化港口建设。一是以建立东疆保税港区国际集装箱拆拼箱中心为切入点，使天津港集装箱拆拼箱货源都可以享受保税港区优越的税收政策和便捷的通关措施，同时在东疆保税港区内实现对拆拼箱货物换装、加工、展示等延伸的高附加值物流功能，提升天津港整体物流水平和竞争力。二是以东疆保税港区海关信息化管理平台为依托，建立跨港区、跨关区联网电子平台，构建保税港区与天津港各码头、堆场、仓库间信息化管理体系，进一步简化物流作业手续。三是提高港区内物流运输效能，放宽港内货物运输车辆限制，研究港内轮船驳运运输方式，实现港区内高效便捷的一体化物流运作模式。

三、创新海关监管模式，拓展关区圈的服务功能

天津海关统一管辖的范围，包括保税港区、综合保税区、保税区、出口加工区、保税物流园区、保税物流中心、保税仓库等9大类特殊监管区域，种类齐全。但也存在除保税港区、综合保税区外，其他特殊监管区域功能单一、综合优势不明显等问题。比如，保税区作为最早的海关特殊监管区域，没有出口入区退税功能。出口加工区、保税物流园区、保税物流中心、保税仓库等，也都存在诸多功能限制，导致关区圈内大多数企业无法就近享受海关特殊监管区域的综合优惠政策。比如，西青区的两家企业间保税货物结转可享受出口退税，但只能把货物拉到保税港区、保税物流园区等区域才能完成，消耗大量的路途成本和时间成本。

实现东疆保税港区物流大集散，应充分利用其口岸物流和保税物流功能一体化的优势，发挥政策的辐射作用，通过通关监管、保税监管两大职能在关区圈内的整合推进和相互融合，带动保税物流监管网点与口岸通关监管网点之间的联动配合，构建关区圈通关、保税监管一体化体系。

1. 以东疆保税港区为核心，建立关区通关多点申报的监管系统。利用东疆保税港区政策优势，在区内推行提前报关、集中报关、无纸通关等便捷通关模式，在全关区采用属地申报、口岸监装监卸、双向委托查验通关模式，逐步建立以东疆保税港区为核心的、关区内统一的电子化通关作业流程和信息化监管系统，进一步提高关区物流智能化水平，简化物流监管手续，并实现海关监管的“前推后移”，构建与国际物流发展趋势相适应、严密监管和高效运作、有机统一的通关监管工作新格局。

2. 以信息化手段，构建关区圈新型海关保税监管体系。以东疆保税港区为龙头，以关区圈内各海关特殊监管区域、场所为节点，构建以东疆保税港区信息化管理系统为中心的关区圈内统一的海关保税监管信息平台，把东疆保税港区的功能和政策辐射出去，实现各保税监管区域场所之间的有效沟通。在此基础上，加强货物在东疆保税港区与关区圈内其他保税物流监管网点及口岸通关监管点之间流转的联动配合，创新监管模式，运用“电子关锁”、“GPS”、“车辆自动识别跟踪系统”等先进监管手段，建立东疆保税港区与其他监管节点间保税货物绿色通道，形成统一、高效、便捷和信息化的管理模式，促进关区圈海关特殊监管区域、场所的有效整合。

四、提供高效便捷服务，畅通省际圈物流渠道

东疆保税港区依托天津港，拥有广阔的腹地，包括东北、华北、西北地区的13个省区市，总面积达450万平方公里。2010年，天津港70%以上的货物吞吐量和55%的口岸进出口货值来自腹地各省区，北京出口额的27%、河北的61%、山西的70%、内蒙古的45%都是从天津港出海的。东疆保税港区吞吐量为195万标准箱，进出区保税货值达到18.1亿美元。

但是东疆保税港区对腹地的服务辐射还很不够：一是主动服务意识、上门服务意识还不强，许多货源被转走。比如，北京没有出海口，理论上距离东疆保税港区最近，但很多货物却没有从这里走，而是绕道曹妃甸港等地出海。二是集疏运能力有待提高。铁路方面，由于与外围铁路的连接能力不足，且缺乏直通腹地的铁路运输网络，导致长期以来天津港的铁路运输量一直没有大的提高。公路方面，滨海地区公路网络还不健全，天津港区内、外缺少南北向干线，东西向交通须穿过塘沽城区和开发区进入外部大通道，成为制约东疆保税港区集疏运能力的瓶颈。三是物流成本偏高。东疆保税港区地处环渤海“C”型湾的中部，距国际主航道的距离较远，远洋干线班轮挂靠天津港比挂靠其他港多消耗 24～36 小时的航行时间，增加 5 万～7 万美元的开支。这些都是影响对腹地服务辐射的重要因素。

东疆保税港区应跳出行政区域限制，主动发挥龙头带动作用，把自身的功能优势向省际圈辐射延伸，促进圈内产业递进，物流互通。

1. 发挥政策优势，构建京津高效物流体系。2010 年，天津企业平均每月从北京机场进口货物 4 亿美元左右，北京企业平均每月从天津口岸进口货物 20 亿美元左右，其中保税监管货物占货物总值的 53%，京津两地之间物流流量很大，相互依存度很高。因此，应进一步创新工作模式，提高服务效率，使两地间的物流更加高效顺畅。一是以东疆保税港区为龙头，建立京津统一的海关特殊监管区域信息平台，实现海关特殊监管区域、场所间物流信息的高效流转。二是建立北京天竺综合保税区、平谷马坊国际物流中心与东疆保税港区“区、港联动”运作模式，把天竺综保区和平谷物流中心作为东疆保税港区的“虚拟堆场”，把东疆保税港区作为天竺综保区和平谷物流中心的“码头作业区”，实现一次申报、一次查验、一次放行，为北京进出境货物建立一条更加通畅、快捷的出海通道。三是加强东疆保税港区与北京机场的联动配合，借鉴欧美经验，创设国际流行的虚拟空港通关模式，加快京津海陆空运一体化发展。

2. 发挥区位优势，推进环渤海地区物流合作。一是利用国际中转、国际配送功能，推进天津、大连、青岛三港协作，在集装箱运输线路、相互喂给、港口建设、技术交流、信息共享等方面，建立战略联盟和协调机制，推动环渤海地区主要港口实现口岸及物流信息互联互通。二是发挥功能优势，服务环渤海各港口，探索解决货物以海运方式进入保税港区出口退税问题，对营口、烟台、唐山、东营及大连这样货源较多的港口投入更大精力，保证内支线船舶、班期的合理稳定，促进中转箱量的快速提升。

3. 发挥无水港优势，带动内陆物流快速发展。目前，已建立的包括石家庄、包头、郑州、银川、二连浩特在内的18个内陆无水港，在畅通省际圈物流方面发挥了重要作用。应进一步提高无水港的运营效益，加快把东疆保税港区的功能辐射延伸出去。一是加快推动启运地退税政策。凡是与天津港对接的各内陆口岸出口的货物第一站经停东疆保税港区中转的，可视同出口先行退税。二是拓展无水港功能。把无水港作为船公司的内陆节点，拓展集装箱多式联运以及集装箱换箱、提箱和中转功能，提高对集装箱货物进行全程、跨省界的运输组织和安排的能力。三是加快信息化建设。建立无水港与东疆保税港区相连的跨行业、跨部门、跨地区的管理信息系统，实现高效、快捷的通关、贸易、航交、金融等服务。四是建立诚信管理体系。对腹地知名企业和龙头企业量身定做通关模式，采取便利措施。

五、深化务实合作，吸引更多亚欧圈货源

目前，天津港已开通了经阿拉山口、二连浩特和满洲里过境的3条陆桥通道，成为我国港口中唯一具备3条通道的陆桥港口，也是沿海港口中大陆桥运输路径最多、运距最短、运量最大的港口。3条通道运营情况良好，天津港开往二连浩特的班列达到每天一班，开往阿拉山口的班列达到两天一班，利用大陆桥累计运量已近60万标准箱。东疆保税港区利用其自身的功能优势，吸引俄罗斯、中亚、蒙古等国家发展的石油、煤炭等能源深加工，以及皮革肉类转口、汽车过境改装等业务，也已经开始起步。

但从总体上来看，由于受到交通运输条件、物流成本等因素的影响，天津港尤其是东疆保税港区对亚欧圈的辐射范围还不大，开展合作的规模比较小，货源比较分散，领域狭窄，层次不高，处于合作发展的初级阶段，特别是在吸引东北亚货源中转方面差距更大。

因此，应进一步拓宽视野，创新招法，探索在更大范围、更宽领域、更高层次上与亚欧圈地区开展联合协作。

1. 进一步营造良好的发展环境。一是搭建立体物流网络体系。加快建设天津港直通西部的铁路通道，充分利用东疆保税港区功能和政策优势，大力发展向中西亚地区的国际中转和路桥运输，形成新亮点。进一步完善航线网络，吸引更多的班轮公司开辟新的国际航线，增加航班，拓展远洋干线，扩大远洋运输规模，提高直达率。大力发展物流服务业，以港口物流中心、无水港、铁路班列、班轮航线为建设重点，推进铁路运输班列化和散杂货运输班轮化，逐步完善天津港物流服务网络的“点、线、面”，最终建成覆盖亚欧圈的物流网络体系。二是优化物流监管服务。积极适应俄罗斯、中亚五国、蒙古国等已与我国建立陆桥纽带国家或地区的物流需求，制定整套物流链海关服务方案。运用便捷监管模式，理顺物流各环节，降低企业在天津港的物流、通关成本，让企业得到实实在在的利益和好处，形成示范效应，为加快东疆保税港区保税物流集散提供便利条件。三是优化投资环境。对在东疆保税港区注册成立的亚欧圈企业，允许享受包括减免企业所得税、外资公司高级管理人员个人所得税、生产设备进口关税等税收减免措施，通过减免土地使用费、减免办公场所租赁费等手段为企业提供财务支持，采取简便的土地使用管理措施和劳动雇用制度管理措施，为外籍员工子女教育、医疗、就业等提供帮助，解除企业的后顾之忧。

2. 进一步创新业务的开展模式。加快东疆保税港区过境货物物流中心建设，延伸物流产业链，开展对过境货物的拆箱、拼箱、换箱、加工等业务，加强与二连浩特、满洲里、阿拉山口等边境口岸海关协作，实施对过境货物“东疆、边境口岸”点对点的监管模式。在东疆保税港区探索允许外贸船舶承载以出口为目的的内贸货物的政策，截留到釜山、横滨港中转的货物，拓展国际中转、分拨配送功能。加强边境口岸对东疆保税港区的宣传力度，以招商会、商品展示、主题活动等形式宣传其功能政策优势，吸引边贸企业开展过境、转口、加工业务。运用双向“属地申报、口岸验放”监管模式，打通物流运输瓶颈，降低企业物流成本。以国际邮轮母港为平台，大力发展邮轮经济，积极与日韩等东北亚国家开展邮轮旅游合作。

3. 进一步发挥项目的带动作用。一是推进天津与蒙古国的合作项目。通过物流、矿产、冻品和食品、旅游等合作项目，带动东疆保税港区功能开发，打通与中北亚国家和地区进行转口贸易的通道，吸引更多货物经天津口岸进出蒙古国，为中国企业“走出去”提供良好的载体和平台。二是推进意大利东疆物流园项目。将意大利出口企业货物的入关口岸转移至天津，推动意方企业加强与天津乃至中国北方地区企业的交流与合作，带动双方货量的不断增长。三是加强与日、韩先进港口的合作，学习他们自由贸易港区的建设经验，积极完善东疆保税港区金融、保险、商业、信息、代理与口岸服务等现代服务体系建设，发展航运贸易的专业保险业务；申请更加便捷的入境签证政策，比如一般签证、免签证、落地签证等，切实增强东疆保税港区的市场竞争能力。

（作者：天津海关课题组）

一 等 奖

内需比外需更稳定吗?

苑　涛　徐　琪

2008 年美国金融危机爆发后，我国的外部需求受到了严重的冲击，根据美国经济分析局的数据，中国对美国的出口从 2008 年 3 季度的 320.5 亿美元下降到 2009 年 1 季度的 216.05 亿美元。我国出口导向型经济增长模式受到了广泛的质疑。

有一种观点认为，金融危机下中国出口锐减的事实说明外需不稳定，而内需是稳定的，所以中国应该将经济发展的重点放在内需上，不能依靠外需。这一观点表面上是为中国促进内需政策找到了理论依据，同时，也否定了外需的贡献。

内需比外需更稳定吗？如果内需也不稳定，那么我们应该如何定位中国的促进内需与发展出口政策呢？本文试图回答这些问题。

一、文献综述

（一）关于出口和经济增长的关系

艾尔迈德和哈恩威尔姆（1995）运用协整和误差修正的方法估计了东南亚五国印尼、菲律宾、新加坡、马来西亚、泰国的出口和经济增长的长期关系，发现出口会随着经济的增长而增长，但经济不会随着出口的增加而增长。黄岑虎（2008）在同样的研究中得到的结论却是，出口、国内私人需求和 GDP 之间存在双向的格兰杰因果关系。

穆罕默德和萨姆帕斯（1996）运用单位根检验和协整分析的方法，对 96 个国家的数据进行了分析，发现只有 8 个国家的出口增长是 GDP 增长的原因，9 个国家的数据显示 GDP 增长是出口增长的原因。

乔治和陶向南（2002）通过建立向量自回归模型，对美国和加拿大的出口、进口和 GDP 的增长率进行了因果分析。结果显示，加拿大的对外贸易和GDP之间存在双向因果关系，美国的对外贸易和GDP之间存在弱相关关系。格兰杰因果关系检验表明，加拿大是一个比美国更开放的经济体，对贸易的依赖程度更大。

林毅夫、李永军（2003）既考察了出口增长对经济增长的直接推动作用，又考察了出口对消费、投资、政府支出和进口的影响，以及对经济造成的间接影响。分析表明，出口始终是我国经济快速增长的因素之一，因此，按照比较优势调整产业结构、发展有出口竞争力的产业的重要性不容忽视。

（二）关于内需和外需的重要性

托马斯·帕利（2002）认为一个国家可以利用出口来获得发展经济的资本，但他不同意出口是拉动经济增长的主要动力这一观点，他认为经济增长应该基于国内需求。

耶萨斯·菲利浦（2003）认为出口导向型增长（export-led growth，ELG）战略和国内需求导向型增长（domestic demand-led growth，DDLG）战略并不是不相容的两种战略。出口导向型增长战略可以使一国达到规模经济，这仍然是发展中的亚洲国家的一个最优的选择。重点是如何找到出口导向型增长战略和国内需求导向型增长战略的黄金结合点。

李敏、查奇芬（2005）利用关联度对需求与经济增长进行了分析，根据关联度系数的大小，证明了内需是决定因素，而外需是重要因素。

苏盛安、赵付民（2005）运用协整理论、因果关系检验以及误差修正模型等方法分析了我国GDP、投资、消费、进出口贸易之间的长期和短期关系。他的结论是：我国经济长期以来是投资驱动型的，消费和贸易一直不是推动经济增长的主要方式。

尹敬东（2007）针对经济增长的测算方法提出了改进，他的结论是：出口是拉动我国经济增长的主要力量，对我国经济增长具有至关重要的作用。如果没有出口导向型的经济增长强劲拉动，仅仅依靠政府积极的财政政策，1999年之后我国国民经济难以走出通缩的困境。

沈利生（2009）对我国2002年至2006年的测算结果表明，在GDP的增量中，由消费拉动的增量贡献最小，投资拉动的增量贡献居中，出口拉动的增量贡献最大，目前的经济增长主要还是依靠投资和出口拉动。

（三）简要评述

国内外的学者主要讨论了内需（消费、投资）和外需对经济增长的推动作用，并试图说明其中一种需求相较于另外一种需求而言是经济发展的主要推动力，客观上为以某种需求为主导的经济增长模式寻求依据。从已有的研究来看，并不能认为对于经济增长和发展来说内需比外需的作用更强，也没有明确的研究结果支持内需比外需更稳定的观点。

耶萨斯·菲利浦提出，关键不在于区分出口导向型增长战略和国内需求导向型增长战略两种模式，而是要探寻限制增长的原因，找到出口导向型增长战略和国内需求导向型增长战略之间的黄金结合点。这一观点具有启发意义，它反映出内需和外需对经济增长的作用并不排斥，在不同的经济发展阶段，由于各种因素的限制，内需和外需拉动经济增长的能力不同。不过，这依然不能回答内需和外需的稳定性问题，无法回答以内需更稳定为理论基础的经济发展依靠内需的观点是否正确的问题。

二、中、美、日三国内需、外需在经济中的比重

（一）研究对象与数据来源

本文将中国、美国、日本这三个国家作为研究对象。中国是发展中国家，对外贸易常年保持顺差。日本和美国都是发达国家，但是日本是贸易立国的国家，对外贸易常年保持顺差；美国的对外贸易常年逆差，而且美国的经济增长主要依靠国内消费。我们研究中、美、日三国的内需与外需的稳定性，希望得出客观的、应用性广的结论。

本文关于中国内需、外需的数据取自《中国统计年鉴2010》中1978年至2009年的统计数据。美国的经济数据来源为美国经济分析局发布的1929年至2010年的统计数据。日本的经济数据来源是 http://research.stlouisfed.org/。进行实证分析时，用出口来代表一国的外需，用消费、投资之和剔除进口因素来代表内需。

（二）内需、外需在经济中的比重

内需（或外需）在国内生产总值中所占的比重越大，说明它对该国经济增长所做的贡献也就越大。从图1可以看到，尽管我国内需和外需

占国内生产总值的比重在不同的年份有较大的变化，但内需的比值高于外需的比重。2007 年以前，内需和外需的比重分别呈平稳下降和平稳上升的局面（个别年份的波动除外）。2007 年以后，由于金融危机的影响，我国外需比重出现了大幅下降，从 2007 年的 38.4%下降到 2010 年的 25.8%，幅度达到了 32.8%；相应地，内需比重有了较大的提高，2009 年达到了 73.6%的最高值，2010 年则出现了小幅的下降。

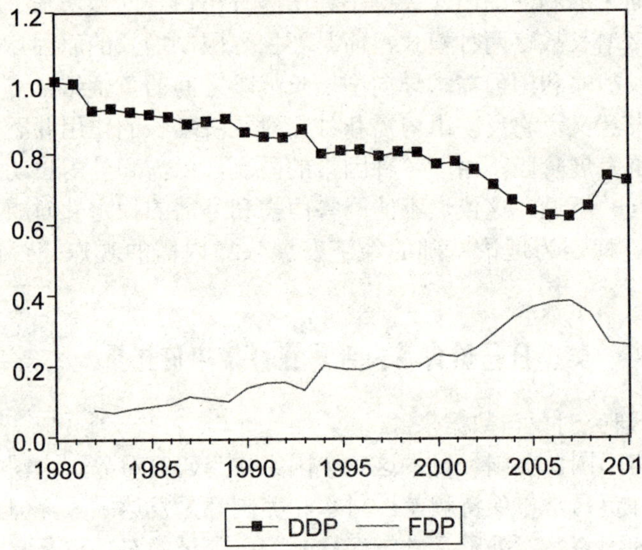

图 1　中国内需、外需占国内生产总值比重图

注：DDP 是指内需占国内生产总值的比重，FDP 是指外需占国内生产总值的比重。

资料来源：根据《中国统计年鉴 2010》数据整理得到。

图 2 反映的是美国内需、外需的比重。美国的内需在经济发展中占据着绝对的主导地位，自 1980 年以来，内需占国民生产总值的比重维持在 87%～93%之间；外需比重则维持在 10%左右略有波动。2008 年美国爆发金融危机，其内需比重减少了不到 2%，比例虽然不大，不过考虑到美国 GDP 数值本身比较大，这个时期美国内需变动还是巨大的。金融危机使美国消费下降，影响了美国甚至全世界经济的发展，这也是经济学界公认的。

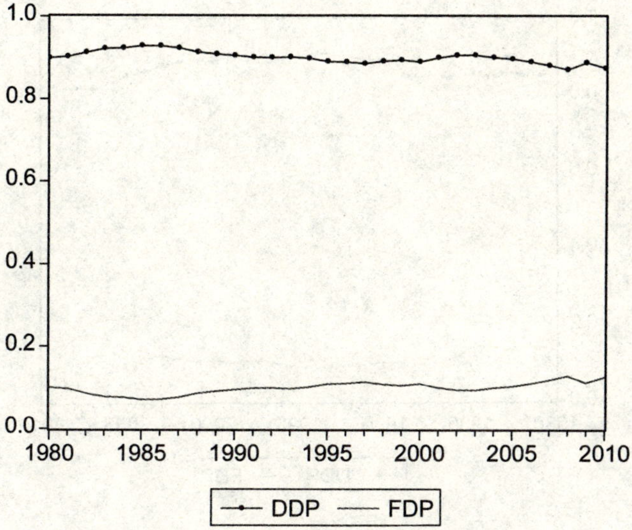

图 2　美国内需、外需占国内生产总值比重图

注：DDP 是指内需占国内生产总值的比重，FDP 是指外需占国内生产总值的比重。

数据来源：根据美国经济分析局数据整理得到，www.bea.gov。

从图 3 中可以看到，日本国内需求和国外需求占国内生产总值的比重都居于中国和美国之间，日本虽然是贸易立国，但是日本的出口依存度比中国低。

外需在中国和日本的经济中份额相对较高，内需占美国经济的份额相对较高。2008 年金融危机爆发后，中国和日本的出口都受到严重的打击，这似乎支持了外需不如内需稳定的观点；但是，金融危机也使美国国内消费大幅度下降，并严重拖累了美国经济，这样看起来对于美国来说内需也是不稳定的。换句话说，内需占经济份额相对较高的国家也面临着内需不稳定的麻烦。

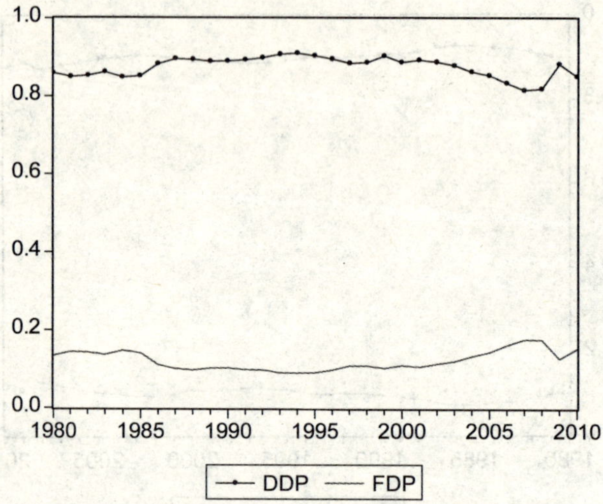

图 3　日本内需、外需占国内生产总值比重图

注：DDP 是指内需占国内生产总值的比重，FDP 是指外需占国内生产总值的比重。

数据来源：http://research.stlouisfed.org/。

三、内需、外需拉动经济增长的稳定性分析

相较于需求占国内生产总值的比重而言，需求对国内生产总值的贡献率是两个变量增量的比值，更能够表明需求对经济增长的拉动作用。本文中所指的不稳定性是数据波动幅度的大小。

内需（或外需）对国内生产总值的贡献率=内需（或外需）的增量/GDP 的增量×100%

我国的内需和外需对经济增长的贡献率波动都很大，这从图 4 可以看出。2000 年以前，内需的贡献率高于外需，2000 年以后，内需和外需的贡献率基本持平，但是金融危机的发生使我国内需和外需的贡献率发生了突变，外部需求的急剧减少表现为外需贡献率的大幅度降低，而国内一系列促进内需的措施使得内需的贡献率大幅上升。

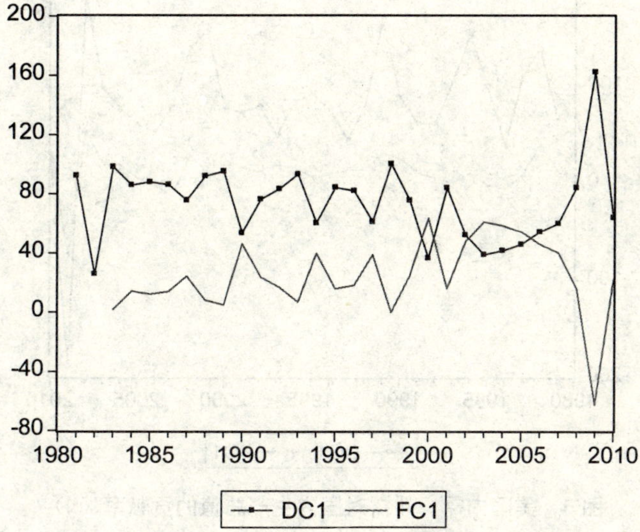

图 4　中国内需、外需对国内生产总值的贡献率（%）

注：DC1 是指内需对国内生产总值的贡献率，FC1 是外需对国内生产总值的贡献率。

数据来源：根据《中国统计年鉴 2010》数据整理得到。

美国国内需求对经济增长的贡献率一直高于外需的贡献率（金融危机使得内需骤降的 2009 年除外），外需对经济的拉动作用在零上下波动。然而，值得注意的是，虽然内需对 GDP 的贡献率很高，对美国经济增长起决定性作用，但其仍然表现出很强的波动性，尤其是在 2008 年金融危机爆发后。如图 5 所示。

日本的外需和内需对经济的拉动力都表现出较大的波动性。1996 年以前，内需对经济的拉动一直大于外需，1996 年以后，外需的拉动力逐渐超过内需。2008 年的金融危机后，日本的出口、GDP 连续两年负增长，在图 6 中表现为外需下降对经济负增长的贡献率更大。

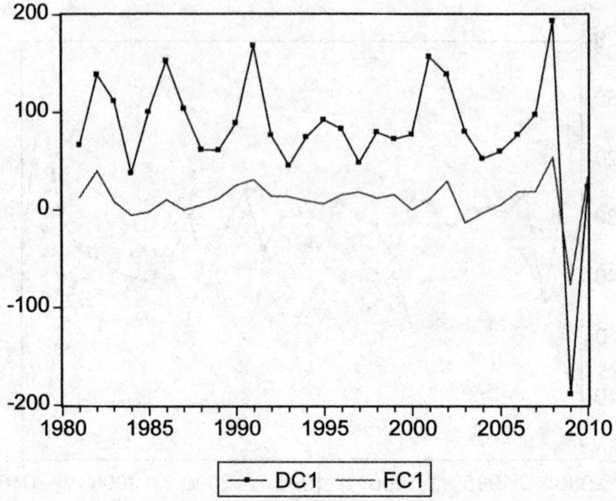

图 5　美国内需、外需对国内生产总值的贡献率（%）

注：DC1 是指内需对国内生产总值的贡献率，FC1 是外需对国内生产总值的贡献率。

数据来源：美国经济分析局数据整理得到 www.bea.gov。

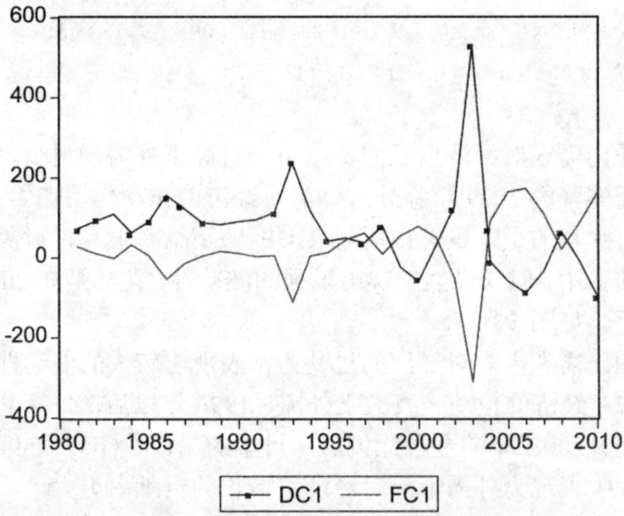

图 6　日本内需、外需对国内生产总值的贡献率（%）

注：DC1 是指内需对国内生产总值的贡献率，FC1 是外需对国内生产总值的贡献率。

数据来源：http://research.stlouisfed.org/。

在中国，内需和外需对促进经济增长的贡献率的差距越来越小，但二者对 GDP 的贡献率呈现出较强的波动性，内需与外需在拉动我国经济增长方面具有不稳定性。美国是以内需拉动经济增长的国家，在其国外需求表现出一定稳定性的同时，美国的内需则表现出了很大的波动性。日本同我国一样，内需和外需对经济增长的贡献率都表现出很强的不稳定性。可见，内需和外需对于经济的拉动都是不稳定的，不能以内需比外需更稳定为基础来强调内需拉动型经济增长战略和否定外需的贡献。

四、对中国GDP、内需、外需的格兰杰因果检验

我们建立中国 GDP、内需（DD）、外需（FD）的向量自回归模型（VAR 模型）。为了避免经济时间序列可能出现的异方差，本文对数据进行取对数处理。三个变量分别表示为：LnGDP、LnDD、LnFD。

（一）对中国的数据建立 VAR 模型

对 LnGDP、LnDD、LnFD 建立 VAR 模型时，要先确定模型的滞后期，并验证模型的稳定性。

表 1 说明，在评价最优滞后期的指标中，有 5 个的最佳滞后期是 2，所以应该建立 VAR（2）模型。

表 1　VAR 模型最优滞后期的确定

Lag	LogL	LR	FPE	AIC	SC	HQ
0	28.36434	NA	2.64e-05	-2.029148	-1.882882	-1.988580
1	120.2238	154.3239	3.52e-08	-8.657904	-8.072843	-8.495633
2	141.8042	31.07578*	1.33e-08*	-9.664336*	-8.640481*	-9.380362*
3	150.1906	10.06370	1.54e-08	-9.615250	-8.152599	-9.209572
4	159.6946	9.123790	1.80e-08	-9.655565	-7.754119	-9.128185

* 由该准则指出的滞后期。

LR: 序列修正 LR 检验统计量（5%水平）。

FPE: 最终预报误差。

AIC: 赤池（Akaike）信息准则。

SC: 施瓦茨（Schwarz）信息准则。

HQ: 汉纳—葵茵（Hannan-Quinn）信息准则。

表 2 是 VAR 模型的单位根检验结果，所有单位根的模都小于 1，说明所建立的 VAR 模型是平稳的。以下的协整分析、格兰杰非因果性检验都是在这个 VAR（2）模型的基础之上进行的。

表 2 VAR 模型平稳性检验

Root	Modulus
0.941182 - 0.062265i	0.943239
0.941182 + 0.062265i	0.943239
0.687085 - 0.599348i	0.911758
0.687085 + 0.599348i	0.911758
0.261707 - 0.795261i	0.837216
0.261707 + 0.795261i	0.837216
-0.226859 - 0.587814i	0.630072
-0.226859 + 0.587814i	0.630072
-0.125896	0.125896
VAR 满足平衡性条件。	

（二）协整分析

经济类时间序列大多都是非平稳的，为了避免出现虚假回归，先要进行序列的平稳性检验。本文采用 ADF 检验法。见表 3。

表 3 单位根检验结果

变量	ADF 检验值	临界值	结论
lnGDP	-0.79	-3.69**	非平稳
dlnGDP	-2.93	-2.63*	平稳
lnDD	-0.63	-2.97**	非平稳
dlnDD	-2.64	-2.62*	平稳
lnFD	-1.56	-2.97**	非平稳
dlnFD	-4.76	-2.98**	平稳

注：** 表示 5%的显著水平；* 表示 10%的显著水平。

表 3 的结果表明，在 10%的显著水平下，我国的 GDP、内需和外需都是一阶单整的。

对多变量在 VAR 模型的基础上进行协整检验的方法为 Johansen 协整检验法。检验结果如表 4。结果表明，我国的 GDP、内需和外需之间存在一个长期稳定的协整关系。

表 4　Johansen 最大特征根统计检验结果

Unrestricted Cointegration Rank Test（Maximum Eigenvalue）				
Hypothesized		Max-Eigen	0.05	
No. of CE（s）	Eigenvalue	Statistic	Critical Value	Prob.**
None *	0.589689	23.16183	21.13162	0.0256
At most 1	0.339517	10.78436	14.26460	0.1653
At most 2	0.070843	1.910412	3.841466	0.1669

* 0.05 水平上拒绝假设。

**MacKinnon-Haug-Michelis (1999), P 值。

（三）格兰杰因果关系检验

为了确定我国 GDP、内需、外需之间是否存在因果关系，下面进行格兰杰因果关系检验。

从表 5 中可以看到，我国的 GDP 是内需和外需的格兰杰原因；内需不是 GDP 和外需的格兰杰原因；外需不是 GDP 的格兰杰原因，但却是内需的格兰杰原因。这说明，外需、内需和 GDP 之间都没有直接的因果关系。

另外，在对美国和日本的数据进行分析时发现，美国和日本的 GDP、内需和外需之间不存在长期稳定的协整关系，不能进行格兰杰因果关系检验。

表 5　格兰杰因果关系检验结果

因变量：LNGDP			
	Chi-sq	df	Prob.
LNDD	3.215733	3	0.3595
LNFD	5.405943	3	0.1444
All	6.122902	6	0.4096
因变量：LNDD			

续表

	Chi-sq	df	Prob.
LNGDP	15.33845	3	0.0015
LNFD	24.40334	3	0.0000
All	46.80874	6	0.0000

因变量：LNFD

	Chi-sq	df	Prob.
LNGDP	8.188040	3	0.0423
LNDD	6.860562	3	0.0765
All	8.754348	6	0.1879

五、主要结论和政策建议

无论是在美国这样的内需主导型经济中，还是在中国和日本这样外需对经济发展的贡献更大的经济中，内需和外需都具有不稳定性。内需比外需更加稳定的观点是错误的。

在我国外需受到冲击时，要尽可能地提高内需，以免经济陷入衰退的境地，但不能因此就忽视外需而主观地把我国的经济转变为内需主导型经济。我们不能以内需比外需稳定为理论基础来制定经济发展战略，不能片面地强调内需，把内需作为拉动经济的唯一动力。

我们对内需和外需两者都不可偏废。作为发展中大国，中国通过促进内需来发展经济的战略是正确的；但是，这并不意味着我们要否定外需的作用。我们应该继续发挥外需对经济发展的促进作用。只有使内需和外需都能得到充分的挖掘，才能使我国的经济持续、稳定地增长。

（作者：苑涛　南开大学　副教授；徐琪　研究生）

实施“走出去”战略，外经、外贸联动促进公司发展

王　静　张　璐

一、公司概述

天津机械进出口公司成立于1956年，至今已有55年历史，企业性质为国有独资企业，是北方国际集团的全资子公司。公司是以经营机电产品进出口贸易及海外工程承包为主的专业贸易公司，现为中国机电商会企业信誉A级企业、中国工程承包商会企业信誉AA企业、商务部A级资质援外物资企业。公司还拥有“雄鸡”、“飞燕”、“钻石”、“云雀”等一批国内外知名的商标，在海外近28个国家和地区设有分公司或代表处。经营规模在10亿元人民币，年均进出口总额1.5亿美元，经营效益良好。公司现有员工147人，有着一批熟悉进出口贸易及工程项目管理的专业人员。

二、实施“走出去”战略的背景、条件

作为传统的外贸企业，天津机械进出口有限公司曾经在计划经济体制下对国家、地方的经济发展起到重要的作用。但是，近年来随着世界经济的快速发展、经济一体化的深入以及外贸经营权的完全放开，从事外贸业务的企业数量急剧攀升，贸易竞争愈加激烈，从而造成包括天津机械进出口有限公司在内的专业外贸公司经营优势逐渐丧失，公司面临的生存空间日益狭小，传统经营模式下产品边际利润逐年下滑。

集团与公司领导意识到，公司要长期发展，必须寻找新的业务突破口，获取新的利润增长点。党的十七大报告明确指出：“坚持对外开放的

基本国策，把‘引进来’和‘走出去’更好地结合起来，扩大开放领域，优化开放结构，提高开放质量，完善内外联动、互利共赢、安全高效的开放型经济体系，形成经济全球化条件下参与国际经济合作和竞争的新优势。” “走出去”战略是党中央、国务院根据经济全球化新形势和国民经济发展的内在需要做出的重大决策，是发展开放型经济、全面提高对外开放水平的重大举措，是实现我国经济与社会长远发展、促进与世界各国共同发展的有效途径。实施“走出去”战略对于我国转移过剩的生产能力、调整产业结构、获取先进技术、突破贸易壁垒等具有重要意义。公司通过对宏观政策、经济环境、技术解决途径等方面的分析，判断出传统外贸企业在技术、人才和资金方面相对匮乏，经过规划和运作，传统外贸企业必须“走出去”。海外工程业务作为传统外贸企业“走出去”的途径之一，具有良好的发展前景，具备“天时、地利、人和”的发展空间，主要表现为：

1. 从事海外工程项目能为国家取得显著的经济效益和社会效益。大量的外汇收益促进了国际的收支平衡，相关产业的发展也促进了充分就业。此外，国家正积极地推动工程承包企业“走出去”战略，这为专业外贸企业承包海外工程项目提供了强有力的政策保证。

2. 在国际市场上，尤其是第三世界国家的工程项目市场，我国产品的质量性能稳定，比较价格优势突出；同时劳动力技术水平也逐年提升，且相对于他国企业有很强的竞争成本优势，为承包海外工程项目奠定了较好的基础。

3. 国内相关企业在工程设计、设备制造、施工建设等相关领域的技术能力都大幅度提高，某些领域已达到国际先进水平。因此，国内市场相关企业在上述方面产能逐渐趋于饱和的情况下，国内产品和服务寻求新的发展空间的需求日益迫切，这为海外项目工程提供了充足的发展内容。

4. 原专业外贸企业长期以来在外贸领域有着深厚的积淀，即有形和无形资产、业务人才、国外信息渠道等。老企业在产品、服务、资本、技术、劳动力、管理等因素上的积极重新整合，能够使它在出口方面更好地发挥自身优势，焕发新的青春。

5. 至目前，商务部等相关部门尚未完全放开国际工程承包市场的市场准入，有能力的私营企业进入国际工程承包市场的改革方案仍在酝酿中，这为具备了工程承包权的专业外贸企业利用政策间隙大力开拓市场提供了良好的机会。

由此，公司领导达成共识采取“走出去”战略，确立了利用海外渠道、集中优势资源、公司领导挂帅的三位一体的海外工程项目发展模式。由于政策到位、决策准确，公司已取得了明显的成绩。仅以缅甸市场为例，十年间，公司利用工程项目的机会，先后签订了近十个大中型项目，带动了近 1.5 亿美元的设备出口。

正在承建的缅甸公路铁路特大桥项目就是坚持“走出去”发展战略的成功体现。这个项目自始至终得到了北方集团领导的高度重视和资金支持。我方发挥整体优势，对内公司领导牵头，业务人员会同设计院所实地考察、精心准备、克服困难、拼搏工作，对外充分发挥国外代理的协调作用，最终我司递交的设计方案凭优异的工艺设计、现代的生产设备、合理的价格水平，战胜了德国、韩国、印度及国内同类企业，以综合排名第一的绝对优势一举拿下了这个总金额 2600 万欧元的项目合同，同时为扩大缅甸市场打下了坚实的基础。该项目现已完成全部的交货任务，实现安全收汇 95%，预计 2011 年底建成通车。此项目的承建锻炼了我们的业务团队，开拓了我司境外承建铁路公路项目领域，为中缅两国的经贸合作发展做出了贡献，给公司创造直接效益近 2000 万元人民币。

2011 年 5 月份公司及集团领导又与缅甸政府代表团在北京钓鱼台国宾馆就今后业务发展进行友好洽谈，缅方表示愿与公司在建筑领域共拓市场，继续合作。

三、实施“走出去”战略，到境外投资，带动机电产品和成套设备出口，找寻长期经济效益的落脚点

几年来，在集团领导下，公司坚持“走出去”发展战略，通过对外投资合作，从带动产品出口，扩大出口规模，升华到促进外经和成套设备，获取长期效益，并取得了初步成效。

公司最早的投资项目是在孟加拉设立 CNG 加气站。公司与孟加拉

建立合资公司，经营加气站，公司提供技术和设备，对方提供场地和气源，并获得政府补贴。至 2010 年底公司已建立 CNG 加气站 10 座，投资效益很好。这个项目公司仅投入 4 万美元，现已增值十多倍，孟加拉方面还准备继续扩大。现在我们打算将投资收益继续滚动发展，与客户一起，扩大产品出口，获取更多的投资回报。公司投资 CNG 加气站，当初想法很简单，就是与客户一起，争取银行授信额度，扩大产品出口。现在到境外投资已成为公司的重要经营战略。

（一）实施“走出去”战略，公司在泰国承建绿色电站项目，收获了意想不到的效果

起初泰国有些客户希望进口受政府财政支持的绿色电站项目，往往委托国际招标公司进行招标，我方最初也参与这种招标，受竞争和当地用户对中国产品不熟悉的影响，工作做了很多，很难取得效果。

在与客户联系中，提出双方出资建立联合体，取得国民地位，然后向泰国政府部门申请建立电站。政府批准后，该联合体先向我方融资，我方以投资名义汇款到泰方，然后向银行申请贷款。在进口中国设备中，我司投资部分以预付款方式汇回。我司投资部分实际就是项目经营利润的一部分，将来经营有风险，也不会造成国有资产的流失。

按照这种模式，我们已在泰国建立了 4 座电厂，合同总金额 2000 多万美元；签字意向 10 座，总装机容量 100 万千瓦，意向合同金额 4500 万美元。

投资联合体双方在建电站方面，发挥了各自的优势，泰方负责选厂址、购地、办理上网手续、申请贷款；公司支持起头资金，提供技术、设备和售后服务，指导土建和安装调试，并负责电厂的 OKM。在泰国南部戈比府建立的 10MW 电站，已进入运营阶段。

香港凤凰电视台在泰国做专题节目时，报导了天津某集团建立绿色能源电站的消息，在泰国引起了反响，很多客户致函公司，询价建立电站；天津及时报道了这则消息后，国内很多电力投资公司、电力设备供应的厂商也纷纷找到公司寻求在泰的合作，渴望加盟共拓泰国电力市场。

我司采取新的国际经济合作方式和经营理念，探索外经带动外贸出口，开拓机电产品出口新途径所取得的成绩也得到了上级领导的充分肯定。这极大地鼓舞了公司继续探索外经外贸发展和增长途径的积极性。

（二）实施“走出去”战略，利用公司无形资产，开拓非洲市场，取得了较好的经济效益

我司的“雄鸡”牌农具产品在非洲家喻户晓，极负盛誉。多年前公司尝试在乌干达设立了贸易公司，用自己的销售网络代替当地进口商，把仓库搬到乌干达当地，使公司的品牌竞争力在乌干达得到了充分的发挥。几年来，乌干达公司已累计创造效益5000多万元，为公司的持续发展做出了巨大贡献。下一步我司还准备继续发挥其在当地的影响，积极参与联合国在非洲的外经招标及工程招标工作，争取在“十二五”期间有更大作为。

在实施“走出去”战略的同时，我们也遇到了一些问题。作为专业外贸企业，以往从以外汇业务见长的中国银行申请贷款相对比较容易，并且是习惯做法。随着中国银行股份制改革步伐日益加快，中国银行将大量不良资产进行剥离，不再轻易向外贸企业授信和融资。而对于其他国有商业银行来说，他们对专业外贸企业还比较陌生，而海外工程项目需要大量资金，且必须保证及时到位，融资困难关系到这些企业能否顺利履约以及未来业务的拓展。

针对资金严重短缺，我们采取如下应对措施：

1. 利用供应商资金解决专业外贸公司资金缺口。专业外贸公司可以通过与国内供应商的谈判，在签署采购合同时，尽量采取延长付款时间的做法解决资金紧张的局面。2007年，我司在缅甸市场签订了2000万美元的纺纱厂交钥匙工程项目，在此期间因为公司在其他几个大项目开拓上的资金占用，整体资金运作出现困难，所以在签订分包合同时，公司与分包企业策划和协议了周期近4年的进度付款，显著缓解了我司资金的紧张情况，保证了项目的顺利实施。

2. 利用国外客户资金解决专业外贸公司资金缺口。专业外贸公司通过与国外客户的谈判，在签署承包合同时，尽量要求对方采取预付资金的方式来解决资金紧张的局面。2010年，我司在缅甸市场签订了2600万欧元的公路铁路特大桥项目合同，通过运作和与业主方沟通，我司在交货后很短的时间内就获得了合同金额80%以上的付款，使我司的项目融资周期显著缩短，资金使用效率明显提高。

3. 与国外客户商定有利于外贸企业在国内银行申请授信的结算方

式，例如信用证、远期本票等。目前各家银行都在争取国际结算市场份额，所以外贸公司在商业银行申请打包贷款等业务相对容易，比一般贷款成功的几率要大得多。公司的部分海外工程项目部分是采用信用证结算。公司用信用证申请打包、贷款，一定程度上缓解了公司的资金压力。但是很多项目的执行对工程进度要求非常高，多数时候，项目的执行无法等待相对漫长的银行打包审批程序，所以企业需要具备一定的快速资金融通能力，如申请相关银行和金融机构的固定额度贷款等。

4. 通过政策性银行融资。为了支持、扶植进出口企业，国家成立了政策性的中国进出口银行，而重组后的国家开发银行也逐渐开始开拓海外融资市场，这些都为外贸企业融资开辟了新的渠道。与正常的商业银行相比，进出口银行的融资利率较低，国家开发银行贷款机制灵活，并能对长期贷款提供支持。由于大型国际工程承包项目中很多都是远期付款合同，进出口银行的支持可以显著地减少企业项目成本，改善企业资金的运营状况。因此，外贸企业应精心选择项目，争取与信用保险机构、各大银行的合作，解决资金劣势。我司早在2000年就与中国进出口银行开始银企合作，中国进出口银行也曾给予我司上亿元的固定贷款额度，这些成为我司后续海外业务发展的坚实的资金基础。

5. 与出口信用保险公司合作。中国出口信用保险公司于2001年正式成立。它的成立使得企业能够更多地获得出口收汇风险保障和融资便利。而且通过投保出口信用险，还可以使企业更加从容地从商业银行和进出口银行获取贷款资金，保证海外工程项目顺利完成。由于海外工程项目的特殊性，我司的海外工程业务主要集中在第三世界国家，其中很多属于高风险级别的国家，通过出口信用保险，我司几乎所有的海外工程业务都获得了银行的融资支持，扩大了公司在这些市场的业务份额和影响力。

通过“走出去”战略的实施，我司海外市场经营已逐步摆脱过去单一出口的局面，形成进出口相结合，以外经带动外贸，通过与国内、外政府的密切配合，利用灵活的贸易融资方式，参与当地政府物资采购招标、工程项目招标，成功完成纺织、造纸、水泥、食品加工、电站、市政府工程项目以及商务部对外物资援助项目。这些都已形成公司新的贸易增长点。

这些成绩的取得主要来源于以下几个方面的工作：

1. 调整人员结构，配齐各类人才，以适应业务发展的需要。公司为适应产品调整、承接工程项目的需要，陆续引进了一批工科人才，有针对性地开拓新产品、新市场，效果非常明显。经过多年的调整，我司的人员结构中有擅长国际工程投标的人才，有经营商标产品的业务人才，有在行业中颇有名气的专业人才。智力资源是事业之基，正是由于人才结构的特点，才使得公司在经营方式上能够实现“走出去”战略。

2. 在调整市场、商品结构的同时，大胆探索、实践多种经营模式，提高企业的竞争力。大型机电产品和成套设备出口及交钥匙工程是货物和技术混合性交易，不能简单采取一般消费品的传统贸易和支付方式。公司领导和业务人员大胆实践，尝试各种经营模式开展国际贸易。

（1）买方信贷模式：缅甸的纺织厂项目

公司在缅甸宾普和帕克库承担的交钥匙工程；3 万锭的纺织厂和 600 与 800 台织机的综合纺织厂。

（2）卖方信贷模式：越南的水泥厂项目

公司出口水泥生产线设备已有近 20 年历史。特别是在越南市场，已完工的项目共 8 条生产线。其中有在南越芹苴 25 万吨/年水泥粉磨站项目。

（3）B.O.T. & O.M.方式：泰国电站

公司在泰国已完工的 9500KW 棕榈壳废料发电项目，项目金额 810 万美元。正建设的电站项目还有巴西 30MW 蔗渣电站项目，项目金额 610 万美元。

（4）交钥匙工程模式：缅甸 60T/D 纸厂项目

公司在缅甸大邦承建的 3650 万美元的 60T/D 新闻纸厂以及在缅甸曼德勒市承建的 365 万美元的 25T/D 新闻纸厂。

（5）合资项目模式：孟加拉的 CNG 加气站项目

至 2010 年底公司已建立 CNG 加气站 10 座，投资效益很好，现已增值十多倍，孟加拉方面还准备继续扩大。

（6）援外项目模式：印尼的农业机械，苏丹的电站项目，正在进行中的吉尔吉斯斯坦的农业项目等

10 年间公司执行的商务部对外援助物资项目 20 多个，累计金额近

4 亿元人民币。

（三）建立战略合作关系，增强市场竞争力，实现共赢

实施“走出去”战略，仅靠公司自身的资源是不够的，因此我们通过项目与设计院所、大型企业集团建立战略合作关系，风险共担，利益共享，联合开发国际市场，用资产联合和契约关系建立紧密合作，实现共赢，并取得了较好的效果。

我们先后与轻工设计院、市政设计院、建材设计院、纺织设计院、电力设计院、冰山集团、经纬集团、20 冶及众多厂家建立长期合作关系，就某一地区、某一项目获得唯一排他性经营权，为公司打开国际市场、争取项目取得优势条件。

十多年来，在政府加快实施“走出去”战略的政策扶持下，在上级领导的关怀下，公司积极采用多项优惠政策，实施“走出去”战略达到了我们预想的效果：贸易方式多样化，产品多元化，形成了新的贸易增长点；同时锻炼了员工队伍，提高了员工的综合素质，加强了员工的凝聚力；为公司持续发展带来了无限市场空间。实施“走出去”战略同时也带来了挑战：企业的融资能力要进一步提高，业务风险相对较大，需要缜密部署，严格按规范执行。我司会正视面临的问题，因地制宜地采取相应的策略，保证未来“走出去”这一战略的成功实施。

在未来“十二五”的规划中，我司还要扬长避短、脚踏实地，充分发挥自身优势，降低经营风险，协调好与国内外政府、银行、客户等各方面关系。开发新思路，开拓新市场，根据企业自身的国际竞争力状况等综合因素，选择各种适合自己的“走出去”模式，继续坚持“走出去”战略，实现利润最大化，促进公司更快发展。

（作者：王静 北方集团天津机械进出口公司 经济师；张璐 办事员）

高端航运服务业的成功模式对天津东疆港区发展的启示

封 骁 郑 威

引 言

航运服务业是航运中心的特色，高端航运服务业则被认定为国际航运中心的重要特征。随着国际航运服务业从低端向高端发展，高端航运服务业成为全球各大港口努力的方向。因此，发展具备全球航运资源配置能力的国际航运中心和国际物流中心，必须在高端航运服务领域形成制高点。

天津东疆保税港区是具有优越自然条件和完备政策功能支持的特殊经济功能区。在国务院批复的天津滨海新区综合配套改革试验总体方案中，要求以建设东疆保税港区为重点，加快建设北方国际航运中心和国际物流中心；同时，国务院还鼓励在其保税港区进行服务业对外开放创新试点。从当前航运业整体发展趋势来看，高端航运服务业的发展水平在很大程度上代表了国际航运中心的全球竞争力，发展高端航运服务业也就成为天津建设国际航运中心的重要内容。

通过对高端航运服务业的发展历程与不同国家和地区航运服务业发展特点的研究，可发现高端航运服务业存在着互不相同的发展模式：以市场交易和提供航运服务为主，依靠悠久的历史传统和人文条件而形成的伦敦模式；以技术研发为主导，重视人才吸引的知识驱动模式，如新加坡。明晰高端航运服务业发展的不同模式，了解其特点与优势，对于天津应选择何种路径建设国际航运中心具有重要的指导意义。

一、国际航运服务业及其发展模式

（一）航运服务业的定义与分类

航运服务业是指所有为航运提供商务交易、客货运输、金融保险、信息咨询、技术人才、船货代理等服务的产业，主要包括航运相关服务业、航运主业和航运辅助业。其业务领域是一条完整的产业链，根据在产业链中的不同位置，可分为三类：

1. 产业链的下游为航运辅助业。围绕着航运主流业务开展港口货代、装卸、仓储、运输、中介等配套服务，属于劳动密集型、附加值相对较低、经营相对分散的产业。

2. 产业链的中游是航运主业，其经营业务有旅客运输（含邮轮客运）、货物运输、船舶租赁、船舶修造等，属于资本密集型、具有规模效应、具集约化经营特点的产业，附加值相对较高。

3. 产业链的上游为航运相关服务业，其经营业务有航运融资、海事保险、航运交易、航运咨询、海事法律、公估公证、信息技术、人才培训、航运会展等，属于知识密集型、高附加值的产业，通常与金融、保险业组成金融航贸商务区，构成国际航运中心城市的核心。

（二）航运业与金融业相结合的伦敦模式

无可否认，伦敦一直是世界上最具规模且最先进的航运服务中心，多年来，其船舶经纪、航运保险、海事法律咨询以及其他各项全面的支持服务享有超高的国际声望，并为英国的经济发展注入了源源不断的动力。

1. 伦敦国际航运中心的发展历程

英国具有悠久的航海历史，是工业革命的发源地，伦敦国际航运中心的发展也受到了其历史传统的影响。早在工业革命之前，伦敦就已经迅速发展成为英国最大的贸易中心、追加服务贸易中心和手工业生产中心。18 世纪初，伦敦再出口商品占到了英国全国比重的 80%以上，雄厚的贸易实力、资本实力和商品生产实力为伦敦国际航运中心的形成打下了坚实的基础。工业革命开始之后，以伦敦为中心城市的英格兰中部大城市带开始崛起，为伦敦发展为国际航运中心提供了可靠的腹地货运保障。到 19 世纪 40 年代工业革命基本完成之时，伦敦已经成为全球国际商业和贸易中心、国际金融中心，并带动了海运、金融、保险服务的发展，成为国际运输枢纽与欧洲的门户。这些因素的共同作用，奠定了伦敦在国际航运市场的核心地位。

自工业革命以来，伦敦一直将航运业和金融服务业紧密结合，这一点在航运融资与海事保险方面表现得尤为突出，逐渐形成了对全球航运资源的垄断和配置，使其成为全球无可争议的航运定价中心和管理中心；即便在20世纪40年代后实体货物吞吐量不断下降的情况下，仍能通过航运服务创造出比传统港口业更大的收益，在长时间内维持着全球航运中心的地位。

2. 伦敦航运服务集群的构成

伦敦航运服务集群是一个庞大、成熟、动态的系统，也是世界航运服务的最大输出者。超过1750家从事航运服务的公司或组织在伦敦拥有办公室，其中79%在伦敦注册了办事处。调查数据显示，460家在伦敦的船务经纪公司包揽了全球50%的油轮和30%～40%的干散货租船业务，每年买卖全球近半的新船和二手船，价值超过340亿美元。见表1。

表1　伦敦航运服务类公司数量统计

公司类别	公司数量
船舶代理与运输	336
船主与船舶管理人	206
海运保险	193
船舶经纪人	143
海事组织	105
海事法律服务	101
技术顾问与验船师	98
船舶融资与相关服务	62
租船人	42
信息技术服务	35
保险-P&I俱乐部	26
海事教育与培训	12
海事人力资源	9
船级社	8
媒体与出版	6
合计	1382

伦敦航运服务业集群中的需求方和供给方之间形成了组织严密、自成体系的网络，航运服务的需求来自全球各地，而伦敦提供综合的航运服务，这些航运服务主要围绕着市场交易展开。伦敦航运服务业相互贯通的供应链覆盖了五大类部门：航运、中介服务、海事治理与监管、支持服务与行业协会（图 1）。

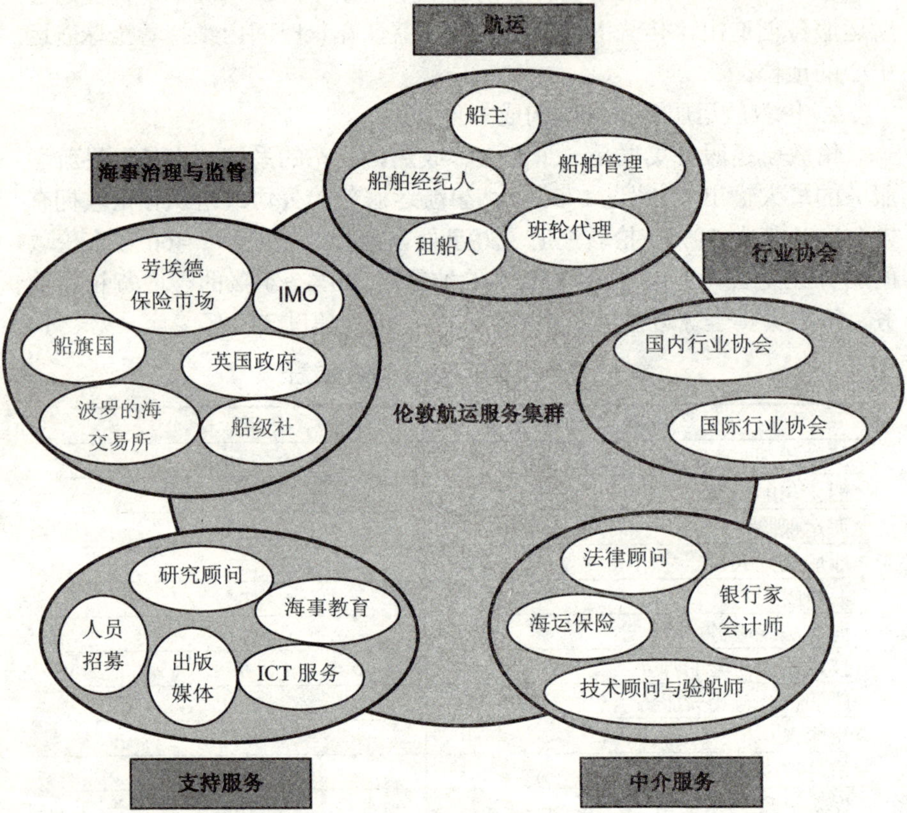

图 1　伦敦航运服务概览

3. 伦敦高端航运服务业的发展模式

金融中心和航运中心是相伴而生的，金融中心发展源于航运中心，航运中心发展离不开金融的支持。国际航运中心的金融业发展解决了航运公司和港口的资金困境，充分发挥了它在航运投资、融资、结算和海上保险中的作用，而运输生产本身也就是国际范围内资金流转的过程。因此，金融服务环境的完善为航运业发展提供了金融保障。

航运与金融的相互促进形成了高端航运服务伦敦模式的主要特点，即以市场交易为主。

伦敦拥有全球唯一实行自我监管的航运交易所——起源于 17 世纪的波罗的海航运交易所，其定期公布的 BFI 波罗的海海运费率，是世界各地的不定期船市场制定运价的依据；波罗的海国际航运中心制定的“统一杂货租船合同”，是国际租船合同的标准形式；由伦敦和纽约船舶经纪人协会修订而成的“世界油船运价表”，是世界油船市场的标准运价。

伦敦银行间同业拆借市场利率（LIBOR）成为全球国际金融市场通行的基准利率，LIBOR 贷款条件成为全球船舶融资市场的标准之一。2006 年，仅发生在伦敦的船舶贷款总额就占世界总量的 18%。

在航运保险市场，伦敦一直处于领先地位，超过日本、美国和德国，保费占国际航运保险市场 20%左右的比例。伦敦还是保险赔付的最大管理中心，在英国的船东互保协会（P&I Clubs）占了全球 60%以上的市场份额。

伦敦是世界海运专业媒体最为集中的城市，国际航运业权威机构德鲁里航运咨询公司、国际造船业权威机构克拉克松研究公司、国际海事权威机构劳氏船级社、国际集装箱运输权威集装箱化国际资讯中心等均设在伦敦。出版的《劳氏航运经济学家》、《国际集装箱化年鉴》，以及德鲁里和克拉克松发布的研究报告与国际数据，指导着全球航运交易与航运市场的运行。

作为官方和非官方国际海事机构的集聚地，至少有国际海事组织（IMO）、国际海运联合会（ISF）等 15 个国际组织将总部设在伦敦。见表 2。

表 2　伦敦高端航运服务业汇总

服务类别	服务内容	代表机构
船舶融资	船舶贷款、船舶租赁	苏格兰皇家银行
海运保险	船舶险、货运险、责任险	伦敦保险公司和劳埃德保险社

续表

服务类别	服务内容	代表机构
航运价格衍生品	航运指数期货、运费远期/期货合约和运费期权	伦敦清算所
船舶登记	船舶登记	劳埃德船级社
航运交易	发布价格水平指数，提供交易场所、信息服务	波罗的海航交所
航运信息与媒体出版	向全世界提供权威航运信息	德鲁里航运咨询公司、克拉克松研究公司、劳氏船级社
国际组织	协调各国海上安全和防止船舶污染工作的政府间国际组织，海事立法、船舶技术规则和要求制定等	国际海事组织（IMO）总部、国际海运联合会（ISF）、国际货物装卸协调协会（ICHCA）

从以上的分析可以看出，伦敦国际航运中心的发展历程的确受到其历史文化背景的影响，也是特定地理条件的产物。但随着时间的推移和制造业格局的改变，伦敦港口、航运等“硬实力”开始衰退，如今集装箱年吞吐量已在世界排名前 100 位之外。由于伦敦很早就将注意力集中到依托伦敦国际金融中心的高端航运服务市场建设上来，其“软实力”在短期之内无人能撼动，且能长时间保持，从而维持了其国际航运中心领导者的地位。

（三）注重技术研发与人才培养的新加坡模式

随着世界经济重心的逐步东移，新加坡港成为迅速崛起的世界级大海港和集装箱枢纽港，目前已拥有 530 条定期航线、连结全球 700 多个港口的庞大海运网。尤为突出的是，现已拥有 32 个集装箱深水泊位，92 台集装箱装卸桥，总能力达 1310 万 TEU，为世界装卸设备集约化程度最高的港口，集装箱吞吐量连续四年位居全球首位。在高端航运服务业方面，新加坡提出到 2025 年建立全球海洋知识枢纽（Global Maritime Knowledge Hub），大力发展海洋研发，以全球海洋知识枢纽来推动新加坡航运集群的发展；同时，推出大量优惠政策，吸引全球的航运公司到新加坡开展业务，以增强新加坡在航运方面的竞争力。

1. 新加坡国际航运服务业发展特点

（1）国际箱管和租赁中心

新加坡拥有发达的集装箱国际中转业务，吸引了许多船公司将其作为集装箱管理和调配基地，形成了一个国际性的集装箱管理与租赁服务市场。

（2）国际船舶换装修造中心

新加坡拥有40万吨级的巨型旱船坞，可以修理世界上最大的超级油轮，是亚洲最大的修船基地之一，在提供维修服务的同时，还提供船舶换装与修造一体化的服务。

（3）先进技术和完善的信息管理系统

由于新加坡地处欧亚及南太平洋海底电缆汇合点，其卫星通信效率与光缆密度皆为世界之最。港口经营管理的电脑化程度很高，特别是与许多国家地区的港口都建立了计算机数据交换网络，互通航运信息和营运计划。早在20世纪80年代，新加坡港务集团就首创了电脑综合码头作业系统（CITOS），这是一个企业资源策划系统，能协调并整合整个港口的运作。另一个系统是海港网络（PORTNET），这是一个用网络联系全新加坡的海港事业单位的电子商务系统，是世界港口最先进的电子信息管理系统。

（4）国际船舶燃料供应中心

新加坡是世界第三大炼油中心。世界排名前列的Shell、BP等石油公司均把新加坡作为石油提炼和仓储基地。炼油业的规模效应使船用成品油的价格相对较低，加上位于国际航线要冲，新加坡已成为国际船舶燃料供应中心。

（5）海运信托

到目前为止，新加坡已有3个海运信托基金上市，分别为2006年5月的太平海运信托（Pacific Shipping Trust，PST）、2007年3月的FSL海运信托（First Ship Lease Trust，FSL）和2007年5月的Rickmers海运信托（Rickmers Maritime Trust，Rickmers）。新加坡海运商业信托借鉴国际不动产投资信托的做法，创新船舶融资渠道；同时新加坡给予海运信托租赁收益免税和信托管理收益10%的优惠税率，此举将在当地催生更多全新的、分工更精细的船舶融资租赁公司。

2. 新加坡进一步打造高端航运服务业的策略

新加坡提出要通过建设全球海洋知识枢纽来推动航运集群的发展，进而提升在全球的竞争力。以研究、发明和教育为核心，通过这三方面的发展，并引入投资者和风险资金来推动港口、航运服务，以及海运、近海和海洋工程的进步（图 2）。先进的研发能力将使新加坡扩大技术运用范围，同时提供新的服务产品来满足全球航运市场的需要。

为吸引更多优秀人才加入海运业和提高海事人员技能，新加坡推出一系列培训项目。其中，新加坡海事及港务管理局设立了一个 8000 万新元的海事培训基金，支持各海事企业的人员培训以及兴办海事教育；在新加坡各大学成立博士基金，邀请知名海事专家前来授课。在海事基金的支持下，各海事企业也可把人员派往国外航运企业实习。

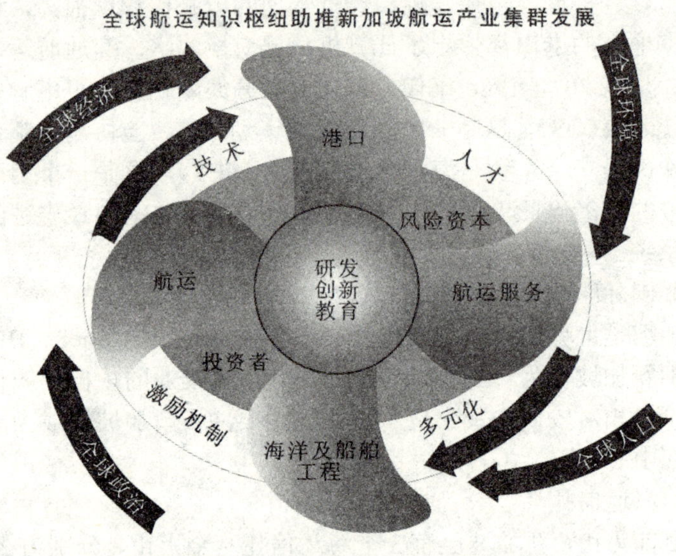

图 2　新加坡全球海洋知识枢纽计划

3. 新加坡政府对航运服务业的优惠政策

新加坡海运服务业的高速发展也离不开政府优惠政策的支持，从税收到新企业设立，以及宽松的融资环境，吸引了众多国际知名海事企业进驻。作为国际主要船舶经纪行，克拉克森 2011 年初将旗下整队干散货船经纪小组由香港搬往新加坡，而瑞士再保险公司（Swiss Reinsurance）亦将原设在本港的海事再保部门迁移至新加坡。

（1）海事金融优惠计划

2006 年，新加坡政府针对船舶租赁公司、船务基金和船务商业信托制定了较为优惠的鼓励措施，即新加坡海事金融优惠计划：船舶租赁公司、船务基金或船务信托在 10 年优惠期内购买船舶所赚取的租赁收入，只要符合条件将永久豁免缴税，直至相关船舶被售出为止；负责管理船务基金或企业的投资管理人所获得的管理相关收入，只要符合条件即可享有 10%的优惠税率，为期 10 年。

（2）核准国际船务企业计划

获核准的国际船务企业，在有效期间从国际贸易和船舶运输活动中赚取的合理收入，将以优惠税率缴税。

（3）船舶注册制度

新加坡船舶注册为船舶所有人提供如下优惠：免除船舶经营所得税和海外贷款利息预扣税（只限集体注册计划的船舶），不限制船员国籍，承认外国政府签发的船员适任证书，并让船舶所有人享有具竞争力的船舶注册费。

（4）海事企业发展计划

海事企业发展计划主要目的是为鼓励各海事企业（包括航运企业、海事辅助服务企业和海事非官方机构）在新加坡推出新的海事服务和产品。在该计划下，海事企业推出新的海事服务和产品所需支付的合格消费将能得到高达 50%的财务援助。

二、天津具有发展高端航运服务业的条件

天津港东疆港区，是滨海新区开发开放的重要标志区，是建设国际航运中心和物流中心的核心功能区，也是综合配套改革的试验区。国务院关于设立天津东疆保税港区的批复中，要求东疆保税港区在机制、体制创新等方面先行试验一些重大的改革开放措施。

天津已经连续两年在全球集装箱港吞吐量排名中位列第 11，2011 年极有可能挤掉鹿特丹进入世界前十。从“硬实力”来说，天津已经跨

入了国际大港的行列，然而在航运服务，尤其是高端航运服务领域，离国际航运中心的目标还有着不小的差距。规模化的伦敦高端航运服务集群可以成为天津的范本，但其垄断地位是无法复制的，在学习成功模式的同时，我们应该结合自身特点，发现优势，因地制宜地发展高端航运服务业。

（一）东疆港区高端航运服务发展状况

1. 融资租赁SPV模式

SPV（单机单船）的融资租赁形式具有税费低廉和隔离风险的优势，东疆港区与工银租赁合作，在全国率先开展南航两架进口777货机国际融资租赁业务，形成了飞机租赁的“东疆模式”。与民生银行合作，启动了船舶出口租赁业务。截至目前，已累计注册单机公司17家，实际投资规模达50多亿美元。浦发银行、招商银行两家具有离岸业务资格的金融机构，设立了北方业务总部，为东疆企业提供离岸业务服务。东疆SPV租赁行业集聚效应已经初步形成。

2. 船舶产业投资基金试点

天津正在筹建总额为200亿元的船舶产业投资基金，用于购建大型船和特种船，提高船舶融资和国货国运能力，建立成熟的合伙制基金和船舶购建租赁运营模式，促进航运中心和物流中心发展。用船舶基金购建的船舶可在东疆保税港区办理国际船舶登记并悬挂五星红旗，以此使船舶基金与国际船舶登记制度互相促进。

3. 设立天津国际经济金融仲裁中心

仲裁中心依法解决商事争议，既适用国内法，也适用国际法，还适用国际商业习惯法。仲裁中心采用国际通用程序仲裁，仲裁属于一裁终局，与法院判决有同等效力，为国内外当事人认可和接受，提供国际水准的法律服务，营造良好的商务环境和法制环境。仲裁中心可为国际船舶搭建国际化、专业化的金融法律服务平台，逐步建成国际船舶登记中心、船舶金融中心，并将聚集和培育有关海事法律、船舶融资、船舶保险、金融、外汇、交易中介等航运业产业链。

4. 发布天津航运指数（Tianjin Shipping Index，TSI）

2010年9月28日，天津航运指数正式对外发布。天津航运指数作为反映中国北方航运市场运价波动情况的综合指数，填补了中国北方区域性航运指数的空白，在天津北方国际航运中心建设中迈出了重要一步，将有利于天津滨海新区服务辐射功能作用的发挥，促进天津航运市场及相关市场繁荣和区域经济发展。

5. 邮轮产业发展迅速

2010 年 6 月 26 日，天津国际邮轮母港正式开港运营，成为继上海、厦门、三亚之后国内第 4 个邮轮母港。国际豪华邮轮“歌诗达浪漫”号和皇家加勒比“海洋神话”号都以天津为母港开始首航。2011 年 1 至 7 月份，天津港累计接待国际邮轮 21 艘次，乘客 4.1 万人（上年同期试运营期间为 18 艘次，1.8 万人），同比分别增长 16.7%和 127.8%，预计 2011 年全年将有约 40 艘国际邮轮停靠。

（二）东疆港区航运服务功能开发亟需解决的问题

1. 政策创新力度需要加强

东疆港区是国家确定的政策最优、开放度最高的海关特殊监管区域，但从实际运营情况看，政策优势还不明显。2009 年国务院先后批复了上海洋山港、海南洋浦港启运港退税试点。此项政策可吸引更多货物到该港中转，有助于提高其中转港和枢纽港地位。而天津提交的关于启运港退税试点的请示尚未得到国务院批准。此外，国务院于 2009 年批准了上海、广州、深圳、珠海、东莞 5 城市率先开展跨境贸易人民币结算试点，天津尚未列入试点城市。

2. 税收优惠力度不大

总体税负偏高，对企业的优惠政策力度不大，对新兴产业无优惠税率和措施，尤其是离岸金融、融资租赁等高端航运服务业，目前不能与国际通行做法接轨，导致这些行业开展情况不理想。

3. 航运保险发展滞后于航运业发展

由于市场占比小，险种少，中资保险机构的国际认可度低，风险评估技术相对落后，风险定价能力不强，导致大量的货物进出口保险由国际市场承保。

4. 尚未形成与航运金融配套的服务体系

航运金融中介机构发展缓慢，保险公估、海事法律服务、船检、诉讼仲裁等相关中介机构发展仍处于起步阶段，金融法律环境有待完善，航运金融专业人才匮乏，严重缺乏高端航运金融专业人才，直接影响到航运金融服务的相关产品创新和业务拓展。

三、天津东疆港区发展高端航运服务业的策略

（一）提升物流功能

与保税区、保税物流园区等海关特殊监管区域相比，东疆港区最突出的优势在于港区一体，可借助港口装卸功能发展物流加工业。在今后的功能开发中，应充分发挥这一独特优势，加大物流项目的招商引资力度，进一步提升物流功能，从而催生出对海上保险、船舶融资、航运交易等高端航运服务业的需求。

（二）探索建立自由贸易港区税收政策

充分发挥东疆保税港区先行先试的政策优势，全面推进东疆保税港区率先进行自由贸易港区的改革探索。一些新兴产业在税基和税率结构等方面进行改革试验，促进东疆保税港区和国际自由贸易港区税收政策通行做法对接，借鉴新加坡模式中，政府对航运业，尤其是航运服务业的税收优惠政策，对专门从事离岸服务外包业务、离岸金融业务（包括银行、离岸基金、保险）、金融租赁的企业实行优惠税率，并通过地方税收优惠政策吸引航运企业来东疆投资。

（三）进行船舶特别登记制度试点

第一，试行预登记制度。即在船舶购建过程中先办理船舶预登记，在船舶购建完成后再办理船舶正式登记。同时研究便捷登记的政策制度，如简化或取消部分登记手续，将串联登记改为并联登记，将审批或许可事项下放地方主管部门办理，将有关事项由审批制改为备案制等。第二，进行第二船籍登记制度试点。批准天津东疆保税港区为第二船籍制度试点的船籍登记港，允许境外著名邮轮公司设立控股或独资的邮轮公司。国家交通部授权天津市交通主管部门负责在东疆保税港区从事国际航运业务的船公司筹建、开业审批及报备工作。

（四）加大航运金融创新力度

借助 SPV 租赁形式在东疆保税港区先行先试的契机，加大力度发展航运金融业，拓宽航运企业的融资渠道，丰富航运金融产品。支持开展船舶和飞机等离岸金融业务试点，准予开展银行和非银行类离岸金融业

务。支持金融租赁公司进入银行间市场拆借和发行债券；放宽金融租赁公司境外融资限制，有效利用国际金融市场资源。加快开发原油期货、有关运价指数衍生品、外汇衍生品等风险投资产品，提供更多的航运投资和避险工具，积极参与全球航运金融产品定价机制。

（五）重视人才激励与教育研发

学习新加坡模式，大力吸引和培养具备航运、金融、保险、法律等综合专业知识背景和丰富从业经验的专业技术人才，对航运金融高端人才放宽户籍准入限制，加大税收减免力度，为航运金融发展提供人力资源保障。依托高等院校与研究机构，重视船舶技术服务和海洋勘探研发，与自身在制造业上的优势相结合，也可成为天津加快推进高端航运服务业的另一路径。

（作者：封骁　天津财经大学　硕士研究生；郑威　硕士研究生）

二 等 奖

品牌建设的实践与体会

齐　捷

当今的社会，科技高度发达，信息高速传播，产品、技术及管理等容易被对手模仿，造成企业核心的竞争力越来越弱。那么，企业核心的竞争最终要通过品牌的竞争来得以实现。因此，品牌对于一个企业来说，尤其是对于企业的生存与发展来说有着至关重要的作用，它是企业最大的竞争力，是企业在市场竞争中立于不败之地的法宝。

品牌是什么？它对于一个企业来说，真的如此重要吗？简单地说，商标是一种名称、术语、标记、符号或设计，或是它们的组合运用。其目的是借以辨认某个销售者或某群销售者的产品或服务，并使之同竞争对手的产品或服务区别开来。而品牌不仅是一个名称、一个形象、一个传播的问题，而且是企业各种资源的反映，是企业的产品概念，是企业作为的体现。换言之，就是企业的"脸面"，即企业形象。因此，品牌是企业最大的财富，品牌就是价值。随着世界市场的不断规范化，企业要想做大、做强，必须塑造自己的品牌，打破垄断，才能使企业在市场竞争中出奇制胜。

面对日益激烈的市场竞争，面对品牌时代的到来，着力于品牌建设是中小企业在市场竞争中生存的唯一出路。现在，许多企业已经把品牌发展看成是企业开拓国际市场的优先战略，创立属于自己的品牌产品，并把它作为一种开拓市场的手段，最终占领市场。天津食品进出口股份有限公司高瞻远瞩，以超前的思维意识自 20 世纪 90 年代就把品牌的发展提升到了战略发展的高度，历任一把手亲自主抓，可见重视程度。由于领导者对品牌建设的高度重视，所以至今为止，天津食品进出口股份有限公司在品牌建设的道路上取得了骄人的成绩。现在，天津食品进出口股份有限公司拥有自主品牌 22 种、中国驰名商标 1 个、中华老字号品牌2个、天津市著名商标3个、天津出口名牌2个、天津名牌产品2个，在天津市的外贸企业中是佼佼者。公司现任领导者更是重视品牌建设，始终认为一个企业要想持续发展，必须有自主品牌，不论是出口还是内销，必须有自己的核心竞争力，那就是自主品牌。

多年来，天津食品进出口股份有限公司始终以“没有强势的品牌，在国际市场竞争中就没有话语权”为经营理念，把品牌建设作为公司的重中之重，在传承中创新品牌，在竞争中维护品牌，在发展中经营品牌，全方位加强品牌建设工作，在品牌经营过程中坚持市场为导向，产业为基础，管理为主体，产品为关键，推动并扩大已有品牌在国内、国际市场的影响力，全面提升公司品牌在国际市场的竞争力。当然在品牌的带动下，也给企业带来了丰厚的经济利益。从企业的经营情况来看，天津食品进出口股份有限公司自主品牌的出口额已由1999年占总出口额的21%，发展到现在占出口的63%。

1992年的时候，邓小平同志南巡时讲过“我们应该有自己的拳头产品，创造自己的世界品牌，否则就要受人欺负”。20世纪90年代初，中国在品牌建设上跟世界发达国家的距离相差很远，能够占到世界品牌500强的就更少了，至今也不是很多。据公布的2010年世界名牌500强结果，中国有17个品牌上榜，占3.4%，而美国占到47.4%以上，仍然占据着品牌强国的地位。

企业怎么样才能够创立自己的品牌呢？天津食品进出口股份有限公司在品牌建设的过程中经过多年的实践总结出一些具体的经验及体会。

首先，企业的领导者要有品牌意识，要重视品牌战略。品牌依赖产品，产品靠品牌。只有品牌搞上去了，产品的销路才会好，企业才能站稳脚跟。因此，企业的领导者要高度重视品牌建设，因为品牌也是企业的宝贵财富。

天津食品进出口股份有限公司的经营者正是看到了这一点，在90年代初，果断地提出了发展品牌这一经营战略。天津食品进出口股份有限公司是天津市最早成立的专业外贸公司之一。1956年公私合营之后，有将近二十家私营企业并入公司，同时也将“金星”、“金钟”、“金花”、“义聚永”等酒的品牌，“广茂居”、“老六条”天津浙醋的品牌，“五蝠”

牌、“人马”牌天津冬菜等一大批在当时很有知名度的品牌纳入到天津食品进出口股份有限公司的名下，有的品牌已经经营了上百年。如“金星”牌早在1927年就在南洋注册，1931年在香港注册。这些品牌在天津食品进出口股份有限公司几代人的努力经营下，不但没有被荒废，反而发展了起来。

因为拥有了这些品牌，更加坚定了天津食品进出口股份有限公司走发展品牌建设之路的决心，真是天时、地利、人和全部具备。

“金星”牌是天津的传统出口名酒，长期享有“津沽三宝”的美誉。早在元代，位于海河东岸的大直沽就已经能够制作烧酒。清朝时，开始陆续出口。后来义聚永烧锅的创立，酿造出新一代的玫瑰露酒、五加皮酒和高粱酒，更是名声大振。1934年义聚永作为天津唯一的酒商先后参加了“首都国货展”和“芝加哥博览会”，作为国货精品跻身于世界级展会的大雅之堂。自此，义聚永结束了近60年的以烧锅字号出口的历史，开始走上了正规的品牌化出口道路。从作坊酒到品牌酒，义聚永走过了半个世纪的辉煌历程。

传承下来的这些品牌需要很好地去经营，才能有所发展。天津食品进出口股份有限公司根据自身的实际情况，不断拓宽“金星”牌各种酒的品种、规格，以及不断扩大出口市场领域。由早先的只出口香港、澳门、南阳地区，扩大到了亚、欧、美、非、大洋洲等近200多个国家和地区，并先后获得了法国、西班牙、意大利等国际博览会的金奖。“金星”牌玫瑰露酒被誉为“中国白兰地”，五加皮酒被誉为“中国神水”，而且多年来，“金星”牌各类酒一直名列国内出口烈性酒的销量冠军。

品牌只靠继承还是不够的，还要不断地创新，勇于开拓新局面。

虽然天津食品进出口股份有限公司拥有这么多得天独厚的优秀品牌，如果弃置不管，任由其发展，最后剩下的将会是什么呢？是这些品牌在逐渐地淡出人们的视野，最后消失不为人知。举个例子，早在20世纪60年代的时候，天津一家外贸企业拥有一个享誉海内外的知名品牌，但是现在这个品牌已经不存在了，为什么呢？原因很多，其中最重要的就是针对这个品牌的创新发展意识淡薄，没有跟上消费者的理念，致使市场逐渐萎缩，导致这个闻名于世界的品牌彻底退出历史的舞台。得到一个品牌很难，但失去一个品牌却很容易。

随着国内外的形势，尤其是 1955 年亚非会议之后，我国的食品出口呈现上升的趋势，许多亚非国家对各类肉罐头需求很大。针对这一情况，天津食品进出口股份有限公司在继承了那些老的品牌之后，研发创造了自己的第一个品牌——“长城”牌，作为罐头的出口商标。“长城”牌体现了中国的民族特色，长城就代表着中国，代表着中国产品的最高质量。一经推出，影响非凡。随后天津食品进出口股份有限公司的天津浙醋、天津冬菜等一批产品用“长城”牌商标生产出口，形成了长城系列。著名的长城干红葡萄酒（中粮）也在其列。所有的长城商标全部为公司的自主品牌。现在“长城”牌又发展到速冻食品、水产品、糖果、调味品等 1000 多个品种，在数量和品种上是公司最大的品牌。现在“长城”牌已经成为天津市的著名商标，“长城”牌罐头产品是天津市的名牌产品，在香港也被誉为“聪明主妇的最佳选择”，年销量由当初的几百吨到现在的 3000 多吨。

天津食品进出口股份有限公司为了把握住自己拥有的品牌，不仅按期对自有品牌进行商标续期注册，使之合法化，有效地保护了品牌，而且适时地结合市场情况对品牌的经营战略进行调整，保障企业的利益。

2006 年是天津食品进出口股份有限公司实现战略转型、再造辉煌的关键一年：1 月 13 日“金星”牌五加皮酒获得国家食品药品监督管理局颁发的“国食健字”号证书；3 月 10 日举行的“金星”牌酒品鉴暨发布会圆满成功，引起各界专家人士及国内外销售商的关注；11 月 26 日在马来西亚成功举办了“五加皮之夜”，引起当地华人社团及媒体的轰动；同月又获得了保健食品的卫生许可证；12 月 19 日，“金星”牌被商务部认定为中华老字号品牌。这一系列的“动作”无不与新的战略布局有关。“金星”这一具有传奇色彩、历经沧桑变迁却始终保持旺盛品牌生命力的正宗民族品牌，在经过海外市场长达百年品质和品牌的深度积累与沉淀后，终于重新走入了国人的视野。百年品牌，盛世回家。义聚永回归了国内市场，这也是天津食品进出口股份有限公司品牌战略中的又一项策略——以市场拓展品牌。

一个品牌要想用得长久，用得住，维护品牌是必不可少的，是至关重要的。一个品牌的形成，要经过很长的一段时间，这就要求产品的质量要过硬，好的品牌传达了质量的保证。

天津食品进出口股份有限公司严格把住质量关，从原料、包装到成品要经过数道工序的检验，不合格的坚决不用，确保产品的质量。过硬的质量可以赢得顾客，从而提高品牌的知名度。知名度高的品牌更容易激发顾客的购买欲望，得到顾客信赖和认可，占据市场，给企业带来巨大的效应，从而达到以质量铸造品牌的目标。

天津食品进出口股份有限公司的维权工作是路漫漫其修远兮，吾将上下而求索。由于食品公司的品牌产品都是畅销海内外几十年，因此在一些国家，特别是畅销的国家，假冒产品层出不穷、屡禁不止，需要公司经常不断地维权打假。这项工作不但耗时，而且费用昂贵，还带有危险性。但是为了企业的声誉，食品公司在相关部门的支持下，深入打假地区，严厉惩处侵权行为，维护企业的形象，也维护了品牌的形象。

好的品牌是企业最大的无形资产，要想成为真正的品牌、永久的名牌，就要充分运用现代媒体宣传手段，进一步提升企业产品的知名度。如果不善于宣传推介，广大消费者不了解，产品再好也没有人买。

广告是最好的品牌传播手段和工具，是宣传品牌形象最有效的途径之一。尤其是电视宣传具有公众性、渗透性和表现性，产品与媒体宣传是互相依存、紧密联系的，但是广告宣传一定要锁定目标市场，有的放矢地进行广告宣传。例如“长城”牌天津浙醋的广告就是要突出与市场其他品牌醋不一样的地方，也就是说为什么要让顾客去购买“长城”牌天津浙醋，这么多的品种，为什么非要选择它呢？原因就是“长城”牌天津浙醋不是醋精勾兑的，而是纯粮酿造，对身体没有任何损害，每天吃点“长城”牌天津浙醋还具有保健的作用。这就是它与众不同的地方，也是你为什么要选择它的原因。所以说做广告不要为了广告而广告，那样的话，结果也许适得其反，最后达不到预期效果。天津食品进出口股份有限公司针对自己商品和市场的特征，选取了不同媒介的宣传方式，比如有的商品刊登在车体上，有的刊登在液晶大屏幕上，有的以海报图片的形式，有的在电视上播放广告或宣传片，利用各种国内外的展会充分地展示自己的品牌、企业的形象，并不定期地召开产品推广会、专业研讨会等，大力宣传公司的产品。虽然宣传的形式不同，但是产生的效果是一致的，那就是产品的形象已深入人心，产品的知名度得到了进一步的提高，品牌的认知度得到进一步的提高。有的企业因为资金困难因而就省略了广告宣传，这样只能使企业陷入更加困难的地步。这充分印证了中国的那句老话："该省的省，不该省的坚决不能省。"

做品牌实际上也是做文化。优秀的品牌文化可以赋予品牌强大的生命力和非凡的扩张能力，可以充分利用品牌的美誉度和知名度进行品牌延伸，进一步提高品牌的号召力和竞争力。最为重要的是，优秀的品牌文化还可以使消费者对其产品的消费成为一种文化的自觉，成为生活中不可或缺的内容。

举个例子，如美国人到异国他乡，一看到麦当劳就会不由自主地想去饮用，最主要的原因并不是麦当劳的巨无霸特别适合他们的口味，而是内心潜在的一种文化认同的外在流露，认为麦当劳是美国文化的象征，使他们看到麦当劳就倍感亲切，从而潜意识地产生消费欲望。正如劳伦斯·维森特在阐述传奇品牌的成功经验时指出的，这些品牌"蕴含的社会、文化价值和存在的价值构成了消费者纽带的基础"。

天津食品进出口股份有限公司的中华老字号品牌的历史文化博大精深，秉承了中华文化的精髓，经历了数百年的历史传承，以深厚的文化底蕴、独到的经营祖训、独具匠心的绝活、盛誉百年的口碑活跃在市场的经济舞台上。作为老字号的传承者，天津食品进出口股份有限公司一直致力于酒文化的传播，并于2007年6月成立了天津市首家酒文化博物馆——义聚永酒文化博物馆。博物馆是以公司酒类产品的品牌冠名的，博物馆内大量的资料图文并茂地介绍了中国酒的发展史和义聚永酒从选料到整装出口的全部过程。看后可以对品牌有更加直观的了解，增加顾客对品牌的认知度，从而实现品质、品牌、文化、休闲与销售的完美结合，达到文化酿酒、以文化提升品牌的最终效果。

品牌战略是一项长期的、持久的战略。天津食品进出口股份有限公司作为一个专业的外贸公司，深知品牌对一个企业的重要性，同时也尝到了品牌给企业带来丰厚经济效益的甜头。因此在2011年的工作中，仍然把品牌建设放在了经济工作的首位，并制定了争取在继"金星"牌获中国驰名商标之后，申报"长城"牌为中国驰名商标的工作目标。基础已经打牢，迈开步伐向前走，相信前面的路会越走越宽广。

现如今，我们国家所拥有的能够在世界品牌500强上榜的品牌极少，要改变现状使我国的民族品牌能够在500强中占有一席之地，就要加快发展自有品牌的步伐。但是在品牌建设的过程中，困扰品牌发展的因素很多，资金困难确实是困扰品牌建设的一个因素。为了建设具有民族特色的品牌，需要的投入是很大的，政府部门应该在扶植开创名牌产品的政策上制定从优的原则。对于品牌之间的恶意竞争以及侵权假冒事件，监管部门要采取行之有效的措施，减少此类现象的发生，使我国的品牌队伍迅速壮大，使我国早日步入品牌强国之列。

（作者：齐捷　天津食品进出口公司　干部）

利用边贸政策拓展天津市对外经济贸易的研究

张 颖

近年，我国边境贸易迅猛发展，已逐渐成为扩大西部地区对外开放、促进经济发展的重要途径。发展西部地区的边境贸易，离不开相应的政策扶持。总体看，通过边境贸易政策的实施，在很大程度上促进了西部地区边境贸易的发展。同时，面对新形势、新情况的发展要求，沿海城市如何利用边贸政策促进东西部共同发展，也成为了新的课题。特别是，2008 年 10 月出台的《国务院关于促进边境贸易地区经济贸易发展问题的批复》又赋予了边境贸易新的内容。在认真研究了 2011 年我国边贸政策演变，分析天津市与我国相邻国家的贸易往来以及我市开展对外经济合作现状的基础上，初步形成了我市利用边贸政策“以外经带动外贸，锁定一个区域，开拓两个市场”的思路和想法。

一、从我国边境贸易政策的演变看，直接利用政策开展边贸的优势逐渐减弱

（一）我国边境贸易的整体情况

2008 年 1～10 月，我国边境小额贸易进出口额为 257.7 亿美元，同比增长 51.4%，占全国进出口总额的 1.18 %。其中出口额为 176.2 亿美元，同比增长 63.4%；进口额为 81.5 亿美元，同比增长 30.6%。其中新疆占全国边贸的权重最大，进出口权重达到 54%，出口占 70.1%，进口占 22.3%。

主要进出口商品：边境小额贸易的进出口商品结构与周边国家互补。与我国毗邻的俄罗斯、哈萨克斯坦、缅甸、老挝、越南等国工业品相对匮乏，但资源性商品丰富，与我国优势互补。进口的商品主要以木材、原油、橡胶、木浆、成品油、矿产品等资源性商品为主；出口商品

中，鞋类、纺织品、机电、石化、农产品占据着主要地位。民营企业已成为拉动边境贸易发展的主导力量。黑龙江省进出口贸易额排名前 10 位的边贸企业都是民营企业。云南省民营企业在边贸企业中所占的比重超过了 95%。

（二）我国边境贸易政策的演变

截至目前，我国出台的有关边境贸易的政策主要有三个：

（1）1984 年出台的《边境小额贸易暂行管理办法》。

（2）1996 年出台的《关于边境贸易有关问题的通知》。

（3）2008 年出台的《国务院关于促进边境贸易地区经济贸易发展问题的批复》（以下简称《批复》）。

综合以上三个文件，2008 年 11 月 1 日以前，我国对开展边境小额贸易含金量较高的优惠政策集中在两方面：一是对进口商品实行“双减半”的减免税优惠，即对采取边境小额贸易进口的商品实行减半征收关税和进口环节税；二是放宽了商品的管理限制，边贸企业进出口配额、许可证商品，国家实行切块管理或专项下达。

但目前，边境贸易的政策优势正在减弱：一是边贸税收优惠政策的作用大大降低。近年，随着我国关税税率的逐步降低，尤其是一些边贸大宗资源性商品的进口关税税率已降为零或接近零，“双减半”政策的优惠程度已大大降低。中国—东盟自由贸易区的建立，也在一定程度上削弱了边境小额贸易的税收政策优势。二是边境贸易进出口商品管理受限。由于每年国家给予边贸切块或专项下达的配额数量有限，在一定程度上影响了边境贸易的发展。三是 2008 年 11 月 1 日后转移支付代替“双减半”。《批复》中第一条，国家将采取转移支付的方式取代现有的税收优惠，企业将不再直接受惠，而是由边境地区政府以人员培训、能力建设等名义补贴边贸企业，或直接用于边境口岸基础设施建设。

因此，如采取直接贸易方式，由我市外贸企业到边境省份注册公司享受进口税收政策或与边境企业开展合作取得紧缺的进出口配额的方式能享受到的优惠不多，效果不显著。

二、采取外经外贸相结合，推动我市企业向周边国家“走出去”，带动进出口大有可为

（一）我国沿边地区开发开放的基本情况

早在1992年年初，国务院就陆续批准14个边境开放城市，它们是黑龙江的黑河、绥芬河，吉林的珲春，内蒙古的满洲里、二连浩特，新疆的伊宁、博乐、塔城，云南的畹町、瑞丽、河口，广西的东兴、凭祥和辽宁的丹东，并在这些城市建立了边境经济合作区。除此之外，目前活跃在我国周边的区域经贸集团、双边自由贸易区、优惠贸易安排等组织共有6个，即亚太经合组织、上海合作组织、中国—东盟自由贸易区、南亚联盟、中国—巴基斯坦自由贸易区、亚太贸易协定等。这些区域经济组织的长期目标是：大部分在2015年、少数2020年建成自由贸易区，实现贸易与投资的自由化，绝大多数产品达到零关税。特别是中国—东盟自由贸易区，是世界上由发展中国家组成的最大的自由贸易区，除了惠及中国、东盟等11个国家外，更是亚洲经济持续成长的强大引擎。区域经济一体化为提升沿边开放带来了无限生机。可以预料，今后十年将是我国沿边地区市场大开放、环境大改善、经贸大发展的时期。

（二）我国边境特殊经济区建设

2011年年底，我国首个边境特殊经济区及跨境投资贸易中心——中哈霍尔果斯国际边境合作中心将实现封关运作。该合作中心位于中哈霍尔果斯边境区域，沿中哈界河，横跨中哈两国，实行全封闭管理，由通道相连成为一个整体。中心总面积5.28平方公里，其中，哈方区域1.85平方公里，中方区域3.43平方公里。与国内其他海关特殊监管区域相比，合作中心享受国家给予的特殊优惠政策。在合作中心以南1公里处，国务院批准建立了规划面积9.73平方公里的中方配套区，承担出口加工、保税物流、仓储运输功能，作为支撑中心发展的产业基地。合作中心的建立将带动我国面向中亚的商贸、服务业高速发展。同时，它形成的贸易自由化、便利化的平台将全面推动中国与中亚地区的贸易往来。

（三）我市与陆地邻国的贸易高速发展

我国的陆地邻国共14个，东北与朝鲜接壤，东北、西北与俄罗斯、哈萨克斯坦、吉尔吉斯斯坦、塔吉克斯坦为邻，正北方是蒙古国，西部

毗邻阿富汗、巴基斯坦，西南与印度、尼泊尔、不丹相接，南面有缅甸、老挝和越南。2007年我市与这14国的进出口总额为38.73亿美元，同比增长81.15%，其中出口25.28亿美元，同比增长87.24%；2008年1～10月进出口总额达到46亿美元，同比增长55%，占全市进出口总额的6.6%，其中出口30亿美元，同比增长55%。贸易额最大的三个国家依次为印度、俄罗斯和越南。主要出口商品为机电、纺织品、化工产品等；主要进口商品为贱金属、矿产品、木浆等。

（四）选定周边国家，开创外经外贸相结合新路是应对挑战的必然选择

2008年下半年以来，国际经济形势急转直下，外需不振为我市外贸出口带来了巨大的压力。2009年欧美市场疲软，企业订单减少，国外客户信用危机已成定局，但同时也为我们开拓新兴市场、拓展外经新思路带来宝贵的机遇。

1. 我市企业“走出去”的现状

自1979年至2008年9月末，我市累计核准境外企业、机构800家，累计投资总额15亿美元，其中中方投资7.5亿美元，占79.9%，涉及93个国家、地区。经过30年的不断发展，我市的境外投资由以前的以办事处、贸易公司为主，发展到现在的海外工业园、基础资源开发、农业综合开发冶炼、房产置业、轻工生产与装配等多元化领域，投资规模不断扩大，管理水平不断提高。特别是伴随着国家相关扶持企业“走出去”政策和支持中小企业发展政策的陆续出台，我市企业“走出去”的热情空前高涨。

2. 我市企业“走出去”的潜力

除承包工程和国际劳务合作业务外，近年来，我市企业同俄罗斯、东盟国家开展经济技术合作的领域和规模不断扩大，两地是我市企业“走出去”的主要市场。特别是近几年来，我市的物资集团、华勘局、国际合作集团公司等企业已在俄罗斯、印度尼西亚、老挝、缅甸等国家进行了资源开发利用的有效尝试，取得了良好的效果。目前我市企业对海外资源的开发利用除服务于天津和周边省市经济建设外，还大量出口到东盟和其他西亚、非洲大陆国家。

3. 采取“走出去”方式带动出口是应对新挑战的有效途径

面对当前外需不振、劳动力成本上升、能源供应紧张、环境保护水准提高等多重困难，充分利用我国现有的边境经济合作区等平台，积极推动我市企业向周边国家“走出去”，是解决现有矛盾的有效途径。主要优势：一是可以有效挖掘周边国家资源潜力和劳动力成本优势；二是转移我市富余产能，带动出口，占领周边市场；三是降低基础资源运回天津和产成品运往国外的运输费用；四是为我市节省大量的电力和其他能源消耗，从而提高企业效益和社会效益。

三、我市外经外贸相结合，利用边贸政策拓展对外经贸的思路和步骤

（一）总体思路

在全面分析了影响我市利用边贸政策拓展对外经贸的主客观因素的基础上，可以考虑“立足全局，为我所用，创新思路，以外经带动外贸，锁定一个区域，开拓两个市场”的整体思路。即在与我市开展经贸活动比较活跃的几个区域，如俄罗斯、中亚五国、东盟十国等地及我国相邻省份中选出一个最具发展潜力的区域，筛选我市有比较优势的行业，选择一批企业到当地投资，利用我国现有的经济合作区或与当地政府合作设立专门的“天津投资区”，产生聚集效应，创出天津品牌，带动我市机械设备、散件及配套产品出口，占领当地市场；同时利用当地廉价的资源、劳力和我国边贸进口鼓励政策，加工成品后复进口到国内，繁荣国内市场。

（二）具体步骤和建议

1. 建立领导机构。成立我市利用边贸政策、开拓周边市场“走出去”领导小组。由我市相关委办领导出任领导小组成员，研究制定我市开拓新兴市场“走出去”战略中的重大问题，推动该项工作的顺利实施。

2. 开展前期调研。成立由有关部门和专家组成的先遣组，对俄罗斯、中亚和东盟及我国相邻省份进行考察，深入了解当地的资源、市场、成本和政策优势，为最终锁定一个区域提供依据。

3. 对我市相关企业进行政策辅导。为避免我市企业“走出去”的盲目性，加强对企业境外投资的信息咨询和国别市场信息的指导；在充分

调研的基础上，选择有业务可能的企业，进行边贸和投资政策的辅导，开展企业的筛选。

4. 组织企业开展对外投资。具体做法可分为两步走：一是引导我市企业在已选定区域的我国边境地区投资建厂，充分利用当地劳动力成本低、能源供应充足、运输成本低廉和自由贸易政策等因素，扩大我市产品在周边国家的份额；二是在边境地区的外方地区，深化资源合作的内容，将资源合作粗加工部分放在国外，有效利用当地的能源和劳动力的优势，再把半成品运回国内，繁荣国内市场。

5. 争取政策支持。采取先易后难的方式，利用现有的我市外经贸发展资金，开展试点。在试点取得成功的基础上，再向政府申请政策支持，对我市企业利用沿边地区资源、开发周边国家市场给予资金扶持，营造我市企业“走出去”的良好氛围。

6. 成立窗口公司。选择有实力的外贸企业在边境省份注册公司，成立窗口公司，为我市境外企业开展境外加工产品复进口提供服务，享受有关优惠政策。

（作者：张颖　北方国际集团　总裁）

资源产品出口管制政策的效果分析
——出口税与出口配额的比较

陆建明

一、引言

20 世纪 60 年代末，荷兰在北海附近发现了大量的天然气资源后，天然气出口的增加不但没有促进荷兰经济的快速发展，反而带来了工业萎缩、制造业产品出口下降以及国内通货膨胀等一系列经济问题，这一现象在理论界被称为“荷兰病”现象。20 世纪 90 年代，基于“荷兰病”现象，Sachs 和 Warner（1995）从发展经济学角度进一步提出了“资源诅咒（the Curse of Resource）”假说，即自然资源丰富国家的经济增长速度往往落后于那些自然资源相对贫乏的国家。Ross（2001）、Sala-i-Martin 和 Subramanian（2003）以及 Smith（2004）等人的研究进一步支持了 Sachs 和 Warner（1995）的结论。但也有一些研究得出了相反的结论，证明资源丰富的国家（如芬兰、挪威等）同样可以取得快速的经济增长，如 Davis（1995）、Herb（2005）等。后续的大量研究证明，“荷兰病”和“资源诅咒”的产生是有条件的，资源富足阻碍经济发展的现象仅通过一些特定的渠道才可能出现，如专注于资源性产业阻碍了“干中学”效应（Gylfason et al.，1999; Matsuyama，1992 等）；对资源的争夺引发了战争和腐败，遏制了制度创新，从而恶化了增长环境（Fearon and Laitin，2003；Collier and Hoeffler，2004；Humphreys，2005）等。

徐康宁和王剑（2006）基于我国分省份数据的研究进一步表明，即便在同一国家的不同地区，也存在着“丰裕的自然资源并未成为经济发展的有利条件，反而制约了经济增长”的现象。近年来，我国稀土矿石等禀赋丰裕的资源产品出口的激增还给我国经济发展带来资源加速耗竭、环境迅速恶化等问题。因此,“荷兰病”和“资源诅咒”现象都警示我们,过分依赖于某种相对丰富的自然资源对经济发展是非常危险的。

通过适当的政策工具和制度安排有效地对资源性产品出口进行管制,对于避免“荷兰病”和“资源诅咒”现象的出现具有重要意义。一些国家对此进行过尝试,比如,部分东非和西非国家建立“销售局(Marketing Boards)”来管理咖啡和可可的出口,以维持其价格的稳定;玻利维亚、墨西哥和委内瑞拉等国对本国资源性产业征收高额的税收并对行业准入进行严格控制;阿根廷和印度曾经对本国的农产品进行价格控制;石油输出国组织通过组成卡特尔来控制石油的出口量和价格;一些国家还通过货币政策来治理“荷兰病”引发的通货膨胀。实践表明,上述政策的效果差异很大,在不同国家的表现也有所不同。遗憾的是,对于这些政策工具效果的理论分析目前并不充分。资源产品出口管制会对“荷兰病”和“资源诅咒”传导机制产生最直接的影响。资源出口税和出口配额是资源产品出口管制的主要政策工具,因此,对这两种政策工具效果的分析和比较将为合理地选择资源产品出口管制政策,进而避免“荷兰病”和“资源诅咒”现象提供更加科学的理论依据。

在上述背景下,本文将首先构建一个包含资源中间品部门和最终产品部门的开放经济增长模型,进而在这一理论框架下分析资源中间品出口国经济增长路径的基本特点,并阐释“荷兰病”的产生机理及其对经济增长的影响,最后集中对出口税和出口配额这两种资源中间品出口管制政策工具的效果进行分析和比较。论文后续的结构安排如下:第二部分是理论模型的构建思路和假定条件;第三部分是对资源中间品出口国经济增长路径的分析;第四部分是对“荷兰病”现象机理和影响的分析;第五部分是出口税和出口配额实施效果的比较;最后是结论性评述。

二、模型的基本假定

目前,引入自然资源的经济增长模型主要有以下两类:第一类是基于新古典增长框架的模型。最具代表性的是 Solow(1974)、Stiglitz(1974)、Dasgupta 和 Heal(1974)等的开创性研究。这些研究指出,在报酬递减和技术进步外生的情况下，只有资本对资源的替代弹性足够大或资源节约型技术进步足够快，经济增长才可以持续。而且在价格机制的作用下，经济增长会在符合“霍特林原则（Hotelling Rule）”的均衡路径上同时实现跨期最优化。第二类是基于内生增长框架的模型。这类研究指出，知识的报酬递增特征可以抵消物质资本对资源替代能力递减的效应，从而保障可持续增长（Smulders，2004）。但知识的公共品性质和研发部门的不完全竞争会扭曲价格机制，这使得均衡增长路径往往不是最优的（Schou，1996；Grimaud and Rougé，2003；彭水军和包群，2006等）。因此，这种情况下政府的干预对实现最优增长路径具有重要作用。以上研究都是针对耗竭性资源的，一些学者也研究了可再生资源约束下的经济增长均衡路径，如罗浩（2007）在新古典框架下的研究和 Eliasson 和 Turnovsky（2004）在内生增长框架下的研究等。

上述研究为本文的分析提供了较好的基础，但这些研究都是在封闭条件下进行的，自然资源被直接引入生产函数而不涉及资源中间品部门，因而也没有考虑资源中间品贸易。陆建明和李宏（2009）在引入资源中间品贸易方面做出了尝试，但仍然有待完善。鉴于本文的研究目标，还需要进一步作出调整，将资源中间品部门和资源中间品贸易更加恰当地引入分析框架。据此，本文模型设立如下假定条件：

（1）经济中存在最终产品和资源中间品两个部门。资本在各生产部门之间可以自由流动。令用于最终产品生产的资本数量为 K^f，用于资源中间品生产的资本数量为 K^m，则资本总存量可表示为：$K = K^f + K^m$。

（2）最终产品数量用 Y 表示，它可以用于消费和投资，并可以在国家间自由流动。最终产品的产量取决于两个因素：一是生产规模，用该部门资本存量 K^f 衡量；二是资源中间品的投入量，它用一个虚拟单位衡量（其数量用 R 表示）。生产函数为：$Y = C(K^f)^{\alpha} R^{1-\alpha}$。其中，C 为正值常数，且 $0 < \alpha < 1$。该函数满足“稻田条件”。

（3）自然资源存量的禀赋为 $\bar{N}$。自然资源是完全可再生的，且无法在国家之间流动。自然资源不直接参与最终产品的生产，而是通过资源中间品的投入参与到最终产品的生产活动中。资源中间品可以在国家间自由流动，其生产函数为：$R = (K^m)^{\beta} \bar{N}^{1-\beta}$。其中 $0 < \beta < 1$。该函数满足

“稻田条件”。

（4）资本在每一时期都以$\sigma(0<\sigma<1)$的速度折旧，其积累依靠最终产品的投资。国内资本市场始终是出清的，即最终产品在每一特定时期用于投资的比例等于储蓄率。假定储蓄率是外生的，用 s 表示。

（5）资源中间品和最终产品的国际交换比率是外生的，这相当于假定分析对象是一个贸易小国。资源中间品和最终产品的国际相对价格为$P_R/P_Y=1/\rho$，则$1/\rho$为用最终产品表示的资源中间品价格，ρ越大表示资源中间品的实际价格越低。

（6）分析对象经济体的最终产品和资源中间品市场结构都是完全竞争的，且不存在国际要素流动，最终产品和资源中间品的国际流动是完全无摩擦的。

根据上述假定，社会生产分为资源中间品和最终产品两个部门，最终产品的生产需要投入资本和资源中间品，而资源中间品的生产需要投入自然资源和资本。自然资源是数量给定但可完全再生的，这种假定既可以表现在经济增长过程中可利用的自然资源存量没有出现枯竭迹象（Barnett and Morse，1963）的基本事实，又可以通过资源中间品的边际产出递减表现自然资源的稀缺性。在本文的模型中并不包括劳动要素，仅用资本存量来反映生产规模，采取这种处理方式的主要目的是排除劳动要素约束对经济增长的影响。因为本文的主要目的是分析资源性产品贸易及对其的管制对经济增长的影响，考虑劳动要素的约束会在很大程度上干扰本文的主题，这与以劳动要素约束为主题的研究不考虑自然资源约束的处理方式是一致的。

三、资源中间品出口国的经济增长路径

（一）资源中间品部门的增长

在开放条件下，只要其国际价格和国内价格存在差异，就会引发资源中间品的国际流动，进而将其抹平。因此在完全无摩擦的条件下，资源中间品国内价格与国际价格必将相同。在完全竞争市场下，资源中间品国内实际价格等于其边际产出。因此，资源中间品贸易的均衡要求资

源中间品的边际产出（MPR）与其国际价格相同，即 $MPR = 1/\rho$。根据最终产品生产函数，当该条件满足时存在：

$$\frac{K^f}{R} = (\frac{1}{\rho})^{\frac{1}{\alpha}}(\frac{1}{1-\alpha})^{\frac{1}{\alpha}}(\frac{1}{C})^{\frac{1}{\alpha}} \tag{1}$$

式（1）意味着一国最终产品生产过程中的资源中间品密集度（K^f/R）将保持不变，资源中间品的国际价格越高，资源中间品密集度就越低。

同时，资本在最终产品部门和资源中间品部门之间的自由流动会导致两个部门资本的边际报酬相等。因此，当资本在两个部门之间的流动实现均衡时存在：

$$MPK_f = MPK_m \tag{2}$$

其中 MPK_f 表示最终产品部门资本的边际报酬，其中 MPK_m 表示最终产品部门资本的边际报酬。

在经济增长过程中，资源中间品贸易和资本的部门流动会自动地达到均衡状态。结合假定条件中给定的资源中间品和最终产品生产函数，根据式（1）和式（2）可以得到：

$$\bar{K}^m = (\frac{\beta}{\alpha})^{\frac{1}{1-\beta}}(\frac{1}{C})^{\frac{1}{\alpha(1-\beta)}}(\frac{1}{1-\alpha})^{\frac{1-\alpha}{\alpha(1-\beta)}}(\frac{1}{\rho})^{\frac{1}{\alpha(1-\beta)}}\bar{N} \tag{3}$$

$$\bar{R} = (\frac{\beta}{\alpha})^{\frac{\beta}{1-\beta}}(\frac{1}{C})^{\frac{\beta}{\alpha(1-\beta)}}(\frac{1}{1-\alpha})^{\frac{\beta(1-\alpha)}{\alpha(1-\beta)}}(\frac{1}{\rho})^{\frac{\beta}{\alpha(1-\beta)}}\bar{N} \tag{4}$$

式（3）和式（4）中的 $\bar{K}^m$ 和 $\bar{R}$ 分别代表开放条件下资源中间品部门的均衡资本存量和资源中间品产量。$\bar{K}^m$ 和 $\bar{R}$ 只取决于本国的资源禀赋（$\bar{N}$）和资源中间品国际价格（$1/\rho$），与总资本存量无关。这说明资源中间品部门的资本存量不随本国资本的积累而增加，给定一国资源禀赋，$\bar{K}^m$ 只受资源中间品国际价格的影响。

（二）最终产品部门的增长

以上分析说明，在给定资源中间品国际价格的情况下，资源中间品部门的资本存量和产量都会保持不变。那么，随着资本的逐渐积累，开放条件下的经济增长过程可以根据不同的贸易模式被划分为三个阶段：

第一阶段为专业化生产并出口资源中间品阶段（简称专业化分工阶段）。在这一阶段中，总资本存量低于 $\bar{K}^m$，最终产品完全依赖进口，所有资本都被用于生产资源中间品，进而通过国际交换获得最终产品。

第二阶段为资源中间品出口阶段。在这一阶段中，总资本存量高于$\bar{K}^m$，超过$\bar{K}^m$的资本被用于生产最终产品；最终产品生产中投入的资源中间品数量低于$\bar{R}$，低于$\bar{R}$的部分用于出口。

第三阶段为资源中间品进口阶段。在这一阶段中，最终产品生产中投入的资源中间品数量高于$\bar{R}$，高于$\bar{R}$的部分需要进口。

鉴于本文的主题，我们将着重分析资源中间品出口阶段的情况。设时期 t 为资源中间品出口阶段的任意一个时期。令Y_t^D为当期本国最终产品部门的总产出，Y_t^E为该期本国资源中间品的出口收入，Y_t为该期的可支配最终产品总量，即$Y_t = Y_t^D + Y_t^E$。根据假定条件中的最终产品生产函数和资源中间品贸易均衡条件，最终产品部门的总产出为：

$$Y_t^D = C(K_t^f)^{\alpha}(R_t)^{1-\alpha} = \rho^{\frac{1-\alpha}{\alpha}} C^{\frac{1}{\alpha}} (1-\alpha)^{\frac{1-\alpha}{\alpha}} K_t^f \quad (5)$$

本国出口资源中间品的数量为当期本国资源中间品产量$\bar{R}$与最终产品部门投入数量R_t的差额，令出口资源中间品的数量为R_t^E，则有：$R_t^E = \bar{R} - R_t$。那么当期的资源中间品出口收入为$Y_t^E = R_t^E / \rho$，将式（5）代入该式可得：

$$Y_t^E = \frac{\bar{R}}{\rho} - \rho^{\frac{1-\alpha}{\alpha}} C^{\frac{1}{\alpha}} (1-\alpha)^{\frac{1}{\alpha}} K_t^f = \frac{\bar{R}}{\rho} - (1-\alpha) Y_t^D \quad (6)$$

则根据式（6），该时期本国可用于消费和投资的可支配收入为：

$$Y_t = Y_t^D + Y_t^E = \alpha \rho^{\frac{1-\alpha}{\alpha}} C^{\frac{1}{\alpha}} (1-\alpha)^{\frac{1}{\alpha}} K_t^f + \frac{\bar{R}}{\rho} = \alpha Y_t^D + \frac{\bar{R}}{\rho} \quad (7)$$

资源中间品部门生产的资源中间品数量为$\bar{R}$，其以最终产品表示的价值为$\bar{R}/\rho$；最终产品部门的总产出为Y_t^D，由于最终产品生产函数具有规模报酬不变性质，因此资本总报酬为αY_t^D，剩余的部分$(1-\alpha)Y_t^D$用于补偿资源中间品的投入。因此，由式（7）我们可以发现，可支配收入Y_t由资源中间品部门总收入（$\bar{R}/\rho$）和最终产品部门净收入（αY_t^D）构成。

在储蓄率给定的情况下，当期的可支配最终产品总量Y_t中，有 s 部分将被用于储蓄和投资。那么在 t 期资本存量的增量为：

$$\dot{K}_t = sY_t - \sigma(K_t^f + \bar{K}_m) = (s\alpha Y_t^D - \sigma K_t^f) + (s\frac{\bar{R}}{\rho} - \sigma\bar{K}_m) \qquad (8)$$

在式（8）中，第一个括号内的表达式是最终产品部门的资本积累（用 $\dot{K}_t^f$ 表示），第二个括号内的表达式则为资源中间品部门的资本积累（用 $\dot{K}_t^m$ 表示）。由于资源中间品部门的资本存量是给定的，故总资本存量的增长也就等同于最终产品部门资本存量的增长。令最终产品部门资本的增长率为 μ_t，则将式（7）代入式（8），并结合式（3）、（4）进行整理后可得：

$$\mu_t = \frac{\dot{K}_t}{K_t^f} = [\alpha s\rho^{\frac{1-\alpha}{\alpha}} C^{\frac{1}{\alpha}}(1-\alpha)^{\frac{1-\alpha}{\alpha}} - \sigma] + [s\frac{\alpha}{\beta}\rho^{\frac{1-\alpha}{\alpha}} C^{\frac{1}{\alpha}}(1-\alpha)^{\frac{1-\alpha}{\alpha}} - \sigma]\frac{\bar{K}_m}{K_t^f} \qquad (9)$$

由式（9）可以看出，随着最终产品部门资本存量的增加，最终产品部门的资本积累速度会逐渐下降。同时，经济增长的前景取决于资源中间品的国际价格水平，如果资源中间品的价格足够低，以至于式（9）第一个中括号内的表达式大于 0，则即便 K_t^f 趋近于无穷大，μ_t 也将大于 0，此时经济增长是可持续的；相反，如果资源中间品的价格使式（9）第一个中括号内的表达式小于或等于 0，随着 K_t^f 趋近于无穷大，μ_t 也将趋近于 0，经济增长将进入稳定状态。

四、“荷兰病”对经济增长的影响

“荷兰病”的背景是荷兰北海地区大规模油气资源的发现，这相当于自然资源禀赋数量（$\bar{N}$）的突然增加。为了分析“荷兰病”对经济增长的影响，假定新发现的自然资源存量为原来的 δ 倍，则当前自然资源总存量为 $(1+\delta)\bar{N}$。根据假定条件，资源中间品部门生产函数可表示为：

$$R = (K^m)^\beta[(1+\delta)\bar{N}]^{1-\beta} \qquad (10)$$

自然资源存量的提高会引发国内两部门之间资本流动均衡状态的变化，进而影响资源中间品产量和贸易量，并最终影响经济增长的路径。

（一）“荷兰病”的典型表现

资源存量的增加不会引起资源中间品贸易均衡条件的变化，资源中间品贸易均衡条件仍然可表示为式（1)。但资源存量的增加会改变资源中间品部门资本的边际产出，从而影响资本的部门分配均衡。根据式(10)，资源中间品部门资本的资源中间品边际产出为：

$$MPK_R = \beta[\frac{(1+\delta)\bar{N}}{K^m}]^{1-\beta} \tag{11}$$

开放无摩擦条件下，资源中间品的边际报酬等于资源中间品的国际价格（$1/\rho$），因此，资源中间品生产部门资本的边际报酬为：

$$MPK^m = MPR \times MPK_R = \frac{\beta}{\rho}[\frac{(1+\delta)\bar{N}}{K^m}]^{1-\beta} \tag{12}$$

资本的部门流动实现均衡时存在 $MPK^f = MPK^m$，令资源中间品效率提高时的资源中间品部门资本存量为 $\bar{K}_\delta{}^m$，产量为 $\bar{R}_\delta$，根据式（12）和假定条件中的最终产品生产函数，当两个部门资本的边际报酬相等时存在：

$$\bar{K}_\delta^m = (1+\delta)(\frac{\beta}{\alpha})^{\frac{1}{1-\beta}}(\frac{1}{C})^{\frac{1}{\alpha(1-\beta)}}(\frac{1}{\rho})^{\frac{1}{\alpha(1-\beta)}}(\frac{1}{1-\alpha})^{\frac{1-\alpha}{\alpha(1-\beta)}}\bar{N} = (1+\delta)\bar{K}^m \tag{13}$$

令资源禀赋提高后资源中间品部门的均衡产量为 $\bar{R}_\delta$，则有：

$$\bar{R}_\delta = (1+\delta)(\frac{\beta}{\alpha})^{\frac{\beta}{1-\beta}}(\frac{1}{C})^{\frac{\beta}{\alpha(1-\beta)}}(\frac{1}{\rho})^{\frac{\beta}{\alpha(1-\beta)}}(\frac{1}{1-\alpha})^{\frac{\beta(1-\alpha)}{\alpha(1-\beta)}}\bar{N} = (1+\delta)\bar{R} \tag{14}$$

比较式（3)、（4）与式（13)、（14）可以发现，资源禀赋提高将导致本国资源中间品部门的资本投入增加，进而产量也相应增加，增加的幅度为 δ，与资源禀赋扩张的幅度一致。在资本存量总规模给定的情况下，资源中间品部门资本存量的增加意味着最终产品部门资本存量的下降，下降的规模也为 $\delta\bar{K}^m$。资本从最终产品部门流向资源中间品部门意味着本国制造业的萎缩，这是“荷兰病”的典型表现。

（二）资源存量扩张的长期效果

令资源存量扩张的时期为 t，最终产品部门资本存量为 K_t^f，当资本从最终产品部门向资源中间品部门流动后，最终产品部门资本存量变为

$K_\delta^f = K_t^f - \delta\bar{K}^m$。根据式（5），此时最终产品部门的产量为：

$$Y_\delta^D = \rho^{\frac{1-\alpha}{\alpha}} C^{\frac{1}{\alpha}} (1-\alpha)^{\frac{1-\alpha}{\alpha}} (K_t^f - \delta\bar{K}^m) \qquad (15)$$

最终产品部门资本与资源中间品投入的比例不变（如式（1）所示），资源中间品出口的数量为本国资源中间品产量与投入量之差，则根据式（1）、（14）和（15）可得用于资源中间品的出口收入为：

$$Y_\delta^E = (1+\delta)\frac{\bar{R}}{\rho} - \rho^{\frac{1-\alpha}{\alpha}} C^{\frac{1}{\alpha}} (1-\alpha)^{\frac{1}{\alpha}} (K_t^f - \delta\bar{K}^m) \qquad (16)$$

当期可支配收入 Y_t 为最终产品部门总产出与出口收入之和，根据式（5）和（16），经整理后可得：

$$Y_\delta = \alpha Y_\delta^D + \frac{\bar{R}_\delta}{\rho} = Y_t + [\delta\frac{\bar{R}}{\rho} - \alpha\rho^{\frac{1-\alpha}{\alpha}} C^{\frac{1}{\alpha}} (1-\alpha)^{\frac{1-\alpha}{\alpha}} \delta\bar{K}^m] \qquad (17)$$

在式（17）中，中括号内的部分是资源禀赋扩张后可支配收入的变化。其中 $\delta\bar{R}/\rho$ 为资源中间品出口收入增加的部分，$\alpha\rho^{\frac{1-\alpha}{\alpha}} C^{\frac{1}{\alpha}} (1-\alpha)^{\frac{1-\alpha}{\alpha}} \delta\bar{K}^m$ 为最终产品部门产出减少的部分。式（17）经整理后可得：

$$Y_\delta = Y_t + (\frac{1}{\beta} - 1)\alpha\rho^{\frac{1-\alpha}{\alpha}} C^{\frac{1}{\alpha}} (1-\alpha)^{\frac{1-\alpha}{\alpha}} \delta\bar{K}^m \qquad (18)$$

根据假定条件，存在 $\beta < 1$。因此在式（18）中，存在 $Y_\delta > Y_t$。这意味着资源禀赋扩张会增加可支配收入，这也会加速资本的积累，从而提高经济增长速度。

上述分析说明，对于一个贸易小国而言，资源禀赋的扩张对长期经济增长是有益的，“荷兰病”只是一个短期现象，荷兰自身在 20 世纪 90 年代的快速经济发展也支持了这个结论。大量研究也表明，资源禀赋丰富本身也并非发展中国家出现 “资源诅咒”现象的根本原因，这一现象的产生主要还是因为这些国家忽略了影响经济增长的其他重要因素，如经济和政治制度完善、人力资本积累等。那么，能否通过政府干预，避免资本从最终产品部门大规模流向资源中间品部门从而避免产生“荷兰病”呢？下面，本文将分析资源中间品出口税和出口配额这两种政策在这方面的效果。

五、出口税与出口配额的实施效果

（一）实施出口税的效果

对资源中间品部门征收出口税会导致资源中间品国内价格的提高，这会改变国内最终产品部门和资源中间品部门决策的价格信号，从而影响资源中间品贸易的均衡和国内部门间资本流动的均衡，进而影响国民收入和经济增长。令对资源中间品征收比率为τ（$0<\tau<1$）的从价税，则当资源中间品国际价格为$1/\rho$时，征税后国内资源中间品的价格为$(1-\tau)/\rho$。在资源中间品贸易均衡时，最终产品部门资源中间品的边际报酬（MPR）与其国内价格相等，根据最终产品的生产函数，此时有：

$$\frac{K^f}{R}=(\frac{1-\tau}{\rho})^{\frac{1}{\alpha}}(\frac{1}{1-\alpha})^{\frac{1}{\alpha}}(\frac{1}{C})^{\frac{1}{\alpha}} \tag{19}$$

根据式（19），最终产品部门资本与资源中间品的投入比例是固定的，在这种情况下，最终产品部门资本的边际报酬为：

$$MPK_f=C\alpha(\frac{R}{K^f})^{1-\alpha}=(\frac{1}{1-\tau})^{\frac{1-\alpha}{\alpha}}\alpha C^{\frac{1}{\alpha}}(1-\alpha)^{\frac{1-\alpha}{\alpha}}\rho^{\frac{1-\alpha}{\alpha}} \tag{20}$$

资本在资源中间品生产部门的边际产出为$MPK_m=MPK_R\times MPR$，令$\bar{N}'=(1+\delta)\bar{N}$，则根据资源中间品的生产函数：

$$MPK_m=\beta(\frac{\bar{N}'}{K^m})^{1-\beta}\times C(1-\alpha)(\frac{K^f}{R})^{\alpha} \tag{21}$$

当国内资本在两个部门之间的流动实现均衡时存在$MPK_f=MPK_m$，令征收出口税时的资源中间品部门资本存量为$\bar{K}^m_\tau$，资源中间品产量为$\bar{R}_\tau$，则根据式（19）、（20）和（21）有：

$$\bar{K}^m_\tau=(1-\tau)^{\frac{1}{\alpha(1-\beta)}}(\frac{\beta}{\alpha})^{\frac{1}{1-\beta}}\times(\frac{1}{\rho})^{\frac{1}{\alpha(1-\beta)}}(\frac{1}{C})^{\frac{1}{\alpha(1-\beta)}}(\frac{1}{1-\alpha})^{\frac{1-\alpha}{\alpha(1-\beta)}}\bar{N}'=(1-\tau)^{\frac{1}{\alpha(1-\beta)}}\bar{K}^m_\delta \tag{22}$$

$$\bar{R}_\tau=(1-\tau)^{\frac{\beta}{\alpha(1-\beta)}}(\frac{\beta}{\alpha})^{\frac{\beta}{1-\beta}}\times(\frac{1}{\rho})^{\frac{\beta}{\alpha(1-\beta)}}(\frac{1}{C})^{\frac{\beta}{\alpha(1-\beta)}}(\frac{1}{1-\alpha})^{\frac{\beta(1-\alpha)}{\alpha(1-\beta)}}\bar{N}'=(1-\tau)^{\frac{\beta}{\alpha(1-\beta)}}\bar{R}_\delta \tag{23}$$

比较式（22）、（23）和式（14）、（15）可知，由于$(1-\tau)$小于 1，

所以存在$\bar{K}_{\tau}^{m} < \bar{K}_{\delta}^{m}$以及$\bar{R}_{\tau} < \bar{R}_{\delta}$，这说明征收出口税降低了资本中间品部门的资本存量和产量，这意味着最终产品部门流向资源中间品部门资本的数量减少了。

要确保最终产品部门不发生萎缩，就要求征收出口税后资源中间品部门的资本存量至少仍维持在$\bar{K}^{m}$（即资源存量扩张前的资源中间品部门资本存量），即$\bar{K}_{\tau}^{m} \leqslant \bar{K}^{m}$。令此时的临界税率为τ*，则有：

$$\tau^* = 1-(\frac{1}{1+\delta})^{\alpha(1-\beta)} \tag{24}$$

由式（24）可知，τ*与δ成正比，这意味着资源存量扩张的幅度越大，要保障不发生“荷兰病”现象的最低资源出口税率水平就越高。而且税率一旦设定，即不需调整。

（二）实施出口配额的效果

作为一种数量限制，资源中间品的出口配额不仅会导致资源中间品国内价格和国际价格之间的差异从而影响经济主体决策所依据的价格信号，而且会改变经济增长过程中资本部门分配和资源中间品贸易的均衡条件，进而从根本上改变经济增长的基本模式。假设一国政府对本国资源中间品出口实施一种相对的数量限制，即要求本国出口的资源中间品不得超过本国产量的某个固定比率，令这个比率为λ（$0<\lambda<1$）。由于在经济增长过程中，随着本国最终产品部门资本存量的不断扩张，自由贸易下本国资源中间品的出口量会不断下降，当出口量下降至配额比率λ以下时，出口配额实际上已经失去约束作用。但在此之前，本国经济增长则将始终在出口配额的约束下进行。

我们假定在实施出口配额后，t 时期本国资源中间品的国内价格为P_t^d，在完全竞争条件下，本国资源中间品的边际报酬应等于P_t^d，在这一条件下可得 t 时期本国最终产品部门的资源中间品与资本投入比例为：

$$MPR_t = C(1-\alpha)(\frac{K_t^f}{R_t})^{\alpha} = P_t^d \tag{25}$$

在资本部门分配实现均衡时，最终产品部门的资本边际报酬与资源中间品部门相同，即存在$MPK_t^f = MPK_t^m$。当资源禀赋增加为$\bar{N}'$时，根据最终产品和资源中间品的生产函数，此时存在：

$$\alpha C^{\frac{1}{\alpha}}(1-\alpha)^{\frac{1-\alpha}{\alpha}}\left(\frac{1}{P_t^d}\right)^{\frac{1-\alpha}{\alpha}}=\beta\left(\frac{\bar{N}'}{K_t^m}\right)^{1-\beta}\times P_t^d \tag{26}$$

令本国资源中间品的产量为 R_t^d，出口量为 R_t^E，最终产品部门资源中间品的投入量为 R_t，只要配额有效，本国资源中间品的出口量将等于配额数量，即存在 $R_t^E=R_t^d-R_t=\lambda R_t^d$，经变形后可得：

$$R_t=(1-\lambda)R_t^d \tag{27}$$

式（25）、（26）和（27）是在实施配额情况下，本国经济均衡状态需满足的三个基本条件。将以上三式组成方程组，求解后可得实施出口配额后国内资源中间品的价格与最终产品部门资本存量的关系为：

$$P_t^d=C\left(\frac{\alpha}{\beta}\right)^{\alpha\beta}(1-\alpha)^{1-\alpha\beta}\left(\frac{K_t^f}{\bar{N}'}\right)^{\alpha(1-\beta)}\left(\frac{1}{1-\lambda}\right)^{\alpha(1-\beta)} \tag{28}$$

式（28）说明，实施出口配额后国内资源中间品价格与配额幅度和最终产品部门资本存量成正比，与本国自然资源禀赋成反比。这意味着配额数量越大，本国资源中间品的价格越高，本国自然资源越丰富，实施配额后资源中间品的价格越低；而随着经济规模的扩张，资源中间品的国内价格也会随之上涨。

在以上三个基本条件下，同样可得 t 时期本国资源中间品部门的资本投入为：

$$K_t^m=\frac{1}{1-\lambda}\frac{\beta(1-\alpha)}{\alpha}K_t^f$$

由上式可知，在资源中间品出口配额有效的情况下，最终产品部门和资源中间品部门资本投入的比例会保持固定，该比例为：

$$\frac{K_t^f}{K_t^m}=(1-\lambda)\frac{\alpha}{\beta(1-\alpha)} \tag{29}$$

式（29）说明，在出口配额的作用下，本国的经济增长模式将发生根本性改变。由于出口配额的限制，本国最终产品部门和资源中间品部门的资本存量将以一个固定的比率同比例扩张，出口配额越小，这个比例就会越大，即本国最终产品部门在国民经济中的比重就越大。因此，资源中间品出口配额的实施可以避免处于经济发展初级阶段的国家对初级产品出口的过度依赖，进而使该国实现制造业与资源性产业平衡、同步地发展，这对避免发展中国家存在的“资源诅咒”现象有着重要的意义。

在资本存量为K_t^f、资源存量扩张为$\bar{N}'=(1+\delta)\bar{N}$时，如果当前总资本存量低于$\bar{K}_\delta^m$，即$K_t^f<\delta\bar{K}^m$，经济增长必然会倒退至专业化出口资源中间品阶段，即便不允许出口（$\lambda=0$），最终产品部门的资本也会出现回流至资源中间品部门的现象，此时配额是无效的。当$K_t^f>\delta\bar{K}^m$时，要保证最终产品部门的资本存量不发生萎缩，实施配额后的国内资源中间品资本存量应低于$\bar{K}^m$，根据式（29），此时存在：

$$K_t^f\frac{\beta(1-\alpha)}{\alpha(1-\lambda)}\leqslant\bar{K}^m$$

令临界的配额额度为λ_t^*，则有：

$$\lambda_t^*=1-\frac{K_t^f}{\bar{K}^m}\frac{\beta(1-\alpha)}{\alpha}\tag{30}$$

式（30）说明，λ_t^*与K_t^f成反比，即随着经济增长，临界配额额度将越来越低。当资源中间品部门存量达到$\bar{K}_\delta^m$时，经济增长将进入资源中间品进口阶段，设置配额已无必要。也就是说，在这一过程中，如果要保证最终产品部门资本不回流至资源中间品部门，可以依据式（30），逐渐减少配额额度，而随着配额额度的降低，最终产品部门资本积累的速度会始终高于资源中间品部门。当然，如果政府部门希望维持一个稳定配额，那么最高的配额额度即λ_t^*，在此配额下，两个部门的资本存量将同步扩张。

上述结论意味着出口税和出口配额这两种政策工具都可以有效地遏制资源中间品的出口进而避免“荷兰病”现象的产生，但相比而言，实施出口税会直接影响资源中间品部门的均衡资本存量和产量，并将其锁定在合意的水平；而实施出口配额则将把最终产品部门和资源中间品部门的资本存量锁定在合意的比例，进而保持两个部门同步增长。选择哪一种政策工具取决于政府的偏好和政策实施的成本。

以荷兰为例，自20世纪80年代末以来，荷兰天然气净出口量与总产量之间一直维持在40%左右的水平上（如图1所示），这相当于实施了类似于本文中的出口配额制度。荷兰的这种做法取得了较好的效果，80 年代以来，荷兰的天然气产量趋于稳定，在 2500 NCV（Net Calorific Value）左右波动。同时荷兰的制造业和金融业也很快恢复了快速的增长，制造业在 1995 年至 2000 年以及 2003 年至 2008 年分别出现了两次增长高峰，其中 1995 年至 2000 年，制造业产值从 1622.76 亿欧元增长到 2151.36 亿欧元，平均增长率为 5.42%；在 2003 年至 2008 年间，制造业产值从 2110.57 亿欧元增长到 2958.73 亿欧元，平均增长率为 6.7%。荷兰金融业在此期间发展的速度也很快，1985 年荷兰金融业的产值为 560.24 亿欧元，到了 2008 年，金融业总产值已增加至 2551.01 亿欧元，是 1985 年的 4.55 倍。以上数据说明，有效地控制天然气出口对于荷兰逐渐走出“荷兰病”的阴影起到了重要的作用，也在一定程度上支持了本文的分析结论。

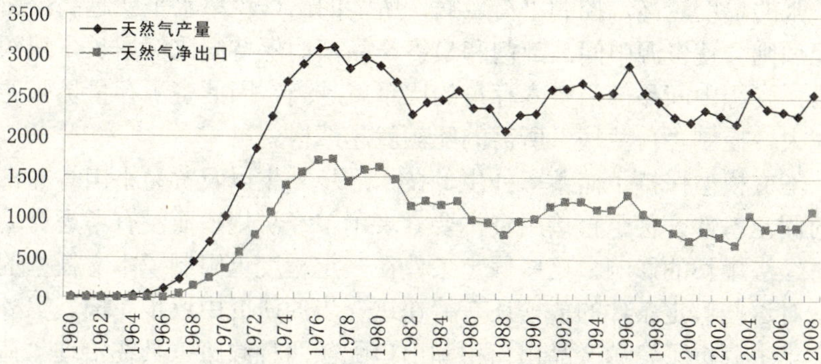

图 1　荷兰天然气产量和净出口量的变化情况

数据来源：荷兰国家统计局官方网站。

六、结论性评述

本文在 Solow 经济增长模型的基本框架下引入了资源中间品部门，在开放条件下分析了资源中间品出口国经济增长路径的基本特征，并考察了资源存量扩张引发“荷兰病”现象的基本机制以及出口税和出口配额两种政策工具治理“荷兰病”的效果。本文的基本结论如下：

（1）开放条件下贸易小国资源中间品部门的资本存量和产量由本国

自然资源禀赋和资源中间品的国际价格决定，并与这两个变量呈正比，但与本国资本存量的总体规模无关。依据资源中间品贸易模式的不同，经济增长可以被划分为三个阶段：专业化分工阶段、资源中间品出口阶段和资源中间品进口阶段。

（2）对于资源中间品出口国，资源存量的增加会同等幅度地提高资源中间品部门的资本存量和资源中间品的产量，因此在短期内会导致最终产品部门的资本流向资源中间品部门，从而使制造业出现萎缩，产生“荷兰病”现象；但长期来看，资源存量的扩张会提高国民收入并加快经济增长的速度。

（3）在资源存量扩张后，实施资源中间品出口税和出口配额都可以避免资本从制造业部门流向资源部门，但两种政策工具的效果是不同的。出口税会直接将资源中间品部门的资本存量控制在意愿的规模，资源存量扩张的幅度越高，控制“荷兰病”所需的出口税率水平就越高；而出口配额则会使资源中间品部门和最终产品部门保持同比例增长，配额越宽松，资源中间品部门资本存量的比重就越高，因此资源存量扩张的幅度越大，控制“荷兰病”所需的配额就越严格。

本文模型保持了储蓄率外生、技术进步外生以及贸易小国等非常严格的假定条件，甚至直接用资本要素表示了经济规模而没有考虑劳动要素对经济增长的影响，这些假定条件在一定程度上限制了本文模型的应用，对这些假定条件的放松还有待在进一步的研究中逐步完成。另外，本文集中分析了资源产品出口税和出口配额两种政策工具在治理“荷兰病”方面的效果和对经济增长的影响，对它们所造成的资源配置扭曲和福利损失的分析与比较还没能完全展开，但希望本文能够抛砖引玉，引起大家对该问题的关注。

（作者：陆建明　天津财经大学　讲师）

人民币升值无法解决中美贸易不平衡的原因及对策分析

张　兵　李翠连　赵小娟

一、引言

美国和中国是当今世界两个最大的经济体，两国之间的对外贸易额巨大。近年来，美国对华贸易逆差的迅速增加（如表1所示）引起了中美两国各界人士的广泛关注，特别在后金融危机时代全球经济失衡的背景下，中美贸易的不平衡更是受到世界的瞩目。

表1　2005年以来中美贸易以及中国对美国贸易顺差的变化

	2005年	2006年	2007年	2008年	2009年	2010年
中美贸易额（亿美元）	2115	2627	3021	3337	2983	3853
中国对美国贸易顺差（亿美元）	1142	1443	1633	1709	1434	1813

资料来源：根据国家统计局历年《国民经济和社会发展统计公报》中的数据计算。

一方面，面对中美贸易不平衡的加剧，从美国总统奥巴马、财长盖特纳、美联储主席伯南克，到诺贝尔经济学奖得主克鲁格曼，再到金融大鳄索罗斯，均指责人民币汇率过低，造成中美贸易失衡，要求人民币尽快大幅升值。美国参众两院的一些议员更是频频上书或者举行听证会，指责中国政府操纵汇率，损害了美国制造业，造成美国失业率居高不下。美国众议院于2010年9月29日通过了《以货币改革促公平贸易法案》，意图对所谓低估本币汇率的国家征收特别关税，实际上旨在进一步促使人民币尽快大幅升值。特别是在“后危机时代”，中美之间的贸易摩擦大有愈演愈烈之势，逼迫人民币升值也成为美国政府的重要法宝。

另一方面，对外贸易的长期不平衡也给中国经济带来了一些难题，导致中国经济的两难境地，尤其在目前美国压迫人民币升值的背景下，人民币升值预期加大了我国汇率形成机制改革的风险，同时央行对冲操作的成本加大，在一定程度上削弱了我国货币政策的独立性和宏观调控的有效性。面对来自美国的压力，中国如果应对不当，经济就会遇到困难，甚至可能重蹈日本的覆辙。在这样的背景下，研究人民币汇率与中美贸易失衡之间的关系，探索其根源，同时提出一些应对人民币升值的政策建议，具有重要的理论和现实意义。

二、各国学者对人民币汇率与中美贸易失衡之间关系的研究

各国学者对人民币汇率与中美贸易差额之间的关系问题争论已久，以克鲁格曼为代表的学者认为人民币汇率严重低估，从而导致了中美贸易逆差；而以麦金农为代表的学者则认为人民币汇率与中美贸易差额之间的相关性较弱，人民币汇率不是造成中美贸易逆差的主要原因。目前两种观点都存在，没有形成定论。

（一）人民币汇率是造成中美贸易失衡主要原因的观点

这种观点认为美国对华贸易的巨大逆差主要源自人民币兑美元汇率，由于人民币的低估导致中国商品在美国国内市场上形成了低价倾销的态势，从而导致中美贸易逆差不断增大，为平衡贸易收支，人民币应该大幅升值。

伯格斯坦（Bergsten，2004）认为中国应对美国的巨大贸易逆差负责，以中国为代表的东亚国家没有进行汇率调整，致使美国经常项目的赤字没有改善甚至越来越大。伯格斯坦（Bergsten，2005）认为许多亚洲国家，尤其是中国，政府都以各种方式，包括行政手段进行外汇干预，阻止本币的升值。2010年，克鲁格曼在《纽约时报》上发表文章，他指责中国放任货币贬值，对世界其他地区构成越来越大的威胁。中国的汇率政策是最“扭曲”的，在世界经济不景气的情况下，严重影响了他国的经济复苏，最大的受害者是其他国家的工人。克鲁格曼呼吁美国政府采取严厉措施，例如对中国的进口产品加征暂时性的费用，这种制裁直

到中国提高人民币兑美元汇率以后再取消。马肯（Makin，2009） 认为，中国严格管制资本账户，持续大额的贸易盈余意味着显著的人民币被低估，应该逐步变得更加富有弹性；偏离的货币币值表现为扭曲了国际储蓄和投资流动，是导致全球失衡的核心因素。

在实证方面，许少强和马丹（2005）收集了 1994～2003 年期间中美贸易的季度数据进行了协整分析，其结论为：人民币兑美元实际有效汇率是影响中美贸易收支的一个主要因素，人民币如果升值 1％将导致中美贸易顺差减少 12.084%。卢向前、戴国强（2005）建立了协整向量自回归模型，利用 1994～2003 年之间人民币对世界主要经济体货币的加权实际汇率数据和我国进出口额，分析了这两个变量之间的长期关系，结果证明人民币对世界主要货币的加权实际汇率和我国进出口贸易额之间存在着显著的相关性。

（二）人民币汇率不是造成中美贸易失衡主要原因的观点

国内学者的研究方面，沈国兵（2004、2005）、李稻葵（2006）等人的研究证明，美中贸易收支与人民币汇率之间没有长期稳定的协整关系，人民币兑美元名义汇率和实际汇率的变化对于中美贸易失衡都没有任何统计上显著的相关性。王胜、陈继勇、吴宏（2007）和钟永红（2007）运用协整分析和向量误差修正模型研究认为，人民币升值无法从根本上解决美中贸易逆差问题。王细芳、叶全良（2008）对人民币兑美元汇率和中美贸易顺差进行协整分析和格兰杰因果关系检验，结果表明二者并不存在因果关系。占俊（2009）通过对由中美双方各自统计的中美贸易收支数据和人民币兑美元实际汇率的变动进行短期和长期分析，认为人民币实际汇率对中美贸易收支的影响很小，人民币升值不会缓解美国巨大的贸易逆差。孟祺、王斐波（2009）认为由于中国对美国出口的整体垂直专业化程度非常高，因此人民币升值不能导致中美贸易不平衡的减少。彭红枫（2010）运用 1985～2009 年的月度数据进行计量分析的结果表明，美中贸易逆差与人民币汇率之间不存在协整关系，人民币汇率并非导致美中贸易逆差的真正原因。范云芳、孙波（2010）利用 1980～2008 年的年度贸易数据对中美贸易进行协整分析，检验认为汇率变动与出口贸易之间的马歇尔—勒纳条件并不满足，人民币升值并不能改善中美贸易失衡。史本叶、李俊江（2010）通过考察中美贸易差额和人民币汇率的变化，也认为中美贸易失衡和人民币汇率之间没有必然联系，人民币汇率不是中美贸易失衡的根本原因。

国外专家学者的研究方面，史蒂芬·杰弗瑞（Stephen Jeffrey，2006）的理论和实证研究表明，人民币升值对美国贸易赤字的影响很小，人民币升值难以缓解美国贸易失衡。罗纳德·麦金农（Ronald Mckinnon，2010）认为中美贸易失衡不是源于人民币兑美元的汇率水平，而是源于美国经济特有的结构性问题，即巨大的财政赤字和过低的个人储蓄率。史蒂芬·罗奇（Stephen Roach，2010）指出，美国和世界上 90 多个国家存在贸易赤字，所以美国的贸易赤字是个多边问题，提高人民币兑美元汇率的这种双边调整只能把中国对美国的贸易顺差转移成其他国家对美国的贸易顺差。诺贝尔经济学奖获得者约瑟夫·斯蒂格利茨（Joseph Stiglitz，2010）和世界贸易组织总干事帕斯卡尔·拉米（Pascal Lamy，2010）也认为，人民币升值无益于解决美国贸易逆差。

三、人民币升值与中美贸易失衡关系的实证分析

本文选取了 2001 年 1 月至 2010 年 12 月的我国对美国的人民币汇率以及贸易差额的月度数据。其中人民币汇率的数据根据中国人民银行网站公布的人民币兑美元汇率中间价的每日数据计算得到，中国对美国出口额的月度数据来自中华人民共和国海关总署网站。由于 2005 年 7 月 21 日，我国实行了汇改，人民币放弃与美元挂钩，参考一篮子货币定价，所以本文将协整分析分为两个时段，第一阶段为汇改以前（2001 年 1 月至 2005 年 7 月），第二阶段为汇改以后（2005 年 8 月至 2010 年 12 月），这主要是为了剔除汇率制度不一致所带来的统计口径差异。为避免出现伪回归现象，本文首先对人民币兑美元汇率和中国对美国贸易差额这两个变量进行平稳性检验，分析所选取的时间序列是否平稳，如果这些序列是平稳的，我们再进行协整检验，研究变量之间的长期稳定关系。在进行分析之前先对数据进行对数化处理，其主要原因是使其趋势线性化，消除时间序列中存在的异方差现象。

（一）汇改以前：2001 年 1 月至 2005 年 7 月

汇改以前，我国的汇率制度主要是盯住美元，首先检验人民币兑美

元汇率和中美贸易差额这两个经济变量的平稳性。

在建立人民币兑美元汇率（M）与中国对美贸易差额（Z）的关系模型之前，我们首先对这两个经济时间序列进行平稳性检验，如果是非平稳的，就考虑这些变量之间长期稳定关系的存在性。平稳性检验也就是单位根检验，如果时间序列存在单位根，就可以认定该变量存在随机趋势，从而是不平稳的。较普遍的检验方法有 ADF 检验和 PP 检验。本文首先对选取的两个样本数据进行对数化处理，然后对原序列和一阶、二阶差分序列进行 ADF 检验，检验结果如表 2 和表 3 所示。

表 2　对 Z（Z=LOG（Y））和 D（Z）的 ADF 检验

变量	ADF 统计量	P 值	1%临界值	5%临界值	10%临界值	结论
Z	1.211043	0.9404	-2.608490	-1.946996	-1.612934	非平稳
D（Z）	-7.691275	0.0000	-2.609324	-1.947119	-1.612867	平稳

表 3　对 M（M=（LOG（X））和 D（M）的 ADF 检验

变量名	ADF 统计量	P 值	1%临界值	5%临界值	10%临界值	结论
M	-1.014539	0.2752	-2.608490	-1.946996	-1.612934	非平稳
D（M）	-0.477470	0.8872	-3.560019	-2.917650	-2.596689	非平稳

检验结果证明中美贸易差额这个时间序列是非平稳的，但一阶差分序列是平稳的。人民币兑美元汇率这个时间序列的原序列和一阶、二阶、三阶差分序列都是非平稳的，它与中美贸易差额之间不存在同阶单整性，由此推断它们之间不存在长期均衡关系。

（二）汇改以后：2005 年 8 月至 2010 年 12 月

1．单位根检验

在建立人民币兑美元汇率与中国对美贸易差额的关系模型之前，我们首先需要对人民币兑美元汇率和中美贸易收支差额进行平稳性检验，以确定是否存在长期均衡关系。首先进行单位根检验，如果存在单位根，则认为时间序列是非平稳的，也就是存在随机趋势，在长期没有均衡关系。与上文一样，首先对两个样本数据进行对数化处理，然后依次对原序列和一阶、二阶差分序列进行 ADF 检验，检验结果如表 4 和表 5 所示。

表4　对Z（Z=LOG（Y））、D（Z）、D（Z，2）的ADF检验

变量名	ADF统计量	P值	1%临界值	5%临界值	10%临界值	结论
Z	1.055158	0.9219	-2.607686	-1.946878	-1.612999	非平稳
D（Z）	-2.080782	0.6001	-3.555023	-2.915522	-2.595565	非平稳
D（Z，2）	-5.986042	0.0000	-2.610192	-1.947248	-1.612797	平稳

表5　对M（M=（LOG（X））、D（M）和D（M，2）的ADF检验

变量名	ADF统计量	P值	1%临界值	5%临界值	10%临界值	结论
M	-1.699284	0.0843	-2.602794	-1.946161	-1.613398	非平稳
D（M）	-1.791466	0.0698	-2.602794	-1.946161	-1.613398	非平稳
D（M，2）	-7.825285	0.0000	-2.603423	-1.946253	-1.613346	平稳

分析以上检验结果发现：中美贸易差额与人民币兑美元汇率这两个经济变量的ADF检验统计量的绝对值均小于临界值的绝对值，故应该接受原假设，认为这些时间序列中存在单位根，也就是说，这两个经济变量序列均是非平稳的序列；一阶差分后这两个变量的ADF检验统计量的绝对值仍小于临界值的绝对值，但二阶差分后这两个变量的ADF检验统计量的绝对值大于临界值的绝对值，所以拒绝有单位根的假设，认为Z和M这两个时间序列都是平稳的时间序列。综上所述，这两个经济变量是二阶单整的。

2．协整检验

上文已经证明了中美贸易差额和人民币兑美元汇率这两个经济变量都是非平稳的时间序列，而且都是二阶单整的，那么Z和M之间可能存在长期均衡关系。我们首先用OLS对变量Z和M进行回归，然后进行残差提取，形成残差序列，检验残差的平稳性（本文采用ADF检验，结果如表6所示），如果残差是平稳的，那么就说明两变量之间存在协整关系。

表 6　对残差的 ADF 检验

变量名	ADF 统计量	P 值	1%临界值	5%临界值	10%临界值	结论
RESID02	-4.439767	0.0000	-2.603423	-1.946253	-1.613346	平稳

由上表检验结果可知，做回归后，残差序列是平稳的，这说明做回归的变量 Z 和 M 之间存在着协整关系，即两者之间存在着长期的均衡关系。

3．Granger 因果检验

在估计误差修正模型之前，我们先检验中美贸易差额（Z）和人民币兑美元汇率（M）之间的因果关系，以作为建立误差修正模型的参考。本文通过 Granger 因果关系检验来完成，具体检验结果如表 7 所示：

表 7　Granger 因果检验

原（零）假设	观测值个数	F 统计量	概率	结论
M 不是 Z 的 Granger 因	63	0.38582	0.68162	接受
Z 不是 M 的 Granger 因	63	0.58981	0.55773	接受

从表中可以看出，“人民币兑美元汇率不是中美贸易差额的原因”和“中美贸易差额不是人民币兑美元汇率的原因”这两个假设都被接受，说明这两个经济变量之间互不为因果关系。

4．误差修正模型

上文协整检验的结果证明了中美贸易差额和人民币兑美元汇率之间存在着长期均衡关系，现在我们通过建立误差修正模型来分析两者之间的短期关系。具体误差修正模型如下：

D（Z）= -0.005895 -3.395458 D（M）　-0.331976 ET（-1）

（-0.243721）　（-0.693721）　（-3.458416）

R^2 =0.164031　　DW=1.997080

该误差修正模型的估计参数显示，回归方程的拟合优度仅为 0.164031，t 值也很小，不具有显著性，这说明，在较短的时期内，中美贸易差额（Z）与人民币兑美元汇率（M）的变动并没有相关性。

5．实证分析结论

通过上述分析可以看出，长期内中美贸易差额与人民币兑美元汇率之间存在着均衡关系，但 Granger 因果检验的结果显示两者之间没有因果关系。误差修正模型显示，在短期内，中美贸易差额与人民币兑美元汇率变动之间没有相关性，这也充分与现实中美贸易情况相吻合：2005年以来，人民币相对美元一直在升值，但美国对中国的贸易逆差不但没有缩小，反而出现了扩大趋势。

四、中美贸易不平衡的深层原因分析

（一）美国巨额贸易逆差首先根源于其内部失衡的结构性问题

长期以来，美国崇尚超前消费的过度消费模式，储蓄率很低。尤其是 2001 年 IT 泡沫破灭后，为刺激经济增长，美国采取了超低利率的扩张性货币政策，刺激消费和投资支出不断扩张，使得储蓄率降低到不足1%的历史最低水平（如图 1 所示）。同时，这一时期扩张性财政政策也使得美国财政赤字不断攀升（如图 2 所示）。

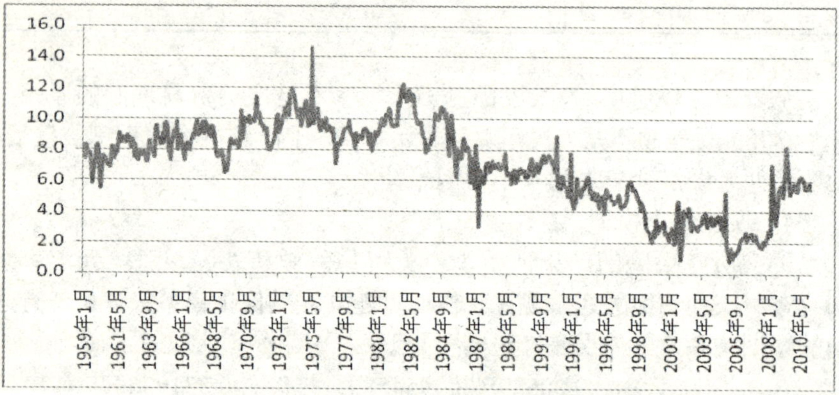

图 1　1959 年 1 月至 2011 年 5 月美国月度个人储蓄率（%）

资料来源：美联储圣路易斯分行，http://research.stlouisfed.org/fred2/data/PSAVERT.txt。

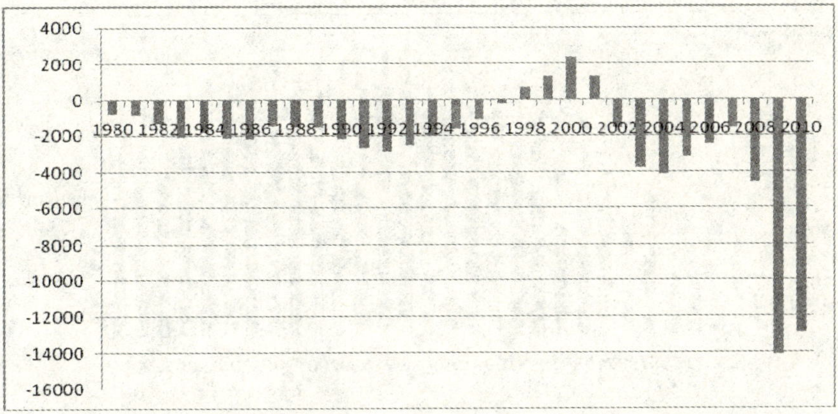

图 2　1980～2010 财年美国联邦预算盈余（＋）/赤字（－）（亿美元）

资料来源：美联储圣路易斯分行，http://research.stlouisfed.org/fred2/data/FYFSD.txt。

根据宏观经济学中的国民收入恒等式 S-I =（EX-IM）+（GP-NT），在存在负储蓄（S<I）和财政赤字（GP>NT）的状况下，要使恒等式成立，贸易收支一定会出现逆差（EX<IM）。因此，美国巨额贸易逆差的存在从根本上来说是源自其内部的储蓄投资结构失衡，美国要想彻底解决其贸易收支逆差，必须进行自身的结构调整，在提高储蓄率的同时控制财政赤字。2009 年美国出现的储蓄率提高同时贸易逆差减少的事实在一定程度上已经证明了这一点。

（二）美国对中国的贸易逆差主要源于经济全球化条件下的国际分工和产业转移

随着改革开放的深入推进，中国日益融入世界经济，特别是随着美国、欧盟、日本以及东亚新兴经济体对中国直接投资的迅速增加，中国大量承接了国际产业转移，日益成为世界加工制造中心，这一点可以从加工贸易进出口额在中国进出口贸易总额中所占比重以及外商投资企业出口额在中国出口总额中所占比重明显反映出来（如图 3 和表 8 所示）。

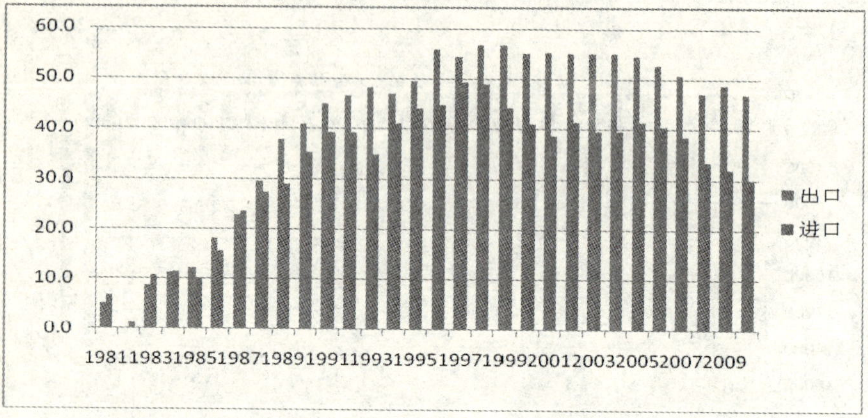

图 3　加工贸易进出口额在中国进出口贸易总额中所占比重（%）

资料来源：根据中华人民共和国国家统计局《中国统计年鉴 2010》以及历年《中华人民共和国国家统计局国民经济和社会发展统计公报》中的数据计算。

中国吸引外资的 70%来自东亚地区，外商投资企业从本国或地区进口大量机器设备、原材料和中间产品，在中国进行加工装配后再向欧美出口。在这样的国际分工格局下，日本、东盟等其他东亚经济体对美国的贸易顺差被转移到了中国，中国对美国的贸易顺差实际上代表了经济全球化条件下整个东亚地区对美国的顺差。例如，2009 年中国对美国的贸易顺差为 1434 亿美元，而中国大陆对日本、韩国、东盟和中国台湾的逆差则分别达 330 亿美元、489 亿美元、4 亿美元和 652 亿美元。因此，中美贸易失衡的根本原因是经济全球化过程中国际产业转移造成的，中国的贸易顺差不是单纯的贸易平衡问题，而是全球生产格局演变的结果。如果整个国际生产和分工格局不发生变化，即使人民币继续升值，中国对美国仍然会存在贸易顺差。而且由于中美贸易结构是互补的，即使人民币大幅升值使得美国消费者对中国产品的需求减少，这部分需求也会转到墨西哥、印度和越南等国生产的产品。同样，即使由于人民币大幅升值而使得受打击的相关产业外移，其外移地点也大多会选择生产成本较低的新兴市场而不会是美国。

表 8　外商投资企业出口额在中国出口总额中所占比重

年份	2005 年	2006 年	2007 年	2008 年	2009 年	2010 年
出口总额（亿美元）	7620	9691	12180	14286	12017	15779
外商投资企业出口额（亿美元）	4442.1	5638.2	6958.9	7906.2	6722.3	8623.1
比重	58.30%	58.18%	57.13%	55.34%	55.94%	54.65%

资料来源：中华人民共和国海关总署综合统计司。

因此，人民币升值无助于解决美国的贸易逆差和失业问题。正如温家宝总理所指出的，造成美方对华贸易逆差的主要原因不在于人民币汇率，而在于经济全球化背景下两国的投资和贸易结构。

（三）美国对华出口管制加剧了中美贸易不平衡

长期以来，美国在其具有明显比较优势的核技术、航空技术、生命科学技术、光电技术和武器研制等高新技术产业上对中国实行严格的出口管制政策，据报道，美国当局列入禁止对华出口的商品目录清单达7000 页纸之多。严格的出口管制迫使很多中国用户放弃从美国进口高新技术产品，转而从日本、韩国、中国台湾和欧盟等国家和地区进口，结果使得本来美国对中国应该是贸易顺差的高新技术产品却呈现出美国对中国的贸易逆差越来越大，美国在中国快速增长的高新技术产品进口中所占的比例越来越低。例如，中国高新技术产品的进口由 2001 年 641 亿美元增加到 2009 年的 3098 亿美元，而自美国进口的比重则从 2001 年的 18.3%下降到 2009 年的 7.5%。因此，美国实施的对华出口管制政策加剧了中美贸易的不平衡。

五、应对人民币升值的相关政策建议

（一）要正确看待人民币汇率与中美贸易失衡之间的关系

如果将中美贸易失衡置于新的国际分工的大背景下，我们可以看出这一失衡的存在具有某种程度上的必然性，并且由于全球商品贸易和服务贸易自由化进程的非对称性，这一失衡还将继续存在。同时，美国对华贸易逆差的不断增大，与美国对韩国、亚洲“四小龙”等新兴经济体贸易逆差的缩小是相伴发生的，体现的是一种国际分工的趋势。

从另一个方面来说，名义贸易逆差体现的只是一个统计的数值，关键的是国际贸易发生后各国福利水平的增减，不能简单地用贸易收支来衡量一国在国际贸易中的利得和损失。从美国方面来看，逆差不仅仅使美国的消费者获益，而且为美国产业结构的调整提供了便利。从中国方面来看，顺差的确给中国带来了巨大的外汇储备，但也不可忽视顺差给中国经济带来的问题：央行“对冲”操作的难度加大，基础货币投放增加带来的流动性过剩，削弱了货币政策的独立性和有效性，使中国经济增长的动力结构不平衡，不利于经济结构的调整和内需的扩大。

（二）大力推进人民币汇率形成机制改革

根据国内外经济形势的发展和我国国际收支的状况，大力推进人民币汇率形成机制的改革，增强人民币汇率弹性，以市场供求为基础，参考一篮子货币进行调节，发挥市场在资源配置中的基础性作用，促进国际收支的基本平衡。从目前的形势来看，人民币升值压力难以避免，我们也应该允许人民币有一定幅度的升值。从上文的分析可以看出，在可控范围内的人民币升值不会对中国的出口产生很大影响，美国在国际分工中的地位也决定了从国外进口而不是自己生产工业制成品的事实，因此人民币升值不会使中美贸易收支发生质的变化。从中国方面来说，小幅度的人民币升值还将提高中国出口商品的价格，改善中国的贸易条件，提升我国在中美贸易利益分配格局中的地位，并且在一定程度上有利于产业结构和贸易结构的调整。

（三）调整出口战略，提高技术含量

从发展的眼光来看，目前依靠廉价劳动力和资源优势形成的价格竞争力必将减弱，这种粗放型的出口方式不是长久之计。这种低附加值、高消耗的劳动密集型产品出口到美国，中国企业只能得到微薄的利润，这样的出口模式是以牺牲我国劳工福利、恶化本国收入分配格局为代价的；而中国从美国进口的却是附加值较高的资本和技术密集型产品，这些产品的进口成本较高，并且容易受美方的限制。总之，在对外贸易中，以中国为代表的发展中国家一直处于劣势，传统意义上的剪刀差并没有消除，中国的地位并不平等。

经过多年的市场经济体制改革，中国通过经济积累和科技创新，获得了一定的资金，形成了一定的技术优势，中国应该继续加大产业优化升级，大力发展高新技术产业，鼓励企业自主创新，建立健全知识产权保护的法律体系；鼓励具有技术和资本优势的企业出口，提高我国出口品的技术含量和附加值；在引进 FDI 的时候，应调整政策，逐步取消对外资的超国民待遇，提高外商在华投资的质量和经济效益。

（四）扩大国内需求，加强经济自身发展的动力

解决国际收支失衡要从恢复国内平衡入手。我国收支失衡的内部原因是：消费不足，储蓄大于投资。我们应该大力发展内需，减小对外贸的依存度。首先要大幅度增加居民收入，特别是增加城市中低收入人群和农民的收入，改变收入再分配体制，让一般群众收入增加的速度快于富人，从整体上提高社会的边际消费倾向，提高国内吸收水平。其次，要逐步建立正常的劳资谈判机制，健全企业的医疗、养老等社会保障计划，增加财政的社会保障投入，逐步落实个人账户，解除老百姓的后顾之忧。

（五）加强国际间的协调，谋求共同发展

我国的贸易失衡不仅仅是自身的问题，也部分来源于贸易伙伴国的结构性失衡。在我国采取措施扩大国内需求、对人民币小幅升值的同时，我们最大的贸易伙伴国——美国，也应该在以下方面做出调整：控制财政赤字的规模，合理引导国内居民的消费，放松对华出口管制等。同时，中美之间也应该完善统计制度，特别是在原产地原则和服务贸易的统计方面，中美应该达成共识，形成统一的标准，从而合理地统计贸易发生额和国际收支。

总之，中美贸易失衡是正常的现象，其存在具有历史必然性。仅凭人民币升值是不可能解决中美贸易失衡问题的。中美双方都应该从长远利益出发，通过磋商协调，实现中美经贸关系的正常发展。

（作者：张兵　南开大学　副教授；李翠连　讲师；赵小娟　研究生）

“十二五”时期服务外包发展的对策研究
——基于天津市服务外包行业的调研分析

黄春媛

服务外包是经济全球化过程中衍生出来的新经济增长模式。中国经济一方面被整合进欧美经济体系中，向其提供低成本的加工制造和服务，另一方面也逐渐成为欧美经济发展不可或缺的基础之一。因此，服务外包是中国经济在全球化大背景下从目前的被支配地位逐步走向支配地位的进攻性发展战略。抓住服务外包这个发展战略，在全球化的过程中不断向价值链高端攀升，能够对一个地区的经济发展产生深刻的影响。

天津市具有地理区域优势和制造业优势，发展服务外包是将天津经济纳入全球经济体系、增强天津国际竞争力稍纵即逝的机会产业。本文通过对天津市开发区、保税区、高新区三个服务外包聚集区管委会和代表企业的深入调研，使用SWOT分析方法，在考察天津服务外包发展现状的基础上，提出天津在“十二五”期间发展服务外包的三个定位和相应的对策建议。

一、天津市服务外包发展现状

自2006年12月25日，天津市在商务部“千百十”工程中被认定为十一个服务外包基地城市之一后，天津市就将服务外包作为其优化产业结构、重点发展的产业之一。截止到2010年，天津共有服务外包企业179家，其中，通过ISO27001认证的企业4家，通过CMMI二级以上认证的企业5家，从业人员约4万人；2008年实现服务外包合同金额2.04亿美元。

经过“十一五”期间的发展推动，天津的服务外包表现出如下特点：

1. 产业集聚效应进一步显现

服务外包产业主要集中在天津滨海新区所属的三个经济功能区内，即开发区、保税区和高新区。在这三个服务外包示范园区，已初步形成了产业集聚效应。从企业区域分布看，三个示范园区占全市服务外包企业总数的85.7%，其中，滨海高新区2009年全年新增企业45家，占全市年度新增企业总数的49.5%。从区域企业经营绩效上看，三个示范园区服务外包企业接包执行额占天津市服务外包企业接包执行总额的84.3%，其中，保税区企业接包执行额同比增长20倍。

2. 企业急速扩张

天津服务外包企业大都是2006年底、2007年建设起来的，但是经过三年多的发展，大多数企业的员工规模都翻了一番，有的甚至成倍增长，市场规模也在不断壮大。

3. KPO等服务外包产业前沿发展势头迅猛

天津现有的服务外包业务类型不仅仅局限于信息技术外包服务（ITO）和技术性业务流程外包服务（BPO），更不断涌现出专门从事技术性知识流程外包服务（KPO）的企业。比如爱思爱（天津）高科技有限公司就专门为全球领先的制药公司进行新药申报工作；而天津药明康德新药开发有限公司则主要为全球范围内的制药巨头和生化公司提供优质、高效的新药研发服务，与海外制药巨头同步研制创新药物。

4. 经营主体多样化

从企业数量上看，内资民营企业129家，占总数的72%；外资企业45家，占25%；国有企业有5家，占3%。从企业营业额上看，天津市内资外包企业2009年汇总合同额约为2.11亿美元，占42%；外资企业营业额2.03亿美元，占41%；合资及其他类型企业占17%。

二、天津市服务外包发展的SWOT分析

（一）优势

1. 区位优势

天津是环渤海地区的重要中心，天津港货物吞吐量已突破3亿吨，在世界港口的排名上升到第5位，在国内仅低于宁波—舟山和上海，排

名第三，海陆空立体物流运输方便快捷。同时，天津距离北京只有 120 多公里，随着京津城际铁路的开通和三条京津高速公路的修建，天津和北京打造的“同城经济效应”越来越明显，北京作为中国的政治中心，目前已经显现出经济溢出效应，通过京津城市一体化的进程及两个城市定位和功能的互补，天津完全可以将北京视为一个可以利用的优势资源，从产业梯度转移中发现自身的发展机会。

2. 产业优势

天津市作为中国的老工业基地城市，经过多年的发展，具备了雄厚的先进制造业基础。发达的制造业中所蕴含的潜在外包需求构成天津市服务外包产业发展巨大的本地潜在市场。因此，制造业不是天津发展服务外包的羁绊和包袱，反而是天津产业升级的重要基础和竞争优势。立足天津市雄厚的制造业基础，服务外包与制造业完美融合，必然会为天津打造出具有全球竞争力的服务化、信息化的现代制造业和优质的服务产业链条。

3. 投资优势

跨国公司云集是天津市发展的一大投资优势，它是制造业基础雄厚的一个衍生优势。首先，跨国公司通过在全球的发展，已经习惯于利用外包服务增强企业的核心竞争力，因此，它们在天津的落户为天津形成了本地雄厚的外包需求，例如丰田汽车就将其信息系统的开发维护外包给了天津开发区的启明通海公司。其次，随着跨国公司在天津投资的扩大及对天津的了解，当其在全球选择内部共享服务中心时，天津将获得更大的投资机会，例如摩托罗拉的全球财务中心就是在制造投资后进入天津的。再次，跨国公司在全球拥有自身完善的外包服务商体系，通过在天津的投资，可以更加有效地吸引其外包服务商投资天津，就近服务，天津开发区为摩托罗拉提供人力资源服务的美国联盟计算机 ACS 在天津的投资就是一个成功的例子。

4. 成本优势

天津具有相对低的人力成本优势，软件人员平均工资为北京的 60% 左右，而且天津的生活成本与北京相比也要低许多，使得服务外包企业的运营成本大大降低，这是吸引服务外包企业落户天津的一大重要优势。

（二）劣势和存在的问题

1. 服务外包产业独立发展，没有和本地市场与产业相结合

作为一个典型的服务型产业，服务外包产业无法独自成长，其发展必然高度依赖经济总体、客户产业和配套产业的发展。但是天津市目前服务外包的产业链过短，政府将服务外包作为一个单独的产业来进行扶持和推进，与先进制造业的对接差，产业联动效应差，本地市场的潜力还没有挖掘出来。

2. 企业规模较小，专业的外包企业少

企业的实力是产业发展的重要衡量要素之一，而企业规模又是衡量企业实力的要素。在提供了相关数据的服务外包企业中，员工超过1000人的企业有4家，占企业总数的4%；100至1000人规模的企业有29家，占30%；50至100人规模的企业有19家，占20%；50人以下的企业有44家，占到了总数的46%，由此可见，小企业是天津市服务外包企业的主体，企业规模是遏制天津市服务外包产业发展的重要因素之一。

在天津服务外包企业承接的外包项目金额方面，2010年服务外包企业承接的外包项目金额在5000万美元以上的仅有3家（药明康德、摩托罗拉和大唐电信），70%的企业合同汇总金额在100万美元以下，这也说明了天津市服务外包企业以小企业为主的特征。

3. 未能形成有效的外包人才培训体系，缺乏高端人才及服务外包产业适用人才

人才是服务外包产业发展的关键成功因素，天津目前尚未建立起有效的政府、企业、高校和专业培训机构有机配合的人才培育体系。2010年天津服务外包企业从业人员的培训情况是：安排过员工培训的有63家企业，占到总体比例的35%；而没有安排过员工培训的企业有116家，占65%，占到总比例的一半以上。

此外，离岸服务外包企业需要的是懂技术、掌握过硬的语言，又具有良好团队合作能力的复合型人才，但是现在企业招聘来的大学生，语言沟通能力严重不足，尤其是对于日资企业，如大宇宙和NTTDATA等，会日语的高级技术人员很难寻得。没有产业适用性人才的“蓄水池”，缺乏掌握外包服务技能及管理层面的高端人才及产业适用人才，成为制约天津市服务外包产业发展的核心原因之一。

4. 执行税收优惠不畅，制约了企业发展离岸服务外包的积极性

2009年，财政部、国家税务总局、商务部、科技部、国家发改委联合下发的《关于技术先进型服务企业有关税收政策问题的通知》（财税[2009]63号）规定，自2009年1月1日起至2013年12月31日止，注册在北京、天津、大连等21个中国服务外包示范城市、经认定的技术先进型服务企业，从事离岸服务外包业务取得的收入免征营业税。

但是由于地税局、科委、商务委等部门各自职能所限，企业营业税的实际减免工作进行得并不顺利。像诺和诺德（天津）科技有限公司、药明康德等企业虽然被认定为天津市第一批技术先进型服务企业，但是在2009年11月才拿到资格认定证书，税务局方面只能从2009年12月开始给予营业税免除，使得企业本该享受5年的优惠实际只享受了4年零1个月。此外，这项税收优惠截止到2013年底，对于新加入该行业的离岸服务外包企业的吸引力逐渐减弱，政策的持续性不够强。

5. 基础设施等软环境配套不足，提升了企业的运营成本

很多从事软件服务外包和业务流程外包的跨国公司子公司，对与母公司之间的数据传输具有非常大的需求，因此企业纷纷开通本公司与国外母公司之间的国际专线，但是企业几乎都反映国际专线的费用太高。比如，联盟计算机服务（天津）有限公司（ACS）现有两条2M专线直通美国阿肯色和犹他州，每条的租金为3万元/月，但随着数据量的提升，企业需要传递大量数据包，专线即将升级到30M，这样一个月的费用就要上升到30万元。而像天津NTTDATA这样的公司，其专线是从天津通到北京公司，再通到日本总部，目前这种情况因不符合点对点的直接专线要求而无法享受天津关于国际专线费用的优惠补贴。还有一些企业，需要大量的数据库资源，如药明康德每天要检索大量的数据库信息，这样企业每年就需要花费上千万元购买国外的数据库，这种成本投入对于实力稍逊的小企业来说是完全无法承担的。

6. 优惠政策门槛过高，企业不愿上网登录服务外包数据

在调研中，天津市三个服务外包示范区管委会都提到同一个问题，即大多数企业不愿意到服务外包网上登录自己的数据。经过调研，我们发现企业不愿登录主要是出于以下几方面原因：

第一，很多企业不认为自己是服务外包企业。比如，天津开发区管

委会贸发局经过挨家走访，统计出到开发区从事服务外包的企业有 203 家，但是实际上在服务外包网上登录的只有 41 家，这说明我们的宣传还远远不够。

第二，一些中小服务外包企业之所以不愿意登录信息，是因为没有达到国家规定的离岸服务外包企业的优惠政策条件。比如，软通动力信息技术有限公司从事的离岸外包业务，虽然业务的规模和金额已经足够大，但是没有达到"境外客户提供的离岸外包服务业务收入不低于企业当年总收入的 50%"的要求，因此无法享受优惠。这样，企业就没有了登录网上信息的动力。

第三，对于一些大型企业，在第一次登录企业信息之后，已经享受到国家规定的离岸服务外包政策优惠，因此，企业在今后的经营中没有动力随时更新自己的数据。这样，服务外包网就统计不到动态的数据变化。

（三）机遇

1. 全球国际服务外包的快速增长和巨大的市场需求

金融危机发生后，越来越多的跨国公司为降低成本，将更多的业务外包给低成本国家和地区，同时，市场业务范围不断拓宽，涉及的高端产品也越来越多，这给服务外包提供了深度合作发展的契机。虽然国际金融危机的危害还没有完全褪去，但世界服务外包百强、国内外包 50 强企业入驻天津的步伐却在加快，现已有 NTTDATA、塔塔资讯、ACS、CSC、摩托罗拉财务公司、渣打银行、IBM 兰泰科技等世界 500 强企业运营中心落户天津。

2. 各级政府为天津市发展服务外包提供了良好的制度保障

国家先后下发了《关于实施服务外包"千百十工程"的通知》、《关于加快发展服务业的若干意见》等政策文件，提出了发展服务外包产业的目标方向和具体举措，并出台了一系列的资金扶持计划。

天津市作为授牌的服务外包示范城市，自 2007 年 3 月印发了《天津市促进服务外包发展若干意见》以来，先后制定了土地、税收、人才引进等一系列的优惠政策，在产业扶植、财税优惠、培训支持、人才奖励、创新支持等方面对服务外包企业给予大力扶持。如 2008 年 2 月出台了《天津新技术产业园区加快软件与服务外包产业发展的鼓励办法》，以及《关于加强服务外包业务信息管理办法》、《天津市技术先进型服务企业认定管理办法》、《天津市金融业支持服务外包产业发展的有关政策措施》、《天津海关支持服务外包产业发展的若干意见》等八个配套政策文件，涉及金融、电信、劳动、海关等多个方面。这些都为天津市发展服务外包提供了良好的平台和不断完善的制度保障。

3. 滨海新区作为中国经济增长第三极为天津市带来的经济效益和发展机遇

滨海新区是未来中国经济增长的第三极和中国北方经济中心，其巨大的增长潜力对国内外的投资者都具有相当大的吸引力。滨海新区将成为天津市服务外包产业发展的一个重要载体和招商亮点。

（四）挑战

1. 区域竞争压力

天津市承接国际服务外包的挑战同时来自国内和国外两个方面。从国内来看，与同为国家服务外包基地的北京、上海比较，天津在后台服务能力、基础设施竞争力和地方政府公共服务等方面都有一定差距；而与同样作为跨国公司共享运营中心的苏州等城市相比，天津吸引外资的速度和力度还不够。比如，2009年，法国索迪斯、美国IBM、美国ATS、耐克（中国）物流中心等世界服务外包名企落户苏州，英国UBI集团投资6000万美元设立的奥博新天（常州）信息技术有限公司落户常州，无锡富士通综合质量技术（无锡）实验所开业。从国外来看，周边东南亚国家拥有更低的劳动力成本优势，随着这些地区承接服务外包能力的不断提升，将会对天津市承接服务外包产生一定的影响。

2. 比较优势陷阱

发展中国家承接处在价值链低端的外包业务，与处在价值链高端的国家相比，虽然能够短期获利，但长期会被锁定在不利地位，从而落入比较优势陷阱。天津市多数业务处于外包价值链的低端，主要集中在嵌入式软件开发、应用软件开发、信息服务等劳动密集型领域，而产品研发、建筑设计、人力资源外包等还处于起步阶段。这种中低端的外包加工利润较低，不利于天津服务外包业务的进一步发展。

三、天津市发展服务外包的路径选择及政策建议

（一）三条可行性路径

根据SWOT分析的结果，本文提出天津“十二五”期间发展服务外包的三条可行性路径：

1. 建立具备天津特色的优势产业服务外包基地

以天津特色产业为突破口，开展与金融后台、电子通信、物流（以国际物流和航空物流为主）、航空航天、生物制药、石油化工及汽车相关的服务。利用天津在以上特色产业的经验积累和专业人才储备缩短相关服务外包的学习过程，并提高现有产业对天津的依附程度。比如，在发展金融后台服务中，结合天津OTC市场的开办及金融改革的先行先试政策，增加和强化金融服务外包。

2. 创建跨国公司共享运营中心

借滨海新区发展之大势，以天津优势行业和现有跨国公司为切入点，以发展产品研发、财务管理、客户服务、物流管理、采购中心、金融后台中心为突破口，加强与在津跨国公司的合作力度，拓展未来合作空间。

3. 成立中国服务外包培训和实训中心

充分用好国家定点天津经济技术开发区为“中国服务外包培训中心”这块金字招牌，全面、快速地建设国家定点的全国服务外包培训中心和天津市服务外包人才培训示范基地，产业化发展服务外包人才培训，建立涵盖软件开发与测试、金融后台业务、呼叫中心业务、研发与工程服务、数据处理与分析、动漫设计等内容的实训基地。

（二）具体政策建议

1. 培训方面

在培训问题上，应该考虑给予大学直接补贴，由大学与企业开展2+2、3+1等方式的授课和实训相结合的培养模式。学生在大学期间学习软件外包、业务流程外包等所需的基本知识和技术，尤其是外语的学习，一定要放在大学阶段，长时间地学习英语、日语等语言，培养学生的语言表达能力和沟通能力。而每学年的假期和大学的最后一年，学生就可以到企业去进行实训，学习企业所特需的业务。这样培养出的学生，毕

业后就可以马上上岗，既为企业节省了培训资金，同时由于政府补贴的存在，也给了学校一定的积极性去培养社会急需的人才，更为学生就业提供了坚实的保障。

2. 政府职能建设方面

为了避免政府职能部门职责不清而出现的扯皮现象，考虑将涉及服务外包的相关机构的力量整合，比如财政（地税、国税）、科技、商务等系统的沟通与协作。天津在这方面走在了全国的前列，已经设立了专门的服务外包处，隶属于天津市商务委，这应当是全国第一家专职服务于服务外包的政府机构，具有一定的前瞻性。今后，服务外包处应该被赋予更多的职能，帮助企业协调财政、科技和商务等各方面关系，方便企业享受到更多的优惠，并且起到信息传递的作用，让企业及时了解到国家和地方政府最新出台的各项政策措施。

3. 公共信息平台建设方面

建议天津市政府拿出一定的资金建设服务外包公共信息平台和公共数据平台系统，及时公布国内外需求信息，帮助企业快速与国际市场对接；建设高水平的数据库，有助于不断培养企业的自主创新能力，为企业节省每年几千万的数据检索、数据库采购费用，满足企业对信息的需求。这种信息平台和数据库建设方面的投资，绝对是促进本地区服务外包行业跨越式发展极其重要的推动力。

（作者：黄春媛　南开大学　副教授）

天津市服务外包业与金融服务业互动发展对策研究

李　莉　郑达鑫　张晓宇

服务外包业属于知识密集型的现代服务业，具有信息技术承载度高、附加值大、资源消耗低等特点，是近年来国家政策支持的重点行业之一。王天伟（2010）的研究表明，天津市作为商务部正式授牌的“中国服务外包基地城市”，凭借对外开放程度高、智力资源储备丰富、先进制造业基础雄厚等优势在“十一五”期间大力发展服务外包业，其产业规模和产业结构均达到了国内的领先水平。

天津市市长黄兴国在“十二五”开局之年提出，要加快科技型中小企业发展，尽快形成“铺天盖地”的发展态势，培育出一批“顶天立地”的科技“小巨人”。目前，天津市的服务外包业以处于发展期的中小型企业为主，融资渠道有限，平台较少，为其融资带来一定的限制。同时，天津金融服务业一方面需要寻找信誉高、信贷风险小的优质客户，为其提供金融产品及其衍生品，另一方面可以通过与服务外包企业的良性互动获得收益，优化资本结构。

服务外包业的发展策略已经成为新的研究热点，魏钢（2006）、耿晶晶（2009）、姜灵敏（2010）等学者分别从全球化视角、产业结构调整视角和企业管理微观视角对我国服务外包业进行行业分析，而很少有学者从服务外包业与金融业互动发展的视角进行研究。因此，本文针对天津的服务外包业如何与金融服务业实现良性互动进行研究，进而提出相应的政策建议。

一、天津市服务外包业与金融服务业现状

（一）天津市服务外包业的发展现状及问题

作为天津市“十一五”期间重点发展的产业之一，服务外包业凭借其高科技含量、高附加值、低能耗等优势得到了政府的大力支持。尤其是天津滨海新区纳入国家总体规划战略后，天津市服务外包业取得了跨越式发展。目前天津市的服务外包业发展主要集中在三个方向，即金融服务外包、生物医药服务外包以及基于机械和电子的嵌入软件和产品设计服务外包，形成了以软通动力、渣打银行运营中心、塔塔、富士通为代表的一批有实力的服务外包企业。2009 年，全市新增服务外包企业 91 户，新入职和在岗培训 1.2 万人次，累计完成服务外包接包合同额 5.02 亿美元，同比增长 145.4%；接包合同执行额 2.12 亿美元，同比增长 228.9%。但是，从横向比较，天津市服务外包业的发展还存在一定的不足。

1. 缺少兼具技术能力和外语能力的复合型人才

尽管天津市的软件人才储备充足，但由于天津服务外包业起步较晚，从业人员对外语和新技术的接受和应用能力较弱。周游（2010）的研究表明，服务外包业发展过程中的关键因素是合理的人才结构。首先，服务外包业务需要外包企业的工作人员频繁地与客户进行沟通，要求工作人员能够熟练使用客户所在地的语言，并能对其文化传统有一定的了解。李薇等（2010）认为，印度采取双语教学的模式，培养了大量熟练掌握英语的技术人才，成为欧美客户进行业务流程外包时的首选地点。其次，服务外包业是一个知识密集型的产业，财务分析、供应链规划和数据挖掘等业务要求外包企业的工作人员在相关领域拥有大量的知识储备和实践经验。根据调查机构 Gartner 的调研结果，由于熟练使用英语的专业人才的欠缺，中国内地精通英文的程序员的工资要比类似岗位的印度程序员的工资高 10%～15%。人才不足的问题成为制约天津市服务外包业跨越式发展的瓶颈。

2. 开拓欧美市场的能力低

天津市位于环渤海地区的经济中心，日韩两国与我国贸易过程中产生的大量信息流、物流和资金流在天津交汇。同时，日韩服务外包市

场的技术门槛比较低，项目周期短，适合处于成长期的服务外包企业。因此，天津市服务外包企业的客户资源主要集中在日韩两国。根据调查机构 Bearing Point 于 2008 年末发布的统计结果，美国、西欧占据全球服务外包市场的 76%，日本仅占 8%；同时，欧美客户的外包项目具有周期长、客户黏性大、利润高等特点。天津市的服务外包企业很多都没有意识或能力在欧美市场上宣传自己的产品与服务，缺乏对欧美两国公司的业务流程和技术特点的了解，因此如何增加欧美市场的客户资源成为许多服务外包企业急需解决的问题。

（二）天津市金融服务业的发展现状及问题

随着我国市场经济的发展，服务业在现代经济中的比重越来越大。特别是作为服务业重要组成部分的金融服务业，在现代经济中发挥着越来越重要的作用。金融机构可以为借贷双方提供中介服务，为各市场主体分散和管理风险提供市场环境和条件，为整体经济配置资本并为国内和国际的商业运作提供必要的技术支持。国务院批准滨海新区为全国综合配套改革试验区以来，天津市市委、市政府把金融改革创新作为综合配套改革的重中之重，以建设与北方经济中心相适应的现代金融服务体系和全国金融改革创新基地为目标，着力构筑门类齐全的金融机构体系、结构合理的金融市场体系、创新高效的金融服务体系、功能完善的金融基础设施体系、规范严格的金融风险防范体系和公平安全的金融生态环境体系。

尽管天津市金融服务业在“十一五”期间取得了快速发展，但如果进行横向比较，与上海、北京、广州等金融中心，特别是与西方发达国家相比，天津市金融服务业的效率和竞争力都还有一定的差距。

1. 上市公司数量少、产业覆盖不全、盈利能力较差

目前，天津股权交易所只有 70 家挂牌公司，所属行业仅仅包括建筑业、金融服务业、金融冶炼及压延加工业、电气机械及器材服务外包业、租赁和商务服务业、农林牧渔业、农副产品加工业等 22 个细分产业，存在有些行业没有上市公司的空白。2010 年天津金融年鉴显示，与上海 165 家和北京 126 家上市公司数量相比，天津只有 30 家上市公司；2009 年上海上市公司市值 183801.7 亿元，北京上市公司市值 128026.8 亿元，而天津只有 3723.73 亿元。2008 年由中国社会经济调查所、市政府金融

办以及天津银监局、保监局、证监局等联合展开的调查显示，小富即安的思想观念导致天津企业不愿做受市场约束的公众公司。而且天津的一些上市公司存在运作不规范、经营业绩差、盈利能力下降、发展后劲不足等问题，部分公司已经失去再融资资格。

2. 资本市场结构有待完善

目前，天津的产权交易市场和私募股权投资基金领域优势较为显著，而股票市场、债券市场以及 OTC 市场尚存在不足；天津的股票发行规模及交易规模有待提升；直接融资和间接融资比例失衡问题较为明显，由于短期融资券和企业债券发展缓慢，发行主体单一，天津企业债券融资额与股票市场融资额的比例明显低于国际成熟资本市场上债券融资额与股权融资额的比例；成功建设全国性 OTC 市场的关键是实现快速的资本变现和充沛的资金流，确保 OTC 市场股权交易的流动性，作为 OTC 市场雏形的天津股权交易所正在进行的“两高两非”公司的股权交易，不足以体现滨海新区金融先行先试的优势，因为国内其他产权交易所也在进行着此类交易。另外，天津期货公司数量较少，基金二级市场交投不活跃，与天津庞大的产业群不相适应。

二、天津市服务外包业与金融服务业互动发展机制的建立

（一）服务外包业与金融服务业互动发展的现状及问题

天津服务外包业与金融服务业的互动体现在：首先，在战略上，天津以建设与北方经济中心相适应的现代金融服务体系和全国金融改革创新基地为目标，将金融服务业定位于为服务外包业提供服务等具有战略意义的新兴产业；其次，滨海新区先后设立了一些产业投资基金，同时出台了一系列促进私募股权基金发展的政策措施，滨海新区已经成为全国私募股权基金的重要聚集地；再次，天津还不断改革金融发展环境，提升金融服务水平，为产业发展提供资金和技术支持，为整体经济配置资本，引导资金流向，支持产业结构调整。

然而，服务外包业发展所需融资服务具有周期长、风险信息不透明等特点，传统的金融服务模式难以直接对其提供有力的支持，二者缺乏良性互动机制，主要体现在以下两个方面：

第一，金融服务业之间的合作不够深入，不能充分满足服务外包业的需求。目前金融机构是垂直管理和独立经营，金融监管部门是按照“大区”设置分支机构，基本上处于各自为政的状态，业务活动更是“井水不犯河水”，甚至在同一区域内不同金融机构之间还存在着激烈的竞争。在缺少对区域金融进行综合协调与管理的机构的条件下，同一地区的金融机构之间很难在业务走向上形成比较一致的思路。

第二，金融服务业能够提供的金融工具和服务外包业的发展现状仍然是不相适应的。因此，相关的金融工具亟待创新，并且需要在服务外包业中深入和广泛地应用这些工具和手段。另外，和北京、上海、深圳等地相比，天津地区的产融结合还可进一步推进，尚存在可以继续利用的空间。

综上所述，可以看出天津服务外包业和金融服务业尚未形成一种有效的互动机制来促进二者的发展，随着天津市服务外包业产业结构调整的深入，急需创新金融服务模式，提升金融服务水平，促进产融互动，为服务外包业进一步发展更好地提供金融支持。

（二）金融服务业的产业结构调整推动服务外包业发展

金融服务业的产业结构调整分为三个方面：首先，要建立完备的现代金融服务体系，以合理的金融结构为支撑，打造服务于各类企业的有完备债权和股权的融资平台。其次，建立有效的风险管理的金融产业管控机制，为融资与投资提供便利的同时保障金融安全。最后，在进行金融行业产业结构调整过程中注重培育金融从业人员的创新理念和服务意识，使之适应并促进金融服务业的发展需求。总之，产业调整的方向是建立门类齐全、渠道通畅、结构合理、功能完善和风险可控的现代金融体系。其产业结构调整对服务外包业的影响主要有以下两点：

1. 完备的金融服务业可以拓宽服务外包业的融资渠道

天津市以建立多层次全方位的金融市场为目标，为服务外包业提供了多样化的融资平台和渠道，构建资本市场、货币市场和外汇市场相互传导机制，建立了多层次的金融市场，有利于拓展服务外包业的融资渠道，为服务外包业产业结构调整提供强大的资金后盾。

根据人民银行天津分行公布的数据，自 2008 年天津市被国务院确定为“中国服务外包示范城市”以来，天津各金融机构不断加大对服务外包业的支持力度。截至 2010 年末，天津市各金融机构为注册登记的21 家服务外包企业累计提供贷款总规模 66.47 亿元，相比于 2008 年增长了 11 倍。

2. 金融工具及衍生品可以帮助服务外包企业规避风险

金融服务业提供了远期、期货、期权和利率协议等一系列金融衍生品，虽然这些金融衍生品本身具有高风险性，但如果适当合理地运作则有利于对冲风险、保值增值。目前运用金融衍生品降低企业风险的关键是加强管理，创新监管模式。另外，还可以利用保险来降低风险。天津金融服务业可以发展丰富的专门针对服务外包业的保险产品，将服务外包业的各类风险囊括进去。保险发展的一个关键是信用的培育，营造良好的信用环境是将保险作为降低服务外包业风险工具的重要内容。

（三）服务外包业的产业结构调整促进金融服务业的发展

服务外包业的产业结构调整主要表现为两点：第一，从业务类型上看，服务外包业的重心逐渐从信息技术外包（BPO）转变成业务流程外包业务（BPO）。天津市的服务外包业从 2005 年后进入快速发展期，起初只有基于硬件的系统集成业务，此后逐渐扩展至软件开发、支持服务、数据处理等多层次的服务外包体系。根据工业与信息化部的统计数据，2007 年我国服务外包业的产业规模为 1110.3 亿元，业务流程外包占比为40.5%；2009 年我国服务外包业的产业规模扩大为 2033.8 亿元，业务流程外包的占比进一步增长为 42.1%，业务流程外包正在成为服务外包业新的产业重心。第二，从客户类型上看，服务外包业正在从以软件开发为主的制造业服务外包向以数据处理为主的金融服务业服务外包转变。根据工业与信息化部 2007 年的统计结果，金融机构占据了服务外包需求的 26.7%，所占份额仅次于制造业。服务外包业的产业结构调整对金融服务业的促进作用主要有以下两点：

1. 非核心业务的外包提高了金融机构的经营效率

金融服务外包是金融机构将其部分非核心业务流程委托给第三方服务机构来完成的服务外包方式。根据魏秀敏（2008）的研究，天津的金融中心优势有利于发展金融服务外包。目前，总部设在天津的一些银行类金融机构，如渤海银行和天津农商银行，已经率先将大量后台业务外包给专业第三方。Grossman 和 Helpman（2004）认为服务外包的主要动因是规模经济效应可以降低成本。目前，中信天津外包服务有限公司建立起了5万平方米的物流园区，为众多在津金融机构提供涵盖票据、档案、信息、现钞的“全方位、一站式”标准化或定制服务。非核心业务流程的外包可以帮助金融机构节省成本、优化资源配置并提高运营效率。

2. 服务外包业的发展将为金融机构提供优质的投资项目

目前，天津市的服务外包企业以处于成长期的中小型企业为主，产品和服务日益完善。若金融机构以权益性资本方式进入中小企业，则可以有效解决风险与收益的对称性问题。同时，金融机构对服务外包企业实行股权投资可以提高资金的配置效率，一定程度上解决金融机构与服务外包企业间信息不对称的问题，表现出良好的融资绩效。通过这种方式可以一定程度上解决服务外包企业融资难的问题。反过来，当中小企业发展壮大以后，金融机构将会选择合适的方式退出并获得高额的回报。

三、政府在服务外包业与金融服务业互动发展中的作用

（一）政府思路的转变

首先，产业结构的调整升级不是简单孤立的服务外包业和金融服务业各自发展，而是应该首先面向全球化发展趋势，以高技术含量、高科技含量为目标发展服务外包业；其次以客户为导向，充分理解4R原则等营销理念，将服务外包业的优势融入到各个产业中，延伸产业链并提升产业链的附加值；第三是注重服务外包业与金融服务业的互动，服务外包业的升级改造离不开金融服务业的支持，同时，金融服务业自身发展中存在的问题也能在此过程中得以改变，服务外包业的发展也能为金融服务业的升级和创新提供支持和新的契机。

其次，天津市中小民营企业对就业及社会稳定的作用至关重要，因此，大力发展中小企业，使之能够铺天盖地从而繁荣活跃天津经济。基于天津市服务外包业的发展现状，政府应鼓励仍处于发展阶段的服务外包企业，特别是中小型企业，组成区域性的行业协会，进行客户资源、人力资源和客户渠道的横向整合，利用国内外主流媒体，积极开拓英国、美国等主要发包国的市场，发挥产业集聚的优势，培育出一批有发展潜

力和体现未来趋势的服务外包业中小企业，提高与金融服务业的互动频率和效率，使之能顶天立地，成为新一批支柱企业，这是目前政府在制定天津市服务外包业发展策略时要着重考虑的。

（二）政府对制度的完善

首先，天津市政府应该加强金融协调，为服务外包企业和各类金融机构搭建平台。尽管天津市的金融体系较为庞大，体系也已经较全面，但是对地方政府而言整体显得较为分散且不易管理，这是由金融服务业目前的管理体制造成的。如果不能很好地协调这些金融部门的关系，金融资源的运用效果肯定大打折扣。这迫切需要天津市政府能经常与在津金融机构进行充分的沟通并且引入激励机制，通过对金融服务业的激励，才能让金融服务业变被动为主动，与服务外包业相互合作，共同发展，达到共赢。也只有在激励机制下，政府的各项相关政策才能更有效地实施。

其次，政府应该争取与金融机构合作出台一些促进服务外包业发展的金融优惠政策。比如，政府应该建立较为完整的法律保障体系，制定政策确保贷款倾斜于服务外包业，同时采取有效的贷款激励措施。政府还可以同时落实支持高端服务外包企业融资的财政资金渠道及管理办法：为服务外包业的投资项目及技术引进提供一系列的低息贷款；借鉴台湾的做法，协助科技型企业上市，帮助这类企业订立上市评估要点；对重点企业实施融资优惠，鼓励银行和服务外包业的产融结合等。这一方面为更多服务外包企业提供了多样的快捷的融资渠道，另一方面也可以大量吸引民间资金开展金融活动，这也适应了国家关于合理引导民间资本进行投融资的相关政策。

（三）政府对制度的创新

党的十七大提出的科学发展观提倡全社会提高创新能力，其中制度创新是一个重要方面，尤其在政府实施相关政策时，在制度上有所突破，意味着为经济运行与发展提供了一种新思路与新理念，具有非凡的意义。以下是促进天津服务外包业与金融服务业互动发展的制度创新点。

第一，天津市政府应该积极争取政策和相应的试点权。比如争取在天津实现银行业和保险业的混业经营权。这要求天津市政府明确金融服务业在对服务外包业的支持方面需要整合不同类型的金融服务。混业经营是一项综合业务，有可能涉及银行、保险、证券等多个行业。试点可以包括两个方面：一是混业经营主体的试点，二是混业经营业务的试点。目前天津市服务外包业急需的是资金和保险方面的一站式服务，因此可以从银行和保险的混业经营开始。

第二，金融服务业的支持不能解决服务外包业发展过程中的所有的资金问题。因此政府有责任倡导建立区域性的产业投资基金，从事企业重组投资和基础设施投资等实业投资。发展产业投资基金，可以为服务外包企业提供新的融资渠道，改善融资结构，也可以为社会储蓄向投资转化和实现产融结合提供一条有效的途径。同时，天津市政府要积极完善相关的配套设施，从长期来看，基金中心的出现将聚集起国内外资本，吸引大量企业落户天津，使天津走出一条资本与实业互动的金融创新之路。

（作者：李莉　南开大学　教授；郑达鑫　研究生；张晓宇　研究生）

贸易强国与国际分工战略
——来自日本的启示

平力群

我国在经济发展过程中所遇到的许多问题也同样在其他国家发展的过程中出现过。关键是政府如何通过“有形之手”帮助市场这只“无形之手”，克服市场失败，发挥市场效率，实现国家利益和社会福利的最大化。以日本为例，日本企业与其他存在于市场经济中的企业一样都是以追求利润最大化为经营目标。因此，在日本经济发展的过程中也有过同其他国家企业一样试图通过依靠廉价劳动力和不惜以降低质量为代价来获得利润，通过价格竞争扩大出口的经历。“日本制造”曾经是劣质产品的代名词；充斥市场的劣质产品成为日本的致命问题；出现过由于“一美元衬衣”而引发的日美间纺织品摩擦问题；出现过企业过分依赖技术进口而不主动进行创新的教训。因此，回顾日本如何成为贸易强国的发展历程，对我国实现贸易发展方式的转型大有裨益。

一、日本国际分工战略的确立

日本的国际贸易战略，并不是简单的扩大出口，而是要在世界经济结构中占据有利的分工领域，这一战略就是国际分工战略。也正是该战略的实施，使日本放弃了利用廉价劳动力实现出口的方式，而是引导企业走向了通过发展技术比较优势，在世界经济结构中占据有利的分工领域，获得比较利益最大化的贸易强国之路。

进入20世纪50年代，随着日本向国际社会的回归，围绕经济自立的方针，日本国内针对是沿袭倾斜生产方式的路线，继续走国内资源开发主义道路，还是走贸易立国主义道路的问题，即“开发主义”与“贸易主义”展开了一场大争论。在这场论争中，通过对比较优势经典定义的修正，使新的政策范式得以形成，并对日本确立国际分工战略产生了重要的影响。通过对比较优势经典定义进行修正，“比较优势”这个术语不再意味着大自然赐予了一个经济体丰富的资源或廉价劳动力，而是意味着增加产品价值，从而能在国际贸易中为国家带来更多收益的生产技术。尽管日本在当时并不拥有这种比较优势，但这种比较优势可以通过努力获得，通过战略建立。

在新的政策范式中，生产的取向不再用企业应该生产多少来衡量，而是用如何生产及生产什么来衡量。换句话说，日本的政策取向从生产的数量（这一度是第二次世界大战期间的管制经济及战后初期倾斜生产方式的主要关注点），转移到了可以使战略产业的产品在国际市场上增值的生产质量和生产技术，由此将比较优势从廉价劳动力向生产技术转移。“产业结构高度化”一词也应运而生。

因为在当时，一方面有利的分工领域已被先发国家所垄断；另一方面，日本在这些领域又没有比较优势。因此，要打入和占据有利的国际分工领域，首先必须完成本国产业结构的改造，让那些国际比较收益大的部门优先和尽快发展起来。这就是日本经济学者所谓的“产业结构高度化”。而要完成“产业结构高度化”，必须解决两个问题：一是保证有限的资源优先向重点发展的产业分配；二是必须促进生产集中，以利于先进技术的采用和成本的降低。这样以获得国际分工的有利地位为政策目标的一系列配套政策开始制定和实施。这也就迈出了实现贸易强国的第一步。

在20世纪60年代，筱原最终完成了国际贸易与产业结构的结合理论，提出了著名的结果选择标准，即比较收入弹性标准和比较生产率标准。筱原认为，日本的产业结构应当具有这样的特征：出口对象国在下一阶段的收入提高中，人们新增收入的最大比重所投向的产品恰好是日本正在大量生产的产品。筱原的贡献在于，提出只有不断发展国际需求中收入弹性最大的产品生产，才能获得出口的不断增长和最大国际比较利益。从此日本的国际分工政策立足于以最有利的结构态势参与国际分工，出口产业发展与产业结构升级密切地联系了起来。

可见，在“把日本的问题放在世界范围内解决”的指导思想下，根据日本的基本国情和产业发展的现实，发现日本产业技术、企业技术与在世界格局中能够获得最大比较利益的产业新的增长点的差距，来确定科技研究的重要领域进行重点支持，以带动结构调整，获得经济发展的主动权和国际竞争的主动权，这既是日本成长为贸易强国的奥秘，也是日本经济取得成功的核心。

二、产业结构升级与贸易结构优化

日本出口商品结构的优化与产业结构的高度化保持了高度的一致性。可以说日本产业政策的成功，不在于其推动了日本企业的出口，参加了国际交换，而在于其帮助日本企业获得了在世界生产体系中的有利且稳定的分工地位，从而分享了国际比较利益，带来更大的比较利益。以 1951 年为基准，1958 年的产量超过 50 倍的有电动洗衣机（291.7）、电冰箱（207.6）、电视机（以 1953 年为基准，90.2），还有小型四轮轿车（14.8）、小型四轮卡车（10.8）。1955 年汽车生产终于走上了轨道，而战争过程中生产基础扩大了的造船业于 1960 年升为世界第一位，此后电视机的生产也超过了美国。日本产业急速发展，以汽车生产为开端，各新兴产业纷纷走到了世界的最前端。随着日本支柱产业从 20 世纪 50 年代的纺织产业、60 年代的重化学工业发展为 70 年代后期的机械产业、电子机器产业，日本出口商品的结构也发生着从纺织品向钢铁、石油化工、机械等重化学产品进而向高附加值的电子机器产品及集成电路、芯片等电子零件的变化。

1．日本产业结构升级

从上个世纪 50 年代到 70 年代日本产业结构发生了巨大的变化。从 1955 年开始，随着日本经济成长，第一产业比重不断下降而第二、三产业的比重不断增加（参见表 1）。而产业构造变化的核心是制造业的快速发展。在制造业中重化学工业的发展尤其显著。所谓重化学工业包括钢铁、非钢铁金属、机械、化学、石油、煤炭产品、纸、纸浆产业。从生产总额看，从 1955 年的 44.1%上升到 1970 年的 61.1%。这一快速的发展与日本产业政策具有密切的关系。

表 1　日本三大产业部门附加值构成比的变化　　单位：%

	第一产业	第二产业	第三产业
1955 年	16.7	21.5	61.8
1960 年	13.2	26.6	60.2
1965 年	9.2	32.0	58.8
1970 年	5.0	36.9	58.1
1975 年	4.4	36.3	59.3
1980 年	3.3	33.5	63.2
1985 年	3.1	32.6	64.3
1990 年	2.5	34.2	63.3
1995 年	1.8	30.3	67.9
2000 年	1.7	28.5	69.8
2005 年	1.5	26.8	71.7

资料来源：浜田和也，《我国产业的构造特征与展望》，Mizuho Industry Focus，2010 年第 1 期，http://www.mizuhocbk.co.jp/fin_info/industry/sangyou/pdf/mif_78.pdf，下载日期 2011-5-22。

从表 2 可以看出，上个世纪 60 年代，金属特别是钢铁、机械特别是汽车、化学制品的收入弹性和价格弹性都要高于纺织品和食品。日本政府根据筱原提出的结果选择标准，制定了发展重化工业的产业政策，特别对机械产业进行了重点支持从而推动了产业结构高级化，实现了在不断发展的国际需求中收入弹性最大的产品的大量生产，最终获得经济发展的主动权和国际竞争的主动权。

表 2　产业的收入弹性与价格弹性（1961～1970）

国内消费	收入弹性	价格弹性	出口产品	收入弹性	价格弹性
纺织品	0.1	0.8	纺织品	0.5	0.6
食品	0.4	0.7	金属制品	1.4	2.2
耐用品	1.5	1.4	机械制品	1.4	1.5
			汽车	1.9	2.6
			化学制品	3.0	-
			钢铁	3.2	1.2

资料来源：桥本寿朗著，《现代日本经济史》，岩波书店，2000 年，第 161 页。

以日本政府通过制定《机械工业振兴临时措施法》支持机械产业发展为例，日本开发银行根据《机械工业振兴临时措施法》，为缩小日本机械产业与世界的差距，对机械企业进行了低息的政策性融资，在特定行业的 371 亿日元的投资中 276 亿日元（74%）是购入指定机械，其中 205 亿日元是贷款，而从开发银行获得的贷款就占到了 54%（开发银行融资 111 亿日元），参见表 3。开发银行政策性融资的支持不仅直接解决了企业购买先进设备，进行技术改造的资金困难，而且经过通产省、机械振兴协会的技术审查及开发银行的金融审查也成为企业能够获得民间银行贷款的重要条件。通过政府对机械产业的支持，使机械产业得到了快速的发展，提高了机械产品在出口产品中的比重，从而实现了向收入弹性高的产品转型的目标，参见表 4。

表 3　根据《机械工业振兴临时措施法》实施的政策金融（1956～1961）

单位：100 万日元

产业分类	工时费	机械产品	贷款金额		合计	自有资金
			开发银行	民间银行		
工作机械	9299	7557	2860	1672	4542	4757
工具	3359	2737	1164	284	1483	1876
锻压机械	2148	1569	456	428	898	1250
齿轮	2915	2499	879	814	1717	1198
汽车零件	7987	4708	1581	3293	4879	3108
特定产业计	37139	27553	11173	9010	20507	16631

资料来源：桥本寿朗著，《现代日本经济史》，岩波书店，2000 年，第 203 页。

表 4　日本产业结构的变化　　单位：%

	纺织业	重工业化学工业	机械类
1965	20.2	7.3	10.9
1966	19.9	6.2	12.5
1967	16.1	2.9	10.7
1968	17.1	4.6	11.1
1969	17.2	4.8	11.4
1970	14.9	5.6	11.3

续表

	纺织业	重工业化学工业	机械类
1971	15.8	8.4	15.8
1972	11.7	7.1	16.9
1973	4.9	5.5	15.3
1974	7.7	11.7	19.4
1975	8.3	13.3	24.2
1976	7.4	11.2	29.4
1977	8.0	10.1	31.4
1978	4.3	8.3	28.1
1979	2.0	7.4	24.9
1980	6.1	7.2	29.6
1981	7.2	7.7	33.4
1982	5.9	7.7	32.9
1983	7.4	5.8	32.4
1984	5.7	5.1	34.5
1985	4.6	5.3	33.8
1986	2.5	4.0	29.1
1987	-0.8	2.5	26.7
1988	-3.6	1.3	23.0
1989	-6.2	0.9	22.5
1990	-5.6	0.7	21.4
1991	-5.1	0.8	20.6
1992	-5.8	2.0	23.1
1993	-7.1	2.3	23.3
1994	-9.8	2.4	23.7
1995	-11.9	2.3	20.8
1996	-15.2	2.5	19.4
1997	-14.7	3.0	21.6
1998	-11.6	3.7	21.8

注：数据是生产/内需（生产+进口-出口）的比，再经过修正。由于该数据是生产的超过（不足）与国内需求的比，因此反映产业的国际竞争力。

资料来源：2001 年版通商白书，http://www.meti.go.jp/report/tsuhaku/h13/index.htm，下载日期 2011-5-25。

2. 贸易结构优化

日本的国际贸易政策不同于一般的进出口政策，它的范围包括国际分工政策、产业保护政策、促进出口政策、外资向国内投入政策、海外投资政策、外汇政策、国际经济关系协调政策等多方面。其中，国际分工政策是居于核心地位的政策。国际分工政策核心地位的确立，推动了"产业结构升级——出口产业发展——获得有利的分工地位——贸易结构优化——实现国际贸易收益的最大化"这一国内产业结构升级与出口贸易结构优化的良性循环。也正是在国际分工政策推动下，以产业结构升级为基础，日本出口产业在国际分工中取得了有利的分工地位，从而使出口产业结构得到优化，使日本成为国际贸易大国（参见表 5）的同时也成长为贸易强国。

表 5 日本在国际贸易中的地位及其所占份额的变化（单位：%）

		1938	1948	1958	1968	1975	1980	1985	1991
日本	出口	4.7	0.5	2.7	5.4	6.4	6.8	9.7	9.1
	进口	4.2	1.1	2.7	5.1	6.4	7.2	6.9	6.6
美国	出口	13.0	18.9	16.4	14.3	12.1	11.8	12.0	11.7
	进口	8.6	12.9	11.6	13.1	11.4	13.1	18.7	14.3
英国	出口	10.3	11.5	8.8	6.4	5.0	5.8	5.6	5.4
	进口	16.8	13.2	9.4	7.5	5.9	5.9	5.8	5.9
德国	出口	—	1.4	8.5	10.4	10.3	10.1	10.1	11.1
（西德）	进口	—	2.7	6.8	8.0	8.2	9.6	10.4	10.9

资料来源：UN，Yearbook of International Trade Statistics。转引自：桥本寿朗著，《战后的日本经济》，岩波书店，1996 年，第 61 页。

从表 6、表 7 可以看出，战后 60 年代前后纺织品出口占到了 30%以上，但随着六七十年代日本产业结构向重工业化学工业的转型，以钢铁为中心的金属及电视、收音机等电子机械在 70 年代的出口比重不断提高。此后，在石油危机的冲击下，以能源价格的上升为契机，钢铁等材料型商品的比重不断减少，而以汽车为代表的加工组装型商品的比重不断提高。结果，在 90 年代的商品出口比重中机械仪器达到了 75%，其中半导体零件、包括计算机在内的办公用器械等 IT 相关产品占有相当高的比例。另外，为了抵御日元升值及降低西方先进国家贸易摩擦对日本出口的影响，依靠技术和资本优势，日本努力构建国际产业链，企业内贸易不断增加，使日本出口商品结构中高附加值产品的比重不断提高。

表6　日本主要商品出口额的变化（年平均增长率，%）

	出口总额	食品	纺织品	化学品	金属制品		机械	
						其中钢铁		其中汽车
1950/1955	18.2	21.9	11.8	44.2	15.1	-	28.7	-
1955/1960	14.1	14.7	10.3	17.7	6.6	4.8	24.4	99.4
1960/1965	17.9	2.6	5.7	28.1	28.3	31.6	31.7	38.0
1965/1970	15.1	6.8	7.1	22.9	13.3	12.7	21.4	41.1
1970/1975	9.9	7.8	0.9	6.4	8.9	10.8	15.0	19.8
1975/1980	9.2	4.3	0.4	1.7	4.1	0.2	12.7	17.4
1980/1985	7.2	-5.3	2.9	4.6	0.9	1.9	6.1	4.3
1985/1990	2.9	-2.1	-4.7	7.4	-8.5	-10.2	3.6	-0.3

资料来源：香西泰、寺西重郎编，《战后日本的经济改革——市场与政府》，东京大学出版社，1997年，第287页。

表7　日本商品贸易出口结构的变化　　单位：%

	纺织品	化学品	金属品	机械仪器（其中汽车）	其他
1960	30.2	4.2	13.8	25.3（2.6）	26.5
1970	12.5	6.4	19.7	46.3（6.9）	15.1
1980	4.8	6.2	16.4	62.8（17.9）	9.8
1990	2.5	5.5	6.8	75.0（17.8）	10.2
2000	1.8	7.4	5.5	74.3（14.9）	11.0
2010	1.4	8.9	7.3	69.6（15.1）	12.9

注：因为进行了四舍五入的处理，所以出现了总计不为100%的情况。

资料来源：对外经济政策综合网站，http://www.meti.go.jp/policy/trade_policy/tradeq_a/html/dai2.html，下载日期2011-5-22。

3．国际分工战略与解决问题型产业

随着先进国家从工业时代进入知识经济时代及能源环境、人口老龄化等新问题对经济可持续发展性的制约，日本政府以筱原的“结果选择标准”为标准，考虑到今后世界市场的需求变化，制定了促进“解决问题型产业”的发展规划。

在2010年日本政府出台的《新成长战略》中，明确提出了环境能源大国战略、健康大国战略和科学、技术、信息通信立国战略。因为日本政府意识到，能源问题和老龄化问题不只困扰着日本，这两个问题还将是世界各国共同面临的问题，只不过日本是先于其他各国更早地受到了这两个问题的困扰。因此，日本应变不利为有利，首先利用国内市场的需求培育这三大产业的发展，在拉动内需的同时，培育新出口产业。可见，“以在国际分工中实现比较优势最大化为目标——进行产业结构的高度化”依然是日本的发展路径。

三、对我国从贸易大国向贸易强国转变的战略思考

从表8中可以看出，我国自上个世纪90年代已经进入了国际贸易大国的行列，但遗憾的是，时至今日，占世界贸易出口份额第一、进口份额第二的我国依然离贸易强国的标准还相差甚远。虽然我国商品结构经历了从最初的资源禀赋产品到劳动力禀赋产品再到机电和高新技术产品的发展脉络，从数字上看，产品结构正在逐步优化，但不能忽视的是，进行机电和高新技术产品出口的主体是合资企业。具有自主知识产权和民族品牌的产品比例甚少。以2008年为例，我国高新技术产品实现进出口总值7548亿美元，其中出口4156亿美元，进口3392亿美元。而外资企业出口金额为3540亿美元，占全年高新技术产品出口的85.2%。可见，实现我国从贸易大国向贸易强国的转型已迫在眉睫。

表8 中、日、美在世界贸易中地位的变化（1985～2010）

年份		世界(100万美元)	美国			日本			中国		
			金额(100万美元)	份额(%)	排名	金额(100万美元)	份额(%)	排名	金额(100万美元)	份额(%)	排名
1985	出口	1884440	218815	11.61	1	177164	9.40	3	27350	1.45	-

续表

年份		世界(100万美元)	美国			日本			中国		
			金额(100万美元)	份额(%)	排名	金额(100万美元)	份额(%)	排名	金额(100万美元)	份额(%)	排名
	进口	1969590	352463	17.90	1	130488	6.63	3	42252	2.15	-
1990	出口	3448620	393592	11.41	2	287581	8.34	3	62091	1.80	-
	进口	3557840	516987	14.53	1	235368	6.62	3	53345	1.50	-
1995	出口	4942710	584743	11.83	1	443116	8.97	3	148780	3.01	-
	进口	5043310	770852	15.28	1	335882	6.66	3	132079	2.62	-
2000	出口	6359830	781918	12.29	1	479249	7.54	3	249203	3.92	7
	进口	6572260	1259300	19.16	1	379511	5.77	3	225024	3.42	8
2005	出口	10437300	907158	8.69	2	594905	5.70	4	761953	7.30	3
	进口	10682400	1735060	16.24	1	514922	4.82	4	660206	6.18	3
2008	出口	16029300	1301110	8.12	3	782049	4.88	4	1428660	8.91	2
	进口	16310100	2169490	13.30	1	762631	4.68	4	1131620	6.94	3
2009	出口	12378700	1056750	8.54	3	580719	4.69	4	1201790	9.71	1
	进口	12526300	1605300	12.82	1	550530	4.39	5	1004170	8.02	2
2010	出口	14975300	1277580	8.53	2	769838	5.14	4	1578270	10.54	1
	进口	15191700	1968070	12.95	1	692433	4.56	4	1394690	9.18	2

资料来源：根据（财）国际贸易投资研究所国际比较统计，《世界各国的输入额——上位 60》、《世界各国的输出额——上位 60》，2011-4-26，http://www.iti.or.jp，下载日期 2011-5-25 做成。

在许多文献中，对日本经济取得成功的原因进行了如下的归纳：日本经济成功的核心是致力于获取先进技术，并使之推动产业结构的升级，从而在国际分工中获得了有利的地位。而笔者认为这一分析是不恰当的，尤其是因果关系上甚至可以说是错误的。主要原因是忽视了日本政府实施国际分工战略的主动性及其对日本能够实现经济腾飞所发挥的关键作用，忽略了日本之所以能发展为国际贸易强国的战略支撑，而只是对国际贸易强国战略启动后日本在技术、产业结构、国际分工间所形成的良性循环的总结。这一分析非常容易误导希望借鉴外国经验发展本国经济的国家制定出不恰当的经济政策，特别是对于经过三十多年的改革开放，已经完成了对资本的原始积累，急需通过产业结构升级实现发展方式改变的我国，更是如此。为此，本文对日本国际贸易政策中的国际分工战略的确立及其影响进行梳理，从而明确日本经济取得成功的路径——以获取国际分工中的有利地位为目标，实施产业政策以推动能够获得比较优势最大化产业的发展。正是以此为起点，日本才走向了贸易强国之路。当然获取产业的核心技术是促进产业获得比较优势，在国际分工中取得稳定地位的必要且有效的手段，本来自主创新、产业结构升级就是优化贸易结构、取得国际分工有利地位、实现贸易强国的基础，但只有把“获取国际分工中有利地位，达到国际贸易收益的最大化”明确为战略目标，才可能有的放矢地制定和实施相关配套政策。

日本的经验已经很好地证明：以“在国际分工中获得比较利益的最大化”为产业结构升级的目标，以“结果选择标准”为标准，就可以动态地制定出具有前瞻性和实用性的产业贸易政策，推动产业结构升级和贸易结构的优化。

当有了具体的政策目标和选择标准后，通过技术进步推动产业结构升级，实现贸易结构优化，就不再是一个空洞的口号，而成为一个具有可执行性的策略。

当然，随着技术进步速度的加快，商品生命周期的缩短，人们偏好的个性化及环境、能源对经济发展的制约等，预测的难度增加了。当前已很难像日本上个世纪60年代那样，仅根据由筱原提出的“比较收入弹性标准和比较生产率标准”来确定技术研发的方向和日本产业结构调整的方向，就可实现“出口对象国在下一阶段的收入提高中，人们新增收入的最大比重所投向的产品恰好是日本正在大量生产的产品”的目标。

但筱原提出的“不断发展国际需求中收入弹性最大的产品生产，才能获得出口的不断增长和最大国际比较利益”的思想可以帮助我国的国际分工政策立足于以最有利的结构态势参与国际分工，使出口产业发展与产业结构优化密切地联系起来。

通过对国际市场需求变化的分析有助于企业确定研发的方向，降低技术研发的不确定性，提高技术研发的成功率，并可为企业带来丰厚的利润，从而形成“技术研发→技术创新→产业结构升级→在国际分工中获得比较利益的最大化→企业盈利增加→职工收入增加→国内市场扩大”的良性循环。同时，也可在一定程度上帮助解决我国社会贫富差距加大的问题。

另外，这也为我们如何制定出具有前瞻性、统筹协调性、实用性的贸易政策提供了一个启示。在制定贸易政策时应打破通过简单扩大出口来促进国际贸易发展的单线思维模式，而应在更高的高度、更宽泛的视野下采取复式思维方式，即把国际贸易政策与产业政策、科学技术政策、教育政策、福利政策等各个具体领域相结合，并综合运用公共政策理论、国际贸易理论、产业结构理论等经济学理论、政治学等跨学科、跨领域理论和方法。张维迎在为《经济学的思维方式》所做的序言中提出："制定法律和政策是当今社会最重要的公共政策。……任何法律都有一个激励机制，都有诱导人的事前行为。一个好的法律应该诱导所有利益相关者选择合理的行为，而不是只约束一部分人的行为。……公共政策的制定是一个政治过程。……经济学的思维方式有助于我们认识法律和政策的后果。"

（作者：平力群　天津社会科学院　副研究员）

中国企业跨国并购：机遇、难题与对策

王中华　杨　轮

企业成长通常有外部和内部两种方式。内部成长是通过自有资金和负债投资来扩大规模或进入新的产业领域，外部成长是通过实施资本经营以扩大控股权的方式实现的。资本经营包括并购、联营、参股、租赁融资、资产剥离和委托贷款等方式。其中，并购是企业资本经营的主要方式，是企业外部成长的有效途径。美国芝加哥大学经济学教授施蒂格勒曾经说过，没有一家美国大企业不是通过某种程度、某种方式的兼并而成长起来的。与新建投资方式相比，跨国并购能够迅速将不同国家企业的无形资产和有形资产集中起来，利用双方的互补性资源，减少重复投资，获得管理和财务上的协同效应；能够有效地降低进入新行业的壁垒，大幅压缩企业发展中的风险和成本；可以利用目标企业原有的销售网络，迅速占领东道国市场。因此，跨国并购是中国企业“走出去”的重要方式。

一、中国企业跨国并购的新机遇

近几年，由美国“次贷”问题引发的全球金融风暴，一方面造成了经济衰退，另一方面也创造了无数跨国并购的良机。在这一次的国际并购浪潮中，中国企业成为海外并购市场的主力军。据全球最大财经信息供应商汤姆森路透集团发表的报告，2009 年 1～2 月，在全球跨境并购规模同比下降 35%的情况下，中国企业海外收购总额同比增加 40%，涉及金额达到 218 亿美元，仅次于德国，居世界第二位。2009 年 2 月以来，中国企业的大规模海外并购案更是风起云涌：中铝宣布以 195 亿美元注资全球矿业巨头力拓方案；鞍钢入股澳洲矿企 Gindalbie Metals Ltd；中国五矿集团以 13.86 亿美元成功收购澳大利亚 OZ 矿业公司；湖南华菱钢铁集团有限责任公司收购世界第四大铁矿石供应商 FMG17.34%的股权，成为其第二大股东；中石油完成对新加坡石油公司 45.51%的股份收购；吉利收购全球第二大自动变速器制造企业澳大利亚 DSI 公司；中石化收购瑞士 Addax 石油公司，总价达 72.4 亿美元，创下中国企业海外并购新纪录；苏宁电器注资控股日本老字号电器连锁企业 Laox 公司，成为第一家收购日本上市公司的中国企业。

与此同时，为了更好地鼓励中国企业“走出去”，政府也出台了相应的政策法规。2010 年 3 月，商务部正式颁布了《境外投资管理办法》。该办法对今后国内企业在境外投资的核准条件、管理服务方式进行了明确规定，旨在通过相关法规，鼓励国内企业积极开展海外投资业务。此外，商务部还发布了《对外投资合作国别（地区）指南》和《对外投资国别产业导向目录》，以帮助企业了解东道国（地区）的投资环境，引导企业有针对性地开展境外投资。

2010 年 5 月以来，国家外汇管理局频繁出台了一系列外汇管理方面的“新规”。首先是调整了部分资本项目外汇业务审批权限；紧接着对境内机构境外直接投资征求意见，拟扩大对外投资资金来源，简化审批手续；随后又放松了对境内企业境外放款的限制，允许境内企业使用自有外汇资金和人民币购汇。

为进一步贯彻落实“走出去”发展战略，支持我国境内机构境外直接投资发展，稳步有序地推动跨境资本交易的对外开放进程，2011 年 3 月，国家外汇管理局发布了《境内机构境外直接投资外汇管理规定》，宣布放宽境内机构境外直投限制。这项规定允许符合条件的境内企业使用自有外汇资金和人民币购汇，对境外投资企业进行放款。这项举措涉及资本项目下债权投资的小步开放，旨在帮助缓解中国企业在海外投资中遇到的融资难题；可重点支持有资金实力的企业“走出去”，以带动出口，稳定外需，更好地应对国际金融危机；同时也有利于企业更好地把握境外直接投资的时机，降低境外投资成本，促进投资便利化，稳步有序地推动跨境资本交易的对外开放进程，促进我国国际收支的基本平衡。

总之，在国际经济衰退的背景之下，这些宏观政策的调整为中国企业把握“百年难遇”的海外并购机遇提供了良好的保障。

二、中国企业跨国并购面对的难题

毋庸置疑，巨大的机遇总是伴随着巨大的风险。据麦肯锡提供的研究报告显示，全球60%～70%的并购案例并没有创造出价值，3/4 的收购方市值下跌 20%，仅有 36%的被收购方能保持原有收入的增长速度。

在中国经济实力不断增长、外汇储备增多、企业的竞争力不断增强，以及当前国际市场资源类商品和部分企业产品价格下降的情况下，"走出去"确实是一个重要的机遇。同时，中国企业也面临着国际化经验不足的问题——在与跨国并购相关的企业文化、经营能力、人才培养、知识技能等方面都存在经验的不足。

中国企业海外并购对象既包括美国、加拿大、欧洲各国、澳大利亚等经济发达国家的企业，也有中亚、南美、非洲等经济欠发达国家和地区的企业。其中 81%的海外并购是由国有企业进行的。近几年，从公开消息看，中国企业"走出去"状况并不乐观。中国企业海外并购中失败的例子屡见不鲜，如首钢试图收购澳大利亚铁矿石的股权，被澳大利亚当局否决；中投公司因投资黑石集团和摩根士丹利，导致账面浮亏接近 30 亿美元；TCL 的海外并购背上了沉重的负担；中国平安保险收购比利时的富通投资发生巨大亏空等。

另据商务部的统计资料显示，近几年，我国海外并购势头发展迅猛，已经从 2002 年的 2 亿美元，迅速上升至 2008 年的 205 亿美元，占当年对外总投资的 50%。虽然海外并购金额增长了 100 倍，但 60%以上的中国企业海外并购并不成功。2008 年，我国企业海外并购的损失达 2000 亿元人民币左右。如此算来，2008 年的海外并购损失已经超过了新增的并购规模。

考虑到所面临的风险，2011 年 3 月，国家发改委就境外投资项目管理发出通知，要求国内企业开展境外收购和竞标项目时，要结合企业自身实力，在充分进行前期论证和调查的基础上科学决策；同时在开展项目前，必须向国家发改委报送项目信息报告，并且综合考虑各方面复杂因素，制定完善的工作方案和计划，有效防范投资风险。具体而言，目前中国企业海外并购面临的主要难题包括以下几个方面：

1. 中国企业自身能力的欠缺。发达国家的企业开展并购业务已有

100 多年的历史，它们早期的并购活动是在国内进行的，在积累了大量的经验之后，才走向世界开展跨国并购。而中国的大多数企业目前尚缺乏国内并购的经验，更没有进行过大规模的跨国并购，并购的能力和经验明显不足。但是，跨国并购的最终成功依靠的是实力。这可以从近几年较为火爆的汽车业并购案中清楚地反映出来。目前，中国汽车企业基本上还是生产型企业，最多拥有一个生产研发平台；而发达国家的汽车企业则是生产研发、金融运作结合在一起的巨大平台。在海外生产和经营管理，乃至资本运作和处理海外政、商关系等方面，中国企业都显得能力不足。跨国并购需要的实力表现在多方面，并不仅仅是资产、规模等财务方面的指标，更重要的是企业的管理能力、文化适应能力以及国际视野等。

能力欠缺的另一个表现是国际化人才的匮乏。在跨国并购问题上，我们最大的短板之一就是人才问题。如今，熟悉国际商务的人才十分短缺，既懂得外语又懂得国际化经营的人才更是凤毛麟角。中国企业“走出去”最根本的保证就是人才和团队。但是，由于各种因素的限制，一些人派出去，干了几年熟悉业务后，就跳槽了。更多的民营企业因为缺乏相应的人才，甚至几年内都无法走上正轨。相关法律人才的缺乏也成为企业进行海外并购的极大制约，因为法律在并购活动中自始至终发挥着重要的指导作用，企业不能把并购仅仅当作签一个合同一样简单，否则，就将遭致惨败。

2. 存在诸多限制性因素的阻碍。中国企业进行海外并购时，经常会遇到政治、文化与法律鸿沟。一些国家往往曲解中国企业的战略意图，过分夸大所谓的政治风险。在非洲的一些国家，执政党核准的项目，反对党就会努力不让项目成功。另外一些西方媒体也经常诽谤中国企业，认为它们在非洲“掠夺资源”。更有甚者，一些国家还以“政治压力”为由，通过一系列程序，损害中国企业的利益，甚至随意撕毁协议。比如，在这次经济危机中，西方国家政府对汽车产业采取了大力的保护措施。加拿大政府甚至不得不对美国设在加拿大的汽车零部件企业进行援助。由于这些汽车公司吸纳了众多的就业人员，对有关国家经济发展起着带动作用，再加上这些汽车公司在有关国家具有相当强的政治活动能力，所以这些汽车公司的命运，不仅仅是重大的经济问题，更是重大政治问题，会遭到国会、工会、政府的干预。因此，在试图并购这些公司时，会遇到巨大的政治阻力。

企业文化不能融合也是一个难题。任何企业的并购最终成功与否，很大程度上取决于能否顺利地完成企业文化的融合过程。企业文化不仅影响着企业的发展战略、日常经营，而且对劳资关系也有重大影响。同样是西方文化背景的企业，奔驰与克莱斯勒最终仍然分道扬镳。在企业文化国际化方面，我国的企业还没有起步，因此在这方面仍存在着极大的障碍。比如，中海油在美国并购的失败，就在于对美国的文化和政治不了解。2009年年初，联想进行人事调整，用纯中国团队经营海外市场，联想前期聘用的很多外国雇员纷纷离职。外界认为，这体现了联想跨国并购之后的文化冲突及内部的派系斗争。在公司业绩不佳的时候，这种冲突更为明显。

法律方面的差异也是一个障碍。为了防止并购导致垄断，一些国家做出了专门的法律规定。例如，美国1976年的《哈特—斯科特—罗蒂诺反托拉斯促进法》（简称《HSR法》）规定，可能达到某一规模的并购行为，必须事先通知司法部或联邦贸易委员会。欧洲理事会1990年第4064/89号规则也做出了相似的规定，要求共同体范围内达到一定规模的并购案必须向欧共体委员会通报，在获得准许后才能继续。20世纪90年代以来的跨国并购浪潮对全球经济造成了重大影响，因此，美国、欧洲、加拿大等国执法机构审查的并购案数目也激增。在对跨国并购的反垄断审查中，各国对并购行使管辖权的标准规定得十分宽泛。一般而言，涉及本国企业或涉及本国市场的并购都可以纳入到本国反垄断法的规制范围内。因此，跨国并购往往要接受多个国家的审查。而多个审查国在反垄断的实体标准和程序要求上的差异，可能导致跨国并购当事人承担高昂的成本以及可能带来的并购被禁止的风险。

3. 并购的预期效果难以实现。麦肯锡的统计数据显示，过去20年里，全球大型企业兼并案中，真正取得预期效果的比例不到50%，而中国67%的海外收购不成功。以汽车业为例，目前北京奔驰的控制权牢牢掌握在奔驰的手中，奔驰E级更是暂停了国产，改以进口的方式进入中国，巨额的利润和北汽控股完全无关。至于其他行业，我们再来看两个典型案例：一是联想的海外并购。联想从IBM手中购得了ThinkPad等品牌，按照 IBM 原来的设计思路，ThinkPad 品牌专门针对高端商务机市场，但联想却强调推广这一品牌的简化版产品。联想的策略带动了 ThinkPad 品牌在中低端商务用户中的号召力，并依靠这一策略，在短期内提升了销售业绩。然而，联想却伤害了 ThinkPad 的品牌价值，失去了中高端市场。并购之后，联想一直忙于实现跨国经营，但回过头来才发现，它在中国本土市场的份额正在被其他品牌侵蚀。另一个是 TCL 的海外并购。在国际手机厂商的强大压力下，TCL 抱着获取技术与海外销售渠道的双重目的开展海外并购。然而，并购的成果非常有限。在技术方面，TCL 所获得的大多只是过时的技术。TCL 获得了汤姆逊的研发机构，但要想使用汤姆逊在传统 CRT 彩电领域所掌握的 3.4 万多项专利，TCL 还必须出钱购买。然而，CRT 彩电是一个即将过时的产品，即便 TCL 获得这些专利也没什么用。从并购的最终协议来看，TCL 只是部分实现了它并购的初衷。买来的技术大部分即将过时，而销售渠道与品牌也不归 TCL 所有。并购前，被并购企业的业务就已处于亏损状态，并购后整合效应的迟迟不能释放使得 TCL 承担了巨额的亏损成本。

三、促进中国企业跨国并购发展的对策

（一）加强政府的宏观管理和引导

1. 完善海外并购的各项管理制度。目前，对中国企业海外并购的监管依然缺失。特别是对于国有企业的海外并购，基本信息往往来自企业的陈述，企业说好就是好，监管部门往往只能听企业一面之辞，即便隐藏有巨大风险，监管者也常常无从得知。这往往导致小问题渐渐酿成大问题。因此，对国有企业的监管缺失，是国有企业海外并购的最大问题和最大风险之一。这种放任自流的状况亟待改变，亟待规范。对国有企业海外并购，国资委以及地方政府和国家职能部门必须出台业务管理、并购评估论证、风险防范、损失追究等一整套制度办法，以约束国有企业的海外并购行为，切实防范并购风险。

2. 建立资源共享机制。并购过程涉及多个专业，不同专业的密切合作是为了适应其内在统一的需要。资源共享指的是信息资源和人力资源的共享。信息资源共享是指企业累积的专业基础资源和信息渠道资源的

共享；人力资源共享是指在一定工作层次，尤其是在前期策划和内部审核过程中，吸收各专业人员参与论证、评审。政府可以考虑建立由行业专家、经济学家、金融专家、并购专家等组成的海外并购评估论证委员会，对国有企业海外并购项目进行评估论证和实地考察，并以其意见作为决策的依据，改变国企并购随意性过大、遍地开花、盲目出海的现状。对民营企业海外并购，商务部、工信部等部门一定要给其提供足够的国际市场、行业信息，及时进行风险提示。还可以成立海外并购咨询委员会，给民营企业提供出海的参考信息和意见，防止盲目出海，酿成风险。金融部门则应该谨慎进行贷款融资。

（二）增强国内企业自身的实力

为了成功地进行海外并购，中国企业必须练好“内功”，不断提高自身的综合实力，逐渐使自己成为集资本、生产、技术实力为一体的并购主体。企业应该不断发现和培育自己的核心竞争力。专业化竞争是市场竞争的本质。只有拥有核心业务的企业，才能在激烈的市场竞争中始终站在有利的制高点，把握住市场先机，拥有生存权、发展权、引导权和获取超额利润权。中国企业应该努力提高市场分析能力，准确定位自己的核心竞争能力，然后制定切实可行的发展战略，不断扩大自己的核心竞争力。事实证明，取得跨国并购成功的中国企业，一般都是那些对自身核心竞争力有清醒认识的企业，而碰运气式的盲目扩张很难取得海外并购的成功。

与此同时，中国企业要积极培养国际化经营管理人才。开展海外并购的企业必然需要业务技能强、精通外语、了解国际文化的经营管理人员。为此，中国企业可以从两方面着手：一是着力培养一批既懂外语又懂法律，既善于管理又通晓财务的高素质复合型人才。例如，在收购 IBM 之前，联想就先后与英特尔、微软等跨国企业合作培养了一批国际化人才。二是在企业完成并购后，实施海外机构人员的本土化战略，以利用国外的尖端人才。

（三）把握并购后的整合要点

跨国并购完成后的整合，是确保并购最终获得成功的基础条件。即使交易环节进展顺利，在并购完成初期，由于整合问题导致失败的比例也高达 70%。对于刚刚摆脱简单粗放经营模式的大多数中国企业来说，并购后的整合显得尤为重要。整合是指调整公司的组成要素，使其融为一体的过程。它涉及公司的方方面面，比如战略整合、人力资源整合和文化整合等。任何一方面整合的欠缺，都将有可能导致并购最终目标的落空。在跨国并购整合的过程中，必须把握好以下几个主要方面：

1. 制定清晰的远景目标。在整合过程中，企业管理者一定要认识到，保证并购成功的关键要素之一，就是为新的企业确立清晰的远景目标。因为与并购相关的许多常见问题，都是由于人们突然脱离了原有的轨道，失去了明确的目标而造成的。并购完成后，被并购企业内部工作人员往往士气不振，并购企业的领导者要通过人际沟通，来设法消除他们的戒备和悲观情绪。因此，在整合过程中，要不断地向员工展示远景规划，确定考核目标，在员工中营造紧迫感和目标感。

2. 保护好原有的经营渠道。并购后很容易造成的不利局面就是，与被并购企业原有客户关系的恶化。客户基础关系到企业的收入来源和成长，并购后要防止客户群的磨损，否则就会抵消成本下降和协同效应带来的收益。所以，整合过程中的任何决定都应该考虑到对客户有可能造成的冲击。客户是企业的衣食父母，如果他们对产品供应的持续性以及质量、价格、服务等方面持怀疑态度，就会给竞争者可乘之机，这样原有的客户就将被竞争者夺走。聪明的并购企业会与目标企业的客户进行充分的交流，表明新企业可能采取的一些改变措施以及这些改变将对他们造成的影响，让原有客户觉得将要与他们合作的是一家更好的企业。

3. 重视企业文化的融合。企业文化作为代表企业一系列相互依存的价值观与行为方式的总和，是企业全体职工所共同拥有的、在长期生产经营实践中沉淀和积累下来的一笔精神财富。企业文化一旦形成，就会相对稳定、长期地存在。它不但对企业的行为具有指导作用，而且作为企业发展战略的支持系统，会对企业的生产经营活动起长期的、持续的影响作用。一些企业在并购以后，很难磨合到一起，最终不得不宣告并购重组的失败，在很大程度上是由于新旧企业文化不能融合造成的。作为优化配置社会资源的并购毕竟不像修理一部机器那么简单，并购后“硬件”方面比如资产的处置相对容易些，而在文化融合这种“软件”处理方面则要难得多，比如观念的摩擦碰撞、新旧管理机制的冲突、利益的冲突、领导者职位的安排等。企业文化的融合是企业经营一体化的重要内容。客观上，企业在重组并购以后必须对新旧企业文化加以整合。每一位管理者都因其知识水平、知识结构、经验阅历的不同，而在经营管理的价值观、经营哲学、行为准则等方面存在差异，而且他们在管理中又会自然而然地将个人的经营哲学形成企业理念，这样，不同的领导者会塑造出不同的企业文化模式。因此，随着并购后企业领导者的变更，必然会引起企业文化的调整。在对并购双方的企业文化进行融合时，应首先分析并购双方企业文化各自的特点，识别各自的优势和劣势，并区分其中相融合和相冲突的部分，在此基础上，制定出一个既有利于企业经营管理，又能为双方员工所接受的、合理的文化融合方案。

（作者：王中华　天津商业大学　教授；杨轮　研究生）

中国服务贸易竞争力及其影响因素研究

胡昭玲　刘彦磊

一、引言

伴随着全球经济一体化进程的不断深化和国际产业结构的不断升级，服务贸易在国际贸易中的重要性日益上升，其对经济社会发展的作用也日益显著。中国改革开放以来，随着对外开放程度的不断提升，服务贸易也得到了迅速发展。1985～2009 年期间，中国对外服务贸易总额从 55.79 亿美元扩大到 2884 亿美元，增长了近 51 倍。服务贸易占中国对外贸易总额的比重从 1985 年的 7.4%上升到 2009 年的 11.6%。特别是入世以来，中国服务贸易加速增长，除受近年严重的金融危机影响外，出口与进口都保持着两位数的高增长率（见表 1）。

在服务贸易迅速增长的同时，伴随着社会生产力的不断提高，新兴服务行业不断兴起，服务贸易的交易内容日趋丰富，服务贸易结构也发生了很大变化，逐渐由传统的劳动密集型或以自然资源为基础的服务贸易，转向资本密集型或以知识、智力密集型为基础的现代服务贸易。中国的情况亦是如此，在服务贸易三大类别（即运输、旅游和其他商业服务）中，其他商业服务是增长最快的类别。以出口为例，1985～2009 年期间年均增长率高达 20%，目前其在服务业出口总额中所占的比重也已超过 50%。可以预见，伴随着世界产业结构的不断调整和升级，产业重心将会继续向服务业倾斜，服务贸易特别是技术、资本密集型服务行业的贸易还有很大的发展空间。

表 1　中国服务贸易发展状况

年份	服务业出口		服务业进口	
	金额（亿美元）	增长率（%）	金额（亿美元）	增长率（%）
1985	30.55	25.3	25.24	-9.82
1990	58.55	27.2	43.52	11.3
1995	191.30	15.1	252.23	54.8
2000	304.30	15.9	360.306	14.1
2001	333.34	9.54	392.67	8.98
2002	397.45	19.2	465.28	18.5
2003	467.33	17.6	553.06	18.9
2004	624.34	33.6	721.33	30.4
2005	744.04	19.2	837.96	16.2
2006	919.99	23.6	1008.33	20.3
2007	1222.06	32.8	1301.11	29.0
2008	1471.12	20.4	1589.24	22.1
2009	1295	-11.9	1589	-0.015

资料来源：根据 UNCTAD 服务贸易相关数据计算。

当前，世界各国都积极参与国际服务贸易，但是基于经济发展阶段、发展水平的不同，各国在服务贸易规模和竞争力上存在很大差异。一直以来，发达国家在服务贸易中占据主导地位，占全球服务贸易总额的 3/4 左右。尽管近年来发展中国家服务贸易发展迅速，但其与发达国家的差距并没有缩小，2008 年世界服务贸易规模前十名的国家中只有中国一个发展中国家。中国虽然在贸易规模上有了很大突破，但在服务贸易竞争力方面与发达国家仍存在很大差距。在此背景下，对中国服务贸易国际竞争力现状及其影响因素进行研究，进而提出提升我国服务贸易竞争力的对策建议是极为必要的。

本文共分四部分，第一部分为引言；第二部分对中国服务贸易国际竞争力的现状进行指标分析；第三部分探讨服务贸易竞争力的影响因素，并对中国的情况进行实证检验；第四部分就如何提升我国服务贸易竞争力提出总结性对策建议。

二、中国服务贸易国际竞争力分析

中国服务贸易虽然得到了前所未有的发展，但同大多数发展中国家一样，中国在服务贸易竞争力方面与发达国家相比尚存在较大差距。本文选取国际市场占有率、贸易竞争指数、显示性比较优势指数和相对贸易优势指数四个指标对我国服务贸易的国际竞争力状况进行分析。

（一）国际市场占有率分析

国际市场占有率是衡量一个产业国际竞争力强弱的最直观表现。一国某产业的国际市场占有率即该产业出口在国际市场上占有的份额，该指标数值越高，表明该产业的国际竞争力越强。表 2 列出了 1985 年至今中国服务贸易出口的国际市场占有率，并与美、英、德三个服务贸易强国加以比较。从表 2 中可以看出，中国服务贸易出口的国际市场占有率近几年显著提高，但与几个服务贸易强国相比还有很大差距。美国的服务贸易出口位居世界第一，其市场占有率一直保持两位数，而中国的份额至今仍不足 4%。

表 2 服务贸易出口国际市场占有率的国际比较 单位：%

年份	美国	英国	德国	中国
1985	18.1	7.7	7.5	0.8
1990	17.7	6.8	7.6	0.7
1995	17.6	6.5	6.5	1.6
2000	19.3	7.9	5.4	2.0
2005	15.0	8.1	6.5	2.9
2006	14.9	8.2	6.7	3.2
2007	14.4	8.2	6.6	3.5
2008	14.0	7.4	6.7	3.7
2009	14.8	6.9	6.8	3.8

资料来源：根据 UNCTAD 服务贸易相关数据计算。

（二）贸易竞争（TC）指数分析

贸易竞争指数是衡量贸易竞争力的一个常用指标。这一指标是将某种贸易产品的进出口差额与其进出口总额相比，即 $TC_j=（X_j-M_j）/$

(X_j+M_j)，其中 TC_j 是一国 j 产品的贸易竞争指数，X_j 是一国某时期 j 产品的出口额，M_j 是该国同时期 j 产品的进口额。如果 TC 指数大于 0，意味着一国是 j 产品的净出口国，该国的 j 产品具有较强的国际竞争力；如果 TC 指数小于 0，意味着一国是 j 产品的净进口国，该国在该类产品上缺乏竞争力；如果 TC 指数等于 0，则可称之为中性竞争力。

笔者计算了 1985～2009 年中国服务业的贸易竞争指数，结果表明，我国在 20 世纪 80 年代中后期到 90 年代初期 TC 指数为正值，而从 1992 年起转为负值，只有 1994 年为一很小正值，近几年有所改善，到 2007、2008 年已接近 0，而 2009 年受全球金融危机的影响，TC 指数又下降到 -0.1 的水平（见图 1）。

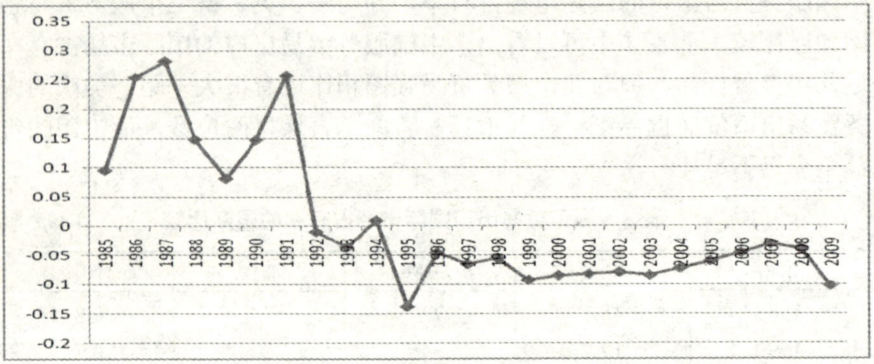

图 1　中国服务业的 TC 指数

资料来源：根据 UNCTAD 服务贸易相关数据计算、绘制。

我国服务贸易竞争力在 20 世纪 90 年代以后有所下降，一个很重要的原因是随着社会生产力的提高，对资本、技术密集型服务的需求不断提高，而对我国具有比较优势的劳动密集型服务的需求下降。我国由于在资本、技术密集型以及信息服务等新兴服务业发展上的劣势而成为国际服务贸易的净进口国，从而在服务业总体上表现出较弱的竞争力。

图 2 清晰地反映了我国在不同类型服务业上的竞争力状况。从图 2 显示的我国 1997～2009 年 11 个服务业部门的 TC 指数变化趋势中可以看出，我国旅游业的 TC 指数基本维持正值，表现出较强的竞争力；通

信服务和金融服务在20世纪90年代后期表现出较强的竞争力，而在进入21世纪后竞争力有所下降；建筑服务和运输业的竞争力呈现上升的趋势；我国在保险服务、专有权利使用费和特许费等服务类别中则表现出较弱的国际竞争力。可见，我国在服务贸易中体现出在资源和劳动密集型服务上具有比较优势，而在高附加值的技术与资本密集型服务上处于劣势。

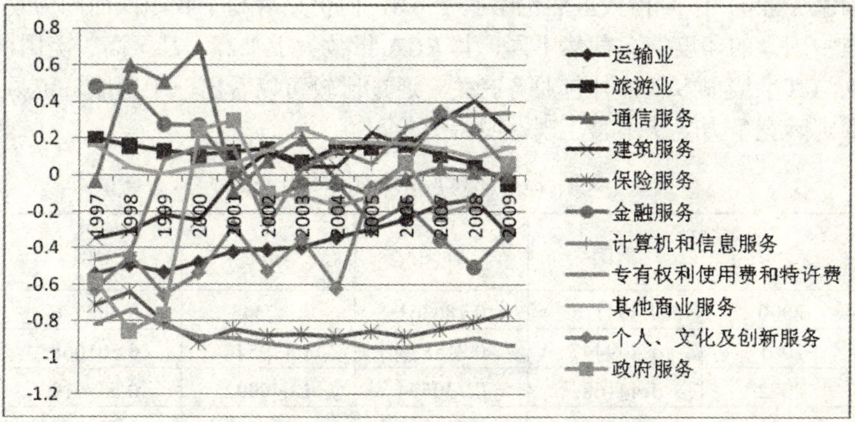

图2　中国服务业各部门的TC指数

资料来源：根据UNCTAD服务贸易相关数据计算、绘制。

（三）显示性比较优势（RCA）指数分析

显示性比较优势（Revealed Comparative Advantage，RCA）指数通过计算一个国家某种产品出口占该国出口总额的份额与世界该类商品出口占世界总出口份额的比例，来测定该国这一产品在国家出口格局中的地位，从而根据比值的大小确定该产品在国际贸易中的竞争优势。即RCA_{ij}=（X_{ij}/X_{it}）/（X_{wj}/X_{wt}），其中RCA_{ij}是i国j产品的显示性比较优势指数，X_{ij}是i国j产品的出口额，X_{it}是i国出口总额，X_{wj}是世界j产品的出口总额，X_{wt}是世界总出口额。一般认为，如果RCA指数大于2.5，表明i国在j产品上具有极强的国际竞争力；如果RCA指数介于1.25～2.5之间，表明具有较强的国际竞争力；如果RCA指数介于0.8～1.25之间，表明具有中度的国际竞争力；如果RCA指数小于0.8，则表明国际竞争力较弱。

笔者计算了近十年中国服务业的 RCA 指数，并选取美国、韩国、印度三个国家进行对比。从表 3 可以看出，中国服务业的 RCA 指数长期低于 0.8，表现出较弱的国际竞争力，在加入世界贸易组织以后，服务贸易国际竞争力并没有明显提升反而呈现稳中略降的态势。相比较而言，美国服务业的 RCA 指数长期高于 1.25，表现出较强的国际竞争力；韩国服务业的 RCA 指数虽然也略低于 0.8，但仍显著高于我国；而同为发展中国家的印度情况截然不同，其 RCA 指数大于 1.25，甚至高于美国，这与其承接很多软件外包业务有关。通过比较可以看出，中国服务贸易的国际竞争力现状不容乐观，亟待改善。

表 3　服务业 RCA 指数的国际比较

年份＼国家	美国	韩国	印度	中国
2000	1.434116	0.786361	1.47543	0.568376
2001	1.409447	0.815823	1.439544	0.561068
2002	1.441682	0.730594	1.649992	0.537619
2003	1.473327	0.720268	1.598748	0.480075
2004	1.485632	0.722572	1.824382	0.477211
2005	1.496357	0.711286	1.973612	0.453972
2006	1.467323	0.722124	2.047786	0.449379
2007	1.477294	0.744267	2.000166	0.459202
2008	1.524364	0.794246	1.980003	0.479863
2009	1.498949	0.645823	1.665035	0.451066

资料来源：根据 UNCTAD 服务贸易相关数据计算。

（四）相对贸易优势（RTA）指数分析

相对贸易优势（RTA）指数同时考虑到一种产品的出口和进口，其在显示性比较优势指数的基础上加入对进口因素的考虑计算而得，具体说，该指数被定义为 $RTA_{ij}=RXA_{ij}-RMA_{ij}=(x_{ij}/x_{it})/(x_{wj}/x_{wt})-(m_{ij}/m_{it})/(m_{wj}/m_{wt})$，即由出口和进口的显示性比较优势指数相减得到。笔者计算了中国服务业的相对贸易优势指数，由图 3 可以看出，同 TC

指数的情况相似，中国服务业的 RTA 指数在 1985～2009 年期间基本呈现一种下降的趋势，1985～1993 年 RTA 指数为正值，1993 年之后一直保持负值，这同样说明了我国服务业国际竞争力的相对劣势。

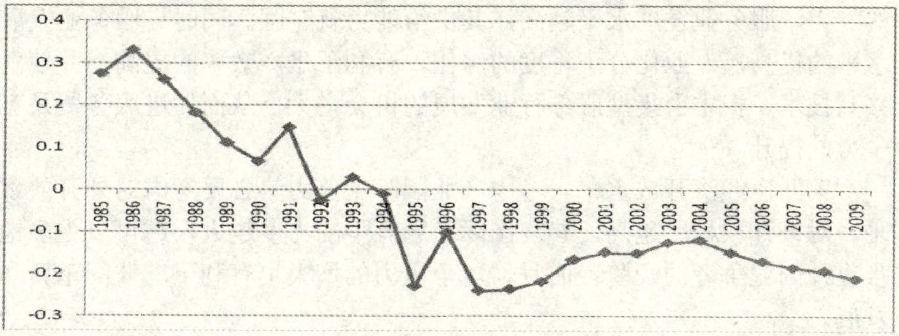

图 3　中国服务业的 RTA 指数

资料来源：根据 UNCTAD 服务贸易相关数据计算、绘制。

三、中国服务贸易竞争力的影响因素分析

上文的指标分析表明，中国服务业的国际竞争力水平较低，和发达国家，甚至和某些发展中国家相比尚存在较大差距。本部分对服务贸易竞争力的影响因素进行分析和实证检验，并在此基础上探讨中国服务贸易竞争力较弱的原因。

（一）服务贸易竞争力的影响因素

基于波特（M. E. Porter）的竞争优势理论，并结合中国的具体情况，本文将服务贸易竞争力的主要影响因素归纳为如下几个方面：

第一，生产要素。产业的竞争优势离不开关键生产要素的支持，特别是劳动力与资本。人力资本在现代服务贸易发展过程中已成为至关重要的因素，尤其是在高新技术服务行业，人力资本的提升将为产业发展提供强劲动力。在资本方面，服务业的投资力度是促进服务贸易发展的重要因素。

第二，国家经济发展水平。经济发展水平影响一国产业发展的大环境，国家经济发展水平高，可以从各方面对产业发展提供更大的支持。并且，随着经济的发展，国内需求扩大，这也为产业发展提供了良好的

市场环境，从而有利于产业竞争力的提升。

第三，国内服务业发展水平。这是从产业自身发展情况来考察竞争优势，一个国家或地区服务业发展水平直接影响其向国际市场提供服务的能力，服务业发展水平越高，其供给能力就越强。同时，服务业发展水平的提高，专业化分工程度的深化，有利于生产效率的提高，并使新兴高技术、资本密集型服务行业发展的机会增大，从而促进服务贸易竞争力的提升。

第四，经济开放水平。考虑产业国际竞争力势必要考虑对外开放水平，对外开放程度越高，参与国际市场竞争的力度越大，越可以更多地吸收外国竞争者的经验；而且，竞争压力的增大也有利于产业的革新和发展。

第五，本国货物贸易发展水平。这是从需求角度考察竞争优势，因为很多服务贸易作为中间服务是伴随着货物贸易的发生而发生的。同时，货物贸易的发展是经济增长中一股重要的动力，可以间接地促进服务贸易发展，提升其国际竞争力。

（二）中国服务贸易竞争力影响因素的实证分析

1. 变量选取与数据来源

此处以中国服务业出口的国际市场占有率（SHARE）作为因变量，表示中国服务贸易国际竞争力。根据上文的影响因素分析，选取自变量如下：

（1）人力资本（HL），用接受高中及以上教育的劳动人口占总劳动人口的比重来度量。

（2）服务业国内投资（INV），具体使用的指标为我国第三产业的固定资产投资。

（3）国内生产总值（GDP），代表国家经济发展水平。

（4）国内服务业发展水平（DS），用当期第三产业增加值占国民生产总值的比重近似衡量。

（5）服务贸易开放度（OPEN），用服务业对外贸易进出口总额占GDP的比重来反映。

（6）货物贸易总额（TOG），代表本国货物贸易发展水平。

本文采用 1985～2009 年中国的相关数据进行实证检验。人力资本水平、服务业国内投资、国内生产总值、国内服务业发展水平的数据来自相关年份《中国统计年鉴》，服务贸易开放度、货物贸易总额的数据则根据 UNCTAD 数据库相关数据整理得到。

2. 模型设定与回归结果

对各变量取对数以消除异方差，建立回归模型如下：

$$\ln share_t = \beta_0 + \beta_1 \ln hl_t + \beta_2 \ln inv_t + \beta_3 \ln gdp_t + \beta_4 \ln ds_t + \beta_5 \ln open_t + \beta_6 \ln tog_t + u_t \quad (1)$$

运用 Eviews6.0 软件对模型进行回归，在最初的回归结果中货物贸易额对数（ $\ln tog$ ）的回归系数为负，考虑到服务贸易和货物贸易作为对外贸易两个重要组成部分，二者之间的关系较为复杂，并且根据散点图判断变量之间的关系，在上述模型中加入货物贸易对数的平方项（ $\ln^2 tog$ ），将（1）式修正为：

$$\ln share_t = \beta_0 + \beta_1 \ln hl_t + \beta_2 \ln inv_t + \beta_3 \ln gdp_t + \beta_4 \ln ds_t + \beta_5 \ln open_t + \beta_6 \ln tog_t + \beta_7 \ln^2 tog_t + u_t \quad (2)$$

表 4 列出了对（2）式的回归结果，其中有三个变量不显著，依次剔除不显著的变量，修正的回归结果列于表 4 右侧栏中。模型的拟合度很好，检验模型的残差均平稳且不存在异方差。

表 4　模型回归结果

自变量	（2）式的回归结果		修正的回归结果	
	回归系数	P 值	回归系数	P 值
ln hl	0.565545	0.3250	0.771249**	0.0418
ln inv	0.051679	0.5941		
ln gdp	0.400357*	0.0971	0.444573**	0.0402
ln ds	0.246616	0.7165		
ln open	0.740512***	0.0001	0.742683***	0.0000
ln tog	−1.056157**	0.0231	−1.216112***	0.0004
$\ln^2 tog$	0.035687**	0.0218	0.043059***	0.0000
ar(1)	0.585082**	0.0101	0.583138***	0.0024
R^2	0.988013		0.987693	
调整的 R^2	0.982769		0.984274	
F 统计量	174.96		161.4	
DW 值	2.06		2.11	

注：***、**、*分别表示 1%、5%、10%的显著性水平。加入 ar（1）项是为了消除模型的自相关。

3. 对实证结果的分析

回归结果显示，人力资本水平、国内生产总值、服务贸易开放度对我国服务贸易竞争力有显著的正向作用，与预期结论相符。由修正的回归结果可见，人力资本水平、国内生产总值、服务业对外开放水平每提高 1%，将分别引起服务业出口国际市场占有率上升 0.77%、0.44%、0.74%。

服务业国内投资和服务业发展水平两个因素对服务贸易竞争力的影响并不显著，这种现象恰好与中国当前服务贸易的发展现状相吻合。我国服务贸易发展比较迅速，但服务贸易国际竞争力却没有多大改善，甚至有恶化的迹象。总体看来，我国服务业发展还处于初级阶段，其规模效应还没有充分发挥，这也是导致服务贸易竞争力相对较弱的原因之一。

货物贸易发展水平对服务贸易竞争力的影响则较为复杂，由表 4 可见，服务业出口国际市场占有率随着货物贸易发展水平的变化而变化，两者之间近似呈现一种 U 型曲线关系。对此可以解释为，当一国经济发展水平较低，对外贸易发展处于初级阶段时，货物贸易特别是初级产品、资源密集型产品的贸易和服务贸易之间为一种替代关系，由于资源、生产力、劳动者素质等限制条件，货物贸易对服务贸易有一定的挤出效应。但随着一国经济水平的不断提高，货物贸易发展到一定阶段，特别是资本、技术密集型货物贸易的发展对各种服务的需求增加，从而带动了服务贸易的发展。就我国当前的情况而言，货物贸易对服务贸易的促进作用还不是很明显。

四、结论与政策建议

综上所述，中国服务贸易发展迅速，但整体实力仍然较弱，基本处于竞争劣势地位。通过对服务贸易竞争力影响因素的分析和对中国情况的实证检验，我们发现，人力资本水平、国内生产总值、服务业对外开放程度对我国服务贸易竞争力有着重要影响，而服务业国内投资、服务业发展水平对我国服务贸易竞争力的影响尚不显著，货物贸易发展水平的影响则较为复杂。可见，要解释中国服务贸易竞争力的影响因素，必须考虑我国服务贸易发展初级阶段的具体情况。当前我国服务贸易和货物贸易发展不平衡，服务业整体发展水平较低，并且仍以劳动密集型、资源密集型为主。现阶段，在中国服务贸易竞争力提升过程中还有很多因素尚未充分发挥作用，存在很大的改善空间。

基于以上分析，本文就如何提升中国服务贸易国际竞争力提出如下建议：

第一，加大对服务业的投资和支持力度。虽然我国服务业增长较快，但服务贸易发展却处于相对滞后的阶段。要加大对服务业发展的支持力度，无论从服务业基础设施建设还是人才培养方面，都需要大力投入。一方面，政府可以通过财政税收和相关产业政策支持服务业发展；另一方面，开放环境下可以通过多种手段吸引外资向服务业倾斜，由于外资在发展现代服务业方面具有明显的技术、资金、人才、管理经验、服务创新等优势，外资的引入能够对东道国现代服务业的发展产生示范效应和竞争效应。

第二，加大对人才培养和创新工作的支持。我国服务业国际竞争力处于相对劣势，特别是资本、技术和知识密集型行业更是发展缓慢。在此背景下，提升人力资本水平成为提升我国服务贸易竞争力的关键之举。应加大相关产业的专门培训投入，加强对高端服务人才的培养。与此同时，加快服务创新，促进服务类型的专业化、服务品种的多样化，不断提高服务业技术水平，拉近与发达国家服务领域的距离。在这一过程中，健全和落实知识产权保护的相关法律非常重要。现代服务贸易的知识化、技术化趋势日益明显，新兴服务贸易的竞争更多地依赖于知识、技术的竞争，加强知识产权保护对促进服务业创新工作是极为必要的。

第三，积极进行服务业内部结构调整。针对当前我国服务业内部发展的不平衡，应适当稳步地调整服务业内部各部门之间的比重关系，尽可能做到协调发展。发挥原有比较优势产业的带动效应，通过资金、技术和管理经验的积累将比较优势转化为竞争优势；对本国不具有比较优势的行业，应循序渐进地对其进行鼓励和扶持，努力打造具有国际竞争力的明星企业并发挥其示范带动作用，逐渐培养产业的竞争优势。

第四，进一步提高服务业对外开放程度，完善服务贸易中的相关制度安排。我国服务业开放水平较货物贸易开放水平明显偏低，这很大程度上源于服务业制度不完善。我国应加快服务业体制革新，完善相关制度，进一步提高服务业对外开放程度，积极参与国际服务市场的竞争，认真吸收国外服务行业发展的经验与技术，从而增强我国服务业的竞争力，促进服务业国际竞争力的提升。

第五，优化货物贸易结构，发挥其对服务贸易的拉动作用。中国已成为世界第一货物贸易出口大国，但其对服务贸易的促进作用并没有充分发挥出来，这种情况与我国货物贸易出口产品的技术水平和国内附加值较低、对服务中间品及服务中介机构的需求不足密切相关。货物贸易结构的优化将对服务贸易的发展起到重要的带动作用，从需求角度促进服务产品的创新，从而有利于提升服务业的国际竞争力。

（作者：胡昭玲　南开大学　教授；刘彦磊　研究生）

外商直接投资在华垄断现状及其影响分析

刘三宽　刘　坤

一、引言

自改革开放以来，我国以丰富、廉价的劳动力优势和稳定的政治环境、优惠的引资政策吸引了大量的外资。随着我国入世和引进外资政策的进一步深化，我国越来越多地融入世界经济并参与国际市场经济的竞争，获取国际和国内两种资源来发展和完善自己，同时越来越多的跨国公司以 FDI 的形式进入我国市场。作为全球吸引外资第一的国家，其在增加资本存量、提高经营管理效率、增加就业和稳定社会方面发挥了重要的积极作用。但是随着外资数额的进一步增长，其带来的负面影响也逐渐显现。其中垄断的出现则造成了某些具备市场话语权的厂商滥用市场支配地位，破坏竞争有序的市场秩序。鉴于此，我国于 2008 年 8 月 1 日实施了《反垄断法》，此法的实施有利于促进市场竞争机制的形成和完善，制止垄断情况的出现，维护消费者的利益，减少社会福利的损失。截止到 2010 年 6 月，中国商务部共受理案件逾 140 起，95%的反垄断案件无条件通过审查，另有 5 个案件附加了限制性条件，只有可口可乐并购汇源案被禁止。2010 年 12 月 22 日，商务部部长陈德铭表示要将外资准入管理与经营者集中反垄断调查、外资并购安全审查有机结合起来，依法保护国内产业安全，这表明我国吸收外资已经进入新的更加成熟的阶段。因此，如何有效地利用外资为我国经济建设添砖加瓦具有非常重要的意义。

国内学者王中美（2007）认为，中国政府对跨国并购的垄断规制不当会引发在国内各产品和地理市场普遍形成垄断以及竞争的严重受损，进而在民族企业中占有相当比例的中小企业和消费者将成为直接的受害者。周海蓉（2008）通过利用威廉姆森的社会福利均衡模型得出跨国并购的市场垄断效应，认为由于跨国并购垄断本身更易给东道国市场带来显著的垄断性，使东道国无法实现吸引外资的初衷，并且其具有的经济和政治影响有可能威胁到我国的经济安全，因而如何保护国家的经济安全成为我国外资政策所面临的一项严峻挑战。杨欢（2010）认为随着我国加入世贸组织，越来越多的跨国公司进入我国，并购国内企业已成为外国投资者常用的手段，可口可乐并购汇源案件涉及可口可乐公司经营者反垄断集中申报的法律问题，从自由竞争到垄断，再到反垄断以及反对国内垄断，中国反垄断之路还很漫长。

本文主要分析我国自实行“引进外资”政策以来，外商直接投资偏好于水平型跨国并购和兼并民族品牌与具备生产潜力的企业，对我国具有规模经济特征的产业领域产生了负面影响，同时说明国内市场的部分行业和产品市场已经出现外资垄断现象，而后是分析反垄断的理论依据和反垄断会造成社会福利损失和损害市场秩序，最后提出建议和对策。

二、中国外商直接投资造成的垄断情况的现状分析

（一）外商直接投资在我国主要采取独资和水平型跨国并购的方式

自从我国实行“引进外资”政策和入世以来，我国的外商直接投资规模很大并且呈现逐年增长的趋势。截止到2008年，以不同方式统计，外资企业实际使用外资金额为4603.25亿美元，占所有实际使用外资金额的51.2%，其次为中外合资企业。而外商投资股份制实际使用外资金额仅为50.34亿美元，占所有实际使用外资金额的0.56%，在所有统计的外商直接投资方式中占比最少。而跨国并购由于其进入新市场阻力最小且收效最好而受到跨国公司的青睐。从表1我们可以看出，自1999年以来，我国的外商跨国并购额逐年增长并且以水平型跨国并购方式比较显著。在同一个产品市场采取水平型并购方式更易在短时间内达到减少竞争对手和提高市场份额的目的。

表 1　1999～2007 年外商水平型和垂直型跨国并购额　　　　单位：亿美元

类型＼年份	1999	2000	2001	2002	2003	2004	2005	2006	2007
垂直型	187.92	181.36	209.56	235.47	241.32	264.64	248.68	219.97	195.23
水平型	212.05	221．79	255.12	285.62	279.12	318.02	335.48	384.59	526.15

资料来源：《中国统计年鉴》。

（二）外商直接投资通过并购我国民族品牌和具有潜力生产企业达到行业垄断的目的

消费者的偏好在短时间内很难改变，并且那些喜闻乐见的产品品牌是消费者所偏好的，因此并购这些品牌（参照表 2）便可以在短时间内迅速打入一国市场，减少东道国居民的敌视情绪和在东道国经营的障碍。同时外资收购中国名牌企业后一般会通过减少对中方品牌的投资来逐渐降低其价值，压缩中方品牌的产量，控制销售环节和市场推广或者以他们的品牌取代中方品牌地位，最终使中方品牌逐渐淡出人们的视线。可见，外资并购品牌一方面可以迅速整合市场分散的资源，增强自身的市场竞争力；同时可以从另一方面消灭竞争对手，扩大自己的市场占有率，最终在某个行业达到垄断的目的。

表 2　引资以来外资对我国部分行业和民族品牌的并购情况一览表

市场分类	案　例
饮料市场	1994 年天府可乐和百事可乐合资。1996 年达能收购乐百氏，2004 年达能收购“全国桶装水市场老大”梅林正广和 50%的股份。截至 2008 年 11 月底，我国原有的八大饮料厂全部被外资收购，包括北京北冰洋、沈阳八王寺、天津山海关、青岛崂山、武汉大桥、广州亚洲、上海正广和、重庆天府可乐。外资碳酸饮料在我国的市场占有份额达到 90%。
化妆品市场	国外品牌占据 75%的市场份额。2003 年 12 月，欧莱雅收购小护士和 2004 年欧莱雅收购羽西。2008 年 7 月强生收购大宝。2010 年 12 月，全球第五大化妆品公司——法国科蒂集团以 4 亿美元收购丁家宜。

续表

市场分类	案　例
洗发水市场	2007年10月，德国拜尔斯道夫公司收购丝宝日化，中国洗发水市场的“两宝一华”格局70%的市场由被宝洁、丝宝和联合利华占据演变为外资唱绝对主角。
卫浴市场	伊奈纳收购美标，乐家收购鹰牌卫浴和吉事多卫浴，科勒收购珠海佳德厨卫和中山加枫卫浴，海鸥卫浴全资子公司盈兆丰国际收购承鸥卫浴，海鸥卫浴收购三英洁具。
洗涤用品市场	4个年产超8万吨的洗衣粉厂被外商吃掉3个。
啤酒行业	年产5万吨以上的60家企业中72%被合资。2004年美国酿酒商安海斯公司收购哈啤99.66%的股权并把该公司私有化。
家电领域	1995年韩国三星与连续获得70多次各种荣誉和奖励的中国家电产品香雪梅合资。1995年法国SEB公司与品牌价值高达1.3亿元的红心牌电熨斗合资。2001 年格林柯尔收购科龙电器。2003年格林柯尔收购美菱电器。至此在规模上瓦解了原来海尔、科龙、新飞、美菱四大知名品牌之间的冰箱业竞争的态势。2006 年 5月美国企业百思买收购中国家电连锁企业五星电器75%的股份，2009 年获得剩余 25%的股份，而五星电器是仅次于国美和苏宁的我国第三大家电连锁企业。
医药市场	2010年底，全球第四大制药公司赛诺菲—安万特以5.206亿美元收购中国药品生产商兼分销商美华太阳石集团，此举强化了其在维生素 OTC 市场的垄断地位。瑞士的医药企业集团奈科明斥资2.1 亿美元控股广东天普生化。我国泌尿专科药的龙头南京美瑞制药以7000万美元嫁给了全球第三大制药企业葛兰素史克。
动漫市场	2010年，世界“娱乐天王”迪士尼宣布以16亿元入股中国“动漫一哥”原创力，获得“喜羊羊”品牌的使用权。然而在 2009年，“喜羊羊与灰太狼”获得了“五个一工程奖”，喜羊羊和灰太狼被广州亚组委授予志愿者身份。

资料来源：作者整理。

（三）我国部分行业和部分产品市场上，跨国公司垄断的情况

1. 入世之初，我国部分行业的垄断现状

从表 3 可知，自我国 2001 年入世以来，我国软件行业、感光材料

行业、手机行业、照相机行业和软包装行业等行业的跨国公司市场占有率已经达到了垄断的局面，在软件行业的操作系统产品中，微软公司已经占据了95%的市场占有率，明显达到了绝对垄断的局面。类似的还有利乐公司在软包装行业中已经占据了75%的市场占有率，也能够对我国软包装行业的市场价格定位起到决定性的作用。

表3　2002年我国部分行业跨国公司的市场占有率

行业	产品	跨国公司	市场占有率	状况
软件行业	操作系统	微软公司	95%	软件行业中的操作系统和支撑系统基本由国外软件所垄断
	支撑软件	外国公司	控制	
	应用软件中通用的管理软件	外国公司	控制	
	其他应用软件	用友、金蝶、浪潮等财务软件	90%	
		方正电子排版系统	90%	
感光材料行业		柯达公司	50%	感光行业市场基本由跨国公司控制，占80%以上的市场份额
		富士公司	25%	
		柯尼卡公司	8%～9%	
		乐凯公司	15%	
手机行业		摩托罗拉	26.8%	2002年跨国公司手机市场占有率为70%
		诺基亚	16.7%	
		波导	9.9%	
		Tcl	7.8%	
照相机行业	传统相机	奥林巴斯	25%	该行业为跨国公司绝对垄断
		美能达	20%	
	数码相机	佳能	24%	
		索尼	20%	
		尼康	20%	
软包装行业		利乐公司	75%	利乐公司控制75%的市场份额，在中国占有绝对垄断地位

资料来源：国家工商总局《在华跨国公司限制竞争行动表现及对策》。

2. 引资以来我国部分产品的市场垄断情况

在我国女装市场上，2006 年在市场综合占有率排名前十位的品牌中，平均已有超过半数是国际品牌，如艾格、espri、only。2006 年在我国的洗衣粉市场中，品牌集中度仍然很高。前三名的品牌占据了超过 50% 的市场，前五名的品牌占据了 83%的市场份额，而排名前五位的品牌依次为汰渍、雕牌、奥妙、立白和奇强，跨国公司依然能够左右我国的洗衣粉市场。类似的还有餐具清洗剂、护肤品、彩妆市场和洗护用品市场等。

在图 1～8 中，主要表现了 2009 年我国的家电行业、合成材料行业、仪器仪表行业、饮料制造业、橡胶制品行业、食品制造业、啤酒制造业和葡萄酒制造业中，各经济类型企业的销售收入占全国销售总额的比重。在这些行业中我们可以发现，外资性质的企业在销售收入中至少占据了 40%以上的比重，而且在啤酒制造业和葡萄酒制造业中，外资的比重已经超过了半数。鉴于我国其他类型的企业数目众多并且规模较小，因此，我们得出结论：跨国公司在这些领域已经达到了垄断的地位，对市场的价格足以起到决定性的作用。

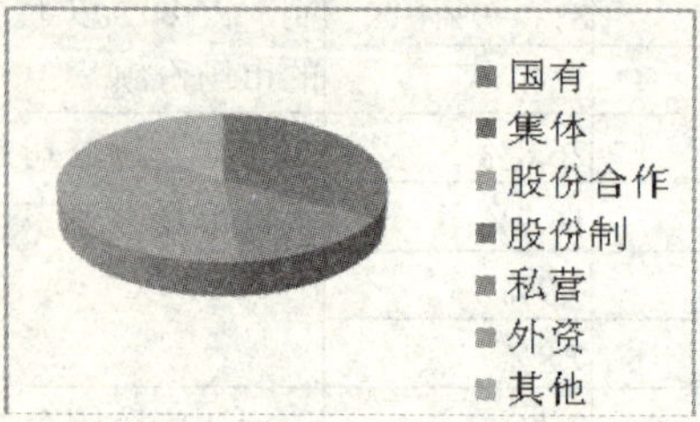

图 1　家电行业

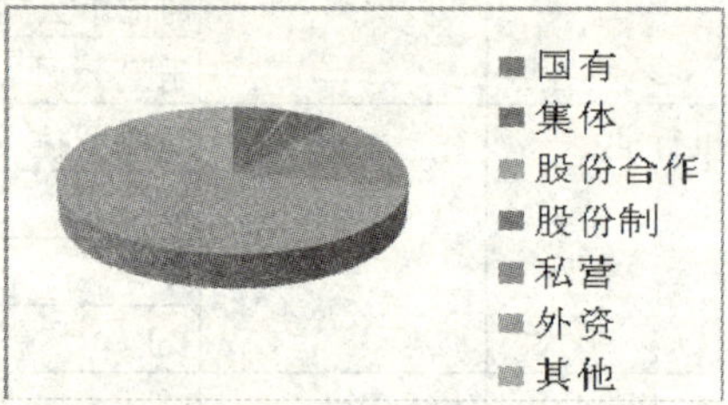

图 2　仪器仪表行业

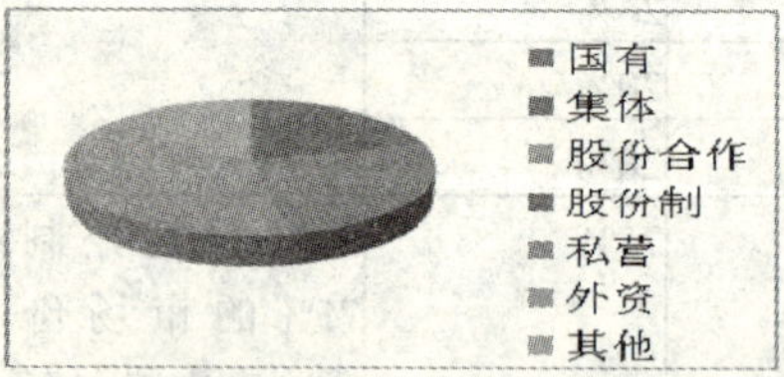

图 3　合成材料行业

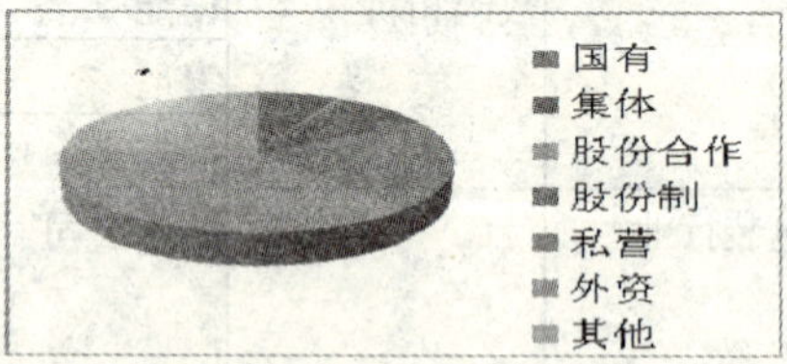

图 4　饮料行业

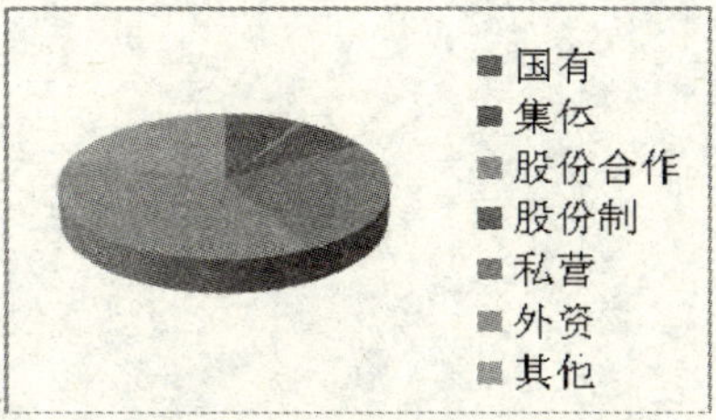

图 5　橡胶制品行业

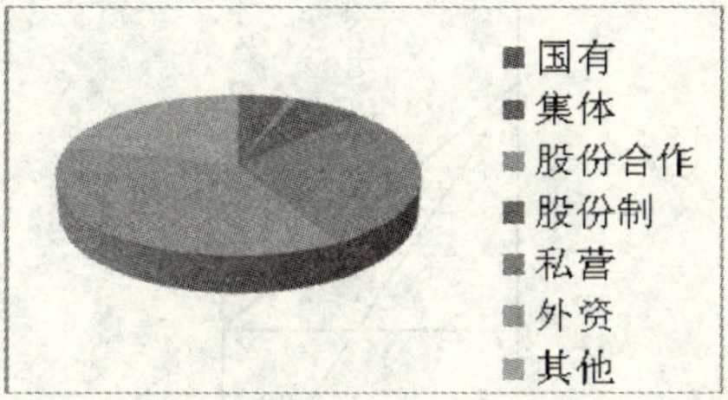

图 6　食品制造行业

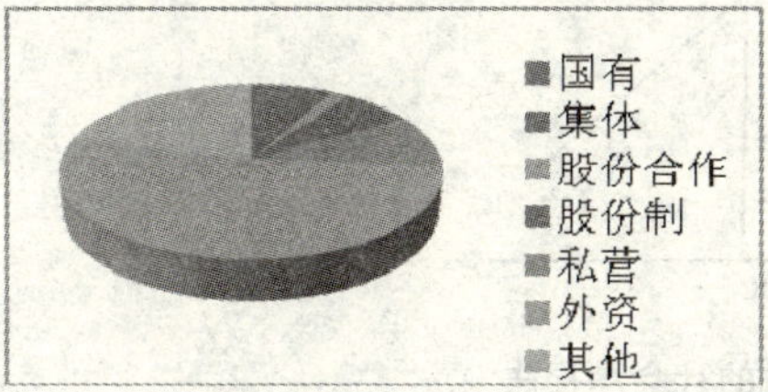

图 7　啤酒制造行业

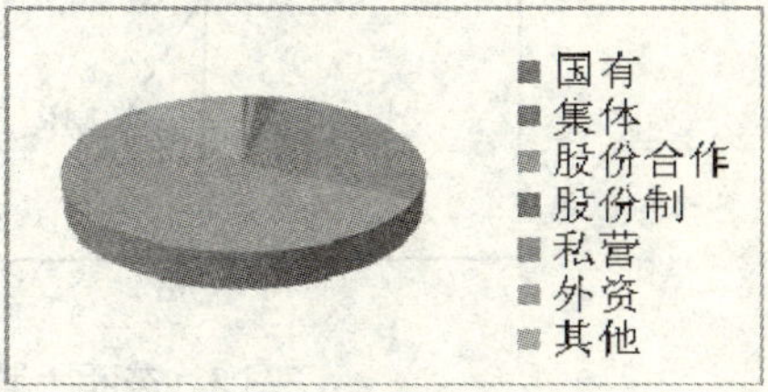

图 8　葡萄酒制造行业

三、垄断造成社会福利损失，反垄断会造成政府支出的增加和有利于维护市场秩序

（一）垄断造成社会福利损失的理论分析

著名的哈伯格三角形是对垄断造成的社会损失的量化衡量，对社会损失进行了界定。图 9 显示了垄断所造成的社会福利损失，垄断者面对向下倾斜的需求曲线 D，假设其平均成本 AC 保持不变，这样其边际成本 MC 就等于其平均成本 AC。遵循利润最大化原则，垄断者选择在边际成本 MC 同边际收益 MR 的交点 F 处进行生产，与之对应的是垄断者的产量为 Qm 和价格为 Pm。相对于竞争水平的价格 Pc 和产量 Qc，垄断市场中的价格升高，产量降低，造成社会福利的净损失，在图中用 EFG 来表示。

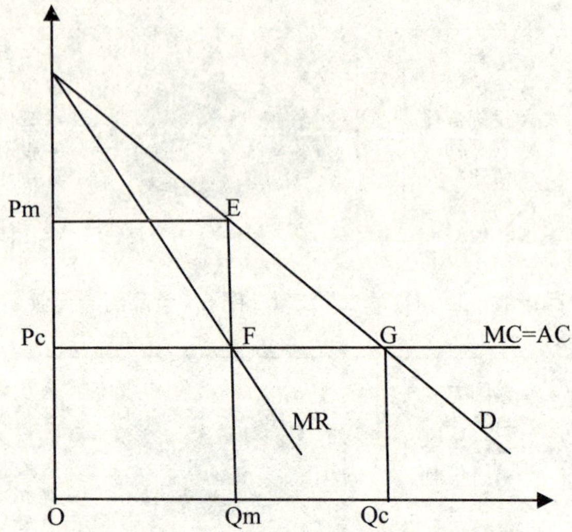

图 9　垄断所造成的社会净损失

（二）反垄断造成政府支出的增加

以美国为例来说明政府在治理反垄断的过程中所付出的支出，美国最主要的反垄断机构为美国司法部反垄断调查局和美国联邦贸易委员会。在表 4 中我们可以看到，美国司法部反垄断调查局的反垄断支出从 2000 年的 1.1 亿美元逐渐增长到 2005 年的 1.38 亿美元。其中对卡特尔行为的阻止和对竞争市场结构的保全方面的支出增长最为显著，并且这两方面的支出恰恰反映了反垄断的主要工作。

表 4　美国司法部反垄断调查局支出（2000～2005）

相关行为	费用金额（百万美元）					
	2000 年	2001 年	2002 年	2003 年	2004 年	2005 年
联邦上诉	2.031	1.884	1.983	2.089	2.077	2.165
对卡特尔行为的阻止	30.489	35.174	38.224	40.272	38.755	40.394
对竞争市场结构的保全	56.745	64.547	70.343	74.112	71.12	74.127
政策、法律的制定和颁布	7.976	7.397	7.785	8.202	8.148	8.492
维护竞争	4.103	3.807	4.006	4.221	4.194	4.371
管理和运营	8.656	8.029	8.45	8.903	8.84	9.214
全时工作量（FTE）	797	809	851	851	851	851

续表

相关行为	费用金额（百万美元）					
	2000 年	2001 年	2002 年	2003 年	2004 年	2005 年
职位（个）	824	865	880	880	880	880
支出总额（百万美元）	110	120.838	130.791	137.799	133.133	138.763

资料来源：United States Department of Justice（2000-2005）。

在表 5 中我们可以看出美国联邦贸易委员会在反垄断方面的支出从 2001 年的 1.47 亿美元逐渐增长到 2005 年的 2.04 亿美元。其中保护消费者行动和保护竞争性行动方面的支出最为显著。同时也可以从侧面得出垄断会威胁到消费者的切身利益的结论。

表 5　美国联邦贸易委员会的工作量和支出（2001～2005）

相关行为	费用金额（百万美元）				
	2001 年	2002 年	2003 年	2004 年	2005 年
保护消费者行动	557	569	569	569	567
广告	63	65	64	64	63
营销	144	146	145	145	124
金融	52	54	54	54	76
实施制裁	54	55	55	55	55
策划与信息	60	60	53	53	50
国际消费者保护	0	0	7	7	9
消费者与商业培训	12	15	16	16	16
经济与消费者政策分析	5	6	6	6	5
项目管理	27	27	28	28	26
保护消费者行动支持	139	141	141	141	143
保护竞争性行动	492	505	505	505	507
并购前的告知	31	28	28	28	24
并购与合资的实施	204	208	205	205	190
并购与合资的执行	15	11	11	11	13
非并购实施	93	103	106	106	123
非并购执行	5	7	7	7	3
反垄断政策分析	6	7	7	7	7
其他直接任务资源	15	16	16	16	20

续表

相关行为	费用金额（百万美元）				
	2001 年	2002 年	2003 年	2004 年	2005 年
保护竞争性行动支持	123	125	125	125	127
共计	1049	1074	1074	1074	1074
保护消费者行动	77.79	82.585	104.226	103.844	115.162
保护竞争性行动	69.364	73.397	78.373	82.197	89.162
支出总额	147.154	155.982	182.599	186.041	204.342

资料来源：Federal Trade Commission（2001-2005）。

（三）反垄断有利于维护竞争有序的市场环境

中国《反垄断法》实施以来，可口可乐并购汇源案作为唯一一起被禁止的案件被誉为“中国反垄断第一案”而受到大家的关注。可口可乐并购汇源因其在一定程度上不仅造成了垄断，而且还对市场的竞争秩序造成了破坏，不利于我国饮料市场的发展而遭拒。由表 6 我们可以得知，在 25%以下浓度果汁市场上，前七位厂家零售量的份额和零售额的份额都是 88.7%，其中汇源果汁在零售量中的份额为 29.1%，在零售额中的份额为 27.5%；第二名竞争对手在零售量中的份额为 26.4%，稍微低于汇源果汁，但是在零售额中的份额为 30.7%，稍微高于汇源果汁。在 26%～99%中浓度果汁市场上，前四名竞争对手的零售量的份额是 85.4%，而零售额的份额为 79.5%。其中汇源果汁在零售量中的份额为 39.6%，在零售额中的份额为 36.2%。在零售量方面和零售额方面的综合方面稍胜第二名竞争对手。二者在这一市场领域形成了双寡头垄断状态。在百分百果汁市场上，前六位厂家零售量的份额占据了 85%，而零售额的份额也达到了 84.9%。其中汇源果汁在零售量和零售额方面稳稳地占据着市场第一的位置。

商务部的公告中有这样的表述：此项集中完成后，将对竞争产生不利影响。首先，可口可乐公司在碳酸饮料市场上的支配地位可能影响到果汁饮料市场，对现有果汁饮料企业产生排除、限制竞争的效果。其次，可口可乐公司通过对“美汁源”和“汇源”两个知名果汁品牌的控制，对果汁市场控制力将明显增强，会明显提高潜在竞争对手进入果汁市场的障碍。最后，该集团会导致国内中小型果汁企业生存空间被严重挤压，国内企业在果汁饮料市场参与竞争和自主创新的能力将被抑制，不利于中国果汁行业的持续健康发展。

表 6　2008 年中国汇源果汁集团有限公司主要产品市场占有率

25%以下浓度果汁		
	零售量（%）	零售额（%）
汇源果汁	29.1	27.5
第二名竞争对手	26.4	30.7
第三名竞争对手	19.6	17.8
第四名竞争对手	6.8	6
第五名竞争对手	4.3	4.1
其余两名竞争对手	2.5	2.6
26%~99%中浓度果汁		
	零售量（%）	零售额（%）
汇源果汁	39.6	36.2
第二名竞争对手	38.8	36.6
第三名竞争对手	4.2	4.4
第四名竞争对手	2.8	2.3
第五名竞争对手	1.2	1
百分百果汁		
	零售量（%）	零售额（%）
汇源果汁	42.6	39.7
第二名竞争对手	12.1	15.7
第三名竞争对手	10.3	11.6
第四名竞争对手	8	5.3
第五名竞争对手	7.4	8
第六名竞争对手	5.6	4.6

四、合理进行反垄断以达到有效利用外商直接投资的目标

（一）完善反垄断法，为鉴定垄断提供法律依据

我国的《反垄断法》于 2008 年 8 月 1 日实施，填补了我国反垄断

法律的空白，但是在一定程度上仍然存在需要完善的地方。例如相关市场的界定。因为相关市场的界定是确定是否构成垄断的基础，进而对相关市场的界定应当进一步细化。这可以借鉴在反垄断方面具有较丰富经验的美国与欧盟对相关市场界定的规则。地域市场在实践中往往被认为是产品的销售领域，同时是判断相关市场的重要指标。美国划分地域市场依据限制生产商销售的障碍来决定，而运输成本成为界定地域市场的重要因素之一；欧盟在划分地域市场时更加细致，将地区间的差异、运输费用、消费者的喜好和产品价格都纳入考虑范围。相关市场的界定取决于地域市场和商品市场，因此，我国在界定相关市场时可以在欧盟考量标准上，以美国的考量标准为兜底因素，进行综合考量。

（二）扶植具有潜力的规模经济产业或者规模经济产业和加大研发创新力度，创造我国优势产业

鉴于我国的汽车产业具有规模经济性质，而外商直接投资的介入在一定程度上阻碍了规模经济效应的扩散，使我国的本土汽车产业处于国际分工陷阱，处于微笑曲线中附加值较低的部分，因此，我们应当以汽车产业为戒。在当前的全球经济一体化背景下，环保产业、节能产业和绿色低碳经济的前景非常可观，进而我们应当对具有规模经济的产业或者是具有潜力规模经济的产业进行必要的资金上、技术上、政策上的扶植与倾斜，加大资金的投入和科研创新力度，在技术上抢占制高点，提升自身的国际竞争力，争取创造具有中国特色的优势产业，从而在和外企竞争中获得优势地位。

（三）保护民族品牌，防止外商直接投资造成我国民族品牌的流失

一个品牌的建立需要花费大量的时间、精力和财力，但是获得一个具有市场影响的品牌无疑会扩大一个企业的知名度、认可度和消费者的信赖度，因此，在和外商直接投资合作的过程中，应当注意对自身品牌的保护。同时，在我国具有自身优势的劳动密集型和加工型的行业中，更应当提起高度注意，并不是所有的行业都适合与外商进行合资。

（作者：刘三宽　天津财经大学　硕士研究生；刘坤　硕士研究生）

国外对我国反倾销的影响研究
——基于 Bown 和 Crow 的贸易效应分析

谢两千

一、引言

根据 GATT/WTO 第 6 条的定义，倾销（dumping）指以低于产品的正常价值在他国市场上销售并且出口量激增，对进口国产业造成实质损害或有造成实质损害的威胁。同时根据 WTO《反倾销协议》有关条款的规定，当倾销行为确实存在时，进口国可以根据本国的反倾销法规采取反倾销（antidumping）措施。近十年来，在 WTO 多边自由贸易谈判的促进下，世界各国平均关税水平大幅下降，关税、进口配额等传统贸易壁垒的作用受到制约，反倾销逐渐演变成为各国使用范围最广、实施最频繁的一种贸易保护手段。世界贸易组织 2007 年度报告中指出，目前世界范围内的反倾销呈现两大特点：一是全球反倾销案例总数快速攀升，从 1995 年世贸组织正式成立到 2006 年底，10 年内全球登记备案的反倾销指控总数已达 3037 起；二是使用反倾销措施的国家越来越多，不仅美国、欧盟、加拿大、澳大利亚这些传统的使用者仍然大量使用反倾销措施，印度、阿根廷、巴西等发展中国家也纷纷加入到反倾销使用者行列。

随着我国对外出口贸易的快速增长，我国出口产品遭遇国外反倾销的指控也越来越频繁，而且由于很多国家拒不承认中国市场经济地位，因此外国对我国采取的反倾销措施带有很大的随意性。据统计，从 1993 年开始，我国已经连续 13 年成为世界上遭受反倾销指控最多的国家，在全球反倾销案例中的比例也不断增大，如 1995 年外国针对中国的反倾销案例占当年世界反倾销案例总数的 12.7%，但是到 2006 年全球共有 197

起反倾销案例，针对中国的就有 71 起，占全球反倾销案例的 36%，换言之，2006 年全世界每三件反倾销案例中就有一件是针对中国的。反倾销不仅给我国出口行业带来了巨大经济损失，也严重扰乱了我国经济活动的正常秩序。我国已经成为世界各国反倾销措施的最大受害者。

鉴于我国出口贸易面临的严峻现实，为了能够为我国出口行业以及政府部门提供应对和规避出口反倾销的科学依据，如何度量国外对华反倾销措施对我国以及相关国家贸易模式的影响就成为一个非常紧迫且意义重大的课题。然而，国内绝大多数已有反倾销研究的侧重点是从法理上探讨应对反倾销的策略，尽管也有少数文献利用个案就国外对华反倾销的贸易限制效应进行了初步探讨，但是，到目前为止，还少有文献专门就国外对华反倾销措施的贸易效应进行理论和实证研究。本文试图在这方面有所创新。

本文首先以 Bown 和 Crow 对反倾销的贸易效应划分为依据，建立一个 Bertrand 价格竞争模型，从理论上对反倾销措施主要的贸易效应进行分析；然后在国内外已有研究的基础上，利用近年欧美等发达国家对华纺织品反倾销案例中 10 位 HST 代码涉案产品的数据，就国外对华反倾销措施的三种主要贸易效应进行实证检验。研究结果表明，就纺织品出口而言，国外对华反倾销措施不仅导致我国涉案产品对指控国出口量明显减少，而且会使韩国、印度等竞争国的同类产品对指控国的出口量明显增加，会导致我国涉案产品对第三方市场的出口量增加。

本文以下部分结构安排如下：第二部分是相关文献的综述；第三部分建立一个价格竞争模型，从理论上分析反倾销措施的主要贸易效应；第四部分是实证检验；第五部分是总结与对策。

二、文献综述

在 20 世纪 80 年代以前，关于非公平贸易研究的重点是倾销行为及其对有关国家经济活动的影响，随着世界范围内反倾销案例总数以及使用反倾销措施的国家不断增加，20 世纪 80 年代中期以后，反倾销逐渐成为国际贸易领域的一个热点问题而被广泛研究。Prusa（1997）把研究反倾销问题的文献分成两大类：第一类研究各种经济、政治因素如何影响企业和政府的反倾销行为，其中 Baldwin（1985）的研究成果是这方面研究的一篇奠基性文献，而 Blonigen 和 Prusa（2001）则对国外这方面的主要研究成果作了很好的综述；第二类则重点研究反倾销措施对有关国家经济活动和社会福利的影响，即反倾销措施的经济效应。根据朱钟棣、鲍晓华（2007）的观点，对反倾销经济效应的研究又可以分成两个不同层面：一是研究反倾销对有关国家进出口数量和价格的影响，即反倾销贸易效应（trade effects），这是反倾销措施的直接影响；二是研究反倾销对供求、企业竞争策略等微观活动以及进出口国的产业结构、投资区位、就业、福利等宏观经济活动的影响。本文的研究属于第一个层面，重点探讨国外对华反倾销措施如何影响我国以及有关国家的贸易模式，即对华反倾销措施的贸易效应。

Bown 和 Crow（2007）对反倾销措施的贸易效应进行了归纳，总结出反倾销措施的四种主要贸易效应：第一种，反倾销的贸易限制效应（tade destruction effect），指由于反倾销措施会增加涉案产品的成本，一般来说会导致该产品的进口减少；第二种，反倾销的贸易转移效应（tade diversion effect），指由于反倾销措施的贸易限制效应导致原产于指控国对象国的产品对指控国的出口受阻，从而可能促使非指控对象国对指控国同类产品的出口增加；第三种，贸易偏转效应（tade deflection effect），指反倾销措施可能会促使指控对象国将涉案产品出口到第三方市场；第四种，贸易抑制效应（tade depression effect），指反倾销措施还可能导致非指控对象国对指控对象国相关产品的出口下降。由于前两种贸易效应对反倾销措施的贸易救济效果有决定性作用，因此国外已有的相关研究主要是对反倾销措施的贸易限制效应和贸易转移效应进行实证检验。

Staiger 和 Wolak（1994）是研究反倾销措施贸易限制效应的重要文献，他们利用美国 1980～1985 年期间 4 位标准工业分类（SIC）反倾销案例的年度数据，考察了美国反倾销措施的贸易限制效应，发现在反倾销的不同阶段，反倾销措施对涉案产品的限制效应也不相同。文章还首次明确提出并定义了反倾销调查过程中的“调查效应”（investigation effect）、“中止效应”（suspension effect）和“撤销效应”（withdrawal effect）。Krupp 和 Pollard（1996）的研究成果是另一篇研究反倾销措施贸易限制效应的重要文献，利用 1976～1988 年美国化工行业的 7 位关税税则（TSUSA）下的17种涉案产品（其中的12种产品终裁征税，5种被否决）的月度数据，更加详细地分析了在反倾销申请、初裁、终裁三个时间点前后6个不同阶段对进口的影响，在绝大多数产品的实证结果中发现了显著的“调查效应”；文章还对不同裁决结果的贸易限制效应进行了比较分析。

贸易转移效应是国外已有研究的另一个重点内容，但是不同研究尤其是实证研究得到的结论并不一致。Prusa（1996）是最先对贸易转移效应进行实证分析的文献之一，利用美国1978～1993年反倾销相关的年度数据，分析了美国反倾销措施对指控对象国、非指控对象国进口贸易的影响，实证发现美国反倾销措施对指控对象国存在显著的贸易限制效应，对非指控对象国存在明显的贸易转移效应，而且由于贸易转移效应的存在，抵消了反倾销措施贸易限制效应的作用，使得总的进口量并没有减少，但是不论是指控对象国还是非指控对象国的产品的价格都有所上涨。Prusa（2001）得到类似的结论：美国反倾销措施使非指控对象国对美出口增加了 40%～60%，即存在显著的贸易转移效应。Prusa 等人的研究中包括不同行业的反倾销案例，一些学者认为，由于不同行业产品的替代性大小不同，因此应该根据不同行业来考察反倾销措施的贸易效应。Durling 和 Prusa（2006）利用不同国家（142个出口国和112个进口国）1996～2001 年 6 位海关税则号（HS）热卷钢反倾销案例，重点分析了不同国家热卷钢行业反倾销措施的贸易效应，主要的结论是：反倾销措施对指控对象国的贸易限制效应明显，但是对非指控对象国的贸易转移效应并不明显。Bronten（2001）则通过对1989～1994年欧盟98个反倾销案例的年度数据分析后，发现了欧盟反倾销措施具有显著的贸易转移效应；然而 Lasgani（2000）利用 Prusa（1996）的实证方法对欧盟1982～1992年期间部分反倾销案例进行分析，结果表明欧盟反倾销措施的贸易转移效应非常有限。Konings 和 Vandenbussche（2001）利用1985～1990年期间欧盟 246 个反倾销案例的数据进行实证分析，得到与 Lasgani（2000）类似的结论。Niels（2003）则对发展中国家墨西哥反倾销措施的贸易效应进行了实证分析，实证结果没有发现明显的贸易转移效应。

然而，研究反倾销贸易偏转效应和贸易抑制效应的文献比较鲜见。Bown 和 Crow（2007）首次正式提出并定义了反倾销措施的贸易偏转效应和贸易抑制效应，并利用美国对日本1992～2001年期间6位HS分类产品的反倾销案例数据，对这两种贸易效应进行了实证分析，研究发现，美国对日本的反倾销措施具有明显的贸易偏转效应和贸易抑制效应，平均而言，美国对日本反倾销措施导致日本涉案产品对其他国家的出口增加了5%～7%，而美国对第三方国家的反倾销措施导致日本同类产品对第三方国家的出口减少了5%～19%。Durling和Prusa（2006）在对1996～2001年期间不同国家热卷钢反倾销案例的分析中也对贸易的偏转效应进行了研究，可是却没有发现明显的贸易偏转效应。

近年来，国内的一些学者也对反倾销问题进行了初步探讨，但是对反倾销措施的贸易效应这一方面涉及较少。杨仕辉、王红玲（2002）对国外对华反倾销的特点和最新发展进行了总结，并对我国的应对策略进行了探讨。杨红强、聂影（2007）利用反倾销强度指数分析了国外对华反倾销案例在数量上的相对变化趋势。鲍晓华（2004）探讨了我国对外反倾销对国民经济影响的传递机制和反倾销对产业、贸易、外商直接投资以及社会福利的影响。宾建成（2003）对中国首例进口新闻纸反倾销措施的执行效果进行了产业和贸易层面的评估，肯定了反倾销措施对国内新闻纸产业较好的产业救济效果。沈瑶、王继柯（2004）以丙烯酸酯案为例，从反倾销导致的贸易转移效应角度评估了我国反倾销措施的有效性。鲍晓华（2007）利用1997～2004年中国反倾销案例8位数税则号的涉案产品数据，对我国对外反倾销措施救济效果进行了评估，得出的主要结论是，尽管我国对外反倾销措施存在贸易转移效应，但是由于贸易限制效应，贸易救济效果还是比较明显。

总体上看，国内外已有的相关研究存在下列不足之处：第一，国外大多数文献主要分析反倾销的直接效应——贸易限制效应和贸易转移效应，但是对反倾销的贸易偏转效应和贸易抑制效应，除了Bown和Crow（2007）等个别文献做了开创性研究外，很少有文献涉及；第二，已有的研究绝大多数都是采用某个国家在一定时期内反倾销案例的年度数据，采用年度数据虽然可以对反倾销的长期效应进行分析，但是，由于根据有关国家反倾销法的规定，一个反倾销案例从提出申请到终裁往往在不到一年的时间内完成，因此采用年度数据不便于考察反倾销申请、初裁和终裁等不同阶段的贸易效应；第三，在已有研究中，大多数文献都是分析某个国家（地区）不同行业的反倾销案例，由于国内外不同行业的产能、产品之间的替代性都不一定相同，因此，采用跨行业的案例进行分析很难准确度量反倾销措施对某个行业的贸易效应。相对而言，国内学者对反倾销问题的研究主要是进行一些描述性分析和应对策略的设计，对反倾销措施的贸易效应进行实证分析的文献相对较少。本文下面首先建立一个理论模型来分析对华反倾销措施的主要贸易效应。

三、理论模型分析

Bown 和 Crow（2007）曾经建立了一个 Cournot 寡占竞争模型，来证明反倾销措施的几种不同贸易效应。模型中假设三个国家分别都只存在一家企业，生产同一种相互替代的同质（homogeneous）产品，三国的企业之间在不同市场上进行 Cournot 产量竞争。本文认为反倾销的根本原因在于进口产品的低价销售，而不是简单的产量竞争，况且，假设不同国家生产的产品完全同质也有所偏颇，因此，本文通过构建一个 Bertrand 价格竞争模型来论证反倾销的主要贸易效应。模型的主要内容如下：

假设存在三个国家 A 、B 、C ，其中 B 和 C 生产同种但异质（heterogenous）的产品，并且全部出口到 A 国，出口量分别为 q_1 与 q_2（下标 1 表示 B 国，下标 2 表示 C 国），两国产品在 A 国市场上的反需求函数如下：

$$p_1 = Q - q_1 - \delta q_2 \tag{1}$$

$$p_2 = Q - q_2 - \delta q_1 \tag{2}$$

其中 Q 表示 A 国对进口产品的总需求量，δ 表示两国产品的替代性大小（$0 \leqslant \delta \leqslant 1$），$p_1$、$p_2$ 分别表示 B 、C 两国产品在 A 国市场上的价格，即 B 、C 两国在 A 国市场上进行价格竞争。假设 B 、C 两国的生产函数相同，为了便于分析，不妨设 $c(q_i) = q_i^2$，不难证明 $c'(q_i) > 0$，$c''(q_i) > 0$，表明两国生产函数是规模报酬递减。假设 A 国对 B、C 两国的单位产品分别征收 t_1 和 t_2 的关税。根据上述假设，两国企业的利润函数为：

$$\pi_1 = (p_1 - t_1)q_1 - c(q_1) \tag{3}$$

$$\pi_2 = (p_2 - t_2)q_2 - c(q_2) \tag{4}$$

假设B、C两国的企业根据利润最大化原则来确定出口的价格和数量。由利润最大化的一阶导数，可以求得两国的最优出口量为：

$$q_1^* = \frac{(4-\delta)Q + \delta t_2 - t_1}{16-\delta^2} \tag{5}$$

$$q_2^* = \frac{(4-\delta)Q + \delta t_1 - t_2}{16-\delta^2} \tag{6}$$

显然，B、C两国最优出口量由A国对进口产品的总需求以及A国对B、C两国产品所征关税水平t_1和t_2决定。现在假设A对B国进口产品采取反倾销措施，征收反倾销税，导致B国单位出口产品的关税t_1上升。下面考察在其他条件不变时，t_1的上升如何影响B、C两国对A国的最优出口量。将均衡出口量q_1^*、q_2^*分别对t_1求导，得到：

$$\frac{dq_1^*}{dt_1} = \frac{-1}{16-\delta^2} \tag{7}$$

$$\frac{dq_2^*}{dt_1} = \frac{\delta}{16-\delta^2} \tag{8}$$

由于$0 \leqslant \delta \leqslant 1$，所以总有$\frac{dq_1^*}{dt_1} < 0$和$\frac{dq_2^*}{dt_1} > 0$成立，因此，当其他条件不变时，A国对B国产品征收反倾销税，将导致B国对A国的均衡出口量q_1^*减少，因此模型的推导结果证明了反倾销措施具有负的贸易限制效应；同时，$\frac{dq_2^*}{dt_1} > 0$，表明A国对B国产品的反倾销措施将导致C国对A国的均衡出口量q_2^*增加，从而证明了反倾销措施具有正的贸易转移效应。因此，根据模型的推导结果，可以得到如下命题：

一般情况下，反倾销措施将导致从指控对象国的进口减少，而从非指控对象国的进口增加，或者说，反倾销措施存在负的贸易限制效应和正的贸易转移效应。

根据本文的模型还可以进一步分析指控国A总进口量以及进口价

格随 t_1 变化的情况，限于篇幅，在此不作详细论述。

四、实证检验

（一）模型的设定和数据说明

本部分接着前面理论分析得到的初步结论，对反倾销措施的三种主要贸易效应，即贸易限制效应、贸易转移效应、贸易偏转效应进行实证检验。根据国内外已有的相关研究，反倾销措施贸易效应的大小受到多种因素的影响：第一，指控对象国与指控国以及非指控对象国产品之间的替代性大小。一般情况下，国内外产品的替代性越大的行业，反倾销措施的贸易效应也越大，因此不分产品和行业的综合分析很难准确估计出反倾销措施的贸易效应，这也是已有实证研究存在的不足，所以本文将以不同国家纺织行业的反倾销案例为分析对象。第二，即便是同一行业的不同产品，由于产品之间替代率以及反倾销裁决结果等方面的差异，反倾销措施的各种贸易效应也是不同的，如果采用比较粗略的分类（比如 4 位或 6 位 HST 代码）产品的案例进行分析，容易导致实证结果的偏差。为了使实证结果更具准确性，本文采用纺织行业细分（10 位 HST 代码）产品的案例数据。第三，反倾销措施同一种贸易效应在不同阶段中也不相同，而采用年度数据很难准确度量出这种差异。为了克服这个问题，我们采用有关产品的月度数据作为现实基础，根据反倾销过程中的三个关键时间点（申请、初裁和终裁）把反倾销过程分成 6 个主要不同的阶段，在这些不同阶段中，反倾销措施的贸易效应也往往是不相同的。因此，引进 6 个时间虚拟变量分别代表这些不同阶段，以考察反倾销措施几种主要贸易效应在不同阶段的差异。

本文的回归模型在 Krupp 和 Pollard（1996）模型的基础上构建，拟采用以下的半对数线性回归方程：

$$\begin{aligned}\ln(imp_{t,i}) &= \beta_0 + \beta_1 \ln(awg_{t-1}) + \beta_2 rex_{t-1} + \beta_3 P_t \\ &\quad + \beta_4 Spring + \beta_5 Summer + \beta_6 Fall + \varepsilon_{t,i}\end{aligned} \tag{9}$$

模型中被解释变量 $imp_{t,i}$ 表示美国在时间 t 从有关国家对产品 i 的进口量，在模型中取对数形式。在 Krupp 和 Pollard（1996）的模型中，一个主要解释变量是美国市场对产品 i 的引致需求（derived demand），由于该数据的缺乏，而且考虑到实际工资收入才是需求的真正源泉，因此本文利用滞后一期的美国平均实际工资水平 awg_{t-1} 来替代引致需求。模型中还有一个重要的解释变量是美元与有关国家货币的实际汇率 rex_{t-1}，以衡量汇率变化对美国进口的影响。由于本文研究的重点是考察反倾销的不同时间段的市场效应，因此，引进虚拟变量 t 以度量在反倾销申请、初裁以及终裁三个时间点的前后不同时期（比如 6 个月或 8 个月）内美国进口的变化情况。例如，要考察发生在时间 t 的反倾销申请的前 6 个月内美国进口的变化情况，则将 $P_{t-1},P_{t-2},\cdots,P_{t-6}$ 等变量都取 1，其他时间的 P_t 变量的值都取 0，采用同样的方法可以考察反倾销初裁和终裁的前后 6 个月内美国进口的变化情况。另外，由于纺织品进口受季节因素的影响比较大，因此模型中引进了三个季节虚拟变量，以度量季节对进出口量的影响。回归模型中各变量具体的经济含义见表 1。

表 1　回归模型中有关变量及其经济解释

	变量	说明
被解释变量	$imp_{t,i}$	10 位 HST 代码产品 i 在 t 时间的进口量，在回归方程中取对数形式
解释变量	awg_{t-1}	进口国（美国）平均工资水平（滞后一期），用来表示进口国的需求水平，在回归方程中取对数形式
	rex_{t-1}	进出口国货币的实际汇率（滞后一期），用来衡量不同国家之间产品的竞争力
	P_t	时间虚拟变量，是本模型中最关键的一个变量，用来表示反倾销过程中的不同阶段，每个反倾销案例都可以分成 6 个不同的阶段
	Spring	季节虚拟变量，每年的 3、4、5 三个月都取 1，其他情况取 0
	Summer	季节虚拟变量，每年的 6、7、8 三个月都取 1，其他情况取 0
	Fall	季节虚拟变量，每年的 9、10、11 三个月都取 1，其他情况取 0

从整体上看，这是一个半对数模型。半对数模型的一个显著优点是可以度量不同时间点对被解释变量的相对变化的影响，如果将这个相对

变化乘以 100 就会得到被解释变量的增长率。但是，模型中各个解释变量的系数的解释也不完全相同，其中 β_1 是进口需求的平均工资弹性；β_2 度量的是汇率增减一个单位时，进口量 $imp_{t,i}$ 相对变化的大小；β_3 表示与其他时期相比，反倾销过程中某个阶段进口量 $imp_{t,i}$ 相对变化的大小；β_4、β_5、β_6 则分别表示与冬季相比在相应季节里进口量发生的相对变化。

本文从美国商务部等网站上一共收集了我国和印度、韩国以及世界其他国家近 10 种 10 位 HST 代码的涉案纺织品出口美国的月度数据。美国平均工资水平以及有关国家汇率的数据来源于国际货币基金组织公布的数据，有关涉案产品反倾销申请、立案调查、初裁以及终裁的具体时间以美国商务部和欧盟委员会公布的时间为准。

（二）回归结果和分析

1. 对华反倾销措施的贸易限制效应

利用 2002 年 1 月～2007 年 12 月期间美国对华纺织品反倾销案例数据来回归分析。在此期间，美国对华纺织品反倾销中影响较大的有 2005 年化纤布反倾销案（涉案产品 HST 代码分别为 5901902000 和 5901904000）以及 2006 年美国对华聚酯短纤维反倾销案（涉案产品的 HST 代码分别为 5503200045 和 5503200065），这两个反倾销案涉案产品的价值都高达数亿美元，因此本文选取这四种涉案产品作为分析对象。此外，本文还选取了两种遭遇特别保护措施的胸衣产品（HST 代码分别为 6212200020 和 6212109020），以便比较反倾销和特别保护这两种贸易保护措施贸易限制效应的异同。表 2 是利用 Eviews 5.0 得到的回归结果，由于本文的重点是研究反倾销过程中不同阶段的贸易效应大小，因此，表中只列出了代表这些不同阶段的虚拟变量的系数估计情况。

表 2　反倾销的贸易限制效应

10 位产品 HST 代码	考察期为 6 个月					
	申请前	初裁前	终裁前	申请后	初裁后	终裁后
5503200045	0.3540	0.4584**	-0.7470***	0.0894	-1.099***	-1.2766***
	（1.4446）	（2.2019）	（-2.5669）	（0.2725）	（-3.2343）	（-2.8073）

续表

10位产品HST代码	考察期为6个月					
	申请前	初裁前	终裁前	申请后	初裁后	终裁后
5503200065	1.0990***	0.8693**	-0.0132	0.6450*	-0.3468	-1.5494***
	(3.0230)	(2.2755)	(0.0312)	(1.7603)	(-1.3654)	(-2.9780)
5901902000	0.9284***	0.1849	0.0253*	0.3328	-0.1121*	-0.3927**
	(2.6498)	(0.8741)	(1.5090)	(0.8880)	(-1.5285)	(-1.8893)
5901904000	0.4723**	0.3695	0.0597	0.4007*	-0.1421*	-0.1970*
	(1.8535)	(1.4057)	(0.0914)	(1.7009)	(-1.5436)	(-1.7825)
6212200020	0.2322**	0.2617**	0.1728	0.8351	-0.0281	-0.0025
	(2.0100)	(2.2333)	(1.4106)	(1.2900)	(-0.2328)	(-0.0210)
6212109020	0.0168	-0.0302	0.0943	0.6307*	-0.0579	-0.1130
	(0.2655)	(-0.3372)	(0.8854)	(1.8243)	(-0.7687)	(-1.4258)

注：括号内为t检验值，***、**、*分别表示在1%、5%、10%的显著性水平下通过统计检验；以下各表与此相同。

从表2回归结果中可以得到几个结论：

（1）在所选6种涉案产品的回归结果中，代表“申请前6个月”的虚拟变量的系数估计值都为正，这表明所选的6种涉案产品在反倾销（或特保）申请前6个月内对美出口量都在增加。以5503200045类聚酯短纤维为例，在反倾销申请前的6个月内对美出口增加了35.4%，这表明我国产品对美出口在短期内快速增加是遭遇反倾销的原因之一。其实即使在初裁之前的6个月内，除一种胸衣（HST代码为6212109020）产品外，其他产品的对美出口量仍然在增加，甚至到终裁前的6个月内，多数涉案产品对美出口还在增加。由于从申请立案到终裁这段时期是反倾销调查过程之一，因此，从本文的回归结果来看，在美国对华纺织品反倾销调查的初期，“调查效应”并不明显。

（2）从表2还可以看到，代表“申请后6个月”的虚拟变量的系数估计值全部为正，这表明美国企业对我国提出反倾销申请后，我国涉案产品在短时间内对美出口不降反升，对两种遭遇特保的产品来说这种现象尤为明显。对于这种现象，可以利用Andersion（1992）最先提出的“多米诺倾销”（dumino dumping）来解释。根据 Andersion 的定义，“多米诺倾销”指出口企业在遭遇反倾销申请后，往往反而会增加出口量以便能在裁决中争取到更多的配额。因此表 2 的回归结果表明我国出口产品在遭遇反倾销申请后也存在“多米诺倾销”行为。

（3）对所选涉案产品来说，不论是代表“初裁后 6 个月”还是“终裁后 6 个月”的虚拟变量，其系数估计值都为负，这表明我国涉案产品对美出口量在初裁后才明显开始下降，而且到终裁后下降速度达到最大。因此总的来说，美国对华纺织品反倾销措施具有明显的贸易限制效应，证实了前面部分的结论。

2. 对华反倾销措施的贸易转移效应

还是以上面所选的 6 种涉案产品为例来进行实证分析，但是不同的是，这里考察的对象是在对华反倾销的不同阶段，韩国、印度、印尼等非指控对象国同类产品对美出口量的变化情况。具体的回归结果见表 3。

表 3　反倾销的贸易转移效应

10 位产品 HST 代码	考察期为 6 个月					
	申请前	初裁前	终裁前	申请后	初裁后	终裁后
5503200045	-0.4485***	-0.2361	-0.2908	-0.2102*	0.5743***	0.5357***
（韩国）	（-3.2080）	（-0.9719）	（-1.4122）	（-1.7427）	（3.1408）	（3.5741）
5503200045	-0.2732	0.1516	0.0433	-0.3469	0.1849	0.6104*
（印尼）	（-0.7010）	（0.3762）	（0.0979）	（-0.4963）	（0.2642）	（1.7268）
5503200065	-0.1281	0.2598***	0.0064	-0.2997*	0.0756	0.3739**
（韩国）	（-1.2621）	（2.5576）	（0.0610）	（-1.5837）	（0.4187）	（1.9646）
5503200065	0.2342	0.2333	-0.2089	-0.4875	0.1864*	0.3198*
（印尼）	（0.8044）	（0.8736）	（-0.6591）	（-0.4941）	（1.6072）	（1.7423）
5901902000	0.2654	-0.3910	0.4622	0.2616	-0.0202*	0.2273*
（印度）	（1.3287）	（-1.4917）	（1.5039）	（1.0314）	（-1.6676）	（1.6832）
5901904000	0.2246	0.3940	0.0214	0.2195*	0.0810	0.3557**
（印度）	（0.9669）	（1.3096）	（0.6132）	（1.6384）	（0.2307）	（1.7385）
6212200020	-0.1270***	-0.0819	-0.0921	0.0153	0.0069	0.0306
（洪都拉斯）	（-2.3793）	-1.4474）	（-1.2316）	（0.2110）	（0.1014）	（0.5139）
6212200020	0.0339	-0.0865	-0.1079*	-01467**	-0.0103	0.0825
（印尼）	（0.4873）	（-1.2267）	（-1.6950）	（-2.1743）	（-0.1547）	（1.1972）

在表 3 中，第一列是所选的非指控对象国及其出口产品 10 位 HST 代码。从表 3 的回归结果可以看到，在我国产品遭遇反倾销申请前，大多数竞争国对美出口量存在负增长，这可能是由于我国产品在美国市场上的份额增加的缘故。但是，在美国对我国涉案产品作出初裁之后，代表该时间段的虚拟变量的系数估计值都为正，这表明韩国、印度等竞争国的同类产品在这段时期内对美出口量开始明显增加，可能的原因是由于贸易限制效应的存在，我国涉案产品对美出口开始减少。因此，表 3 中的回归结果证明，美国对华纺织品反倾销措施具有比较明显的贸易转移效应，导致部分竞争国同类产品对美出口增加。

反倾销措施贸易转移效应可以解释为什么各国在进行反倾销时会出现“连带现象”。由于反倾销措施贸易转移效应的存在会降低反倾销措施对本国受进口竞争的产业的救济效果，因此，许多国家在进行反倾销时，往往不是针对单个国家的产品，而是会对几个主要进口国的产品同时提出反倾销，这种“连带现象”在不同国家的反倾销中都普遍存在。

3．反倾销措施的贸易偏转效应

除了 Bown 和 Crow（2007）等少数文献外，到目前为止，实证研究贸易偏转效应的文献还比较鲜见。考虑到数据的可获得性，本文选择 2002～2007 年期间欧盟对华纺织品反倾销案例来进行分析，考察欧美对华反倾销如何影响我国涉案产品对美国的出口。2004 年 6 月欧盟委员会接受欧盟纺织行业的申请，对中国等出口聚酯短纤维和化纤布分别进行反倾销立案调查，这是欧盟有史以来涉及中国纺织品出口的最大的反倾销案件，并且分别在 2005 年 3 月和 2005 年 9 月作出了肯定性的初裁和终裁。我们选取了 4 种化纤布产品和 2 种聚酯短纤维产品来进行有关的实证分析，主要回归结果见表 4。

表 4 的回归结果表明，尽管在欧盟对华反倾销申请之前，我国部分涉案产品对美国的出口已经在增加，但是平均而言，随着欧盟对华出口产品反倾销调查的进行，我国涉案产品对美国的出口增加幅度越来越大，到终裁后增幅达到最大，因此表 4 中的回归结果表明欧盟对华反倾销措施确实会导致我国涉案产品对美国的出口增加，具有非常明显的贸易偏转效应，尽管这种贸易偏转效应在反倾销的不同阶段大小不同。

表 4 反倾销的贸易偏转效应

10 位产品 HST 代码	考察期为 6 个月					
	申请前	初裁前	终裁前	申请后	初裁后	终裁后
5407522040	0.0888	0.4650	0.9272***	0.0670	1.4300***	1.0812***
	(0.2840)	(1.4538)	(2.6282)	(0.2217)	(3.9725)	(3.2293)
5407522060	0.0290	0.2453	0.8739***	-0.0436	1.0355***	0.1731
	(0.1784)	(1.4702)	(4.2024)	(-0.2395)	(4.2148)	(1.0584)
5407619030	0.01328	0.0396	0.5734**	0.0715	0.9367***	0.8972***
	(0.3657)	(1.5064)	(2.0147)	(0.6926)	(3.4470)	(3.2451)
5407699010	-0.0262	0.2536	0.4386*	0.5414	0.7365***	1.3409***
	(-0.7014)	(0.8305)	(1.7018)	(1.4309)	(3.2049)	(4.7214)
5503200045	0.0417	0.0302	0.0845*	-0.1117	0.1711**	0.4983***
	(0.4568)	(0.3089)	(1.5080)	(-1.1591)	(1.9320)	(5.7190)
5503200065	-0.0595	0.1739*	0.0419	-0.1453	0.5239**	0.5926***
	(-0.5967)	(1.7217)	(0.4067)	(-0.9489)	(1.9230)	(3.2801)

反倾销措施贸易偏转效应的存在可以用来解释各国政府反倾销行为中的“连锁反应”。所谓反倾销行为中的“连锁反应”是指 A 国的某种产品在 B 国遭遇反倾销制裁后，这种产品很有可能在其他国家也会遭遇到反倾销。例如在 2004 年 6 月，欧盟对我国出口的化纤布和聚酯短纤维产品提出了反倾销调查，不久之后在 2005 年 3 月以及 2006 年 6 月美国也分别对我国出口的化纤布和聚酯短纤维产品提出了反倾销调查，这应该不是一种简单的巧合。反倾销措施的贸易偏转效应可以用来解释这种“连锁反应”。由于欧盟和美国是我国纺织品最主要的两个出口国家和地区，如果欧盟对我国纺织品进行反倾销后，我国纺织品对欧盟出口受阻，从而很有可能导致我国纺织品对美国的出口增加，从而增加了我国纺织品在美国遭遇反倾销措施的可能性。另外，各国政府反倾销行为中的“连锁反应”以及前面提到的“连带效应”也是全球范围内反倾销案例总数快速增加的重要原因，本文的分析有助于对这种现象的理解。

五、总结与对策

本文利用欧盟和美国对华反倾销案例数据，实证分析了国外对华反倾销措施对我国以及相关国家贸易模式的影响，得出的主要结论有：第一，欧美发达国家对华反倾销措施减少了我国涉案产品对这些国家的出口，具有明显的贸易限制效应，但是在不同的阶段，这种贸易限制效应差别较大；第二，国外对华反倾销将会导致韩国、印度等竞争国同类产品对指控国的出口增加，即国外对华反倾销措施具有贸易转移效应；第三，国外对华反倾销措施在一定程度上会促进我国涉案产品对第三方市场的出口，即国外对华反倾销措施具有贸易偏转效应。

本文的研究对我国出口行业以及政府有关部门如何制定应对国外反倾销制裁的策略具有重要指导意义。第一，既然在反倾销调查的初期，反倾销的贸易限制效应并不显著，只是到终裁之后我国涉案产品的出口量才会大幅下降，那么，出口企业遭遇反倾销立案后，应该积极进行应诉争取得到有利的裁决，以便将反倾销的损失降到最低。第二，既然反倾销措施具有贸易转移效应，有条件的出口企业可以考虑将生产基地转移到其他国家，这样，当原产于我国的产品遭遇反倾销制裁后，可以通过第三国渠道向指控国出口，以维持自己的市场份额。第三，反倾销措施贸易偏转效应的存在也给我们一些启示，出口行业在某个国家遭遇反倾销制裁后，应该积极开拓其他的出口市场，以规避反倾销的经济损失；同时，由于反倾销行为中的“连锁反应”，出口企业和政府有关部门也要积极预防我国涉案产品在第三方市场遭遇反倾销。总之，本文的研究不仅为认识国外对华反倾销措施的贸易效应提供了理论和经验上的证据，而且为我国政府有关部门和出口行业如何科学准确地判断国外对华反倾销措施对我国以及相关国家出口贸易的影响提供了一个科学的研究方法。

（作者：谢两千　天津财经大学　硕士研究生）

后金融危机时代我国关税政策调整的理论思考

何一凡

受全球金融危机的影响，我国外需萎缩，扩大内需短期难以奏效，因此在当前后金融危机时代，国家通过适当的关税政策调整，继续稳定和有效扩大外需，改善进出口供给需求结构具有重大意义。我们期望关税政策调整能够同时满足反危机、稳定扩大外需、促进经济复苏和保增长的需要。本文对关税政策的调整有针对性地提出了一些建议，希望可以进一步科学地完善关税政策，以便对我国外贸发展起到一定的积极影响。

一、后金融危机时代进一步完善我国关税政策的重要意义

金融危机席卷全球，外贸出口急剧下降，扩大内需成为我国抵御危机冲击的主要对策，这无疑是正确的选择。不过，我们认识到，扩大内需政策短期内难以奏效，因此，我们必须在扩大内需的同时兼顾稳定外需，实现二者的有机结合，必须尽快找到后金融危机下扭转我国外贸出口下降态势的突破口，并研究制定出能够适应全球经济变化的新外贸出口中远期战略。

由于全球经济的现状以及对未来预期的不确定性，要想真正做到保持我国出口市场份额并非易事。考虑到稳定外需关系到我国经济能否健康发展，2010 年以来，国家出台了稳定外需的一揽子政策，包括扩大出口信用保险、改善出口企业融资环境、提高出口退税率、降低出口企业成本、完善加工贸易政策、支持企业“走出去”带动出口等，取得了一定成效。但是，笔者认为，除此之外，国家更应当关注如何优化进出口供给需求，使对外贸易对中国的经济增长更具有乘数效应。中国应当增加产品的技术含量和附加值含量，积极调整产业结构，根据中国产业结

构演变的规律、国际市场的需求状况、国内市场的供给状况，建立适合中国实际情况的产业结构和进出口商品结构；选择能带动产业结构升级的战略产业，在发展高科技产品的同时，加强对传统产业的改造，使劳动密集型产品和资本、技术密集型产品在出口中齐头并进；同时加大对部分能源资源性商品、装备制造业关键零部件、先进技术装备以及百姓日常生活用品等商品的进口，缓解国内能源资源紧张状况。

改善进出口供给需求，关税调控无疑是最佳的调整工具。国家通过调整进出口关税税率、出口退税率、外商投资优惠政策及改变关税结构等措施，可以有效控制进出口商品的结构。笔者认为，在后金融危机时代，我国进行适度的关税制度改革意义重大，改革的基调仍然是开放和自由化，这能同时满足反危机、稳定扩大外需、促进经济复苏的需要。关税制度改革作为中国对外开放的重要环节，一方面，应适应产业结构的调整政策，确立外部经济环境不利条件下的应急关税结构，强化关税的产业保护职能，即对国内优先发展的电力、电信、汽车等行业实施有效的关税保护；另一方面，应根据国内产业竞争力状况，循序渐进地开放对外贸易市场，首先可以开放有利于降低国内相关产业生产成本的原材料市场，然后开放有较强竞争力的商品市场，最后开放那些需要通过产业扶植以获得技术开发、产业升级的产品市场，努力构筑在开放中保护、在保护中开放的灵活多样的关税制度，协助中国外贸度过“经济寒冬”。

二、完善我国关税政策的建议与对策

我国在今后的关税政策调整中，应充分认识到在市场经济条件下，中国加入 WTO，进一步参与到世界经济全球化和区域经济一体化的潮流中是历史的必然。改革开放以来，中国关税制度改革的主要目的，就是适应市场经济体制的建立和加快参与世界经济一体化的进程，不断降低关税水平，使关税政策逐步向国际通行规则靠拢，充分运用关税手段调节和促进对外贸易和国民经济发展。尤其在当今全球金融危机的背景下，更要求中国的关税政策调整，既要充分考虑中国经济发展现状和产业政策，又要积极顺应世界潮流。

（一）关于改进我国关税谈判策略的建议

我国要想在有限的时间内解决复杂的关税谈判问题，应采取“积极进攻、稳妥防守”的谈判策略，积极推动各项关税谈判。具体建议如下：

一是积极推动关税削减谈判，大幅度削减发达成员商品的关税。由于任何提案都会对发达国家成员国起实质性削减作用，因此，建议加强与广大发展中国家的合作，争取有效解决商品关税问题。

二是支持关税封顶，争取在解决高关税问题上取得突破。考虑到中国的关税结构，不论哪种封顶建议，都不会对中国产生任何影响，而封顶对发达成员将产生实质性削减作用，这也是解决发达国家高关税问题的根本途径。

三是将发达成员“敏感产品”范围限制在 2%的范围以内。据初步测算，即使按照关税税目 1%的比例设定敏感产品数量，发达成员的敏感产品数目仍将远远超过发展中成员。若“敏感产品”范围超过关税税目的 2%，将在根本上抵消关税削减谈判的实际意义。

四是综合研究关税削减、国内支持和出口竞争等整体谈判策略，并从谈判全局统筹部署，争取实现中国全局利益的最大化。

（二）关于加强关税政策调整中国际协调的建议

当前世界经济合作与发展中的关税国际协调是税收国际化一个相当重要的环节，关税国际协调的方式主要包括双边协调、区域性协调与全球化协调等。双边协调是指两个国家通过签订贸易协定等方式，相互给予对方国家的产品以贸易优惠待遇。区域性协调是经济一体化的内容之一，在经济一体化过程中，经济一体化组织对内、外关税进行相应的协调。双边协调和区域性协调都有其局限性，双边协调只能解决相关国家之间的关税问题，区域性协调实行内外不同的关税制度，对区域外国家仍可维持关税壁垒，因此，通过缔结国际条约进行全球协调应当成为关税协调的主要趋势，这就需要建立和完善统一的自由贸易区。

自由贸易区的建立将不可避免地产生贸易转移。不同时间签订多个自由贸易协定将使贸易转移更加复杂，由于多个自由贸易协定的生效时间不同、过渡期不同、优惠安排的内容不同、伙伴国的比较优势不同，可能会使贸易转移多次、反复地发生。因此，需要协调各个双边贸易政策以减少优惠贸易安排带来的损失。

首先，应将立即免税的商品范围不断扩大。每一个新签订的 FTA 协定既会产生贸易转移，同时也会产生贸易创造，这些贸易创造可能会纠正先前 FTA 协定产生的贸易转移。为了尽可能利用新自贸区协定的这一功能，就需要协调各个 FTA 协定的条款。

其次，应单边降低关税和促进多边谈判。自贸区协定成员方的净收益直接取决于其外部贸易政策的姿态，与区域一体化相配合，成员方应采取一种开放性的外部政策。在高外部关税情况下，自由贸易协定带来的相对价格差异会更大，从而引起更多的贸易转移。多边自由化能够消除贸易转移，并能带来最大的福利效应。因此，通过单边或通过多边贸易谈判降低外部关税，将进口转回更有效率的供应商，能够把贸易转移限制到最低限度。

自由贸易区为中国外贸开了一扇门，各方应充分利用。一方面，有关企业要充分认识到自贸区的好处，积极通过海关、商务和行业协会等机构了解、掌握和使用自贸区的各项优惠和便利。另一方面，有关政府部门要认识到，我国外贸企业对自贸区优惠政策的利用并不尽如人意，要向企业宣传自贸区的有关规定，告知具体可行的操作办法，必要时可以为企业进行专门的培训；要鼓励更多的中介机构参与自贸区服务，帮助企业申领、代办自贸区原产地证，从而提高自贸区的服务水平。

在经济全球化时代，关税被 WTO 视为合法的调控和保护手段，WTO 所做的一系列努力，使各国大幅度地削减了关税及非关税壁垒，逐步扩大了市场准入的范围，为世界各国、各地区更多地拓展国际市场创造了良好的条件，从而大大加快了贸易自由化进程。目前，以减让和协调关税为宗旨的国际关税条约主要包括：《建立关税合作理事会公约》、《关税税则货品分类公约》、《关税货品估价公约》、《关税与贸易总协定》等。这些条约在其缔约国间建立起了关税减让和协调方面共同的行为规则。我国应当按照条约内容调整关税政策，使之更加适应全球化协调的关税趋势。

（三）关于优化关税结构、改善进出口商品结构的对策

WTO 通常采用关税水平作为衡量和比较关税减让幅度的指标，并反映一国整体关税的保护程度。WTO 成立后，各成员国根据乌拉圭回合谈判所达成的协议，继续降低关税。加入 WTO 后，我国的关税水平已经由 1991 年的 42.5%逐步降至目前的 9.8%左右。如何在较低的关税水平下调整关税结构，并更好地发挥关税的有效保护作用意义重大。

1. 关税结构的设计应重点考虑产业竞争优势

关税结构的设计应同时考虑产品加工层次和产业竞争优势两个方面，但更应强调产业竞争优势。这并不是对关税升级规则的否定，“梯形”关税结构在增强对最终制成品的有效保护方面为我们提供了一种方法，但这种方法也只涉及对最终产品的保护。关税有效保护率代表了对被保护产业最终产品增值部分的保护程度，但原材料、中间产品同样在国家经济生活中占据重要位置。

对投入品的关税税率越低，则对制成品的有效保护程度就越高；反之，会形成负保护。这一理论已经被西方国家普遍利用。通过对西方发达国家关税结构的研究，我们发现，近几年来在低关税的情况下，其关税结构的升级日益明显。因此，尽管发达国家的平均名义税率不高，但关税的实际保护程度却很高。我国在调整关税结构时，一方面要根据有效保护理论，另一方面也应该借鉴发达国家的做法，并按国家产业政策的要求确定关税保护层次。

强调产业比较优势，要在充分分析本国产品包括原材料、中间投入品、制成品的竞争优势后，综合考察各个产业部门及产业之间的关联效应，再结合关税升级规则以最终确定关税结构。关税结构应该逐步形成以“比较优势明显产品——比较优势不明显产品——缺乏比较优势产品”由低到高竞争优势为主，“原材料——中间产品或半制成品——最终制成品”由低到高加工层次为辅的“梯形”关税结构。在国际贸易中制胜的关键还是加快中国的产业升级，转变以往的经济增长方式。只有这样，中国产品在国际市场上才能实现从以价取胜到以质取胜的转变，改变中国产品低价低质的国际形象，完成由贸易大国向贸易强国的转变。

2. 关税结构调整要不断随产业结构的动态调整而做出相应的变动

提高某一产业的有效保护关税，即意味着该产业将可能获得更大的利润，必将吸引其他经济资源流入该产业，从而促进该产业的发展，这就是关税保护实现调整产业结构的基本方式。目前，我国的产业结构正由劳动密集型产业向资本和技术密集型产业转变。对具有较强国际竞争力的劳动密集型产业，进口关税可以定在较低的档次；而资本和技术密集型产业是我国经济发展的潜力和动力，代表我国经济发展的方向，应制定较高的关税予以保护。

3. 改善我国进出口商品结构的基本思路

首先要大力支持具有自主品牌和高附加值产品的出口。加快培育具有核心竞争力和自有品牌的产品，建立有效的出口品牌政策支持体系，提高出口产品附加值。建设品牌促进、品牌评价、品牌推广、品牌保护四个体系，搭建自主品牌走向国际市场的平台和通道，推动形成一批有国际竞争力和影响力的出口名牌。其次要大力控制高耗能、高污染和资源性产品出口。为减轻国内资源环境压力，对耗能过大的产品出口，要取消出口退税并适当增收资源税，对造成环境污染的出口产品应增收环境税。第三要增加能源、原材料以及先进技术设备、关键零部件进口。健全重要资源的进口机制，尽快制定和实施石油、铁矿砂、铜精矿以及粮食等重要资源的进口战略，建立石油和其他战略物资的储备体系，努力开辟稳定、顺畅、安全的多种进口渠道。抓住当前国际石油价格回落的有利时机，适时扩大原油进口，充实国家石油战略储备。第四要增加高科技含量进口商品的比重。要改善进出口商品结构，客观上要求进口商品结构的优化必须与出口商品结构的优化同步。一是要注意进口商品与出口商品在品种和特色上的互补性，更好地满足消费者的需求；二是要增加科技含量高的进口商品比重，以充分增加我国可利用的技术存量，学习并掌握国外的先进技术。第五要促进加工贸易转型升级。加工贸易是经济全球化条件下发展中国家参与国际分工和国际贸易的一种有效方式。这种贸易方式符合中国国情，在促进就业、扩大出口等方面发挥了重要作用。从国际产业分工趋势和我国发展水平来看，加工贸易在相当长的时期内仍有发展空间，但是也存在加工链条短、增值率低、获得利益少、容易加剧贸易摩擦等问题。因此，急需促进加工贸易转型升级，推动加工贸易向上下游延伸，尽快提高我国在国际分工价值链中的地位。

（四）关于关税政策与其他经济政策协调、搭配的建议

1. 关税政策与出口退税政策的搭配

从近年来我国出口退税政策调整的实际做法看，退税率实际上已按照海关税则对商品的分类进行确定，降低某税号下商品的退税率实际上等同于提高该商品的出口关税率。而我国政策的调整往往实行退税率和关税率的双率齐动，如在降低退税率的同时，又提高该商品的出口关税率，这样做有利于加大政策力度。有实证表明，提高出口退税率对促进我国的出口作用显著，但提高进口关税率会抑制出口，关税的抑制作用大于出口退税的促进作用，因此，在出口方面，应在降低进口关税率的同时加大出口退税政策的使用力度。

但目前，由于贸易保护主义呈现新的发展趋势，虽然出口退税是一种已经被国际社会广泛接受的贸易调控工具，但频繁、大幅、无差异地进行调整仍可能被认定为贸易补贴，加剧贸易摩擦的紧张程度。因此，保持出口退税政策适度的灵活性，在稳定受损较轻的产业和产品出口退税率的同时，合理区分并适度提高受损严重产业和产品的出口退税率，充分发挥其调控机制是合适的。具体可以从三个方面来进行调控：

一是要调整出口退税率。在实际操作中，应该针对当前国际贸易的实际状况，对那些国际竞争力不足，需要给予政策扶持的产业或者生产国家鼓励的技术密集型、高附加值的产业提高出口退税率；对于那些国家限制出口的产品，可实行低退税率或不予退税，以促进产业结构升级和国民经济发展。当前，出口退税政策应根据对外贸易发展的新形势，在合理确定退税规模的前提下，发挥出口退税在调节出口产品结构方面的作用，提高外贸出口质量和效益，促进外贸和国民经济的稳定发展。除此之外，调整出口退税率还能促进就业，因为提高出口退税率、压低出口商品的价格在总体上会带来出口量的增长，出口增长不仅会直接导致 GDP 和就业增长，还会通过对消费和投资等方面的带动作用于经济增长和就业。有研究表明，在其他条件一定的情况下，如果某行业出口商品价格弹性高于国内价格弹性，为促进就业应选择提高出口退税率的方式；如果国内价格弹性大于出口商品价格弹性，则应选择减税方式。

二是要完善出口退税系统。出口退税率的调整具有较强的可操作性，也更直接，更具可控性，国家可以根据国内外经济贸易形势的变化对出口退税政策进行调整。然而，出口退税率本身也有缺陷，其变化会直接影响企业经营环境，改变出口企业的行为，政策僵化或过于频繁地调整都将不利于生产部门形成稳定的预期。因此，应该加快完善出口退税系统，保持出口退税政策的适度灵活性和与关税政策的一致性，为外贸企业发展创造一个相对稳定的宏观环境。

三是要界定出口退税功能。出口退税的目的是为了消除世界各国税收差异对资源配置的扭曲和干扰，实现出口产品在国际市场上的公平竞争和促进国际贸易的发展，是税收中性原则在国际贸易领域的体现，是国家调节和促进对外贸易发展的政策工具，应该与关税、汇率、信贷及外资政策等共同成为调节我国对外贸易发展的重要手段。

2. 关税政策与人民币汇率政策的搭配

关税政策和汇率政策都对中国国内经济均衡产生影响。按照加入 WTO 的相关规则，中国的关税水平不但不会提高，反而将持续下降，所以只能调整汇率政策，以此抵消因关税税率下降对国内经济均衡造成的冲击。笔者认为，应该从以下几个方面加强关税政策与人民币汇率政策的搭配：

一是在进口关税和出口关税中有选择地采用差别税率，充分发挥其调节进出口产品结构的作用，扩大对部分初级产品和工业制成品，如矿业产品、有色金属、机械及运输设备等以及国内急需物资、能源等的进口；扩大铁路网络、教育与科研、环境保护等滞后于国内经济增长速度领域的进口；尽可能减少自然资源产品的出口，侧重于高附加值产品的出口，以此减少中国经常项目下的贸易收支顺差。

二是进一步放宽对出口企业的外汇管制，实行企业出口意愿结汇。从 2005 年 8 月 2 日起，中国境内机构经常项目外汇账户可保留现汇的比例由之前的 50%提高到 80%，所以目前至少还有 20%的上调空间。通过该项调整有利于减少企业在外汇市场上交易费用的支出，从而有利于减少企业的经营成本，部分抵御人民币升值给国内出口企业带来的冲击。同时进一步放开对资本流出的管制，促进出于分散投资目的的资本外流，打消人们对人民币的升值预期。

三是通过放宽外汇市场的准入限制，增加市场交易主体；尝试做市商制度，为市场提供充足的流动性；培育中介机构，构建多元化的市场交易模式，提高市场效率；加强信息披露机制，提高外汇市场的透明度；发展远期结售汇业务及人民币对外币的掉期、期货、期权等衍生品交易，使市场能够满足向参与者提供套期保值、风险规避以及投资理则等一系列金融服务的需要。这样，外汇市场的广度和深度得以拓宽，将促进对外经济贸易的发展，为汇率政策的实施提供平台。

四是实事求是地推进人民币汇率制度改革。在市场逐渐适应现有汇率波动幅度以后，将人民币汇率的浮动空间扩大到5%～10%，放松对资本项目的管制。然后再视人们的心理承受能力、国家的发展状况及国际政治经济形势，逐步扩大浮动空间。待时机成熟时，取消对资本项目的管制，实现完全以市场供求为导向的人民币汇率形成机制。

（作者：何一凡　天津海关　科员）

“入世”十年外贸“井喷式”增长的新挑战及应对

彭金荣　胡燕霞

十年前，在诸多困难和严峻挑战面前，中国毅然选择了接受多边贸易规则，加入世贸组织。加入 WTO 后，中国的对外贸易上了新的台阶，出现了几乎是“井喷式”的增长，目前已成为世界贸易大国。但伴随着对外贸易规模的持续扩张，也给我国的经济增长带来了一些新的挑战。恰逢 2011 年既是中国加入 WTO 十周年，又是“十二五”规划开局之年，回顾这十年来的贸易发展，并分析其带来的问题，有一定的现实意义。

一、“入世”十年的外贸增长及突出特征

（一）入世十年外贸的高速增长

发展对外贸易是我国改革开放的核心内容，是参与经济全球化并扩大国际经济交往的重要渠道。入世以来，我国对外贸易出现了“井喷式”增长，规模不断扩大，总贸易额由 2001 年的 5096.5 亿美元增加到 2010 年的 29728 亿美元，增长了 483%，约是 1990～2000 年增长率的 1.5 倍。同时出口总额、进口总额以及净出口总额也分别增长了 493%、473%、712%。我国对外贸易持续快速增长，成为世界经济贸易发展的一大亮点。

1990～2000 年的进出口贸易总额累计为 29037.6 亿美元，而 2001～2010 年累计达到 162355.8 亿美元，是 1990～2001 年的 5.6 倍。进出口贸易总额居世界的位次从 1990 年的第 15 位跃居 2009 年的第二位，并在 2010 年货物进出口总额创历史新高，跃居世界第一；同时占世界总量的比重从 1990 年的 1.65%上升到 2008 年的 7.88%。连年增加的贸易顺差最终转化为国家外汇储备，使我国从一个外汇极度紧缺的国家跃升为世

界第一大外汇储备国。高速的外贸增长在拉动全球经济增长的同时也提高了我国经济在国际上的地位。见图 1。

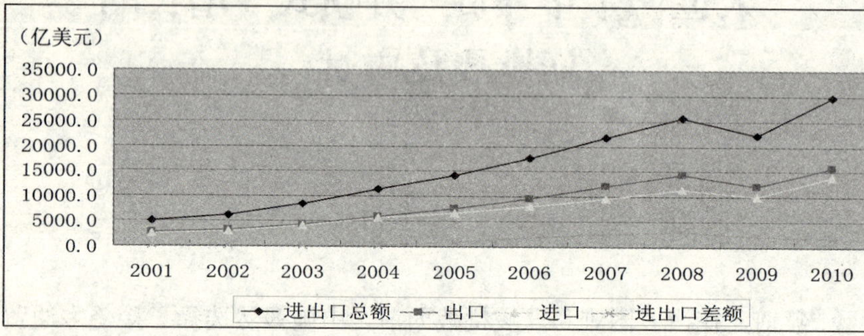

图 1　2000～2010 年我国对外贸易总额图

（二）入世十年外贸增长的突出特征

从出口主体来看，我国对外贸易的增长以外商投资企业为主。随着加入 WTO 后 FDI 的大规模涌入，外商投资企业在我国对外贸易中发挥的作用日益增强。正如表 1 所示，从 2000～2010 年，外商投资企业占我国的进出口、出口和进口的比重呈稳步上升态势，进出口总额的比重从 2000 年的 49.91%一直上升到 2006 年的最高的 58.87%，2007 年出现了小幅度的下降，接下来所占比重均有所回落。同时出口和进口占全国的比重呈现同样的趋势，但比重都在 50%以上。这充分说明加入 WTO 后 FDI 对我国对外贸易的推动作用，其中出口比重一直高于进口比重，进一步表明 FDI 对我国出口贸易的推动作用，强化了我国改革开放以来一直倡导的出口促进经济增长的战略。

表 1　2000～2010 年外商投资企业进出口贸易占全国进出口贸易比重

年份	进出口	出口	进口	差额
2000 年	49.91%	47.93%	52.10%	9.00%
2001 年	50.83%	50.06%	51.67%	32.73%
2002 年	53.00%	52.21%	54.29%	31.98%
2003 年	55.00%	54.84%	56.17%	33.12%
2004 年	57.00%	57.07%	57.81%	44.08%
2005 年	58.49%	58.30%	58.71%	55.61%

续表

年份	进出口	出口	进口	差额
2006 年	58.87%	58.19%	59.70%	51.44%
2007 年	57.74%	57.10%	58.56%	62.53%
2008 年	55.00%	55.25%	54.69%	57.38%
2009 年	55.15%	55.93%	54.22%	63.73%
2010 年	53.83%	54.65%	52.91%	67.89%

资料来源：根据《中国统计年鉴》2001 年至 2010 年数据整理。

与此同时，在加入 WTO 以来，我国不断扩大的贸易顺差中，外商投资企业的贡献也是不可低估的。在 2000 年时，顺差比重仅为 9%。而自 2001 年开始呈现上升趋势，一跃从 32.73%升到 67.89%，特别是 2005 年以后一直占一半以上的比重。2005 年 7 月 21 日，中国人民银行宣布调整人民币汇率政策。中国开始实行以市场供求为基础、参考一揽子货币进行调节、有管理的浮动汇率，同时人民币对美元一次性升值 2%。这是自 1994 年以来的汇率第二次大改革。尽管在此政策影响下，2006 年的顺差比重出现短暂下滑，但仍保持在 51.44%，份额依然在一半以上。以液晶显示板为例，2009 年夏普、三星、奇美等跨国公司加快在我国第 8 代国内液晶显示板生产的布局，进口同比下降 20.7%，该商品项目下的贸易逆差净减少 59.5 亿美元，进口替代效应明显。预计到 2012 年我国液晶显示板不需要从境外进口，将实现完全替代。2009 年，外商投资企业贸易顺差 1270.2 亿美元，占我国顺差总额的 65%。外商投资企业通过加工贸易给我国制造和转来了大量的贸易顺差。

二、对外贸易快速增长给我国经济发展带来的新挑战

加入 WTO 后，外贸的快速增长对经济增长的促进作用有目共睹，但是也给中国经济发展带来了新的挑战。

（一）过度依赖外需扩大了我国经济增长的风险

众所周知，投资、消费和出口是拉动一国经济增长的“三驾马车”。中国是一个拥有巨大国内市场的发展中国家，从近年的情况来看，内外需结构失衡，经济的两位数增长过度依赖国际市场，没有挖掘国内市场

的潜力。从美国次贷危机发生到2007年下半年，对我国出口贸易的影响尚不明显，但自2008年后，面对不利的经济形势和日趋恶化的出口环境，我国很多企业濒临破产倒闭。

自从加入 WTO 之后，中国的对外贸易出现了强劲的增长，外贸依存度也随之急剧攀升。见表2。

表2 1990～2009年外贸依存度 单位：亿元人民币，%

年份	GDP	进出口总额	外贸依存度	年份	GDP	进出口总额	外贸依存度
1990	18667.8	5560.1	29.78	2000	99214.6	39273.2	39.58
1991	21781.5	7225.8	33.17	2001	109655.2	42183.6	38.47
1992	26923.5	9119.6	33.87	2002	120332.7	51378.2	42.50
1993	35333.9	11271.0	31.9	2003	135822.8	70483.5	51.89
1994	48197.9	20381.9	42.29	2004	159878.3	95539.1	59.76
1995	60793.7	23499.9	48.76	2005	184937.4	116921.8	63.22
1996	71176.6	24133.8	33.91	2006	216314.4	140971.4	65.17
1997	78973.0	26967.2	34.15	2007	265810.3	166740.2	62.73
1998	84402.3	26849.7	31.81	2008	314045.4	179921.5	57.29
1999	89677.1	29896.2	33.34	2009	340506.9	150648.1	44.24

资料来源：2010年《中国统计年鉴》。

根据统计局网站公布的数据，2010年GDP为39783亿元人民币，进出口总额为29727.6亿美元，根据1美元为6.53元人民币，换算进出口总额为194121.23亿元人民币，贸易依存度为44.78%。

从表2中可以看出1990～1999年我国的外贸依存度在35%以下，但自2001年开始外贸依存度一直呈上升趋势，从2000年的39.58%攀升至2006年的最高点65.17%。在2007年后受美国次贷危机影响，全球实体经济疲软及人民币升值等因素使我国的外贸依存度略有下降，但仍高于 2000 年以前的外贸依存度。结论是我国的对外开放程度越来越高，GDP 增长很大程度上靠外贸拉动，经济发展承受着国际经济波动的风险。

从图 2 可以看出，从 2005 年开始，我国的贸易顺差开始明显增长，2008 年达到最高值 2981.3 亿美元，在这之后受全球经济危机和人民币升值的影响出现了下降，但是仍保持了较大的贸易顺差，明显高于 2005 年之前的水平。

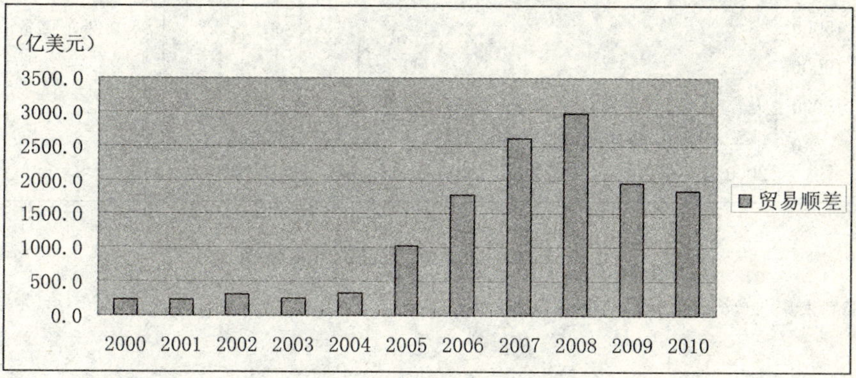

图 2　2000～2010 年我国贸易顺差

贸易顺差只是“现金流”概念，如果我们把成本因素考虑进去，对贸易顺差的看法就会发生变化。顺差在中国，利益在进口国。中国通过价格贸易把宝贵的原材料、能源和环境都牺牲掉了，同时把廉价的商品出口到别国，降低了其通胀压力。实际是我们在补贴全世界，在为全世界打工，为世界经济多年来的高增长、低通胀做出了贡献，最后换回来的却是责难和怪罪。

（二）巨额外汇储备增加了我国宏观调控的难度

日益恶化的双顺差是悬挂在中国经济头上的达摩克利斯之剑。正如图 3 所示，在 2000～2003 年之间，每年我国的外汇储备还不到 5000 亿美元，但在 2004 年之后外汇储备急速增长，从 5000 亿美元在短短六年里超过了 2 万亿美元。从 2006 年开始我国外汇储备世界排名第一。

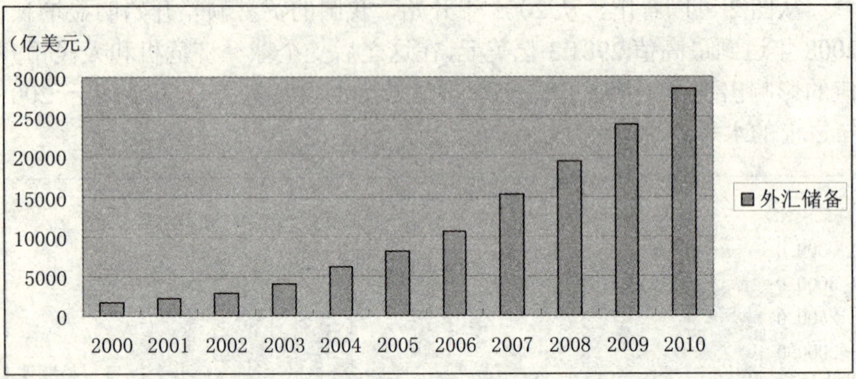

图 3　2000～2010 年我国的外汇储备

资料来源：2006 年、2010 年《中国统计年鉴》。

截止到 2011 年 3 月末，我国的外汇储备已经突破 3 万亿美元，达到 30446.74 亿美元，距外汇储备首次突破 2 万亿美元不到一年半的时间。

自 2005 年 7 月央行实行人民币汇率改革以来，人民币兑美元呈现逐渐升值的特征。在 2011 年 4 月 21 日汇率为 1 美元折合 6.5228 元人民币，较 2005 年 7 月 21 日升值 19.57%；同时数据显示以 1978 年价格为基数，居民消费价格指数从 2000 年到 2009 年上升 19.59%，存在着人民币对外升值与对内贬值的现象。

近年来对外贸易带动了中国经济连续保持两位数的增长，外资看好中国发展前景，纷纷来华进行投资或投机，疯狂购买中国资产，特别是商业房地产，使得人民币资产价格不断上涨，又加大了中国市场对境外资金的吸引力。外资一轮又一轮进入中国，人民币汇率再度上升，外币换成人民币再去购买人民币资产，从而使得人民币资产再涨，由此形成了人民币汇率升值，国际购买力增强；同时央行被迫把应对贸易和增加投资的外币兑换成人民币，导致国内流动性过剩，通货膨胀压力增大，人民币国内购买力不断贬值。持续高额顺差导致人民币升值预期，进而又导致资本净流入增加，资本净流入增加又进一步导致了人民币升值的压力；同时，巨额的经常项目的顺差，会转化为货币大量投放的压力，成为影响通货膨胀率上升的重要因素。

外汇储备对稳定一国的货币汇率体系、平衡贸易收支很重要，但外汇储备并不是越多越好，会带来一系列的风险和问题。为了对冲新增加的外汇储备，央行不得不扩大央行票据的发行。这一方面给财政带来巨大的压力，因为央行票据利息的负担最终要由财政买单；另一方面，商业银行从央行收购低收益的央行票据，极大地影响了商业银行的盈利能力。外汇储备的增加会挤压货币政策的空间，外汇占款的增多要相应扩大货币供应量，增加了通货膨胀的压力，央行为了降低高外汇储备对国内物价水平的影响，须通过发行债券回笼现金，或以提高利率等方式来减少货币供给，这样却增大了本币升值压力；相反，央行为了降低外汇储备带来的本币升值压力，须通过降低利率等方式增加货币供给，这样又强化了通货膨胀。外汇储备的急剧增长给中国的宏观操作带来三难选择，政府难以同时实现货币供给的稳定增长、减少财政负债成本和保持商业银行的盈利这三个目标。此外，目前我国的外汇储备主要资产是美元，存在巨大的汇率风险。在美元贬值时，外汇储备的实际价值会大大缩水。

（三）粗放型出口为国民经济稳定增长埋下隐患

我国的对外贸易虽然近年来持续高增长，但总体上是以数量和速度为主的贸易，这种出口增长方式是建立在我国劳动力成本较低、土地资源等要素价格扭曲、对外资企业大量的政策优惠以及生态环境不断恶化的基础上的。

从国内外来看，外贸维持的经济高增长不可持续。我国的外贸走的是一条"粗放型"出口之路，这和我国的粗放型经济增长模式有关，这种模式越来越多地受到市场和资源等诸多因素的制约。一方面，中国商品在国外受到越来越多的欢迎的同时，也受到了抵制。各种直接或间接对中国产品的进口禁令、进口许可证管理、海关价格监管措施、技术要求、卫生标准等其他贸易措施层出不穷，部分环保、劳工标准也在某种程度上限制了中国产品的出口；由于出口的多为劳动密集型产品，技术含量低，周边国家的劳动力成本优势逐步显现，也给我国的出口产品造成挤出国际市场的效应；金融危机以后，全球经济疲软，复苏不确定，国外市场需求下降和低碳贸易等使得国际贸易环境不确定因素增加。另一方面，国内土地矿产资源日渐紧张，而国际市场上我国对矿产资源的定价能力低，进口资源占总利用资源比例较大；发达国家的高能耗高污染产业转移以及国内一些环保法规的落实，导致环境生态成本内部化的压力也日益明显。这些都给企业带来了严峻挑战。而我国企业没有核心技术和自主品牌，低成本低价格的粗放型出口模式是中国企业的竞争优势所在，但这绝不是中国对外贸易利益所在，更不是维持我国经济可持续高速增长的推动器。

三、针对外贸高增长新挑战的对策建议

（一）积极利用两个市场服务于经济发展方式的转变

外贸依存度高，也恰恰反映出国内消费需求对 GDP 的贡献率偏低。内需不足强化了我国对外部市场的依赖性。我们是拥有 13 亿人口的大市场，必须重视和利用国内市场对经济增长的拉动效应。从长远来看，国内需求特别是消费需求状况的改善，对保持经济可持续增长的作用日益突出，培育和扩大国内消费市场应作为一个长期政策取向。

当前，外汇储备和引入外资的数量都过多，超过中国经济发展所需。结合“十二五”规划纲要指导，我们必须继续稳定和拓展外需，统筹和协调国际市场和国内市场，有序融入到全球化进程中；注重产业结构的优化升级，构建国内价值链，将经济增长方式从外向型转变为内外并重型。当前要特别注意，在人民币升值和贸易摩擦加剧、中国沿海东部地区出现要素成本上升、集聚在东部地区的加工贸易活动出现扩散趋势的情况下，应该将集聚在东部地区的加工贸易活动向中西部转移，避免这些活动外迁到其他发展中国家，以延长和拉伸全球价值链在国内的环节协同互动，最大限度地拓展和利用国内市场。

（二）实行外汇储备的积极管理

根据传统外汇储备理论，一国的外汇储备应该至少满足 3～4 个月的进口付汇和偿还全部短期外债的需要。当前的中国外汇储备远远超过了最优规模，所以如何保证巨额外汇储备的增值很有必要。所谓外汇储备的积极管理，就是在满足储备资产必要流动性和安全性的前提下，以多余储备单独成立专门的投资机构，拓展外汇储备的投资渠道，延长外

汇储备的投资期限，以提高外汇储备的投资收益水平。中国应学习新加坡外汇储备积极管理模式。转变管理模式应该主要考虑以下两方面：

第一，调整外汇储备资产领域。应迅速改变一直以来的单一投资战略，当前外汇储备的投资主要是美国的国债，而近年来美元兑人民币不断贬值，外汇储备面临较大的风险。如果“不把鸡蛋放在一个篮子里，而是把部分美元资产调整为欧元或日元资产，同时包括投资于黄金、石油及一些重要金属市场，就可以更大程度上使我国外汇储备保值增值”。中国外汇储备规模庞大，分散投资于这些市场不仅有助于保证收益，也有助于减少国际投资市场的较大波动。同时结合国内扩大内需的需要，还应将投资方向拓展到基础设施、先进设备制造和技术等领域，使我国外汇储备得到更加有效的利用。

第二，提高中国的经济竞争力。利用庞大的外汇储备，应着眼于提升本国企业的国际竞争力，优化产业结构，扶持中国企业“走出去”，支持具有竞争能力的大型企业扩大海外投资，在海外并购如石油等国家战略性资源企业，帮助它们从国外获得更多的市场、资源和关键能力，提升中国企业的国际地位。

（三）“外升内贬”背景下的人民币汇率改革

2010 年 6 月 19 日，央行宣布重启人民币汇率形成机制改革，延续 2005 年 7 月的汇改口径，即实施以市场供求为基础、参考一篮子货币进行调节、有管理的浮动汇率制度，人民币兑美元名义汇率的日均波幅为 ±5‰。在“外升内贬”的背景下，有必要进行汇率制度的改革。只有进行汇率改革，才能调整过分依靠外需发展的经济增长战略，解决宏观政策调控的三难困境。

根据有关学者专家的分析研究，中国最优的选择是 BBC（Basket，Band and Crawl，篮子、区间和爬行）的弹性中间汇率制度，即以一篮子货币汇率制、区间汇率制和爬行汇率制组合而成的复合汇率管理制度。这种制度既可以保持有效汇率的稳定，也可以防止国际货币之间汇率变化引起的负面影响，最后还能调整物价变化对实际汇率的影响。这样货币政策的独立性较强，但又不能完全独立，全世界范围内除美国以外，没有一个国家可以获得 100%的货币政策独立性。

（四）转变外贸发展方式

传统贸易观念认为出口是为了创汇，顺差是好事，逆差是坏事。这一观念长期主导着我国的贸易政策和实践。未来国际竞争将更加激烈，“十二五”期间，我国面临着加快转变外贸发展方式的迫切任务。在继续稳定和拓展外需方面，应发展自主知识产权和自有品牌的产品，增加产品附加值和创新优势，提高出口产品的质量，引导加工贸易延长产业链，提升加工贸易附加值，加快转变外贸发展方式，从成本优势向综合竞争优势转变；同时推动加工贸易转型升级，对利用外资政策进行必要的调整，由“招商引资”转为“选商择资”、“养商育资”等，吸引跨国公司把技术含量高的加工制造环节和研发中心转移到我国，引导加工贸易向高技术含量和高附加值产品加工发展，提高“中国制造”的实际意义。

同时，把扩大进口提到同样重要的位置。通过进口，弥补国内资源的不足，引进先进的技术设备和先进的科学管理经验与队伍，引入竞争，实现资源的优化配置，将资本转化为生产力，提高生产效率和技术水平。根据国家统计局相关课题组的研究，进口对中国生产率进步的贡献率约达 46%。即使是进口消费品，也可以产生相应的示范效应，进而传导到生产环节，促进一国生产的发展。

总之，面对外贸发展的新形势，我们要客观分析和评价，循序渐进地转变外贸发展方式，有效利用两个市场服务于我国经济的可持续健康增长，为构建和谐中国做好准备，努力完成“十二五”规划任务。

（作者：彭金荣　天津师范大学　教授；胡燕霞　学生）

FDI 与 FPI 发展的国际比较与中国利用外资战略调整

赵红梅

一、引言与文献综述

国际货币基金组织（IMF，International Monetary Fund）《国际收支手册》（第五版）中，流入一国的国际资本分为三大类：外国直接投资（FDI，Foreign Direct Investment）、外国证券投资（FPI，Foreign Portfolio Investment）和外国其他投资（FOI，Foreign Other Investment）。一般而言，外国直接投资（FDI）是指一国（或地区）的自然人、法人或其他经济组织单独或共同出资与在另一国（或地区）的企业建立长期关系或创立新企业，具有长期利益，并对之拥有有效控制权的投资。根据参与方式的不同，外国直接投资可分为股权参与直接投资和非股权参与直接投资。外国证券投资（FPI）是指一国（或地区）的自然人、法人或其他经济组织不参与国外企业的经营管理，也不享有国外企业的控制权或支配权，而仅以其资本购买国外发行的股票和债券等有价证券，以获取利息或红利为主要目的的投资。依据证券的性质，外国证券投资可以分为股权证券和债券证券。外国其他投资（FOI）是指在国际金融交易中，凡不属于直接投资、证券投资和储备资产的交易均归属于其他投资，具体包括长短期的贸易信贷、贷款、货币和存款以及其他类型的应收应付账款。

在国外以往主要的研究中，FDI 被认为是最受欢迎的外来资本流动方式。通常认为通过先进技术和管理知识的传播，FDI 会给东道国经济带来正的外部性，比如高额的研发支出、规模经济、更好的公司治理、增强竞争、基于知识的资产转移以及促进国内储蓄等。FDI 可以通过技术转移、挤入国内投资等方式来促进东道国经济的增长。研究也发现 FDI 在促进经济增长方面存在一个“临界值”，当一国最初的经济发展水平低于这一临界值时，FDI 的流入并不能促进一国经济的增长。只有东道国达到人力资本存量的最低极限水平，FDI 才能发挥出较高的生产效率。为了最大化 FDI 对经济发展所带来的好处，关键的一点是一国国内经济的发展状态和程度如何，如果国内经济越能与外国企业的需求相匹配，则国内经济获得发展的可能性就越大，并且这也有利于技术和知识的转移。

相对外国直接投资，外国证券投资 FPI 往往被贴上“危害”标签，其对经济增长所带来的负面影响在金融市场相对不发达的国家表现更为严重。但相当多的经济学家和机构仍然对 FPI 的流入持肯定态度，认为一国对 FPI 的开放可以使该国与国外投资者一起分担风险并能够降低资本成本，而一国能够利用上述好处的唯一途径就是要明白在市场经济条件下，外国投资者的目的在于追求可行的最佳投资机会。FPI 主要能够通过以下途径促进当地经济的发展：（1）为国内储蓄提供额外的资本来源，降低资本成本，从而刺激证券的供给，有力地促进一国公司部门的发展扩张，并且有利于私营部门所有权结构的优化。（2）由于要求更高的透明度标准以及充分的市场交易规则，FPI 可以促进更好的公司治理。（3）有利于国内证券市场由以个人投资者为主向以机构投资者为主的方向转变，从而强化东道国国内金融体系，促进东道国国内资本市场的竞争。（4）鼓励了国内新的金融机构和服务发展，有利于技术的转移和当地人才的培养。

二、世界主要发达国家与发展中国家 FDI 与 FPI 发展比较

（一）美国

1990 年以前美国所吸引的外国直接投资和外国证券投资占 GDP 比例不具有显著差异，1990～2000 年美国所吸引的外国直接投资和外国证券投资占 GDP 的比重均开始提升，FPI 增长趋势更为明显，但波动幅度很大。2000 年以后伴随着经济全球化和金融自由化浪潮的兴起，美国全

方位利用外资，发展成为世界最大的债务国，且外资吸引模式逐渐发展为 FPI 为主、FDI 次之。一方面是由于美国证券市场发展较为成熟，且没有任何的外汇管制，证券投资资本与收益可以自由出入；另一方面，美国所吸引的 FDI 多源自发达国家的跨国公司，伴随着各种金融投资工具的出现，跨国公司各种海外经营模式使得 FDI 可以更加方便地转换为 FPI 的形式。

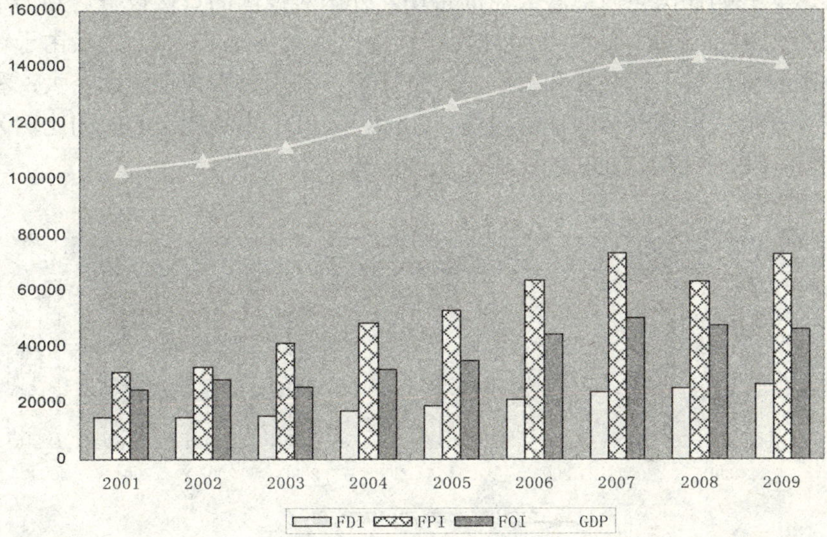

图 1　2001～2009 年美国的外国直接投资、外国证券投资、外国其他投资与国内生产总值

数据来源：IMF，International Financial Statistics（IFS）、Coordinated Portfolio Investment Survey（CPIS）。

单位：亿美元。

尽管利用外资总量居于世界第一位，但相较美国居于世界第一的国内生产总值，其利用外资比例居于中等水平，且主要采用无控制权的 FPI 模式，说明美国对于外国投资的依赖性有限。2009 年美国 FDI 占 GDP 的比例为 18.9%，FPI 占 GDP 的比例为 51.7%。

（二）德国

德国是世界上对外资准入限制较少的国家之一，德国《对外经济法》第1条第1款规定，与国外的商品、服务、资本、支付及其他经济往来原则上不受限制，外国企业并购德国公司时原则上也不需报批。德国的外国投资在20世纪前半期相对较小，到上个世纪90年代初期开始出现较大规模的外国直接投资流入。2000年，受英国著名的移动电话业巨头沃达丰并购德国曼内斯曼公司的带动，外国对德国的直接投资达到创纪录的2101亿美元，占当年全球跨国直接投资流量的15.3%。之后由于对外国投资政策上的鼓励和较好的投资环境，利用外资规模继续扩大，利用外资形式也逐渐转向证券投资。2009年FDI占德国GDP的比例为30%，FPI占德国GDP的比例高达86.9%。

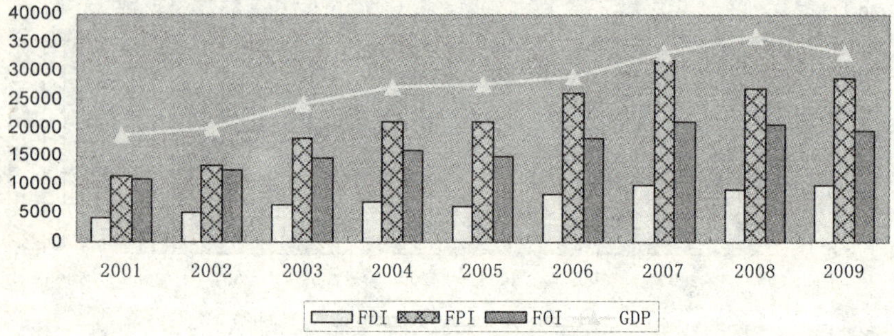

图2　2001～2009年德国的外国直接投资、外国证券投资、外国其他投资与国内生产总值

数据来源：IMF，International Financial Statistics（IFS）、Coordinated Portfolio Investment Survey（CPIS）。

单位：亿美元。

（三）日本

与德国类似，日本也是一个后起的发达资本主义国家。二战前，日本利用外资数量极少，基本处于与世界经济无联系的状态。二战后日本引进外资的方式在经济发展的不同阶段有所变动，但比较经济总量而言，日本吸引的国外投资数量特别是FDI数量非常少，2009年FDI占日本GDP比例仅为3.9%，其原因一方面是由于政府担心外国直接投资不可避免地会带来国内企业的被控制，因此严格控制直接投资；另一方面是由于日本拥有非常完备和相当发达的现代工业体系，企业不需要为了引进技术而要求同外国资本进行合资合营。

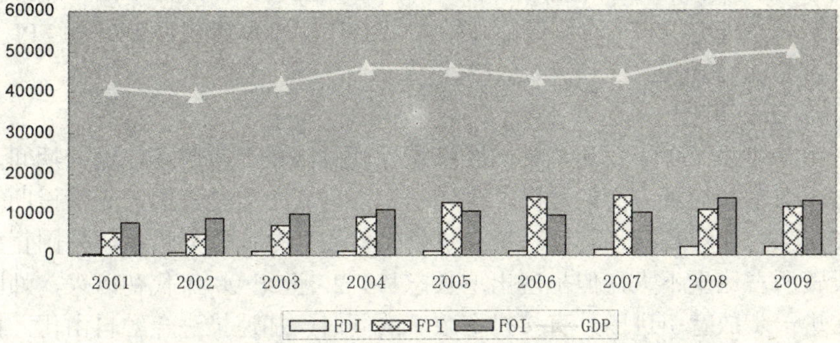

图 3　2001～2009 年日本的外国直接投资、外国证券投资、外国其他投资与国内生产总值

数据来源：IMF，International Financial Statistics（IFS）、Coordinated Portfolio Investment Survey（CPIS）。

单位：亿美元。

（四）巴西

二战结束后，美国替代英国成为巴西主要的投资国，德国和日本对其的投资和贷款增长速度也很快，负债发展策略一度创造了 1968～1974 年令人瞩目的、经济高速发展的“巴西奇迹”。但 20 世纪 80 年代初期，巴西爆发了严重的债务危机，经济增长率下降，国内资金严重短缺，尽管政府提出了一系列宽松政策，但依然不能调动外国投资的积极性。

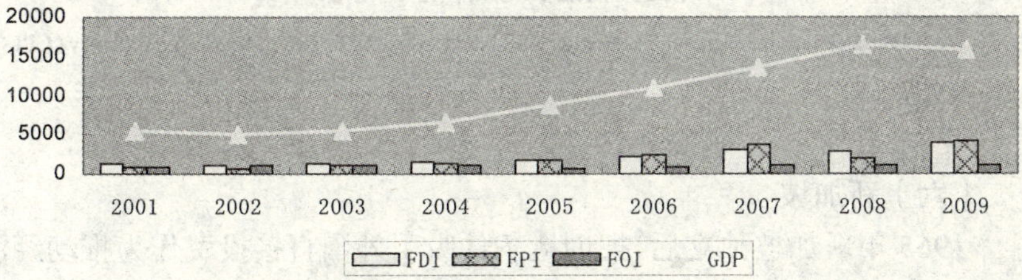

图 4　2001～2009 年巴西的外国直接投资、外国证券投资、外国其他投资与国内生产总值

数据来源：IMF，International Financial Statistics（IFS）、Coordinated Portfolio Investment Survey（CPIS）。

单位：亿美元。

20 世纪 80 年代末期以来，巴西以国际货币基金组织实施的“债务换股权”计划为契机，推进金融国际化，积极开放国内证券市场，并结合国有企业私有化，开始逐步引入外国证券投资。2000 年以后伴随经济的好转，FDI 和 FPI 的数量都开始大幅上升，2009 年巴西 FDI 和 FPI 分别占 GDP 总值的 25.1%和 26.6%。

（五）韩国

20 世纪 50 年代初，韩国经济遭受朝鲜战争严重破坏，这一期间，由于政治和经济方面的原因，韩国引进的外资主要是美国的无偿援助。20 世纪 80 年代初，韩国积极引进外资，主要是向国外借款，外国直接投资所占比重不大，但呈现出增长态势。20 世纪 90 年代初以来，韩国在进一步放宽引进国外直接投资政策的同时，加速推进金融自由化，扩大证券市场开放步伐，加大引进证券投资力度。目前，韩国主要通过证券市场引进外资。2009 年 FDI 占 GDP 比例为 14.1%，FPI 占 GDP 比例为 37.1%。

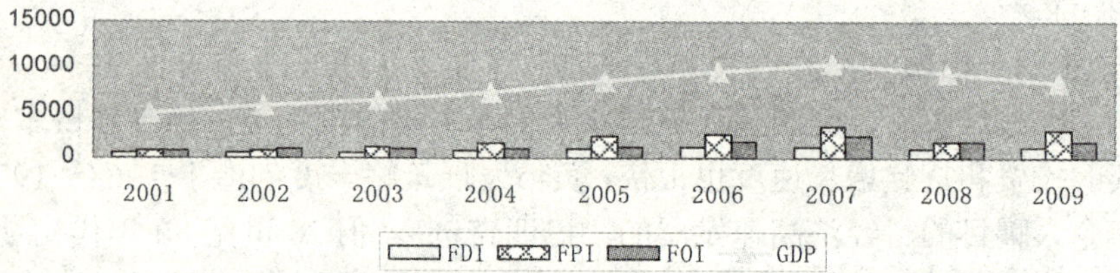

图 5　2001～2009 年韩国的外国直接投资、外国证券投资、外国其他投资与国内生产总值

数据来源：IMF，International Financial Statistics（IFS）、Coordinated Portfolio Investment Survey（CPIS）。

单位：亿美元。

（六）新加坡

1965 年新加坡独立后，把创造条件吸引外国直接投资作为推动经济增长的重要战略，积极创造优越的投资环境，改善各项基础设施，制定优惠的投资政策和投资保护法律，吸引外国直接投资。另外在国际金融市场建设上也实行了特别优惠政策，通过免除外币存款利息所得税、允许发行外币债券、取消外汇管制，也使新加坡的外国证券投资数量迅速增加。2009 年新加坡 FDI 和 FOI 数量已为 GDP 的两倍左右，FPI 也占到了 GDP 的 72.9%。目前到新加坡落户的外资企业达上万家，全球 500 强企业已有很多将总部或区域总部设在了新加坡。

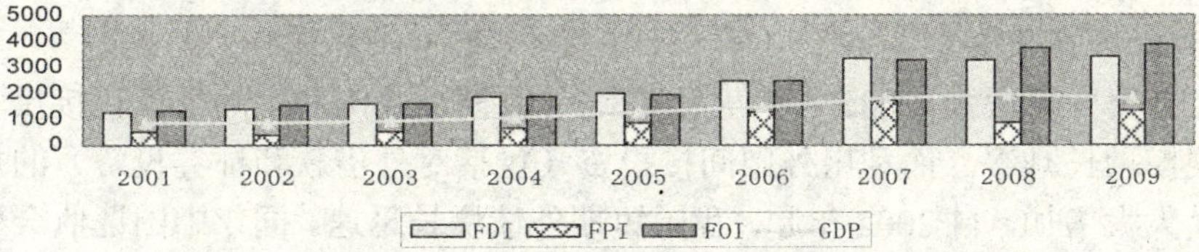

图 6　2001～2009 年新加坡的外国直接投资、外国证券投资、外国其他投资与国内生产总值

数据来源：IMF，International Financial Statistics（IFS）、Coordinated Portfolio Investment Survey（CPIS）。

单位：亿美元。

三、中国利用外资情况

（一）中国利用外资的总体情况

自 20 世纪 70 年代末中国走上改革开放道路以来，引进外资一直是中国改革开放的一项重要内容。结合中国引进外资政策的变化，中国引进外资的进程可以大致分为四个阶段：

第一阶段为 1979～1991 年，这一阶段中国利用外资的数量非常小，到 1991 年全国利用外资的总量仅为 2 亿美元，且以对外借款为主的 FOI 占到了 75.7%。这主要是由于在改革开放初期，外国投资者不太了解中国，不敢贸然到中国投资，且中国资本市场尚属空白阶段。因此，在这个阶段，中国利用外资的主要方式是对外借款。

第二阶段为 1992～1996 年，这一阶段中国利用外资的数量依然非常小，但直接投资的数量开始显著增加，1993 年之后外国直接投资的数量开始超过对外借款。同期的境外资本市场融资开始萌芽，1993 年 7 月青岛啤酒在我国香港挂牌上市成为中国第一家境外融资的企业，但吸收外国证券投资的数量和途径均极少。

第三阶段为 1997～2002 年，利用外资的数量开始大幅上升，外国直接投资成为主要的引资模式，所占比重大大超过国外借款和外商其他投资。随着中国改革的深入和开放的扩大，特别是加入世贸组织以后，中国吸引外资的数量出现了跳跃性的上升。至2002年底，外商投资企业年底登记户数达到 208056 户，外商投资企业年底注册登记投资总额达9818.93亿美元。

第四阶段为 2002 年以后，在这一时期，我国利用的外国直接投资规模增长减缓，而利用外国间接投资（包括对外借款和证券投资）的规模大大增加。自2002年起，我国短期外债增长迅速。同年中国证监会引入了 QFII（Qualified Foreign Institutional Investors）制度，合格的境外机构投资者开始通过资本市场进入中国，外国证券投资数量迅速增加，到2009年底，外国证券投资占GDP的比重已接近外国直接投资。

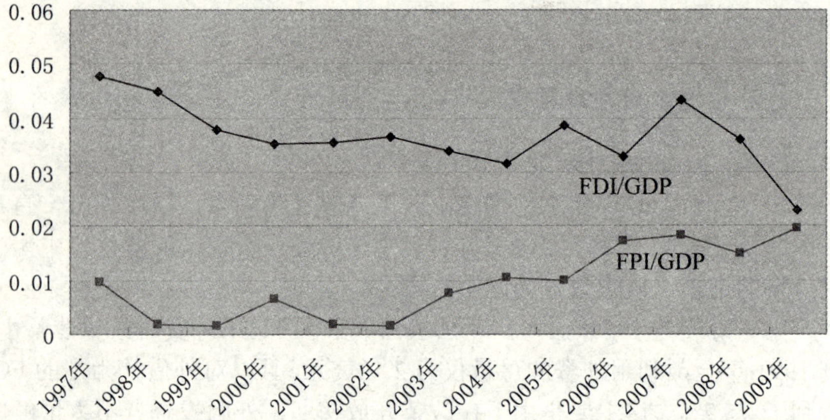

图7　1997～2009年中国外国直接投资和外国证券投资占国内生产总值百分比

数据来源：作者根据中国国家统计局国家统计数据库数据整理，其中GDP按当年人民币兑美元年平均汇价折算。

（二）中国吸引FDI情况

随着中国经济的高速增长，外国直接投资进入我国的数额在不断增加，自20世纪90年代中期以来，中国一直是吸收国际直接投资最多的发展中国家。外国直接投资的特点主要表现为资金来源地区集中、资金投资行业集中、资金投资地区集中、对中国经济的正面影响和负面影响并存。

1．FDI 资金来源地区集中

根据《中国统计年鉴》提供的数据分析，2006～2009 年期间，对我国大陆投资前十位的国家和地区为：中国香港、英国（含英属地区）、韩国、日本、美国、中国台湾、新加坡、法国、荷兰和德国。其投资总额占中国在此期间实际利用外资总额的比重均在 83%以上，2010 年甚至超过了 90%，而来自世界其他国家和地区的投资却很少。如此集中的外资来源造成我国相关产业对这些国家或地区投资的依赖性过强，如果由于政治或者某种原因导致某国或地区投资大量撤出，必将对我国经济产生重大影响。

2．FDI 投资行业集中

外国直接投资在中国涉足的行业很多，但主要集中于纺织印染业、化工业、材料业、冶金业等劳动密集型或高污染高能耗的制造业，其次是投资见效快、利润丰厚的房地产业、租赁和商务服务业。对国内某些产业如洗涤用品产业、快餐业和商业零售业的控制力远远超过国内企业。而对于我国出口产品中所缺少的资本密集型产业和技术密集型产业的投资数量较少，与我国的产业政策要求相悖。

3．FDI 投资地区集中

根据《中国统计年鉴》数据分析，外商在中国的投资地区多为经济发达的东部沿海地区，且呈不断上扬趋势。依次以广东、江苏、福建、上海为投资中心，继而扩展到浙江、北京、天津和东北老工业区，而中部地区和经济相对落后的西部地区所吸引的外资金额极少，进一步拉大了我国东西部的差距。

4．FDI 对中国经济增长的正面影响和负面影响并存

外商直接投资在促进我国的就业、出口和增加税收、提高企业经营管理水平、规避外债风险、带动经济增长方面具有不可替代的作用和贡献，但的确也带来了一些问题，如环境污染、市场控制、技术控制、产业控制等，降低了我国及我国产业结构的整体效益，对我方利益造成了损害。利用外资的理论和实践证明，当一国利用外国直接投资发展到一

定阶段时，外资和东道国在政治、经济、文化、环境、资源等方面冲击导致的负效应将逐步扩大，引资成本也将相应提高，利用外资结构将随之调整。

（三）中国吸引 FPI 情况

随着资本市场的逐渐开放，中国利用外资也基本沿袭发达国家和发展中国家“对外借款（或援助）→外国直接投资→外国证券投资”的路径，外国证券投资在中国利用外资总额中所占的比例与外国直接投资逐渐接近。目前我国利用外国证券投资的途径主要包括在境外证券市场公开发行和通过合格境外投资者将境外资金引入国内证券市场两个途径。

1. 中国企业境外上市数量过千家

截止到 2010 年共有超过 1000 家中国企业在 NASDAQ、纽约证券交易所、伦敦证券交易所主板和 AIM、香港主板、香港创业板、新加坡主板、凯利板（原新加坡创业板）、东京证券交易所主板、东京证券交易所创业板、韩国交易所主板和创业板、法兰克福证券交易所共 13 个境外市场上市，其中将近一半在中国香港上市。2010 年共有 129 家企业在境外上市，融资 332.95 亿美元，占当年中国上市公司境内外 IPO 发行总量的 31.6%。

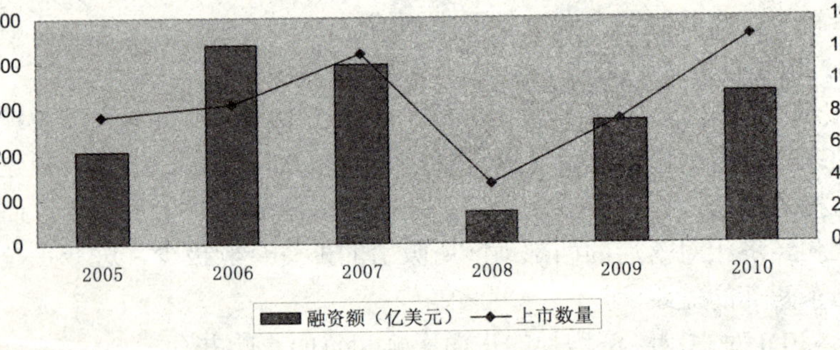

图 8　2005～2010 年中国企业境外上市数量和 IPO 融资额

数据来源：清科研究中心 2005～2010 年《中国企业上市年度研究报告》。

2．QFII 投资资金逐年递增

2002 年，我国推出 QFII 制度，允许符合条件的境外专业投资机构经核准投资中国境内人民币计价的股票和债券。此后，QFII 项下资金流入快速增长。截至 2010 年底，外汇局共批准来自英国、美国、中国香港、日本、韩国、新加坡等 18 个国家或地区的 106 家 QFII 机构。这些 QFII 机构共获得 197.2 亿美元的境内证券投资额度，累计汇入投资资金 184 亿美元，累计汇出资金（均为收益，无投资本金的汇出）30 亿美元，累计净汇入资金 154 亿美元 。

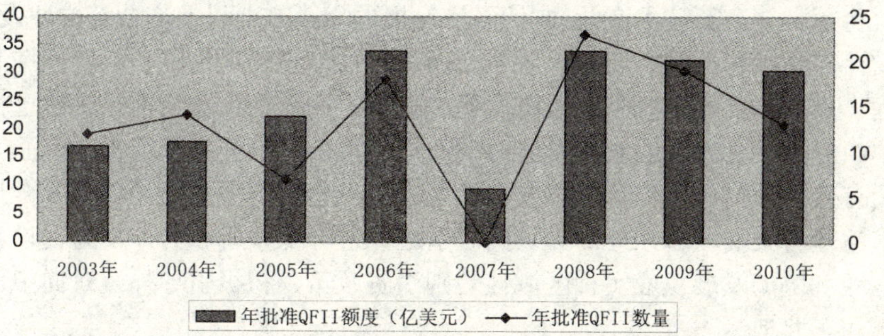

图 9　历年 QFII 批准投资额度和批准投资机构数量

数据来源：国家外汇管理局，http://www.safe.gov.cn/。

3．FPI 的发展受到资本市场发展的限制

尽管 FPI 的发展非常迅速，但与美国等发达国家相比，我国吸引外国证券投资的数量和规模都有很大差距，这主要是由于我国资本市场发育尚不完善，特别是在市场的规模和结构，多层次资本市场体系建设，交易所、上市公司、证券经营机构和机构投资者的国际竞争力，监管体系和市场化程度，以及资本市场发展的外部生态环境等方面与成熟市场相比还有很大差距。因此，尽管通过证券融资方式利用外资方式符合我国投资主体多元化的发展方向，但其受到资本市场发展的限制，过快开放会对国内脆弱的资本市场产生巨大的冲击，甚至危害整体经济的发展。

四、对中国利用外资战略调整的政策建议

（一）提高外资进入标准，引导外国直接投资方向

引进外国直接投资应更多地注重其技术、品牌、人才、制度与经验等载体的功能，而中国多年以来的引资行为多是重量不重质，一方面将国内广阔的消费市场拱手相让，另一方面高消耗、高污染、低附加值的项目较多，对民族产业的核心竞争力带动效应不明显。为此，必须调整国家利用外资战略，有选择地吸收外资，并从技术、产业、环境等多个角度设立外资进入标准，以积极引导外商投资方向。今后引进外资的重点将是一些高新技术产业、制约经济发展的瓶颈产业以及产业链中研发、设计、品牌和关键零部件等环节。以引进技术和管理为核心，合理控制优惠尺度，要做到既鼓励投资也促进竞争，在推动产业结构升级的过程中，保障民族产业的健康发展。要严格禁止引进那些严重污染环境而又无有效治理措施的项目、工艺和设备，对一些国内需要而又缺少配套技术治理污染的项目，外商必须同时引进先进环保设备。另外，为促进地区经济协调发展，应实行区域性差别引资政策，积极引导外资投向中西部和东北地区。

（二）重视外国证券投资，实现引资重心安全转移

相较于外国直接投资 FDI，外国证券投资 FPI 的资金使用更具有主动性，在一定程度上避免了对外借款的汇率风险和债务风险，并可以通过国际资本运作提高企业的知名度和运营能力；而且从长期来看，随着金融市场的逐渐完善和发展，FPI 对于 FDI 的替代性日益显现。但毕竟长期在政府保护下的中国资本市场非常脆弱，难以经受大量国际资本的冲击。因此，一方面必须加大引进外国证券投资的力度，逐步把引资的重心转到外国证券投资上来；另一方面要将利用国际证券投资的风险控制在宏观经济和金融体系能够承受的范围内。在引资模式上仍应以境外发行股票和债券为主，并在发行企业上倾向于扶持国外投资的中国企业，以减少其对国内总公司和中国金融机构的依赖，同时避免一些不了解国外市场的企业优质资产的流失。在证券市场开放过程中，首先应实现 B 股市场国际化，允许境外企业上市筹集资金，扩大投资 B 股境内投资规模，改革发行和交易方式；其次 A 股市场应逐步开始国际化运作，规范

上市主体信息披露、规范投资者行为、规范券商操作，在条件成熟的条件下，与B股合并，实现证券市场全面开放。届时中国利用国际证券投资的规模主要由市场决定，政府的作用主要是加强对短期资本流动的监管。

（三）完善监管制度，建立风险预警机制和危机处理机制

在外资监管手段上，目前我国仍主要以市场准入、业务领域、分支机构的设立、资本充足性等审批性监管手段为主，过多地采用了行政性手段，监管者在判断跨国交易行为的本质特征方面缺乏经验和能力。在今后对外资的监管过程中，我们监管的重点应该是建立完善的监管制度，建立起全国联网的外资交易监控系统以及风险预警机制和危机处理机制。资本市场的监管重点应是确保市场的流动性和透明度，通过完善信息披露制度、完善交易法规、规范证券中介机构的发展、完善上市标准和程序、降低短期资本流动的成本、扩大证券资本的最短持有期限等方式防止资本市场过度投资。银行监管方面要建立健全存款保险制度，完善金融法规，强化中央银行对金融的监管和调控能力，向良性投资者发出正确的投资信号。要充分发挥证券交易所、证券业协会、投资商协会等自律组织在政府与市场之间的桥梁和纽带作用，通过对话沟通，建立起立法和自律相结合的外资监管体制，在我国政府与投资者之间建立起一种长期互助合作的关系。要注重监管的国际合作，对国际游资进行有效监管，实现国际资本流动有效配置资源的目的，降低对货币的投机性冲击风险。

（作者：赵红梅　天津商务职业学院　讲师）

三 等 奖

汽车出口国际比较下的竞争力关联性分析

索晓宁　姜　鹏

一、引言

回首刚刚过去的2010年，中国汽车产销量双超1800万辆，蝉联全球第一。汽车产业的蓬勃发展带动了汽车出口的企稳回升，汽车出口作为发展我国汽车产业的重要组成部分，开始显示出其强劲的发展动力。然而，作为世界汽车产量第一大国，中国汽车产业仍然是“内强外干”，我国汽车出口的国际占比目前尚未突破 3%，这个比重在全球主要汽车生产国中处于最低水平，甚至不及印度、巴西等发展中国家。

从数量上看，中国汽车工业协会统计数据显示，2010年，中国共出口整车及各类底盘 56.67 万辆，仅占总产量的 2.98%。这与发达国家甚至一些发展中国家仍相距甚远。2010年，德国汽车出口量约424万辆，占产量的76.29%；日本汽车出口量达465万辆；韩国全年汽车出口量为277 万辆。同属金砖四国的印度和巴西，汽车出口量也分别达 180 万辆和77万辆，其中巴西汽车出口占到总产量的21.77%。

从金额上看，通过对比图1和图2中五个国家近十年来的汽车出口数据不难看出，中国汽车出口额的世界占比和出口金额虽然都在缓步提升，但却远远落后于其他汽车生产国，这足以证明中国汽车出口竞争力的相对低下。在此背景下，深入探究我国汽车产业在出口战略转型过程当中，是哪些因素影响了竞争力的提升，从而利用这些因素更好地作用于汽车产业的出口战略转型，显得尤为必要。

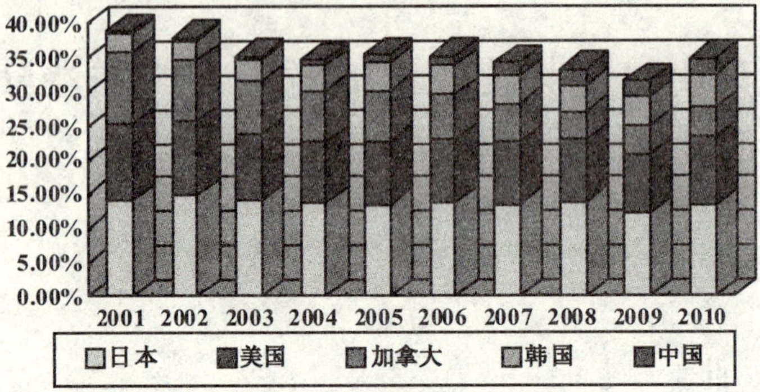

图 1　2001～2010 年主要国家汽车出口额国际市场占比

数据来源：根据世界贸易组织数据库历年 International Trade Statistics 计算。

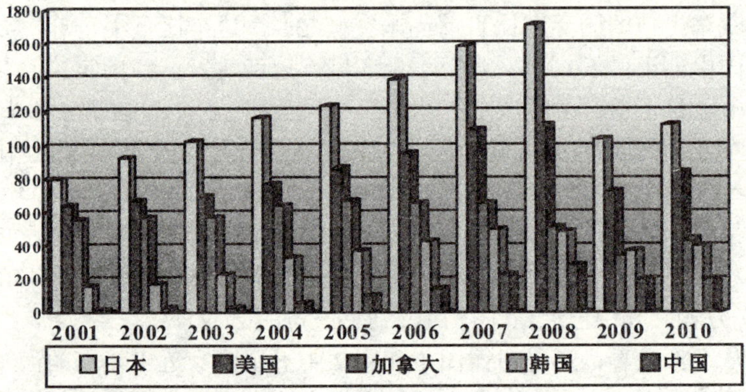

图 2　2001～2010 年主要国家汽车出口金额对比（亿美元）

数据来源：世界贸易组织数据库历年 International Trade Statistics。

二、文献综述

在汽车产业出口竞争力关联因素的研究方面，国外经济学界针对各国的不同情况做过大量实证分析，通过对比这些观点，可以方便我们进行深入研究。Johannes 和 Aamir Rfique Hashmi（2006）使用模糊数学模型研究了创新对美国汽车国际竞争力的影响，认为科技创新对汽车国际竞争力有很大影响，但是相对于其他因素如政治因素等影响要小。Mitsuo Ishida（2005）用比较分析法对日本汽车产业的国际竞争力进行了研究，提出虽然其独特的劳动效率使日本和欧美的国际竞争力有所区别，但劳动效率并不是影响竞争力的主要因素。Luehrman（1991）用相关分析法实证研究了历年汇率变动与汽车制造业的价值再分配关系，研究表明企业并不能从本国货币贬值中获得竞争方面的利益。John A.Karikari（1988）使用 1970～1975 年加拿大汽车工业的数据，考察了要素密集度、规模效应、单位产出成本对汽车出口竞争力的效应，并将结果和 Carmichael E.A.（1978）的计算结果进行了比较，发现该产业国际竞争力与资源密集度和劳动密集度正相关，与资本密集度和技术密集度关系不明显，且与规模效应负相关。Grossman 和 Helpman（1989）基于跨国公司的层面实证分析了跨国公司所带来的 FDI 流入与汽车出口贸易间存在相互促进的关系。Collis（2005）实证研究了美国汽车产业国际竞争力的几个影响因素，认为美国产业政策缺乏有效性是导致其汽车产业国际竞争力下降的主要原因。Clark（2005）认为技术导向失误和 FDI 流入减少使得其汽车产业在国际竞争中处于劣势地位。

国内学者也基于国际经验对该问题进行了不同角度的探索。张军生、范黎波（2009）利用 1993～2008 年的面板数据对我国机电产业国际竞争力的增长方式进行了实证检验，认为未来该产业国际竞争力的增长应强调规模经济和人力资本投入。汤缙贤（2008）通过回归分析和因果检验，发现产业规模、国内需求、劳动生产率水平和技术水平等方面由强到弱影响了汽车国际竞争力，其中劳动生产率同国际竞争力间呈负相关关系。张亚斌、周斐斐（2004）运用标准离差法对中、美、日、德和巴西这五国的汽车出口竞争力进行了研究，认为外商直接投资不足和入世这两个方面导致中国汽车国际竞争力低于五国的平均水平。吴文辉（2006）利用我国汽车行业 1990～2004 年的数据，通过实证检验发现企业规模、产业集中度和技术水平是与出口竞争力显著正相关的格兰杰原因，劳动生产率却是与出口竞争力负相关的非格兰杰原因。邱国栋、李作奎（2004）从正、负两个方面分析了外商投资对我国汽车产业竞争力的影响，并从贸易竞争指数、规模经济、技术水平几个方面分析了我国汽车产业的国际竞争力水平。王莉（2005）对我国汽车产业的规模经济进行了研究，认为我国汽车产业缺乏规模经济，产品低水平重复，技术进步缓慢，并分析了制约我国汽车产业规模经济发展的原因。姚瑶（2008）建立多元线性回归模型证明了企业规模、产业集中度和外商直接投资的增加，可以提高我国汽车出口的显性比较优势指数，而价格和研发能力却没有明显的影响作用。

由此可见，在汽车出口竞争力的关联因素方面，理论界并没有达成一致结论，因此应当拓展上述研究，在国际比较的基础上进一步深入实证分析。本文着力于在整体分析框架中纳入行业内外代表性因素，将实证研究从协整检验和因果检验延伸到利用 VAR 模型和广义脉冲响应函数进行预测，以观察相应变量对汽车出口竞争力的长期和动态效应。

三、汽车出口竞争力关联因素的实证分析

在此方面，国内外大部分研究基本都在迈克尔·波特（1990）的国家竞争优势的理论基础上进行扩展，从产业规模、劳动生产率和科研投入等产业内部因素来进行分析，能够同时将产业内部因素和外部因素放在同一框架下考察的却为数不多。本部分着重于综合产业内外各种因素，采用深入的实证方法，挖掘各因素与汽车产业出口竞争力的关联效应，并以此作为进一步分析的理论基础。

（一）变量和模型设定

研究相关因素对汽车出口竞争力的影响，必须有衡量汽车出口竞争力的指标。根据我国学者金碚（1997）的产业竞争力因果分析模型，汽车产业的出口竞争力可以用显性比较优势指数 RCA、贸易竞争指数 TC 和质量竞争指数 QCI 等几个指数来量化分析，其中用 RCA 测定某国一种商品在世界出口格局中的地位和竞争优势时，相对成熟和客观，因而本文采用该指数来衡量我国汽车产业的国际竞争力水平。

RCA 代表了一个国家某种产品的出口占该国出口总值的份额与世界该类产品的出口占世界总出口份额的比例。

$$RCA=\frac{\text{一国x产品出口额/一国出口总额}}{\text{世界x产品出口额/世界出口总额}}$$

表1和图3反映了五个主要汽车生产国历年RCA指数值及其走势，不难看出，近些年来我国的汽车出口竞争力处于平稳增长阶段，从2004年开始有所攀升，这得益于加入WTO的市场扩大效应，但是该指数一直都远远低于其他汽车生产国家，这说明我国汽车产品在国际市场上不具备竞争力，比较优势相当弱。图3还反映了日本和韩国在这一指数方面出口竞争力很强，日本依靠其优秀的产品设计和质量保持了这一优势，韩国则通过鼓励出口和排斥外资从而异军突起并逐渐赶超美加两国。

表1 不同国家显性比较优势指数RCA对比

年份＼国别	日本	美国	加拿大	韩国	中国
2001	2.1788	0.9516	2.3197	1.1246	0.0780
2002	2.2953	1.0841	2.3074	1.1009	0.0850
2003	2.2064	0.9694	2.1160	1.1690	0.0826
2004	2.2259	1.0157	2.1886	1.3856	0.1150
2005	2.3556	1.0842	2.1178	1.5133	0.1490
2006	2.5462	1.0920	1.9933	1.5733	0.1769
2007	2.2809	0.9585	1.6090	1.3641	0.1936
2008	2.4729	0.9797	1.2832	1.3089	0.2270
2009	2.6345	1.0148	1.5916	1.5015	0.2437
2010	2.5739	1.0242	1.5647	1.4479	0.2135

数据来源：根据世界贸易组织数据库历年International Trade Statistics计算。

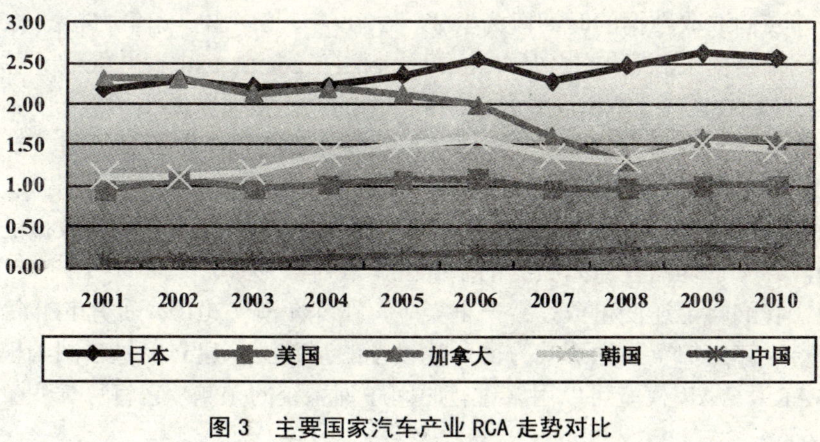

图3 主要国家汽车产业RCA走势对比

在汽车出口竞争力关联因素的选取方面，我们首先引入劳动生产率、规模经济、技术水平这三个变量作为行业内部因素。但如果只检验内部因素对汽车出口竞争力的影响可能会得到错误的结论，因此有必要在模型中加入外部因素作为控制变量，来分析它们对汽车出口竞争力的影响。考虑到近年来汽车行业的不断开放导致了外商直接投资 FDI 大幅增加，同时新形势下人民币兑美元平均汇率变化迅速，我们将这两个变量作为控制变量，纳入模型中来检验上述五个变量对出口竞争力指数的影响方式和程度。变量具体解释见表 2。

表 2　变量情况说明

变量	代码	指标名称	计算方法	计量单位
出口竞争力指数	RCA	显性比较优势指数	$\frac{中国汽车出口额/一国出口总额}{世界汽车出口额/世界出口总额}$	无
劳动生产率	LP	人均汽车年产值	汽车年产值/行业总人数	万元
规模经济	AS	单位企业年产量	汽车年产量/汽车企业总数	辆
外商直接投资	FDI	外商直接投资量	每年全行业接受外商直接投资量	亿元
汇率	ER	年累计平均汇率	年汇率加权平均值	人民币/美元
技术水平	TL	科研经费投入比例	年科研经费投入/年总投入	%

我们选取数据的时间段为1989～2009年，其中出口竞争力指数RCA的原始数据来源于 WTO 历年 International Trade Statistics，并经过计算得出；劳动生产率 LP 和规模经济 AS 方面的原始数据来源于历年《中国汽车工业年鉴》；外商直接投资 FDI 的数据来源于商务部外商投资统计信息；平均汇率 ER 的数据来源于国家外汇管理局《统计数据与报告》；技术水平 TL 的原始数据来源于历年《中国统计年鉴》。为了减少数据的波动，各变量均需在原始数据的基础上采取对数形式。

我们将上述变量放在统一框架下，在陈元清（2010）研究 FDI 等因素对天津出口贸易的影响方面所建模型的基础上，建立向量自回归模型（VAR）。VAR 模型可以用来进行时间序列系统的预测，它将每个变量均视为内生变量，避开了结构建模方法中需要将每个内生变量关于所有变量的滞后项进行回归的问题，是一种非结构化的多方程模型。VAR 模型可设定为：

$$Y_t = A_1Y_{t-1} + A_2Y_{t-2} + \ldots + A_pY_{t-p} + B_0X_t + \ldots + B_rX_{t-r} + \varepsilon_t$$

$$t=1，2，3，\ldots，n$$

Y_t 是 k 维内生变量，X_t 是 d 维外生变量，A_1、A_2、A_p 和 B_1、B_2、B_r 为待估计的参数矩阵，内生变量和外生变量分别有 p 阶和 r 阶滞后期，最优滞后阶的选取由 SC 和 AIC 准则来确定，ε_t 为随机扰动项。同期的元素可以彼此相关，但不能与自身滞后值和等式右边的变量相关。在 VAR 模型的基础上，我们将运用脉冲响应函数，对各变量间的关系做更深一步的探讨和更为信服的解释。

（二）平稳性检验

为了防止出现伪回归而造成结论无效，在进行协整检验之前，首先要进行时间序列的单位根检验，只有同阶单整的平稳序列才有可能是协整的关系。本文采用 ADF 方法进行单位根检验，最优滞后阶数由 SIC 原则确定，利用 Eviews5.0 得出的检验结果整理如表 3。

表 3　ADF 单位根检验结果

变量	检验形式（C,T,K）	ADF 统计量	MacKinnon 临界值	检验结果
LNLP	（C,T,1）	-2.540984	-3.277364**	非平稳
D（LNLP）	（C,0,0）	-3.275212	-3.029970*	平稳
LNAS	（C,T,1）	-3.371483	-3.609184**	非平稳
D（LNAS）	（C,0,0）	-3.387639	-3.029970*	平稳
LNFDI	（C,0,0）	-1.579073	-3.658446**	非平稳
D（LNFDI）	（C,T,0）	-3.408748	-3.029970*	平稳
LNER	（C,T,0）	-2.053236	-3.658446**	非平稳
D（LNER）	（C,0,0）	-3.890581	-3.029970*	平稳
LNTL	（C,T,0）	-2.039657	-3.658446**	非平稳
D（LNTL）	（C,0,0）	-4.063709	-3.029970*	平稳
LNRCA	（C,T,0）	-2.991486	-3.658446**	非平稳
D（LNRCA）	（C,0,0）	-3.726046	-3.029970*	平稳

注：检验形式（C，T，K）分别表示检验是否包含截距项、趋势项以及滞后项。其中，最优滞后阶数由 SIC 原则确定，采用 Eviews 5.0 计算。*代表 5%的显著性水平，**代表 10%的显著性水平。

检验结果表明：在水平序列上，在显著性水平 10%下，各变量都接受存在单位根的原假设，即各变量都是非平稳的时间序列；在显著性水平 5%下，各变量一阶差分序列的 ADF 统计量均小于在该显著性水平下的临界值，即各变量都拒绝了存在单位根的原假设，其一阶差分都是平稳的，各变量都是一阶单整序列，那么就可能存在协整关系。

（三）协整关系检验

根据上面的分析，各变量之间可能存在协整关系，即我国汽车产业出口竞争力与劳动生产率、规模经济、FDI、汇率以及技术水平之间可能存在长期稳定的均衡关系。因此，我们对其进行 Johansen 协整检验，检验结果整理如表 4。

表 4　Johansen 协整检验结果

Eviews 的 Johansen 协整检验中，我们假定无确定的趋势项，滞后阶数为 1

假定 CE 的数量	特征值	原假设	备择假设	迹统计量	5%临界值	极大特征值统计量	5%临界值
无*	0.959465	r=0	r=1	177.6970	95.75366	60.90639	40.07757
最多 1 个*	0.883373	r≤2	r=2	116.7906	69.81889	40.82673	33.87687
最多 2 个*	0.833681	r≤3	r=3	75.96315	47.85613	34.08307	27.58434
最多 3 个*	0.770986	r≤4	r=4	41.88079	29.79707	28.00548	21.13162
最多 4 个	0.510705	r≤5	r=5	13.57830	15.40471	13.85100	14.26460
最多 5 个	0.015370	r≤6	r=6	0.294305	3.841466	0.294305	3.841466

注：最佳滞后期由 AIC 和 SC 准则确定，r 代表协整方程的个数，*代表在 5%下拒绝原假设。

通过协整秩检验和极大特征根检验，如表 4 所示，前四行中迹统计量和极大特征值统计量都大于 5%临界值，表明在 5%显著性水平下可以拒绝没有协整方程以及最多四个协整方程的原假设，接受系统中有四个协整方程的备择假设，因此可以得出变量之间的协整关系。对模型进行回归，得到协整方程如下：

$$\ln RCA=-0.03533\ln ALP+0.723388\ln AS+0.128389\ln FDI+0.117448\ln ER+0.609334\ln TL$$

（0.06866）　（0.09700）　（0.02606）　（0.04851）　（0.04917）

括号内为对应的标准差，方程的似然比为 143.1833。

上述的回归结果分析表明，汽车出口竞争指数与劳动生产率、规模经济、FDI、汇率、技术水平之间存在长期稳定的均衡关系。具体来说，由方程可知：①劳动生产率 LP 的弹性系数为-0.035334，表明我国汽车产业的国际竞争力与劳动生产率存在微弱的负相关关系。②规模经济 AS 的弹性系数为 0.723388，规模经济与出口竞争力之间为最强的正相关关系。③外商直接投资 FDI 的弹性系数为 0.128389，即 FDI 与出口竞争力之间有微弱正相关关系。④汇率 ER 的弹性系数为 0.117448，表明汇率与出口竞争力呈微弱正相关关系。⑤技术水平 TL 的弹性系数为 0.609334，即技术水平与出口竞争力间存在较强正相关关系。

（四）格兰杰因果检验

以上分析说明了各变量与我国汽车产业出口竞争力之间存在的长期稳定的均衡关系，但并未确定彼此间的因果关系，因此进行变量之间的因果检验是十分有必要的。下面我们用 Granger 因果检验的方法来检验它们之间的因果关系。检验结果整理如表 5。

表 5　各变量对出口竞争力指数的 Granger 因果检验

原假设	滞后期	样本期	F 统计量	P 值	检验结论
lnLP 不能 Granger 引起 lnRCA	1	20	3.56039	0.07637	接受原假设
lnAS 不能 Granger 引起 lnRCA	1	20	11.8938	0.00307	拒绝原假设
lnFDI 不能 Granger 引起 lnRCA	1	20	6.68262	0.01927	拒绝原假设
LnER 不能 Granger 引起 lnRCA	1	20	2.38150	0.14119	接受原假设
LnTL 不能 Granger 引起 lnRCA	1	20	6.52819	0.00993	拒绝原假设

注：以上检验均是在 5%的显著性水平下进行的。

由表 5 可知，格兰杰因果检验发现，AS、FDI、TL 分别是 RCA 的格兰杰原因，而 LP 和 ER 不是 RCA 的格兰杰原因。结合前文协整检验结论可知：第一，规模经济和技术进步对汽车出口竞争力增强有较明显的促进作用，外商直接投资的行业流入对汽车出口竞争力增强有微弱的促进作用；第二，我国劳动生产率与汽车出口竞争力呈微弱的负相关关系，汇率水平与汽车出口竞争力呈现微弱正相关关系，但二者都不是推动其变动的格兰杰原因。

（五）VAR 模型的构建

上述五个变量具有完整的时间序列，符合 VAR 模型对相互联系的时间序列系统动态分析的要求，并且基于上述变量之间的协整关系，我们可构造一个无约束的 VAR 模型。本文将模型滞后期设定为 2 阶，模型参数估计结果如表 6 所示。模型 AIC 值和 SC 值都较小，滞后期设定合适。lnRCA 方程可决系数较高，说明方程拟合程度较好。对模型进行 AR 特征多项式根检验，结果表明 VAR（2）的特征多项式的逆根均小于 1，因此模型是稳定的。

表 6 VAR 模型的参数估计结果

变量	lnRCA	lnLP	lnAS	lnFDI	lnER	lnTL
R^2	0.997412	0.993389	0.998114	0.988448	0.980116	0.973581
模型的 AIC 值	-2.255587					
模型的 SC 值	-1.609392					

$$
\begin{pmatrix} \Delta\ln RCA_t \\ \Delta\ln LP_t \\ \Delta\ln AS_t \\ \Delta\ln FDI_t \\ \Delta\ln ER_t \\ \Delta\ln TL_t \end{pmatrix} = \begin{pmatrix} -9.676624 \\ 10.96779 \\ 8.526851 \\ 4.900218 \\ -6.327525 \\ 0.986104 \end{pmatrix} +
$$

$$
\begin{pmatrix} 0.463805 & 0.230984 & 0.631765 & 0.156717 & 0.121338 & 0.563833 \\ 1.653779 & 0.822951 & 0.125910 & -0.083225 & -0.611080 & -0.534581 \\ 1.071638 & 0.455930 & 0.231764 & 0.022967 & -0.462293 & -0.454778 \\ 1.356784 & -0.118982 & 0.800022 & 0.740616 & 1.292653 & -0.871934 \\ -0.404647 & 0.383414 & -0.035189 & -0.133183 & 0.253000 & 0.176612 \\ 0.099464 & 0.275670 & -0.291306 & -0.216338 & -0.607366 & 0.032746 \end{pmatrix} \begin{pmatrix} \Delta\ln RCA_{t-1} \\ \Delta\ln LP_{t-1} \\ \Delta\ln AS_{t-1} \\ \Delta\ln FDI_{t-1} \\ \Delta\ln ER_{t-1} \\ \Delta\ln TL_{t-1} \end{pmatrix} +
$$

$$
\begin{pmatrix} -0.472788 & -0.081926 & 0.761444 & 0.178944 & 0.087228 & 0.742795 \\ -0.359176 & 0.158566 & -0.970408 & -0.183545 & 0.340306 & -0.234371 \\ 0.002526 & -0.085255 & -0.444730 & 0.099397 & 0.036983 & -0.305118 \\ -0,003834 & 0.325435 & -0.678630 & -0.778405 & -2.037124 & -0.403181 \\ -0.326615 & -0.281161 & 0.548641 & 0.095351 & 0.589720 & 0.084242 \\ 0.291553 & -0.548229 & 1.278226 & -0.169317 & 0.558623 & -0.317117 \end{pmatrix} \begin{pmatrix} \Delta\ln RCA_{t-2} \\ \Delta\ln LP_{t-2} \\ \Delta\ln AS_{t-2} \\ \Delta\ln FDI_{-2t} \\ \Delta\ln ER_{t-2} \\ \Delta\ln TL_{t-2} \end{pmatrix} + \begin{pmatrix} \varepsilon_{1t} \\ \varepsilon_{2t} \\ \varepsilon_{3t} \\ \varepsilon_{4t} \\ \varepsilon_{5t} \\ \varepsilon_{6t} \end{pmatrix}
$$

由 VAR 模型得到的汽车出口竞争力指数决定方程为：

lnRCA=0.463805lnRCA（-1）-0.472788lnRCA（-2）+0.230984lnLP（-1）

-0.081926lnLP(-2)+0.631765lnAS(-1)+0.761444lnAS(-2)+0.156717lnFDI（-1）+0.178944lnFDI（-2）+ 0.121338lnER（-1）+0.087228lnER（-2）+0.563833lnTL（-1）+0.742795lnTL（-2）-9.67662

由方程得到，AS、FDI、ER 和 TL 的滞后项的系数均为正值，说明在滞后一期和滞后二期时，当规模经济、外商直接投资、汇率以及技术水平增加时，汽车出口竞争力都能得到提升，即这四个因素的滞后值对汽车出口竞争力指数都有正向影响。从系数来看，这种正向效应的大小依次为规模经济、技术水平、外商直接投资、汇率。此外，LP 滞后一期的系数为正，滞后二期变为微负，表明随时间推移，劳动生产率对汽车出口竞争力指数产生微弱的负向影响，这与上文的结果完全吻合。

（六）脉冲响应分析

为了进一步分析汽车出口竞争力指数对各关联因素一个标准差冲击的反应程度及其时滞，需要借助脉冲响应函数。脉冲响应函数描述了来自随机扰动项的一个标准差大小的新息冲击对变量当前和未来取值的影响，它能够形象地刻画出变量之间动态作用的路径变化。图 4 中的横轴表示新息冲击作用的滞后期数，纵轴表示因变量对解释变量的响应程度，实线为脉冲响应函数的计算值，两侧的虚线为脉冲响应函数值正负两倍标准差的偏离带，模型中将新息冲击作用的滞后期设定为 15 年。

图 4 中各图依次反映了 lnRCA 对其自身和其他变量（lnLP、lnAS、lnFDI、lnER、lnTL）的脉冲响应。第一幅图表明，汽车出口竞争力指数对自身的冲击有明显的响应，短期内呈先下降再上升的趋势，在第 8 期达到顶点 0.1%，随后开始缓慢回落，到第 15 期衰减到最小值约 0.05%，此后还会继续衰减直至平稳。第二幅图中，当劳动生产率受一个标准差冲击后，出口竞争力指数稍有正向响应后迅速变为负向，并在第 5 期达到最低值约-0.05%，随后在波动中趋于消失。第三幅图显示了规模经济受到一个标准差的冲击后，汽车出口竞争力对其正向响应最为强烈，在第 5 期达到最高点 0.1%，此后逐步衰减直至消失。第四副图表明，出口竞争力对外商直接投资的一个标准差的冲击响应较微弱，在第 3 期达到最高值约 0.03%，且长期呈波动趋势，并在第 15 期后趋于消失。第五幅图中，汽车出口竞争力对技术水平的标准差冲击的响应短期内极其微弱，此后波动直至最终响应消失。第六幅图表明，出口竞争力指数对技术水

平冲击的响应较明显，在第 7 期能达到最大值 0.08%，但初始值为 0，说明出口竞争力指数对技术水平冲击的响应具有一定时滞效应。总之，短期内汽车出口竞争力对规模经济和技术水平的冲击响应较明显，对外商直接投资和汇率水平的冲击响应并不十分显著；此外，长期来看，对劳动生产率的冲击有微弱的负向响应。

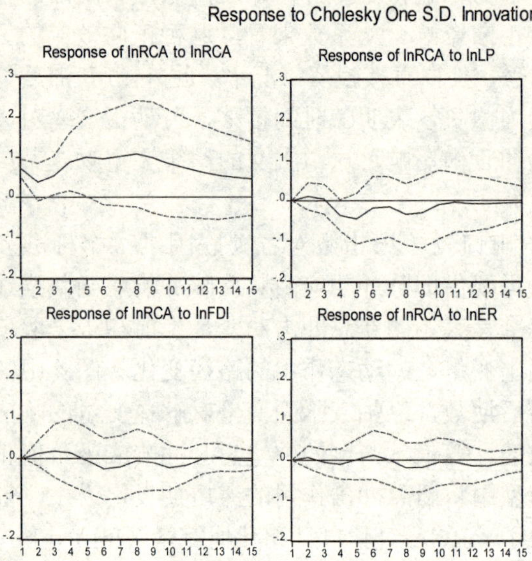

图 4　汽车出口竞争力指数的脉冲响应结果

四、结论与政策建议

（一）实证结论分析

1. 规模经济是汽车出口竞争力提升的首要突破

协整方程表明，规模经济同汽车出口竞争力呈最强的正相关关系，且前者为后者的格兰杰原因，这与预期一致。汽车工业实现规模经济后，可以通过内部扩张和外部效应，从整个价值链条中获得竞争优势。反映在脉冲响应方面，出口竞争力对规模经济冲击的响应最为强烈，因此短期来说实现规模经济是提升汽车出口竞争力的最有效方法。目前我国汽车产业“小、散、全”的组织结构制约了整体竞争力的提升，通用、丰田、大众、福特汽车企业规模都在100万辆以上，而我国汽车企业在此方面却低于40万辆，迫切需要培育一批诸如一汽大众和上汽通用等具有适度规模的大型企业集团。

2. 技术进步在助推汽车出口竞争力上存在时滞

协整方程表明技术水平同汽车出口竞争力呈较强正相关关系，且前者为后者的格兰杰原因。这说明我国汽车产业的技术因素直接影响出口竞争力。在此方面，日本汽车在国际市场上的巨大成功就是这一结论的现实佐证。从脉冲响应函数可以看出，汽车出口竞争力对技术进步冲击响应较强，但具有时滞效应。这是由于同期我国汽车技术水平落后于其他汽车强国，他们能更有效地开发新技术并响应新技术水平的冲击，而我国对这种技术冲击的利用开始仅限于借鉴和模仿，因此在出口竞争力提升空间上会被挤占。现阶段我国汽车研发投入只占销售收入的 2%，而国外已达到 6%～10%，2010 年仅丰田公司一家的研发投入就远超中国整个行业。

3. 外商直接投资对汽车出口竞争力作用十分有限

协整方程和格兰杰因果检验显示，FDI 对汽车出口竞争力有相对较弱的正向促进作用。究其原因，外资的进入给我国汽车产业提供设备资金、先进技术和管理经验的同时，也对国内汽车企业造成了极大挤占和市场垄断，抵消了其对汽车出口竞争力的部分贡献作用。通过脉冲响应函数分析还发现，汽车出口竞争力对 FDI 新息冲击的响应也较微弱，这反映了汽车产业 FDI 流入在质和量上都处于较低水平。虽然 FDI 的行业流入增速迅猛，但作为支柱产业，2010 年汽车行业 52 亿美元的 FDI 流入量相比全国汽车行业 1057 亿美元的水平可谓相形见绌。在质量方面，滕永平（2009）实证证实了 FDI 的技术溢出效应有限，对我国汽车出口竞争力的提高贡献微弱。

4. 劳动生产率和汇率对出口竞争力改善缺乏贡献

实证表明，劳动生产率与出口竞争力微弱负相关，也不是其格兰杰原因。在动态预测方面，劳动生产率的冲击对汽车出口竞争力影响较小且为负向，这与吴文辉（2006）和汤缙贤（2008）的实证结果完全一致。对此的解释，一是我国劳动生产率的提高并未建立在技术水平之上，相比汽车工业大国还处于严重的比较劣势；二是近年来工资成本提高导致了投入产出比下降。此外，实证表明汇率（直接标价法下）同汽车出口竞争力指数正相关，但并非其格兰杰原因，同时出口竞争力对汇率冲击的响应微弱。汇率上升虽然会提升我国整体产品的出口竞争力，但细化到汽车产业却微乎其微，受多种因素制约，汇率波动的影响具有复杂性，没有有效反映到汽车出口竞争力的改善上来。

（二）对策与建议

通过对出口竞争力的国际比较和关联因素的分析，可以抓住根源，针对各方面存在的缺陷和不足，提出完善汽车出口竞争力的发展战略。政府和企业等关键经济主体，要在战略调整过程中发挥各自的积极作用。为此，本文提出如下建议：

1. 规模经济的实现不能仅仅局限于资本要素的集中

为了避免国内市场过度竞争，我国汽车行业应该提高产业集中度，加快企业的集团化发展。一方面，企业应加大与国际汽车巨头的合资合作，整合国内外优势资源，采用多种经营模式实现规模化生产。国有控股汽车企业要加快剥离非核心业务的步伐，民营企业更要积极参与到兼并重组中，为规模化生产注入新的社会活力。另一方面，政府要完善相关法律法规，建立完善的产业出入机制，强制低效企业转型，通过兼并重组的方式对现有规模进行升级，使生产向大型企业积聚。

2. 技术创新应注重人力资本投入并以市场为导向

长远来看，提高中国汽车产业出口竞争力必须依靠技术创新，在引进先进技术的基础上消化吸收再创新。一方面，政府应当开征研发税种，采取财政补贴，来激励汽车企业加大研发投入，同时拓宽引导思路，设立专项基金鼓励国内汽车企业与科研单位合作；另一方面，企业应逐步提高研发投入占营业额的比例，尽快制定节能、环保等关键汽车技术领域的发展路线，培养专门人才和技术团队，实现研发力量在这一优势领域的优先配置。此外，汽车企业不能盲目追求最先进的技术创新，而是要根据市场需求来决定技术创新的方向和层次。奇瑞汽车在这方面做得非常成功，为汽车企业提供了有益的借鉴。

3. 外资引入要更多以技术外溢效应为前提和出发点

FDI 是中国汽车企业获得信息和技术的重要渠道，因此，汽车企业应创造条件，充分利用跨国公司的技术传导效应，善于抓住市场机会与跨国公司密切合作；企业在广泛吸收FDI外溢效应的同时，要建立优质外资选择机制。政府制定招商引资政策时，首要任务是确保流入外资的质量，注重考察外资企业的技术外溢和共享程度；应改变内外资企业的差别待遇，降低外资企业对国内企业的挤出效应，并在此基础上防止垄断和恶性竞争的出现，保持民族汽车产业的自主性。

4. 实施岗位激励与淘汰机制的同时调整劳动力配置方式

我国劳动生产率水平与国外差距过大，为了消除这一劣势，现阶段我国需要进一步加快建立岗位竞争机制和劳动力配置体系。吴先华（2007）等学者实证分析后认为，劳动力过多导致了劳动生产率与出口竞争力负相关，所以从长远来看，应主导实施行业的减员增效。除此之外，企业应当多层次、多角度地创造机会，组织劳动者广泛参加在职培训，增强劳动者的质量意识和创新意识；引入优秀员工生产目标激励机制，充分发挥职工专业技能和生产本领；在加速信息化生产的同时，调整和实现劳动力的优化配置，体现熟练工种和专业型技术人才的比较优势。

总而言之，我国汽车产业的战略转型要以规模经济为基础、以技术进步为导向、以外商投资为助推，并注重提高劳动力素质。这样我国汽车产业才能根本上提升在全球产业链中的分工地位，持续改善出口竞争优势，进而促进汽车产业出口竞争力的增强。

（作者：天津财经大学　索晓宁　硕士研究生；姜鹏　硕士研究生）

进口贸易对我国经济增长影响的理论与实证分析

施晓笑　赵玉红

一、引言

中国已成为世界第二大贸易国、第一大出口国，进出口总额从 1978 年的 206.4 亿美元上升到 2010 年的 29727.6 亿美元。然而，长期以来，不论是理论的研究还是实践的运作，在探讨中国的外贸发展及其对经济增长的贡献时，人们几乎把关注的焦点都放在了出口和贸易顺差等问题上，似乎只有出口才对经济增长起推动作用，只有贸易顺差对经济增长才有积极作用。重商学派的"贸易差额论"、李斯特的"幼稚工业保护论"、凯恩斯的"对外贸易乘数理论"、以克鲁格曼为代表的"战略性贸易政策理论"都对这种观点都提供了理论支持。受这种思想的指导，进口被视为经济增长和国内产业发展的减量或消极因素而长期受到抑制。在实践上也形成了相同的映射，比如我国政府一直推行"高出低进"、"奖出限入"的贸易政策。

然而，随着我国贸易顺差和外汇储备不断攀升所引发的频繁的贸易摩擦和冲突以及人民币升值的巨大压力，种种挑战需要重新审视进口对经济增长的积极影响。我国经过改革开放三十多年的发展积累了很强的经济实力，外汇储备逐年增加，同时对高新技术和重要资源的需求也日益增强，技术贸易进口所产生的技术扩散效应也对国民经济的增长起到了潜移默化的拉动作用。这种机遇也需要我们对进口贸易的重要性重新重视起来。

关于国际贸易对经济增长贡献的研究，国内外学者从不同角度做了大量研究。特别是20世纪80年代以来，国外不少学者将新增长理论及国际贸易新理论运用到进口的供给效应分析中来，比如 Grossman 和 Helpman（1991）运用内生增长理论分析开放经济条件下技术国际溢出与贸易的相互作用；Coe 和 Helpman（1995）从研究与开发（R&D）的国际溢出作用出发，通过实证分析证明了经济增长与进口之间存在正相关关系；Connolly（2003）认为，高技术产品的进口可以直接增加国内产出、促进国内模仿和技术革新，进口对经济增长具有促进作用。

在实证研究上，目前国外有三种方法，一是利用横截面数据对进出口贸易、经济增长等变量做 OLS 普通最小二乘法，如 Balassa（1978，1984）、Feder（1983）；二是利用一个国家的时间序列数据、对外贸易与经济增长等变量进行协整检验、因果关系分析的方法；三是还有学者利用横截面与时间序列数据结合而成的面板数据进行分析，如 Harrrison（1996）。

国内学术界关于对外贸易与经济发展关系的研究主要集中在出口方面，对于进口贸易的研究则相对较少，国内较早研究进口对经济增长贡献的有佟家栋（1995），样本的数据区间为1953~1990年，分析的结论是1979~1990年改革开放极大地调动了国内的生产力，进口对国民经济具有积极的作用，进口每增长1%则GDP增长0.07%。陈家勤（1999）通过对外贸易存度的分析及进口额和 GDP 的弹性分析与相关分析得出结论：进口对经济增长发挥了较大的作用，即得出了与佟家栋类似的结论；刘晓鹏（2001）利用1952～1999年的进口和国内生产总值数据，通过 Granger 理论、协整理论，与出口总额数据一起建立误差修正模型，发现了进口贸易对国民经济增长有强烈并且显著的贡献。

在最近的研究者中，比如孙敬水（2007）、徐光耀（2007）、杜希（2007）、霍伟东和李宁（2008）、孙爱军（2010）则均采用单整检验、协整检验、误差修正模型和格兰杰因果关系检验等计量经济学方法对进口贸易和经济增长之间的动态关系进行了监测，得出了二者之间存在双向格兰杰因果关系及进口与经济增长之间存在长期稳定的动态均衡的研究结论。

综观以上学者的研究，无论是从理论还是实证上都在逐步确定进口与经济增长之间的正相关关系，并最终确定进口贸易对一国的经济增长有着不可磨灭的贡献，我们可以根据这个结论来制定相关的政策，利用进口这个有利的因素更好地为我国经济服务。

二、进口贸易对我国经济增长影响的理论分析

进口贸易是一个发展中国家经济发展必不可少的因素，它对国内引进高新技术和先进制度都至关重要。进口与经济增长之间关系的研究最早可以追溯到古典经济学时代，以后的理论发展大致可以分为新古典增长理论、新增长理论、产业内贸易理论。下面将一一介绍。

（一）古典贸易理论关于进口贸易对我国经济增长影响的观点

古典贸易理论持有的观点可以从以下几个经济学家的见解中得以体现：

1. 亚当·斯密认为，各国应集中生产并出口其具有劳动生产率和生产成本“绝对优势”的产品，进口其不具有“绝对优势”的产品，其结果比自己什么都生产更有利，即从交易中获利来促进本国经济的增长。

2. 大卫·李嘉图进一步指出，各国通过参与国际贸易，从国外获得较便宜的食品等生活必需品以及原材料，从而取得更多的利益，保证资本积累，促进经济增长。

3. 约翰·穆勒认为，进口贸易对增长具有间接影响和直接影响，不但可以得到本国不能生产的原材料和设备等所必需的物资材料，同时推动本国生产过程的创新和改良，提高生产率。穆勒的这种国际价值学说是对古典学派国际贸易理论尤其是李嘉图的相对成本理论的重要补充和发展，在国际贸易学说史上，具有重要的地位和影响。

4. D. H. 罗伯特逊和 R. 纳克斯等后来的经济学家受古典经济学家上述观点和理论的启发，进一步探讨了进口贸易对经济的带动问题，认为资本品的进口使该国取得国际分工的利益，它是经济增长的主要因素；马克斯·科登提出的贸易对经济增长率影响效应理论，认为如果大量进口投资品，会使国内投资品相对价格较低，投资成本下降，而投资率的提高无疑会带来经济增长率的上升。

可见，古典国际贸易理论一贯重视通过进口贸易获取丰富的原材料、廉价的消费品、先进的机器设备来促进本国经济的发展。

（二）新古典增长理论关于进口贸易对经济增长影响的观点

新古典增长理论主要是指美国经济学家索洛提出的经济增长理论，又称为外生经济增长理论。它的假设条件是要素的边际报酬递减，产品和要素价格瞬时调整，经济能够达到长期稳态均衡。在假设成立的条件下，该理论认为经济增长取决于生产要素（劳动力和资本）投入的增加及外生技术进步，并推出了用于核算经济增长的公式：

$$\triangle Y/Y=[(1-\theta)\triangle N/N]+[\theta\triangle K/K]+(\triangle T/T)$$

该公式的含义是：产出增长=（劳动份额×劳动增长）+（资本份额×资本增长）+技术进步。从公式可以看出，一国的经济增长可以依靠从国外进口稀缺资源和技术。从稀缺资源分析，一方面由于绝大多数国家存在资源禀赋方面的差异，不可能完全拥有生产所需的全部要素，通过进口国内稀缺资源可以直接克服国内供给约束，成为经济增长的前提。如英国和日本的经济起飞就是建立在进口稳定而便宜的工业原料基础上的。另一方面，从国外进口高新技术可以提高国内生产设备的技术含量和技术水平，直接推动一国的产业升级和技术进步，提高劳动和资本等要素的边际产出效率。因此，技术设备的进口可以看成是外生的技术进步，对经济增长起着重要作用，19世纪美国经济起飞的重要原因之一就是能够从欧洲获得稳定的劳动力和资本货物的来源。

（三）新增长理论关于进口贸易对我国经济增长影响的观点

新增长理论也称为内生增长理论，依据内生增长理论，进口贸易一方面可以提供运用新知识的各种资源；另一方面通过资本品的进口特别是高新技术产业的引进，形成动态效益，促进生产率的进一步提高，从而推动一国经济长期稳定增长。所以内生增长理论的主要任务之一是揭示经济增长率差异的原因和解释持续经济增长的可能，突破新古典增长理论的假设并把相关的变量内生化。该理论认为技术进步是追求利润最大化的厂商进行意愿投资的结果，而内生技术进步是经济增长的决定因素。

斯坦福大学的保罗·罗默在20世纪80年代提出了这种理论，并创立了罗默内生增长模型。该模型的特点是：从技术内生化开始，始终强调以创意或知识品为基础来理解经济增长和发展的机制。根据罗默的内生增长思想，发展中国家为了实现长期的经济增长，重要的是具备一种使新设计或创意能产生和使用的机制，这就要求政府政策的制定必须重视教育发展和科技投入，激励和保护创新。

另一位代表者卢卡斯，在增长理论方面的重要贡献体现在他的一篇为新增长理论的产生奠定基础的开创性论文——《论经济发展机制》之中。文中揭示了新古典增长模型的经验缺陷（即不能解释国家之间收入水平和增长率的巨大差异），从而提出了两个内生增长模型：第一个模型是人力资本外部性模型，第二个模型是“干中学”的外部性模型。卢卡斯强调人力资本在经济增长中的关键作用，并界定了人力资本的外部效应。这种外部效应的存在意味着一个工人的生产率提高，即其技术水平提高可产生积极影响，从而促进全社会的技术进步和生产率的提高。

因此，进口贸易对长期总供给的影响，在新古典理论看来是静态的、外生的，但在内生增长理论看来是动态的、内生的。

（四）产业内贸易理论关于进口贸易对我国经济增长影响的观点

产业内贸易理论认为，在垄断竞争的市场结构条件下，建立在规模经济基础上的差异产品的相互进口将使所有国家的福利增加。

下面用一个图 1 来阐述，假设市场规模既定，如果垄断竞争行业中的厂商数量越多，则单个厂商的产量就越少，而且在垄断竞争行业里随着厂商数量的增多平均成本也会逐渐提高。因此C线是向右上方倾斜的；与此同时，厂商数量越多，由于相似而又有差异的产品种类变多，竞争激烈，行业价格就越低，因此 P 线是向右下方倾斜的。一开始行业中均衡的厂商数量为 N_1，均衡价格为 P_1，均衡点为 a。随着市场规模的扩大，C 线由 C_1 右移至 C_2，则此时均衡点变为 b，厂商数量增加至 N_2，均衡价格下降至 P_2，一国可以更廉价地进口更多的差异化产品。此外，跨国公司根据在全球范围内依据成本最小原则生产或进口零部件，一方面导致产业内贸易急剧上升;另一方面为东道国创造了大量的就业机会，最终导致东道国潜在总供给的增加和经济增长。美国 20 世纪 90 年代之所以出现高增长、低失业与低通胀并存的新经济现象，重要原因之一就是依据规模经济理论进行全球生产和全球采购从而促进了潜在总供给能力的扩张。高技术产业内贸易的扩大，容易引致进口国技术模仿、创新和扩散，促进国内知识积累和技术进步，进一步强化内生经济增长。

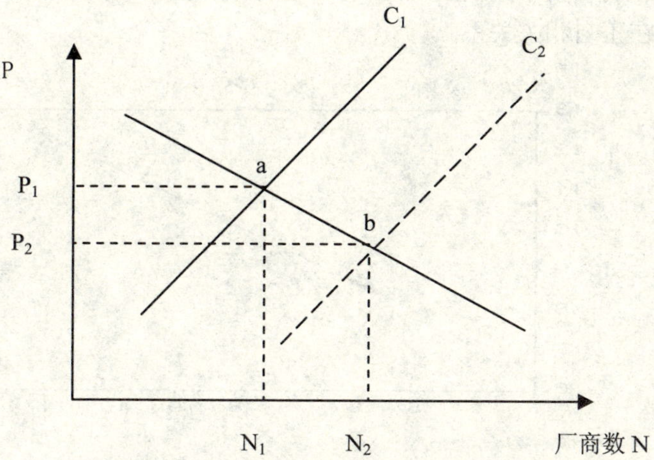

图 1　平均成本、市场规模与产业内贸易

三、进口贸易对我国经济增长的实证分析

与出口贸易的高速增长相一致，中国的进口贸易发展迅速。2010 年，全国进口总值达到 13948.3 亿美元，增长 38.7%，高于 31.3%的出口增长率，进口对我国经济增长的影响变得日益重要。为此，基于上述理论阐释，下面就进口对我国经济增长的影响进行实证分析。

实证分析使用的数据来源为:1953~2009 年历年《中国统计年鉴》、国泰安经济金融研究数据库和中华人民共和国国家统计局网站。本文用 GDP（国内生产总值）表示经济增长，IM 表示进口总额（均以人民币为单位）。由于时间序列数据存在异方差现象，而对数据进行的自然对数变换将有效消除这种弊端并不改变变量间的长期关系，因此本文在实际建模过程中将对 GDP 与 IM 取自然对数，并分别用 Y 与 X 表示变换后的数据。

（一）进口与 GDP 总量的相关性分析

首先，图 2 是 Y 与 X 散点图。从图 2 可以看出，进口量与 GDP 均存在线性变化趋势，且均为正向增长趋势。通过 Eviews5.0 软件，可以查到二者的相关系数达到0.992177，初步确定二者有明显的相互促进作用，存在正自相关关系。

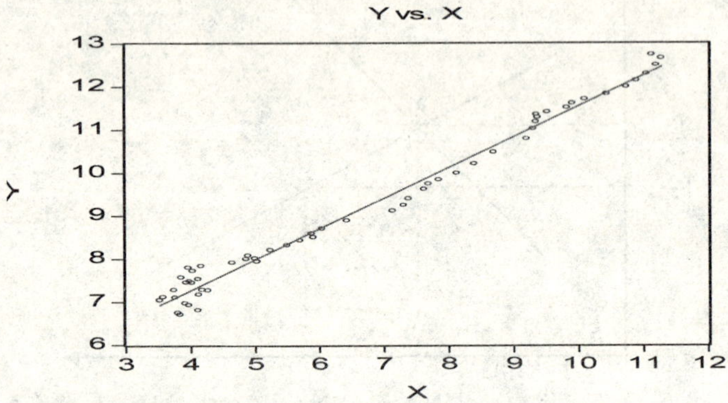

图2 Y与X的变动趋势

其次，由图3可以看出，经济增长快的年份进口也增长较快，但同时可以看出进口变动的幅度要大于GDP。

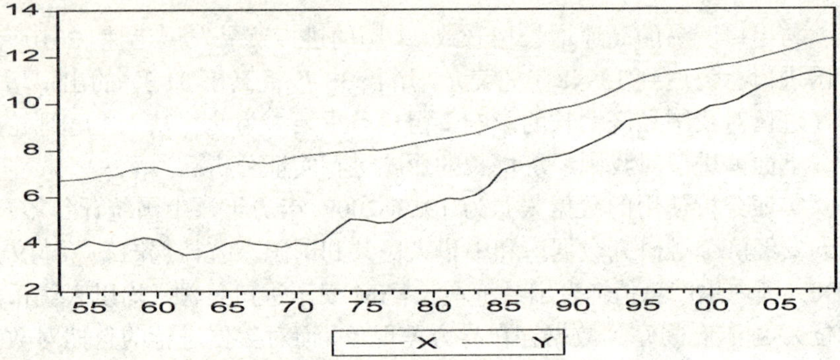

图3 Y与X的变动幅度

（二）进口与GDP的协整分析——基于时间序列模型

1. 单位根检验——ADF检验方法

根据时间序列模型的要求，在建立模型之前需要对序列进行平稳性检验，本文采用 ADF 检验方法对时间序列 Y 和 X 进行检验。根据Eviews5.0，可以看出其t值为1.792099，10%水平下的临界值为-2.596116，所以 Y 为非平稳序列。

对 Y 进行差分处理，可以发现当其进行一阶差分且有截距项处理时，该序列的 ADF 检验结果如表 1，t 值为-4.159278，小于 1%水平下的临界值-3.557472，则此时序列平稳。由此可以判断 Y~I（1）。

表 1　Y 一阶差分后的单位根检验

		t-Statistic	Prob.*
Augmented Dickey-Fuller test statistic		-4.159278	0.0018
Test critical values:	1% level	-3.557472	
	5% level	-2.916566	
	10% level	-2.596116	

同理对 X 序列进行 ADF 检验，可以得到如下结果（见表 2），t 值为 1.183745，大于 10%水平下的-2.596116，所以 X 序列有单位根，也是非平稳的。

对 X 序列进行差分处理，一阶差分处理后（如下表 2），序列的 t 值为-4.935122，则此时其小于 1%水平下的-3.557472，所以此时不存在单位根，序列是平稳的。由此可得到 X~I（1）。

表 2　X 一阶差分后的单位根检验

		t-Statistic	Prob.*
Augmented Dickey-Fuller test statistic		-4.935122	0.0002
Test critical values:	1% level	-3.557472	
	5% level	-2.916566	
	10% level	-2.596116	

综合上述检验，将经过一阶差分的 Y 和 X 序列记为 dY 和 dX，可以得到检验序列 dY、dX 均为平稳序列，可能存在协整关系。所以接下来将进一步检验变量之间的协整关系。

2. 协整检验——EG 检验方法

由上述研究得出 Y 和 X 都是一阶单整序列，所以可以用最小二乘法进行协整回归，得到回归结果见表 3，由此得到协整方程为：

$$Y=4.429082+0.710790 \cdot X$$

（51.64171）（58.94126）

（0.0000）　　（0.0000）

$R^2=0.984415$　$\overline{R}^2=0.984132$　$F=3474.072$　$DW=0.204925$

参数 t 值的伴随概率为 0，说明 t 检验通过，即 X 对 Y 有显著影响，模型设定基本正确；R^2 和 $\overline{R}^2$ 的值接近于 1，表明模型拟合程度很好；F 值明显很好，可认为通过 F 检验，即 X 和 Y 之间存在显著的线性关系；DW 值接近于 0，表明随机扰动项存在序列相关，即残差序列是非白噪声序列。

表 3　Y 与 X 的最小二乘回归结果

R-squared	0.984415	Mean dependent var	9.129165
Adjusted R-squared	0.984132	S.D. dependent var	1.892416
S.E. of regression	0.238386	Akaike info criterion	0.004604
Sum squared resid	3.125527	Schwarz criterion	0.076290
Log likelihood	1.868778	F-statistic	3474.072
Durbin-Watson stat	0.204925	Prob（F-statistic）	0.000000

经过反复实验，得到修改后的模型：

$$Y = 0.3428 + 0.2315 \cdot X + 1.3224 \cdot Y(-1) - 0.3976 \cdot Y(-2) - 0.2387 \cdot X(-1) + 0.0658 \cdot X(-2)$$

（2.289160）（5.775171）　（10.12151）　（-3.247545）

（-3.352874）　（1.301099）

其中 $R^2= 0.999299$，$\overline{R}^2=0.999228$，$F=13978.72$，$DW=1.881883$，均通过方程的一级和二级检验，这个模型的设定是成功的。对该方程生成的残差数列 E 进行 ADF 检验，其结果如表 4，通过 ADF 检验，不存在单位根，序列是平稳的。

表 4　残差数列 E 平稳性检验结果

		t-Statistic	Prob.·
Augmented Dickey-Fuller test statistic		-7.243528	0.0000
Test critical values:	1% level	-3.557472	
	5% level	-2.916566	
	10% level	-2.596116	

综上分析，至此所建的模型是成功的，而且 Y 与 X 之间存在协整关系。

（三）误差修正模型

通过上面模型的建立，基本上可以消除时间序列的趋势性问题，但是可能造成信息缺失的问题，为了进一步验证进口与 GDP 之间的短期动态关系，接下来将进行误差修正模型的建立。

经过 E-G 检验，由已经建立的模型可以得到相应的残差序列 ECM，如下：

$$ECM=Y-0.3428-0.2315\cdot X-1.3224\cdot Y(-1)+0.3976\cdot Y(-2)+0.2387\cdot X(-1)-0.0658\cdot X(-2)$$

将 ECM（-1）看作一个解释变量，连同反映短期波动的解释变量 dX 一起，建立 dY 的短期回归模型，即误差修正模型，经检验发现 DW 值为 1.217641，所以误差存在较强的序列相关。

这是不符合模型基本要求的，经反复试验，得到以下的回归方程：

$$DY=0.2154\cdot DX-0.2935\cdot DX(-1)+1.7457\cdot DY(-1)-0.6327\cdot DY(-2)-1.3805\cdot ECM(-1)$$

相应的检验结果见表 5，模型 t 值、F 值和拟合优度值均通过检验。

表 5　Y 和 X 误差修正模型的回归结果

Variable	Coefficient	Std. Error	t-Statistic	Prob.
DX	0.215360	0.037497	5.743376	0.0000
DX（-1）	-0.293498	0.061949	-4.737764	0.0000
DY（-1）	1.745675	0.238093	7.331895	0.0000

续表

DY（-2）	-0.632730	0.157698	-4.012285	0.0002
ECM（-1）	-1.380535	0.263906	-5.231164	0.0000
R-squared	0.714389	Mean dependent var		0.109701
Adjusted R-squared	0.691074	S.D. dependent var		0.084639
S.E. of regression	0.047043	Akaike info criterion		-3.187474
Sum squared resid	0.108441	Schwarz criterion		-3.003309
Log likelihood	91.06180	Durbin-Watson stat		1.871439

怀特检验结果如表 6，由于 Obs · R-squared=17.76156< $X^2_{0.05}$（14）=23.685，由此可以知道不存在异方差。

表 6　误差修正模型的怀特检验结果

White Heteroskedasticity Test:			
F-statistic	2.107560	Probability	0.044805
Obs · R-squared	17.76156	Probability	0.059122

至此设定的模型已经通过相关检验，得到最终的误差修正模型为：

$$DY = 0.2154 \cdot DX - 0.2935 \cdot DX(-1) + 1.7457 \cdot DY(-1) - 0.6327 \cdot DY(-2) - 1.3805 \cdot ECM(-1)$$

由该模型分析可以得到，进口的短期弹性系数为 0.2154，表明进口每增加 1%，会使 GDP 增加 0.2154%。根据上述模型，各项参数估计量均比较显著，且短期调整系数为负值，符合短期波动向长期均衡调整的反向修正机制，模型可靠。从长期来看，这说明如果本期的国内生产总值偏离长期均衡值，那么到下一时期这一偏离度将有 138%得到修正，调整力度大。

（四）Granger 因果关系检验

下面检验进口与经济增长之间是否存在格兰杰因果关系。长期格兰杰因果关系分析我们采用原始变量 Y 与 X，短期格兰杰因果关系分析我们采用原始变量的一阶差分后的数据。根据赤池信息准则（AIC）和随机扰动项不存在序列相关性的标准选择滞后期。从长期来看，至少在 90%

的置信水平上，进口与国内生产总值存在着双向格兰杰因果关系，说明进口贸易与经济增长在长期动态关系中存在着互相促进的作用;从短期来看，国内生产总值是进口的格兰杰原因，而进口不是国内生产总值的格兰杰原因，说明在短期中，仅存在经济增长对进口增加的带动作用。

（五）向量自回归模型 VAR

为消除时间序列长期变化中存在的剧烈波动，本部分实证分析将采用序列 Y 和 X 的数据来建立 VAR（P）模型，并利用脉冲响应函数和方差分解等分析技术对其进行解释。滞后阶数选择标准是依据 AIC、SC、LR、FPE、HQ 信息准则进行确定，经过操作确定滞后阶数为 4。

同时还要配合检验模型的稳定性，因为非稳定的 VAR 模型是不可以进行脉冲响应分析的。根据 VAR 平稳性检验可以得到检验结果如图 4，由图可见所有特征根的倒数都在单位圆内，表明数列是平稳的。建立 VAR 模型如下：

$$X = 1.2562 \cdot X(-1) - 0.3598 \cdot X(-2) + 0.5201 \cdot Y(-1) - 0.3743 \cdot Y(-2) - 0.6020$$

$$Y = 0.0522 \cdot X(-1) - 0.0175 \cdot X(-2) + 1.4428 \cdot Y(-1) - 0.4843 \cdot Y(-2) + 0.2035$$

由 VAR（4）白噪声检验可以看出，不存在残差序列，不存在自相关关系，通过了白噪声检验。

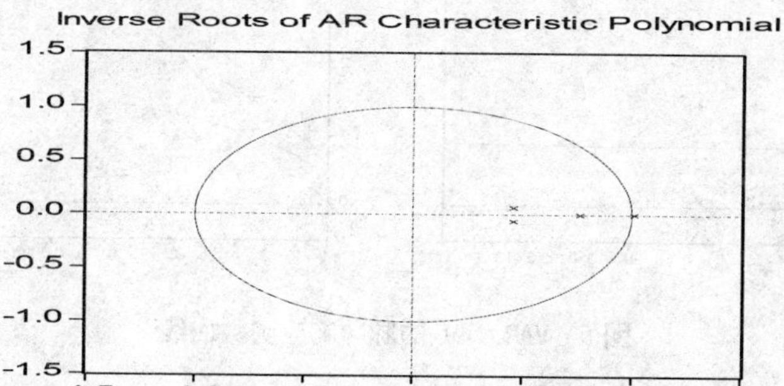

图 4　VAR 模型的稳定性检验

（六）脉冲响应分析

建立了 VAR 模型之后，我们可以通过脉冲响应函数研究每个内生变量的变动或冲击对它自己及所有其他内生变量产生的影响。图 5 是基于 VAR（4）和渐近解析法模拟的脉冲响应函数曲线，横轴代表响应函数的追踪期数表示冲击作用的滞后期间数（年），纵轴代表因变量对系统内一个标准差新息冲击的响应程度，实线表示脉冲响应函数，代表了因变量对相应冲击的反应路线，虚线表示正负两倍标准差置信带。在此模型中，我们将响应函数的追踪期数设定为 15 年。

由图 5 可以发现，Y 对自身的一个标准差信息立刻有较强反映，到第 3 期左右达到最大，然后开始下降。来自进口的影响当期就开始产生影响，持续增加到第 10 期左右开始降低，与进口对经济的影响过程一致。

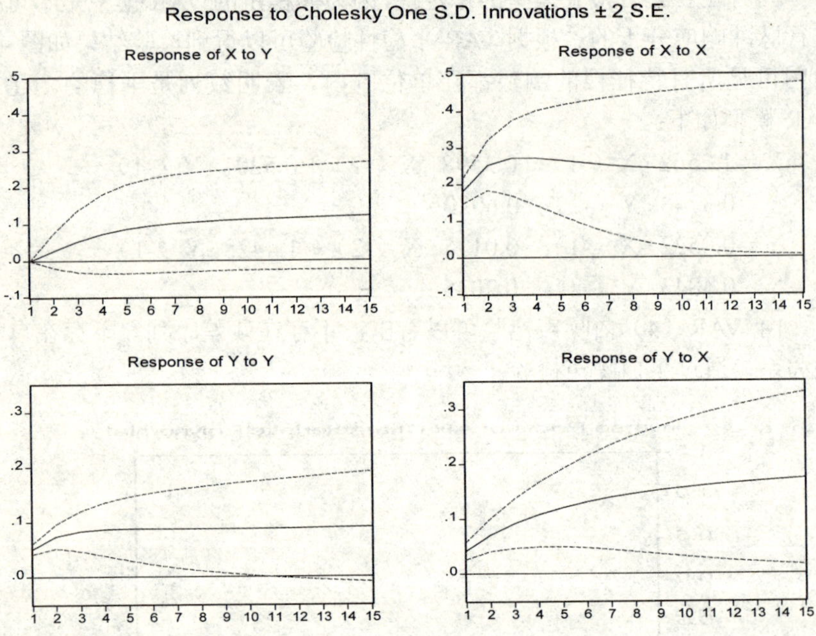

图 5 VAR（4）的脉冲响应函数曲线

（七）方差分解表分析

方差分解将预测方差分解后通过变量的贡献占总贡献的比重来进一步评价不同变量的重要性。方差分解定量地呈现每个随机扰动的相对重要性。本文基于 VAR（4）模型，利用渐近解析法（Analitie）对 Y 和 X

进行了方差分解，结果见表 7。

表 7 VAR（4）方差分解

Variance Decomposition of Y:			
Period	S.E.	X	Y
1	0.183221	0.000000	100.0000
2	0.312892	0.363372	99.63663
3	0.417852	1.181301	98.81870
4	0.503744	2.271436	97.72856
5	0.575815	3.470915	96.52909
6	0.638018	4.665064	95.33494
7	0.693149	5.787062	94.21294
8	0.743150	6.805528	93.19447
9	0.789373	7.711345	92.28866
10	0.832765	8.507715	91.49229
Variance Decomposition of X:			
Period	S.E.	X	Y
1	0.066655	59.50025	40.49975
2	0.122283	52.59724	47.40276
3	0.174079	47.23331	52.76669
4	0.222294	43.03526	56.96474
5	0.267543	39.71643	60.28357
6	0.310354	37.05206	62.94794
7	0.351117	34.87478	65.12522
8	0.390118	33.06389	66.93611
9	0.427576	31.53329	68.46671
10	0.463669	30.22137	69.77863

第一列是预测期，S.E.数据为变量 Y 和 X 的各期预测标准误差，后面两列为百分数，表示以对应变量为因变量的方程的随机扰动对各期预测方差的贡献度，每行结果相加是 100，以表现不同时期各个变量随系统变化的重要性。

在表 7 中，在第一栏中，由于国内生产总值是模型出现的第一个内生变量，则在第一期时预测方差将全部来自该方程的新息，在第一期只受自身变动的影响。在第二期中，进口贸易对国内生产总值预测方差的贡献度为 0.36%，此后呈现逐步增强态势，期末升至 8.51%的水平。这说明进口贸易增长从长期来看对国内生产总值的发展具有一定的贡献效应。

第二栏的结果显示国内生产总值从第一期就开始显著影响进口贸易水平，其对进口贸易预测方差的贡献度一开始就达 40.5%，此后呈现逐渐增长的趋势，最后达到了顶测方差的 69.78%左右。而进口贸易期初受自身的影响为 59.5%，之后逐期下降，最后稳定在 30.22%左右。这说明了国内生产总值发展不论是在短期还是在长期来看都对进口贸易增长有比较明显的促进作用，并且这种贡献度呈逐渐增大趋势。

四、结论

本文运用统计和计量分析方法进行研究得出结论：我国进口贸易与经济增长之间存在着十分稳定而长期的动态均衡关系，但是进口贸易对经济增长的促进作用在短期与长期内具有不同的影响。数据研究表明，进口贸易在长期内对我国经济增长将具有较强的促进作用，但在短期内对我国经济增长的作用却不够显著。

（作者：天津财经大学　施晓笑　学生；　赵玉红　学生）

中国对外贸易结构对全要素生产率的影响及其优化对策研究

张　兵　许婷婷

一、前言

自2001年我国正式加入WTO以来，对外贸易进入了快速增长时期，进出口规模翻了三番多。2010年，我国货物进出口总额达到了29728亿美元的新高。近年来，伴随着我国对外贸易在贸易规模、贸易增长速度、贸易地位等方面发生的变化，我国的进出口商品结构也在进一步优化。而在中国对外贸易欣欣向荣发展的同时，中国的GDP同样经历着十几年的高速增长，那么中国经济持续增长的动力究竟在哪里？根据索洛和斯旺的新古典经济增长模型，以及卢卡斯的内生增长模型，经济持久增长的原因在于动态效率的改善和全要素生产率（Total Factor Productivity，TFP）的提高，而不能仅依靠要素投入的增加。对外贸易过程中往往伴随着技术溢出，不管是进口还是出口，而贸易结构的改变既对这种溢出有一定的影响，又从某种程度上反映了国内生产技术的进步，即全要素生产率的提高，那么其中对外贸易结构的升级对全要素生产率的影响究竟有多大呢？具体的影响机制又如何呢？本文在这个背景下展开讨论，希望能够找到问题的答案，这对于中国未来的贸易结构转变和升级的方向以及经济增长方式的转变都有借鉴意义。

二、相关理论和文献综述

（一）进出口贸易结构对TFP的影响机制

贸易结构变化与TFP存在紧密联系。生产决定贸易，通常一国出口的是本国生产较多且具有比较优势的产品，产业结构决定贸易结构。而 TFP 所反映的技术进步正是决定产业结构转变升级的关键。同样，贸易结构变化对 TFP 的变化也有着重要作用。贸易是经济增长的发动机。贸易结构的变化源于国际比较利益的变化，作为最先感受到国际竞争压力的出口贸易结构的变化必将对国内产业的发展起到导向作用，促进国内产业结构、产品结构跟随国际市场的变化而变化。当出口贸易结构由以初级产品为主升级为以工业制成品为主时，必将极大地鼓励工业制成品部门的生产，促进其参与国际竞争，积极改进技术，降低成本，加强营销。从进口的角度来看，如果进口内含更高技术的机器设备、技术、专利等来弥补国内技术上的空缺，学习国外的经验，那么国内的生产过程也会不断改善和进步，从而改变 TFP。

（二）国内外研究现状综述

近年来很多学者开始关注贸易结构与中国经济增长的关系。蓝庆新（2001）运用我国 1989～1998 年间的数据，研究了中国贸易结构变化和经济增长转型的关系，但是只研究了出口结构，将出口部门分为初级产品和工业制成品，采用全要素生产率（TFP）与总要素投入（TFI）对经济增长的贡献份额之比判断我国的经济增长方式，建立了基本的多元回归方程。最后得出我国经济增长方式受出口贸易结构影响较大，加快贸易结构转型，促进贸易结构由粗放向集约型转变，也就促进了经济增长的结论。赵国钦和赵安平（2010）从交易费用的角度测算了中国经济增长和贸易结构的关联度，得出的结论是从中长期看，中国宏观交易费用的增长在抑制国内贸易的同时刺激了对外出口贸易，从而间接改变了中国的贸易结构并使得贸易顺差不断积累。他们同时考虑了出口和进口两方面，分别采用数据平稳化后的 VAR 模型和 VEC 来研究中国的交易费用、经济增长和贸易结构之间的长期均衡关系和短期调整机制。胡兵和乔晶（2009）从出口结构视角重新审视了改革开放以来中国迅速增长的出口贸易和经济增长之间的关系。在包括经济增长、技术进步、出口总量增长和结构变化的四变量系统中，利用 LA—VAR 模型的实证分析表明，无论是工业制成品占出口总额比重还是工业制成品出口中资本技术密集型产品比重的变化，均对我国经济增长和技术进步具有重要影响。张曙霄等（2009）在研究中国对外贸易结构的同时，除了从各个角度详细分析了中国的贸易结构之外，还对货物贸易进出口商品结构及其变化对货物贸易条件、产业结构、经济增长的关系分别进行了实证分析，运用了最小二乘法回归，并且从 SITC 分类衡量的商品结构和要素密集度衡量的商品结构两个角度同时分析了出口和进口的影响。张亚斌（2006）运用 1979～2001 年的数据，建立了我国出口商品结构变量对 TFP 指数的回归分析，表明技术进步与我国的出口商品结构存在显著的正相关关系，并且通过对特定技术进步与产业结构关系的建模，发现发生在高级部门的技术进步会引起一国资源的重组并促进产业结构的提升。

三、中国进出口贸易结构分析

（一）中国货物贸易进出口现状

从 2000 年到 2010 年，中国货物贸易总额从 4742.9 亿美元激增到 29727.6 亿美元，仅仅 11 年间贸易规模就扩大了 5.3 倍，比改革开放初期增长了近 83 倍。如图 1 所示，中国货物贸易出口额从 2000 年的 2492 亿美元增长到 2010 年的 15779 亿美元。出口规模的扩大提升了中国出口额占世界出口额的比重，2000 年中国出口额占世界出口总额的比重为 3.9%，在世界货物贸易出口国排名榜上位列第七；2010 年中国出口额占世界出口总额的比重上升到 10.5%，在世界货物贸易出口国排名榜上居第一位。货物贸易进口额从 2000 年的 2250.9 亿美元增长到 2010 年的 13948.3 亿美元，2000 年中国进口额占世界进口总额的比重为 3.4%，在世界货物贸易进口国排名榜上列第八位；2010 年中国进口额占世界进口总额的比重上升为 9.1%，在世界货物贸易进口国排名榜上跃居第二位。

（二）中国货物贸易进出口商品结构

一国或地区的对外贸易商品结构可以反映出该国或地区的经济技术发展水平、产业结构状况及资源状况等。按照《国际贸易标准分类》（SITC），可以把产品分为初级产品和工业制成品。初级产品又可以分为五类，即 SITC 0 类，食品及主要供食用的活动物；SITC 1 类，饮料及烟类；SITC 2 类，非食用原料；SITC 3 类，矿物燃料、润滑油及有关原料；SITC 4 类，动、植物油脂及蜡。工业制成品也可以分为五类，即 SITC 5 类，化学及有关产品；SITC 6 类，轻纺产品、橡胶产品、矿冶产品及其制品；SITC 7 类，机械及运输设备；SITC 8 类，杂项制品；SITC 9 类，未分类的其他产品。

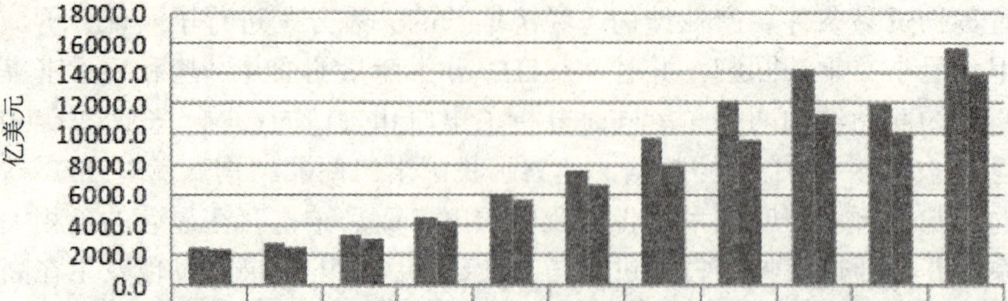

	2000	2001	2002	2003	2004	2005	2006	2007	2008	2009	2010
■出口总额	2492	2661	3256	4382	5933	7619	9689	1217	1430	1201	1577
■进口总额	2250	2435	2951	4127	5612	6599	7914	9559	1132	1005	1394

图1　2000～2010年中国货物贸易进出口额

资料来源：《中国统计年鉴2010》和国家统计局2010年国民经济与社会发展统计公报。

1. 总体情况

从规模上看（见表1），除2001年我国初级产品进口额较2000年下降，2009年因为受全球性金融危机的影响，我国货物贸易进出口额较2008年都有所下降外，其他年份各类产品的进出口规模都不断扩大。

表1　2000～2010年中国按SITC分类的进出口商品金额（单位：亿美元）

年份	进出口总额	出口额			进口额		
		总额	初级产品	工业制成品	总额	初级产品	工业制成品
2000	4742.9	2492.03	254.60	2237.43	2250.94	467.39	1783.55
2001	5096.5	2660.98	263.38	2397.60	2435.53	457.43	1978.10
2002	6207.7	3255.96	285.40	2970.56	2951.70	492.71	2458.99
2003	8509.9	4382.28	348.12	4034.16	4127.60	727.63	3399.96
2004	11545.5	5933.26	405.49	5527.77	5612.29	1172.67	4439.62
2005	14219.1	7619.53	490.37	7129.16	6599.53	1477.14	5122.39
2006	17604.0	9689.36	529.19	9160.17	7914.61	1871.29	6043.32
2007	21737.3	12177.76	615.09	11562.67	9559.50	2430.85	7128.65
2008	25632.6	14306.93	779.57	13527.36	11325.62	3623.95	7701.67
2009	22075.4	12016.12	631.12	11384.83	10059.23	2898.04	7161.19
2010	29727.6	15779.32	817.16	14962.16	13948.29	4325.57	9622.72

资料来源：《中国统计年鉴2010》和国研网。

通过计算我国初级产品和工业制成品的进出口比重（见表 2），可以发现，我国初级产品的出口比重在逐年下降，相应的工业制成品的比重则逐年上升。改革开放以前，我国的出口商品一直以初级产品为主。1981 年，我国工业制成品的出口比重首次超过初级产品的出口比重。1992 年以来，工业制成品的出口比重一直维持在 80%以上，我国出口商品结构的初步升级得以实现。2001 年以来，我国工业制成品的出口比重一直维持在 90%以上。

表 2　2000～2010 年中国进出口商品结构的变动情况　（单位%）

年份	初级产品出口比重	工业制成品出口比重	初级产品进口比重	工业制成品进口比重
2000	10.22	89.78	20.76	79.24
2001	9.90	90.10	18.78	81.22
2002	8.77	91.23	16.69	83.31
2003	7.94	92.06	17.63	82.37
2004	6.83	93.17	20.89	79.11
2005	6.44	93.56	22.38	77.62
2006	5.46	94.54	23.64	76.36
2007	5.05	94.95	25.43	74.57
2008	5.45	94.55	32.00	68.00
2009	5.25	94.75	28.81	71.19
2010	5.18	94.82	31.01	68.99

资料来源：根据《中国统计年鉴 2010》和国研网的数据计算。

从初级产品和工业制成品进口的比重来看，进口商品结构的变化自改革开放以来并不如出口那么显著。从近几年的数据看，初级产品和工业制成品的进口比重并非呈一直上升或下降的态势，除了 2001～2003 年在 20%以下，其他年份在 20%以上，然而差距并不大。

2. 出口商品结构情况

在我国初级产品的出口中，占主要地位的是第 0 类和第 3 类，其他几类的出口额较少，但是各组成部分在初级产品出口中所占份额相对稳定（如图 2 所示）。食品及主要供食用的活动物份额一直维持在 50%左右，除了2008年有一个比较明显的下降；而矿物燃料、润滑油及有关原料的出口比重一般在30%以上，在2008年有一个骤升，之后又恢复成一般水平。在初级产品出口份额中最少的是SITC4，在总出口比重中不足1%。

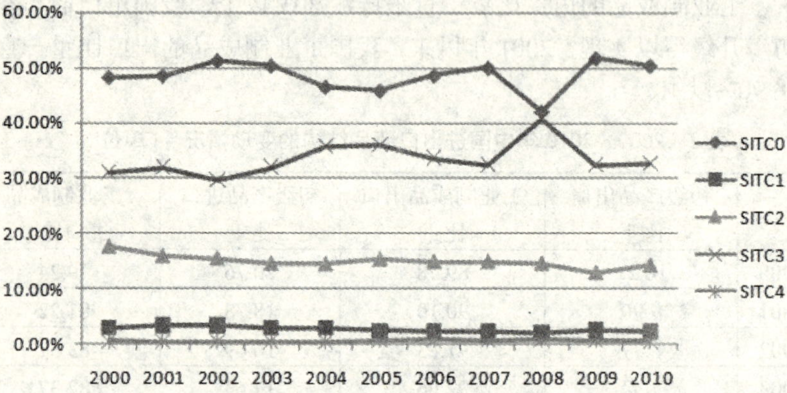

图2　2000～2010年中国各类初级产品的出口份额

资料来源：《中国统计年鉴2010》和国研网。

在我国工业制成品的出口中，占主要地位的是第7类和第8类，而第5类和第9类的出口则较少，与初级产品不同的是，第7类和第8类产品从2000年开始在出口制成品中的份额发生了明显的变化（如图3所示）。

机械及运输设备出口比重一直在上升，从2000年的36.92%上升到2010年的52.15%，已经超过了工业制成品出口额的一半，这也是我国出口商品结构优化的一个体现。而杂项制品出口份额则呈相反的变化，从2000年的38.56%下降到2008年的24.84%，之后稍有回升。其他三类产品在工业制成品中份额比较少，基本维持不变。

3. 进口商品的结构情况

在我国初级产品的进口中，处于主要地位的是第2类和第3类，而其他三类的进口额比较少。第2类和第3类在初级产品进口中一直维持在较高水平，二者之和占据了初级产品进口的90%以上，而其他几类则不到 10%。这说明我国进口都是以非食用原料和矿物燃料、润滑油及其他原料为主。而各组成部分在初级产品中所占的份额相对稳定（如图 4 所示）。

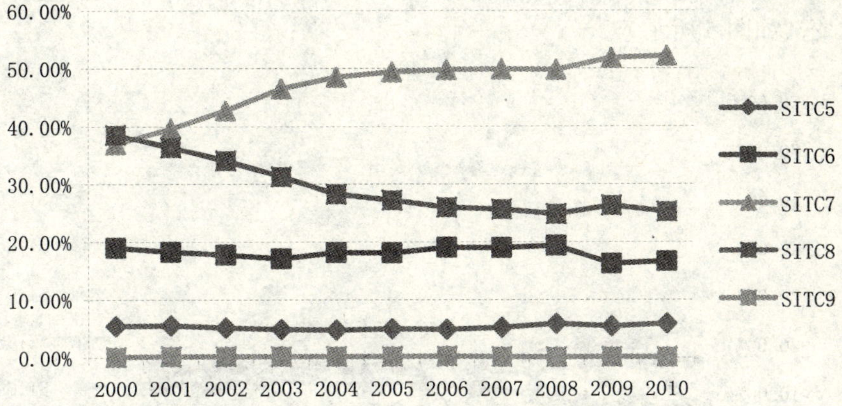

图 3　2000～2010 年中国各类工业制成品的出口份额

资料来源：《中国统计年鉴 2010》和国研网。

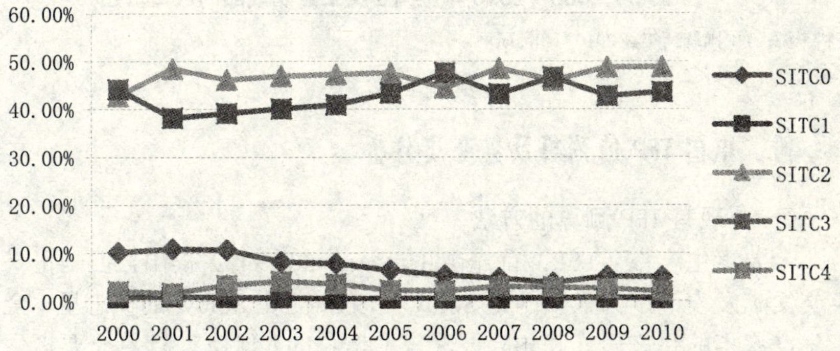

图 4　2000～2010 年中国各类初级产品的进口份额

资料来源：《中国统计年鉴 2010》和国研网。

在我国工业制成品的进口中，第 5 类至第 8 类的进口额均逐年增加，其中增长最快的是杂项制品，11 年内增长了近 10 倍。在工业制成品进口中占主导地位的是第 7 类机械及运输设备，每年都占工业制成品进口的一半以上，并且保持着上升的趋势。而轻纺产品、橡胶产品、矿冶产品及其制品所占的比重则逐年下降，从 2000 年的 23.44%下降到 2010 年的 13.63%。杂项制品的比重缓慢上升。化学及有关产品的比重则基本不变（如图 5 所示）。

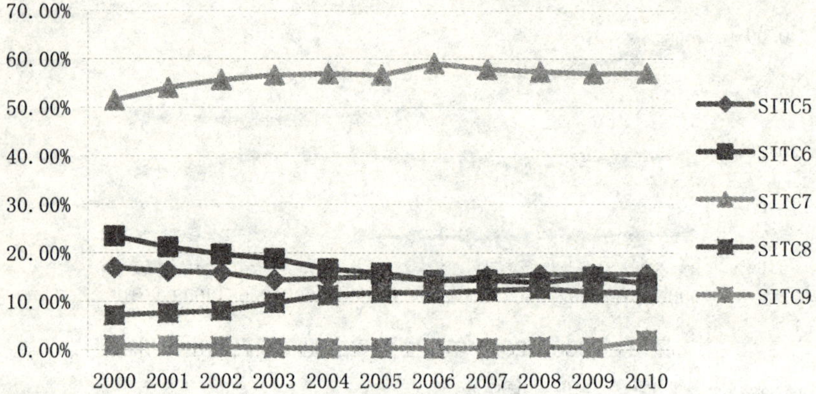

图 5 2000～2010 年中国各类工业制成品的进口份额

资料来源：《中国统计年鉴 2010》和国研网。

四、中国 TFP 的测算及其变动分析

（一）现有 TFP 测算的方法

全要素生产率（TFP）首先由 Timbergen（1942）提出，但是正式以英文文献发表而广为人知的是 Solow（1957），在 Solow 的概念里，全要素生产率指的是产出增长扣除要素投入增长的“剩余”。计算全要素生产率的方法有很多种，最常用的有两种方法：一种是增长核算法，即将生产函数设为 Y=F（K、L、t），其中 Y、K、L、t 分别是产出、资本、劳动力、时间。对时间求导，化简整理后，得出的是 TFP 增长率和产出增长率、资本增长率、劳动力增长率之间的表达式。另一种是生产函数估计法，即假设生产函数为：

$$Y = AL_t^{\alpha}K_t^{\beta} \quad (1)$$

A=TFP_t，Y_t、K_t、L_t 同上，α、β 分别代表劳动产出弹性和资本产出弹性。如果假定规模报酬不变，则 α+β=1，两边取对数并以时间为变量求导后，得出：

$$\Delta A / A = \Delta Y / Y - \alpha\Delta L / L - \beta\Delta K / K \quad (2)$$

ΔA/A、ΔY/Y、ΔK/K 和 ΔL/L 分别为全要素生产率、产出、资本和劳动的年增长率。在以上两种方法中，前一种直接计算的是全要素增长率，后一种则可以同时计算全要素生产率及其增长率。

这两种方法的运用都有一个核心的问题，即 α 和 β 值的确定。而 α 和 β 的测算主要有两种方法：一是收入份额法，通常用工资或劳动报酬占国民收入的比重来代表 α，用利润占国民收入的比重代表 β。二是回归法，即用各种类型的生产函数进行回归得到 α 和 β 的值。份额法在早期的研究中运用比较多，在实际运用中，它存在着很大的局限性，在运用这种方法时除需要比较全面的有关收入、报酬、利润等的数据外，还需要各类数据有统一的口径，这在中国比较难做到。所以，经济学家们通常在一定背景下直接给 α 和 β 赋值。近年来，计量方法逐渐在经济学研究中更多地运用，所以利用回归法求 α 和 β 成为主流。但是回归法也有缺陷，不同的生产函数估计得出的结果存在较大差异，在运用 C-D 生产函数时，为了避免资本和劳动出现共线性问题，又总会假设 α+β=1，即规模报酬不变，而在实际中，这种情况很少见。

（二）中国 TFP 的模型测算结果

由于本文重在求全要素生产率的水平状态，故将采用生产函数估计法计算 TFP。为了避免劳动和资本出现共线性，假设规模报酬不变，即 α+β=1。两边取对数并整理后得到：

$$\ln y / I = \ln A + \beta \ln k / I \quad (3)$$

但是索洛残差和技术进步并非完全等价，其中还包含着制度、宏观政策等因素。这就是说在正经历体制改革的中国是不能忽视这些因素的。为了使测算的全要素生产率比较精确，此次模型测算还将考虑制度因素的影响。徐家杰（2007）曾加入了制度因素对中国 1978～2006 年的 TFP 进行了测算。本文将仿照他的方法，给模型加入虚拟变量，以区别制度因素前后的经济行为，对 1980～2009 年中国 TFP 进行测算。1989 年的政治风波使许多方面的政策趋于保守，这样的状况一直持续到 1992 年初邓小平南巡。因此，可以初步判断中国的索洛残差中所包含的制度因素不可忽略。可以考虑在（3）式中添加虚拟变量 d：当取 1989～1991 年的数据时，d=1；其余年份，d=0。这样，估算中国全要素生产率的模型变为：

$$\ln y/I = \ln A + \beta \ln k/I + cd + \varepsilon \qquad (4)$$

y、k 和 I 分别由国内生产总值、固定资本存量及全国就业总人数来衡量。其中 y 按 1978=100 的 GDP 指数进行折算（单位:亿元）。k 采用国际通用的永续存盘法进行计算，具体公式为 $k_t= I_t+（1-\delta）k_{t-1}$。其中：$k_t$ 表示第 t 年的资本存量，k_{t-1} 表示第 t-1 年的资本存量，δ 为资本折旧率，I_t 为第 t 年净投资量。初始值主要根据王小鲁等（2009）采用邹至庄的计算（Chow，1993），设定初始年份（1952 年）的全国固定资本存量为 700 亿元（1978 年价格），将其计算的 1979 年的固定资本存量作为本文的初始值。当年净投资 I_t 采用每年的固定资产投资，并用计量经济学所认可的工业品出厂价格指数折算为 1978 年的价格，资本折旧率 δ 则按固定资产法定折旧率：1979～1989 年为 5%，1990～2000 年为 6%，2001～2005 年为 7%，2006～2009 年为 8%。各变量数据经调整后的结果见表 3。

用普通最小二乘法对（4）式进行回归，参数估计和检验结果如下：

$$\ln y/I = -0.82 + 0.66 \ln k/I - 0.07d \quad [AR(2)=0.83] \qquad (5)$$

$$(-7.0)\ (10.7) \qquad (-4.4) \qquad (12.0)$$

$$R^2=0.99 \qquad \text{F-statistic}=3594 \qquad DW=1.52$$

从检验结果来看，这个回归是可信的，已经消除了自相关和多重共线性。由此可以得出中国的资本产出弹性 β=0.66，相应的劳动力的产出弹性 α=0.34。根据（1）式，算出 TFP 的值如表 3 所示。

（三）我国 TFP 增长分析

从表 3 估算结果看，自改革开放以来，我国 TFP 的水平增长比较平稳，除个别年份有所倒退以外，其余年份全要素生产率水平呈稳步增长态势，特别是 2000 年以后增长速度逐年加快，虽然在 2009 年有所回落，但主要还是受全球性金融危机的影响，总体的态势是上升的。这个结果也和国际主流观点一致。

但是全要素生产率的测算本身有太多问题，那么从理论和经济事实上进行判断就成为必要。易纲、樊纲和李岩（2003）在《关于中国经济增长与全要素生产率的理论思考》中提出了中国经济存在效率提升的四点证据：改革带来的制度变迁、技术进步、人力资本、人民币汇率走势和官方储备的增长。事实上，我们还可以从贸易结构的变化上看出技术的进步趋势，接下来就通过计量的方法测算贸易结构和TFP的影响究竟如何，二者之间的是否互相关联。

表3 1980～2009年中国国内生产总值、固定资本存量、从业人员总量、TFP值及TFP增长率

年份	国内生产总值（1978年价，亿元）	固定资本存量（1978年价，亿元）	从业人员总量（万人）	TFP	TFP增长率
1980	4228.7	8005.62	42361	6.867	
1981	4450.4	8545.55	43725	6.849	-0.003
1982	4853.5	9324.46	45295	6.967	0.017
1983	5380.3	10261.60	46436	7.189	0.032
1984	6196.8	11522.33	48197	7.574	0.054
1985	7031.2	13210.42	49873	7.762	0.025
1986	7653.3	15226.46	51282	7.620	-0.018
1987	8539.8	17479.20	52783	7.687	0.009
1988	9503.1	19891.19	54334	7.777	0.012
1989	9889.2	21467.10	55329	7.649	-0.017
1990	10268.9	22708.00	64749	7.255	-0.051
1991	11211.4	24294.83	65491	7.546	0.040
1992	12808.0	26825.60	66152	8.047	0.066
1993	14596.6	30419.85	66808	8.413	0.045
1994	16505.9	34271.71	67455	8.764	0.042
1995	18309.2	38019.41	68065	9.050	0.033
1996	20141.7	42194.12	68950	9.254	0.022
1997	22014.2	46710.78	69820	9.417	0.018
1998	23738.7	52278.86	70637	9.391	-0.003
1999	25547.5	58156.03	71394	9.386	-0.001
2000	27701.5	64334.67	72085	9.490	0.011

年份	国内生产总值（1978年价，亿元）	固定资本存量（1978年价，亿元）	从业人员总量（万人）	TFP	TFP 增长率
2001	30000.8	70904.88	73025	9.596	0.011
2002	32725.5	79177.01	73740	9.700	0.011
2003	36006.4	90161.44	74432	9.765	0.007
2004	39637.7	103606.64	75200	9.773	0.001
2005	43773.0	120077.11	75825	9.764	-0.001
2006	48871.2	139009.56	76400	9.872	0.011
2007	55243.0	162414.29	76990	10.043	0.017
2008	60189.5	190093.55	77480	9.842	-0.020
2009	65666.7	230758.93	77995	9.427	-0.042

资料来源：根据《中国统计年鉴 2010》、《新中国五十五年统计资料汇编》中的数据整理计算。

五、中国进出口贸易结构对TFP影响的模型分析

（一）回归方程的构造

给出中国贸易进出口结构对全要素生产率影响的回归模型，分别为：

$$TFP = \beta_0 + \beta_1 x_{primary} + \beta_2 x_{industry} + \varepsilon \quad (6)$$

$$TFP = \beta_0 + \beta_1 m_{primary} + \beta_2 m_{industry} + \varepsilon \quad (7)$$

$$TFP = \beta_0 + \beta_1 x_{labor} + \beta_2 x_{capital} + \varepsilon \quad (8)$$

$$TFP = \beta_0 + \beta_1 m_{labor} + \beta_2 m_{capital} + \varepsilon \quad (9)$$

其中，变量 x、m 分别代表出口和进口。下标代表的含义为：（6）式和（7）式中 primary、industry 分别代表初级产品和工业制成品，用来衡量第一层次的贸易结构变化；（8）式和（9）式中 labor、capital 分别代表劳动密集型和资本技术密集型，以衡量第二层次的贸易结构变化。根据 SITC 的分类和国际上的惯用做法，将工业制成品中的 SITC6 类和 SITC8 类（主要是纺织品、橡胶产品和杂项制品等）归为劳动密集型产品，SITC5 类、SITC7 类和 SITC9 类（主要是化学产品、机械运输类等）归为资本技术密集型产品。

（二）数据说明及回归结果

相关的数据来源于《中国统计年鉴》各期，本文计量的时间区间是1980～2009 年，样本容量 30 个。为了消除价格的因素，将各年的贸易额均作了除以 CPI 指数的处理，CPI 指数以 1978 年为基期。为克服时间序列容易产生自相关性，在回归时各方程中根据情况加入了 AR 项，具体几项由方程的拟合优度及DW值决定。最小二乘法估计结果如下所示：

$$TFP = 10.41 - 0.037x_{primary} + 0.0019\beta_2 x_{industry} \quad [AR（1）=1.72] \quad (10)$$

（31.8）（-7.98）（12.06）（10.51）

$R^2=0.94$ F-statistic=205 DW=1.54

$$TFP = 7.95 - 2.31E-05m_{primary} + 0.0015m_{industry} \, [AR(1)=1.60 \; AR(2)=-0.68] \quad (11)$$

（13.30）（-0.03）（2.16）（9.70）（-4.13）

$R^2=0.97$ F-statistic=241 DW=1.81

$$TFP = 8.93 + 0.0027x_{labor} - 0.0016x_{capital} \, [AR（1）=1.39 \; AR（2）=-0.46] \quad (12)$$

（10.53）（2.14）（-1.35）（7.57）（-2.56）

$R^2=0.98$ F-statistic=243 DW=1.89

$$TFP = 8.00 + 0.003m_{labor} + 0.0008m_{capital} \, [AR（1）=1.58 \; AR（2）=-0.66] \quad (13)$$

（12.90）（1.48）（0.68）（9.26）（-3.85）

$R^2=0.98$ F-statistic=248 DW=1.81

（三）计量及经济分析

上述 4 个回归结果都已经消除了自相关，经过 White 检验，也不存在异方差，并且从 F 统计量上看，整个方程的回归也是显著的。

回归方程（10）衡量了全要素生产率与初级产品贸易、工业制成品出口之间的关系。方程（11）是全要素生产率与初级产品贸易、工业制成品进口之间的关系。方程（12）和方程（13）分别是全要素生产率与劳动密集型产品、资本技术密集型产品出口和进口的回归关系。

由方程（10）的结果可以看出，工业制成品的出口对 TFP 有正向的促进作用，而且 t 统计值大于 2，比较显著。但是初级产品的出口对TFP 的影响在本次计量中则体现出了负相关性，t 统计量绝对值也较大，说明这个负相关也是显著的。如前面所述，当出口贸易结构由以初级产品为主升级为以工业制成品为主时，必将极大地鼓励工业制成品部门的生产，促进其参与国际竞争，积极改进技术，降低成本，加强营销。由此带来整个产业乃至整个社会生产力的提高和技术的进步，因此对 TFP 的正面促进作用很明显。

由方程（11）的结果看，工业制成品进口呈现与 TFP 的正相关关系，且 t 统计量大于 2，比较显著；初级产品进口则是体现出负效应，但是 t 统计量不显著，所以需要进一步讨论。一般来说，初级产品的进出口只有在改革开放初期占国内进出口比重较大，那时国内正处于工业化早期，社会生产力不高，可供开发的资源相对较丰富，与之相适应的，人们的收入水平以及由此而决定的需求结构低下。国内产业的比较优势集中于矿产品、农副产品等初级产品以及轻纺品等劳动密集型工业制成品。所以进入 20 世纪 90 年代以后，初级产品进出口比重逐年下降，而且初级产品的进出口和技术进步没有直接关系，所以能够接受没有显著关系的这一结果。工业制成品进口则是我国吸收外来技术的重要来源，也是国内技术进步的途径之一，当进口资本品具有较高的技术含量时可以提高资本生产效率，这可以称为进口贸易的技术进步效应。这和回归的结果是一致的。

从贸易结构第二层次的角度来分析贸易结构与全要素生产率的关系，我们可以从方程（12）和方程（13）的结果中看到，劳动密集型产品的出口对 TFP 有正面作用，t 统计量大于 2，说明其前面的系数可靠程度比较大。而资本技术密集型产品的出口呈现了对 TFP 的负相关性，但是 t 统计量小于 1.5，需要进一步讨论。从进口来看，劳动密集型产品和资本技术密集型产品则体现了正效用，只是 t 统计量不是很大，从计量意义上不具备明显的价值，还需后期判断。我国现在处于工业化中期，比较优势主要集中在劳动密集型产品和部分资本密集型产品的生产上。劳动密集型产品占了出口比重的相当大一部分，但是对于技术进步和积累的作用却不明显。劳动密集型产品的进口由于加工贸易，特别是来料加工的贸易方式，主要作用于拉动出口，要转换为生产率还有一个过程，所以，其对 GDP 是有拉动效应的，但是对生产率的作用则是间接的。虽然劳动密集型产品在出口中的主导地位没有改变，但其绝对优势却在慢慢弱化，同时，资本密集型产品竞争力正在快速成长，部分技术含量高的资本技术密集型产品也开始初露端倪。然而我国现阶段自主研发和创新的能力还不高，大多靠引进和吸收国外的先进生产设备和工艺，购买专利，真正出口的拥有完整技术专利和自主研发的产品数量不多，所以资本技术密集型产品的出口呈现出不太显著的负相关是可以理解的，从结果可以推断出我国技术进步对于外来技术的依赖还是相对较大。而方程（13）中两个解释变量都不显著可能是和本文的贸易结构分类方式以及统计口径有关，因为单纯从初级产品、工业制成品或者要素密集度的不同来划分商品并不是很准确，工业制成品中也有附加值低、技术含量不高的产品，而且不同生产环节所含的技术性也是不同的，由于中国对外贸易的方式大部分是采用加工贸易，这种“大进大出”的贸易方式，作为产品组装的世界加工厂，实际上也是利用了劳动力的优势，虽然产业已经从劳动密集型产业逐渐转变为高新技术产品，并没有带来更多的附加值。相信随着贸易结构的优化，资本技术密集型产品的出口会继续增加，国内企业间形成内部竞争机制，纷纷改善生产设备，研发新技术，推动国内技术进步，从而影响 TFP。

六、结论与政策建议

（一）主要结论

本文主要论证了中国贸易结构对全要素生产率的重大影响。通过分析，我们发现，贸易结构这一因素在贸易影响生产率的过程中起着重要作用。换句话说，贸易结构的升级会对全要素生产率的提高产生更大的效用。具体来看，初级产品的出口和全要素生产率是负相关关系，初级产品的进口则关系不大；工业制成品的进出口对 TFP 的促进作用都很显著。更细的划分，劳动密集型产品的进出口与全要素生产率呈正相关；目前我国资本技术密集型产品的进出口对 TFP 的影响作用还不显著。

（二）对策建议

针对上述研究结论，本文提出一些优化我国进出口商品结构以进一步提高全要素生产率的对策建议。

1. 优化我国出口商品结构的对策建议

（1）提高传统出口产品的技术含量以增加产品附加值

从我国的情况看来，虽然农副、轻纺等劳动密集型和资源密集型产品的出口比重已经下降，但仍占我国出口总额的40%以上（2009年），今后乃至相当长一段时间，这些传统产品仍将是我国出口创汇的主要产品。但是随着科学技术的发展和国际市场的种种限制，这些资源密集型和劳动密集型产品的出口优势将会逐渐丧失。所以，我们要在保持传统优势的基础上，发展和创造新的优势，也就是通过提高产品的技术含量来增加产品的附加值。一方面淘汰那些在国际市场上需求萎缩、换汇成本高、失去比较优势的亏损产品；另一方面以高技术、新材料、新能源等高新技术向传统产业渗透，提高传统产品的加工程度、技术含量和产品质量，使我国出口的主要产品由劳动密集型、资源密集型的传统产品转变为技术含量高、加工程度高、附加值高的新型产品。

（2）采取有力措施限制“两高一资”产品的出口

由于资源、能源、环境成本没有得到充分合理的反映，在国内外价差的带动下，我国仍然大量出口高污染、高能耗和资源性产品。这对提升国内技术却没有什么帮助，反而妨碍了经济和社会的可持续发展。自2005年以来，我国逐步开始取消对这些产品的出口退税，并且自2007年开始对钢坯、稀土化合物等部分取消出口退税的产品加征出口关税。下一步，我国应一方面继续完善已经出台的政策措施；另一方面，对“两高一资”产品的调控向生产环节延伸，加大治理力度，加快“两高一资”产业结构调整，提高技术含量和附加值，增强行业整体竞争力。

（3）将纯粹初加工劳动密集型产品转移到劳动力成本更低的地区

劳动密集型产品在进出口中的比重正在降低，但是其对TFP还是有正面作用的，我们应该在产业升级的同时把这个优势保持下去。加工贸易占据了我国出口的半壁江山，在其中又有很大一部分是纯粹的初加工，而我国的加工企业大多分布在东南沿海地区，为了协调东西分化和经济上的差距，应通过国家政策和各种经济手段的引导，将在国际市场上仍有一定销路但又不易改变销售状况、附加值难以提高的纯粹初加工劳动密集型产品，由劳动成本较高的沿海地区向劳动成本较低的中西部地区扩散和转移，实现产业转移，以保持传统产品的竞争优势。

2. 优化我国进口商品结构的对策建议

（1）加大对高科技含量产品的进口

对于技术进步省时省力又省钱，而且在引进技术设备后应注意吸收、消化、改造、提高，用于扶植发展新兴产业，改造传统产业，能促进产业结构的升级，进而带动经济增长的采取进口方式。少数发达国家或地区对我国实行高精技术及其产品的出口封锁，导致我国经济发展和产业升级所急需的技术及其设备进口不足。因此，我国应在调整进口结构和扩大进口方面做一些具体的工作，特别是要使少数发达国家或地区放松高精技术及其产品对我国出口的限制，从而进口结构更趋优化，缓解顺差上升过快的压力。

（2）争取进口配件的本土化生产

我国许多出口产品的原材料都是进口的，还有相当一部分机械产品的主件和零配件也是从国外进口的。但是，在这类进口产品之中，很多产品是我国有能力生产的，或者有些虽然目前没有能力，但是具有潜在的生产优势。对于这样的产品，我国应该尽量减少进口，努力使生产本土化。这样不但可以增加就业，更重要的是也可以继续提高我国产品的科技含量。同时我国应该完善出口退税和深加工结转制度，以提高加工贸易的国内采购率。

（3）促进能源、矿产品等资源性商品进口的多元化

虽然初级产品的进口与全要素生产率的关系不大，但随着我国进入“重化工业时代”，对能源、矿产等的需求越来越大，并且这些生产资料已经成为制约我国经济发展的重要因素之一。我国应该一方面继续增加从传统进口国的进口；另一方面也要积极扩大能源进口的来源国，稳定进口渠道，促使进口区域结构多元化，为我国经济在国际环境的变化中稳定增长打下坚实的基础。另外，可以通过调整和优化进口关税结构来促进能源、矿产品的进口。通过关税的结构性调整，引导企业更多地进行符合国家产业政策导向和有利于国民经济发展的资源和商品。

（作者：南开大学　张兵　副教授；许婷婷　研究生）

中国外汇储备的适度规模

苑　涛　徐志懿

截止到2011年3月末，我国的外汇储备余额已经突破3万亿美元，这距离外汇储备首次突破2万亿美元不到一年时间。我国外汇储备规模是否过大？我国外汇储备的合适规模是多少？这些问题值得我们深入研究。

对于国际储备适度规模的研究，不同学者的方法各异，学界目前还没有一个统一的标准。从20世纪40年代开始，西方学者开始研究这一问题，并提出了相关理论，主要有比率分析法、需求函数法、成本—收益法等。从21世纪开始，随着我国外汇储备规模的不断扩大，许多学者开始对我国外汇储备的适度规模进行实证研究。从研究方法上看，比例分析法、储备需求分析法、成本—收益法都有涉及，其中后两者应用较为广泛。在国际储备需求法中，我国学者主要采用的研究方法是因素分析法。

从研究结论来看，主要分为外汇储备“过多论”和“不足论”。多数学者的研究支持了外汇储备“过多论”，王国林应用比例分析法，分析发现1991～2000年间中国外汇储备规模远远高于国际公认的适度规模。但是也有部分学者得到外汇储备不足的结论，刘斌运用货币供应量决定论对中国外汇需求的一些影响因素进行定性分析，得到外汇储备“不足论”。

一、外汇储备适度规模的下限——经常外汇储备量

本文用不同的研究方法分别测定适度规模区间的上下界限，而非像其他学者那样用变量系数的值域来确定。本文选择经常外汇储备量作为外汇储备适度规模的下限。经常外汇储备量是指有足够的外汇储备来保

证一国经济增长而需要的进口额及其他国际金融支付。可以说，这个储备量是从外汇储备在国际经济活动中的需求角度讲的，被视为一种“缓冲存货”。本文用外汇储备的需求因素法来确定适度规模的下限。

（一）影响因素的定性分析

在外汇储备需求法的发展历程中，学术界对经济变量的选择一直各有不同观点，本文立足于中国的实际情况来选择适合的变量。外汇储备作为一种实有资产、货币资产，具有货币的一般属性，所以也像普通货币一样根据持有动机的不同具有三大需求：交易性需求（D_t）、偿债性需求（D_c）、预防性需求（D_p）。

1. 交易性需求

交易性需求又可以分为两类：一是商品交易需求，即国际贸易中的进口用汇需求；二是资本交易需求，即我国政府或企业对外资本输出的需求。就目前而言，我国对外资本输出相对较少，商品进口额相对较大。所以，可以把交易性需求简化为商品交易需求，即进口额（M）乘以交易性外汇储备需求与进口额的比率（d_t），用公式表示为：

$$D_t = M \cdot d_t \quad (1)$$

国际学界都比较承认和接受用特里芬法则来确定d_t，即一个国家为了保证进口的外汇需求，需持有的外汇储备应等同于该国3～4个月的进口总额。所以交易性外汇储备需求与进口额的比例d_t一般需保持在25%左右。

2. 预防性需求

外汇的预防性需求是指一国政府为了应付和避免由于突发性危机带来的本国经济动荡而产生的外汇储备需求，其中最主要的需求是为了维持本国汇率的基本稳定。虽然人民币汇率自1994年开始实行有管理的浮动，且2005年进一步进行人民币汇率形成机制改革，但我国仍需要大量外汇来保证人民币汇率的基本稳定、抗击各种危机的影响。一国对市场的干预能力与外汇市场的规模有关。外汇市场越大、开放程度越高、越易受到外部金融动荡的影响和外部资金的冲击，所需调控资金越多。如果用外汇交易总量表示一国外汇市场规模，那么可以表示为：

$$D_p = ET \cdot d_p \quad (2)$$

其中，ET 表示一国外汇交易总额，d_p 表示干预外汇市场所用外汇金额与外汇交易总额的比率。根据国际经验，这个比率一般在 0.1~0.2 之间，这也符合很多学者对于我国的研究结果，本文取值 0.1。

3. 偿债性需求

外汇储备的偿债性需求主要分为三个方面：一是偿付外债需求，是指一国为避免债务危机的发生，需要储备一定量的外汇用来即时清偿外债。一般来讲，一国至少需要保证足以清偿短期外债（SD）以及距到期日不足一年的长期外债（LD）本息的外汇储备量。按照国际惯例和经验，一国平均每年需要准备和偿付 30%的长期外债本息。二是随着社会的发展、居民收入的提高、全球一体化的深入，我国居民出境旅游、出国留学逐渐增多，偿付性需求应当还包括这部分居民的用汇需求，且与国民总收入（GNI）有关。三是投资利润回流，即外商在本国直接投资（FDI）所取得的收益需要换成对应外币返回投资方。所以偿债性需求可以表示为：

$$D_c = SD \cdot d_c + 0.3 \cdot LD \cdot d_c + GNI \cdot d_t + FDI \cdot d_f \qquad (3)$$

其中，d_c 表示外债的还本付息率；d_t 表示居民外汇需求占国民收入总值的比例；d_f 表示外商直接投资的汇出利润比率。有学者通过近几年的偿债率、外汇收入和外债余额，计算出我国自 1994 年以来还本付息率一般围绕在 15%左右，在 12%～18%之间，这里取最低值 12%以保证是外汇储备的“最低下限”。根据我国国际收支平衡表中“旅游”一项的数据，我们算出 1995～2010 年我国居民外出旅游的外汇需求占国民总收入的比重围绕 0.4%上下浮动，在 0.35%～0.57%之间，加上出国留学、探亲及居民其他的需求，d_t 合理的取值范围可以估计为 0.4%～0.6%。为了计算最低外汇储备量，我们将 d_t 取值为 0.004。根据现有研究，在我国的外商直接投资利润汇回率约为 10%～15%，同样选取最低值，所以 d_f 取值为 0.1。

所以，外汇储备适度规模的下限——经常外汇储备量表示为：

$$Scale_{min} = M \cdot d_t + ET \cdot d_p + SD \cdot d_c + 0.3 \cdot LD \cdot d_c + GNI \cdot d_t + FDI \cdot d_f \qquad (4)$$

（二）下限的实际测定

根据上述的需求因素分析，结合数据的可获得性，选用货物交易年进口额（M）、外汇市场交易量（ET）、短期外债余额（SD）、长期外债余额（LD）、国民收入总值（GNI）、我国吸引外商直接投资额（FDI），作为我国外汇储备需求的影响因素。

其中，外汇市场交易量主要是指 1994 年建立起来的中国外汇交易中心的外汇交易量。实际上外汇市场可以分为两个市场，即客户与银行间的外汇市场和银行间外汇市场。1994 年 4 月 1 日我国建立全国性外汇统一市场——中国外汇交易中心，这标志着我国外汇体制重大改革。本文选择从 1995 年开始研究，此时我国外汇交易已进入规范化发展阶段，我们也能够得到外汇市场交易量的统计数据。

还要指出的是，在我国数据统计中，外商直接投资总额分为合同利用外资额与实际使用外资额。本文的外商直接投资是指实际使用金额，因为这部分才真正涉及外汇的流动、利润的回流，才是真正影响外汇储备规模的部分。整理 1995～2009 年间相关因素的数值，如表 1 所示。

表 1　影响因素数据汇总表　　　　（单位：亿美元）

年份	进口额	ET	短期外债	长期外债	国民收入	FDI	储备下限
1995	1320.8	655.2	119.16	946.74	6435.6	375.21	507.36524
1996	1388.3	628.4	141.08	1021.67	7884.4	417.26	536.88832
1997	1423.7	700.2	181.40	1128.20	9190.4	452.57	570.3468
1998	1402.4	519.6	173.40	1287.00	9817.9	454.63	554.4346
1999	1657.0	314.5	151.80	1366.50	10583.7	403.19	595.7638
2000	2250.9	421.8	130.80	1326.50	11688.8	407.15	755.8252
2001	2435.5	750.3	505.80	1195.30	12732.5	468.78	885.4398
2002	2951.7	971.9	558.00	1155.60	14068.2	527.43	1052.6924
2003	4127.6	1511.32	770.44	1165.90	16314.5	535.05	1436.2202
2004	5612.3	2090.41	1043.09	1242.87	19379.4	606.30	1920.17772
2005	6599.5	5026.9	1561.43	1249.02	22923.7	603.25	2536.92112
2006	7914.6	10140	1836.28	1393.60	26905.3	630.21	3433.8154
2007	9559.5	22670	783.39	1535.34	32794.0	783.39	5015.66904
2008	11325.6	29670.1	2107.85	1638.76	40423.3	952.53	6367.29356
2009	10059.2	37869.4	2592.6	1693.9	48561.5	918.04	6959.8824

资料来源：除国民收入总值外的其他数据均来自 1996 年到 2010 年的《中国金融年鉴》。国民收入总值（Atlas Method）查自世界银行网站：http://data.worldbank.org/indicator/NY.GNP.ATLS.CD。

将各参数的取值带入公式（4），我们可以得到：

$$Scale_{min} = 0.25M + 0.1ET + 0.12SD + 0.036LD + 0.004GNI + 0.1FDI \quad (5)$$

将各年数据带入公式（5），即可得到 1995～2009 年我国最低的经常外汇储备量，即我国外汇适度规模的下限，见表 1 最后一列。

二、外汇储备适度规模的上限——保险外汇储备量

保险外汇储备量是指既有充足的储备缓冲国际收支逆差，又能保证留有足够的实际资源用来满足国内经济增长的需求，代表着一国的国际清偿能力。持有外汇储备意味着减少相对应的国内生产资源，降低国内产出。保险外汇储备量的最优规模实质就是成本—收益方法下外汇储备的最适规模，本文采用成本—收益法来确定外汇储备的上限。

（一）阿格沃尔模型的修正

成本收益法的最主要代表是海勒模型和阿格沃尔模型。阿格沃尔在海勒的研究基础上进行改进，根据发展中国家的经济发展特点，建立了专门针对发展中国家的外汇储备适度规模的模型。该模型有四项假设：必需品进出口需求弹性小、容易出现外汇短缺；因缺乏必需的进口品而导致存在较大闲置资源；该国常以行政管制进口的方式解决国际收支逆差；国际融资能力有限。这些假设符合发展中国家的经济、制度特点，且与发达国家有明显差异的特点。加入 WTO 后我国经济进一步开放，行政直接干预对外经济的情况已经很少，我国并不完全符合阿格沃尔模型；不过，阿格沃尔模型依旧是反映发展中国家情况的最好的模型。所以，本文选择用阿格沃尔模型确定外汇储备适度规模的上限。

我们知道，当边际收益等于边际成本时达到利益最大化、资源最优化配置。但是，我们不是讨论“最高利益的外汇储备规模”，而是讨论适度规模的“最大值”问题，所以应选择外汇储备的收益等于机会成本，此时外汇储备是适度范围内的最大值。阿格沃尔模型中的机会成本（C）是指，把减少的外汇储备用来进口生产性物品所能够生产出来的那部分国内产品；收益（R）是指因持有外汇储备在国际收支逆差出现时可以用来缓冲逆差，从而减少了直接的进口管制，也因此避免了这部分进口品所带动的那一部分国内产品的损失。当收益等于机会成本时可以求出

适度外汇储备规模的上限，最后可得到适度规模为：

$$R^{opt}=\frac{D}{\lg\pi}\bullet(\lg K+\lg Q_2-\lg Q_1) \quad (6)$$

其中，D 表示国际收支逆差额；π表示国际收支逆差发生的概率；K 表示资本产出比的倒数；Q_1 表示追加资本中进口所占比例；Q_2 表示进口的生产性物品与总产出的比率。

我们可以发现，阿格沃尔在考虑外汇储备需求时只考虑交易性需求，没考虑另外两种需求。目前国内外学者对于阿格沃尔模型的修正也基本都是围绕这一点展开的，从不同分析角度、将不同的外汇储备影响因素加入原模型中，来表示偿债性需求和预防性需求。本文沿用上文对于外汇储备影响因素的分析结果，外汇储备需求 R 可以表示为：

$$\begin{aligned}R&=D_t+D_c+D_p\\&=\frac{D}{\lg\pi}\bullet(\lg K+\lg Q_2-\lg Q_1)+ET\bullet d_p+SD\bullet d_c+0.3LD\bullet d_c+\\&\quad GNI\bullet d_t+F\bullet d_f\end{aligned} \quad (7)$$

其中，D 表示国际收支逆差额；π 表示国际收支逆差发生的概率；K 表示资本产出比的倒数；Q_1 表示追加资本中进口所占比例；Q_2 表示进口的生产性物品与总产出的比率；SD 表示短期外债；LD 表示长期外债余额；F 表示外商直接投资累计余额；ET 表示外汇市场交易额；d_p 表示外汇市场干预用汇比率；d_c 表示外债还本付息率；d_t 表示居民个人用汇占收入比率；d_f 表示外商直接投资利润汇回率。

（二）上限的实际测定

在前文已经提到，根据国际经验和学者对我国近几年状况的实际测定，1994 年外汇制度改革以来，外汇市场干预用汇比率 d_p 一般在 0.1~0.2 之间，外债还本付息率 d_c 一般在 12%～18%之间，居民个人外汇需求占国民总收入的比重在 0.4%～0.6%之间，我国的外商直接投资利润汇回率 d_f 约 10%～15%。为了保证结果是“最高界限”，d_p、d_c、d_t、d_f 分别取值 0.2、0.18、0.006 和 0.15。

因为我国长期保持巨额贸易顺差，出口商品具有一定的国际竞争力，从目前状况来看，出现长期国际收支逆差的几率极小。所以 D 应为短期、突发性国际收支逆差。为了保证有足够的实力缓冲逆差，我们取1978 年以来我国最大的贸易逆差额作为 D，即出现在 1985 年的最大的贸易逆差值 131.23 亿美元。

1978 年改革开放到 2009 年，我国一共有 9 年出现国际收支逆差，所以出现逆差的概率 $m=9/32=0.28125$，$\lg m=-0.551$。

资本产出比的倒数 K、追加资本中进口所占比例 Q_1、进口的生产性物品与总产出的比率 Q_2，均不能直接得到或计算出。不过，K 可以通过“全社会固定资产投资/GDP”来表示；Q_1 可以用“进口的初级产品/新增固定资产投资”表示；Q_2 用“进口的初级品/GDP”来表示。具体数值参见表 2、表 3、表 4。

将各年数据带入公式（7）中即可得到 1995～2009 年我国最高的保险外汇储备量，即我国外汇适度规模的上限，参见表 4 最后一列。

表 2　K、Q_1、Q_2 的相关原始数据　　（单位：亿元）

年份	国民生产总值	固定资产投资	新增固定资产（a）	进口的初级产品（b）
1995	60793.7	20019.3	2977.2	2039.064
1996	71176.6	22913.5	2894.2	2115.216
1997	78973.0	24941.1	2027.6	2372.541
1998	84402.3	28406.2	3465.1	1899.971
1999	89677.1	29854.7	1448.5	2222.392
2000	99214.6	32917.7	3063	3869.241
2001	109655.2	37213.5	4295.8	3786.148
2002	120332.7	43499.9	6286.4	4078.161
2003	135822.8	55566.6	12066.7	6022.594
2004	159878.3	70477.4	14910.8	9708.686
2005	184937.4	88773.6	18296.2	12099.14
2006	216314.4	109998.2	21224.6	14915.24
2007	265810.3	137323.9	27325.7	18477.72
2008	314045.4	172828.4	35504.5	25195.43（b）
2009	340506.9	224598.8	51770.4	20583.17（c）

资料来源：国民生产总值、固定资产投资额、1995~2007 年进口初级产品均来自 1995～2010 年的《中国统计年鉴》。新增固定资产由固定资产投资额计算得出。进口初级产品由报表数据（单位：亿美元）乘以当年人民币年均汇率得到。2008 年进口的初级产品为 3627.8 亿美元，查自 http://sw.pf168.com/maoyijiqiao/20090212-92626.html，再乘以 2008 年平均汇率 6.9451，得到 25195.43 亿人民币。2009 年进口的初级产品无法直接查到，笔者根据 2008 年、2009 年中国海关总署公布的进口重点商品量进行估算：将 2009 年报表中初级产品的进口额总值比 2008 年的总值，再乘以 2008 年初级产品进口总值，得到 3013.2 亿美元，换算（汇率 6.831）成 20583.17 亿人民币 http://www.customs.gov.cn/publish/portal0/tab2453/module72494/info209227.htm、http://www.customs.gov.cn/publish/portal0/tab2453/module72494/info156576.htm

表 3　K、Q_1、Q_2相关的计算值

年份	K	Q_1	Q_2	lgK	lgQ_1	lgQ_2	$lgK+lgQ_2-lgQ_1$	D_t
1995	0.329	0.685	0.034	-0.482	-0.164	-1.474	-1.79246	426.9048
1996	0.322	0.731	0.030	-0.492	-0.136	-1.527	-1.88305	448.4814
1997	0.316	1.170	0.030	-0.500	0.068	-1.522	-2.09106	498.0213
1998	0.337	0.548	0.022	-0.473	-0.261	-1.647	-1.85958	442.8905
1999	0.333	1.534	0.025	-0.478	0.186	-1.606	-2.26943	540.5037
2000	0.332	1.263	0.039	-0.479	0.101	-1.409	-1.98957	473.851
2001	0.340	0.881	0.035	-0.469	-0.055	-1.462	-1.87631	446.876
2002	0.361	0.648	0.034	-0.442	-0.188	-1.470	-1.72388	410.5706
2003	0.409	0.499	0.044	-0.388	-0.302	-1.353	-1.43954	342.8516
2004	0.441	0.651	0.061	-0.356	-0.186	-1.217	-1.38603	330.1061
2005	0.480	0.661	0.065	-0.319	-0.180	-1.184	-1.3234	315.1913
2006	0.509	0.703	0.069	-0.294	-0.153	-1.161	-1.30195	310.0805
2007	0.517	0.676	0.070	-0.287	-0.170	-1.158	-1.27483	303.6215
2008	0.550	0.7104	0.080	-0.259	-0.149	-1.096	-1.20609	287.2499
2009	0.660	0.398	0.060	-0.181	-0.401	-1.219	-0.99876	237.8723

表 4　偿债性需求和预防性需求的变量数据及结果　（单位：亿美元）

年份	ET	短期外债	长期外债	国民收入总值	累积的 FDI	储备上限
1995	655.2	119.16	946.74	6435.6	1326.25	868.0687
1996	628.4	141.08	1021.67	7884.4	1743.51	963.5589
1997	700.2	181.40	1128.20	9190.4	2196.08	1116.19
1998	519.6	173.40	1287.00	9817.9	2650.71	1104.034
1999	314.5	151.80	1366.50	10583.7	3053.90	1226.106
2000	421.8	130.80	1326.50	11688.8	3461.05	1242.676
2001	750.3	505.80	1195.30	12732.5	3929.83	1418.396
2002	971.9	558.00	1155.60	14068.2	4457.26	1520.791
2003	1511.32	770.44	1165.90	16314.5	4992.31	1693.487
2004	2090.41	1043.09	1242.87	19379.4	5598.61	1959.127

续表

年份	ET	短期外债	长期外债	国民收入总值	累积的 FDI	储备上限
2005	5026.9	1561.43	1249.02	22923.7	6201.86	2736.897
2006	10140	1836.28	1393.60	26905.3	6832.07	3930.108
2007	22670	783.39	1535.34	32794.0	7579.75	6395.267
2008	29670.1	2107.85	1638.76	40423.3	8532.28	8211.558
2009	37869.4	2592.6	1693.9	48561.5	9450.32	10078.81

资料来源：除国民收入总值外的其他数据均来自 1996 年到 2010 年的《中国金融年鉴》。国民收入总值（Atlas Method）查自世界银行网站：http://data.worldbank.org/indicator/NY.GNP.ATLS.CD

三、我国实际外汇储备规模分析

（一）我国外汇储备高于计算得出的外汇适度规模上限

我们没有采用一些学者使用的"区域中值"方法，我们认为应该以外汇储备适度规模上下界本身来衡量外汇储备是否过度。在适度区域内上下浮动，偶然的、短暂的超出区域是允许的，可以在外汇储备适度规模区域的基础上再适度放宽。我们对指标做了如下规定：实际储备/储备下限的值小于 0.6 时表示储备不足；当小于 0.3 倍储备下限时，则表示储备严重不足；大于 0.6 时表示储备是充足的。实际储备/储备上限的值大于 1.5 则表示储备过量；大于 2 则表示储备严重过量；小于 1.5 就表示外汇储备不是过量的。由此，我们可以得到 1995~2009 年关于我国外汇储备规模是否合适的结论，如表 5 所示。

表 5　1995 ~ 2009 年中国实际外汇储备与规模适度性　（单位：亿美元）

年份	实际储备	储备下限	储备上限	实际/下限	实际/上限	规模适度性
1995	736.0	507.3652	868.0687	1.450632	0.847859	适度
1996	1050.3	536.8883	963.5589	1.956273	1.090022	适度
1997	1398.9	570.3468	1116.19	2.452718	1.253281	适度
1998	1449.6	554.4346	1104.034	2.614555	1.313003	适度
1999	1546.8	595.7638	1226.106	2.596331	1.261555	适度
2000	1655.7	755.8252	1242.676	2.190586	1.332367	适度
2001	2121.7	885.4398	1418.396	2.39621	1.495845	适度

续表

年份	实际储备	储备下限	储备上限	实际/下限	实际/上限	规模适度性
2002	2864.1	1052.692	1520.791	2.720739	1.883296	过量
2003	4032.5	1436.22	1693.487	2.807717	2.381182	严重过量
2004	6099.3	1920.178	1959.127	3.176424	3.113274	严重过量
2005	8188.7	2536.921	2736.897	3.22781	2.991965	严重过量
2006	10663.4	3433.815	3930.108	3.105409	2.713259	严重过量
2007	15282.5	5015.669	6395.267	3.046951	2.389658	严重过量
2008	19460.3	6367.294	8211.5578	3.05629	2.369867	严重过量
2009	23991.5	6959.882	10078.808	3.447113	2.380391	严重过量

资料来源：1995~2009 年实际外汇储备查自财经凤凰网 http://app.finance.ifeng.com/data/mac/month_idx.php?type=016&symbol=01602。

根据计算得出的结论，虽然在1995~2001 年我国外汇储备一直增加，但是始终保持在适度规模允许的范围内；2001 年已经极为接近适度规模的上限；2002 年超过 1.5 倍储备上限，表示储备过量；2004 年，中国实际外汇储备已经比外汇储备适度规模的上限超出 3 倍还多。

如果以计算指标作为评定一国外汇储备是否合适的方法，我国目前巨大的外汇储备确实超过了合适的上限，我国外汇储备过多。

（二）我国巨大外汇储备的现实必要性

根据我们的计算，中国外汇储备超过了合适的上限；不过，不能以此认为中国的巨额外汇储备就完全是有害的。我国巨大的外汇储备有现实必要性，同时，计算合适外汇储备的方法本身也有值得商榷的地方。

首先，我国到底需要多少外汇储备，以应对有可能出现的金融和经济问题，这不是单靠公式计算可以解决的问题。当金融经济危机来临时，如果自有外汇储备不足，那将是巨大的灾难，这从 1997 年亚洲金融危机、2008 年世界金融经济危机后的欧洲债务危机都能看出来。具体到中国，由于我国的政治制度与西方不同，一旦经济有大问题，能够得到西方援助的可能性比一般国家小很多，而且西方国家有可能采取行动进一步打击中国经济。这就要求，中国必须有比一般国家更多的外汇储备来应对类似危机。显然，我们拿西方的计算方法和指标来计算中国外汇储备的合适规模，并不能说明所有问题，尤其是中国的具体情况。另外，随着我国逐渐开放资本项目，国际资本会大进大出，我国必须留有足够的能力来抵抗、防止金融动荡的发生。

其次，巨大外汇储备的成本收益问题，不能仅仅看我国外汇储备部门的亏损、盈利情况，而要从整体经济的角度来看待这个问题。在人民币持续升值的背景下，外汇储备贬值的可能性上升，外汇储备特别巨大时，我国的外汇储备管理部门就有可能亏损。但是，我们需要特别注意，人民币升值意味着我国自有资产的增值。我们知道，我国整体经济比几万亿美元外汇储备高出许多倍，我国整体经济的价值都在上升，这个收益远远大于外汇储备的贬值受到的损失；同时，人民银行是人民币的发钞行，人民银行发行的货币理论上讲长期来看并没有上限。我们何必非要计较几万亿美元外汇储备的那一点点缩水呢？我们的观点是，我们应该把外汇储备的合适规模问题放在中国整体经济良性发展的背景下来讨论，而不是拘泥于外汇储备是否会贬值这种小商人思维。

最后，本文中的计算也难以避免一些问题。在计算国际收支逆差危险时，我们从已有的中国逆差年份中找到逆差最多的值当作 D（短期、突发性国际收支逆差），但是 1985 年的数据是很多年前的数据，现在贸易量极大，一旦发生严重逆差，不会是那么小的数值。这种偏差也会影响计算的准确性。

总之，在目前特定的历史环境下，我国持有大量外汇储备是有其现实意义的，不能单纯以理论和公式计算的“适度”来衡量中国外汇储备是否“过度”或“不足”。

（作者：南开大学　苑涛　副教授；徐志懿　研究生）

碳标签——我国企业需要跨越的绿色壁垒

杨金玲

一、碳标签的由来

一件服装从纤维提取、染色、加工成布料到制作成衣，以及运输、洗涤、熨烫等一系列过程都会产生碳排放。根据英国剑桥大学制造研究所的研究，1 件 250 克重的纯棉 T 恤在其“一生”中大约排放 7 千克二氧化碳，是其自身重量的 28 倍，这还不包括 T 恤所产生的环境污染，而化纤材质的服装的碳排放量更高。根据环境资源管理公司的计算，1 条约 400 克重的涤纶裤，假设它在中国台湾生产原料，在印度尼西亚制作成衣，运到英国销售，假设其使用寿命为两年，用 50℃的水和洗衣机洗涤过 92 次，洗后用烘干机烘干，再平均花两分钟熨烫。它“一生”所消耗的能量大约是 200 千瓦时，相当于排放 47 千克二氧化碳，是其自身重量的 117 倍。

服装从成衣到销售的过程中经历的运输路径也成了和原料同样重要的环保问题，每一件到达消费者手中的衣服都会留下它的“碳足迹”。巴塔哥尼亚服装公司最近在自己的网上提供了 5 种产品的“碳足迹”，其中一件售价 190 美元的防雨外套是在美国加利福尼亚州设计的，原料产自日本松山市，然后在越南的河内缝制成衣，最后在内华达州进行分销。全程 14000 多英里，产生的二氧化碳排放量达到了 15 磅，是衣服本身重量的 10 倍。

所谓碳标签（Carbon Label）是为了缓解气候变化，减少温室气体（Greenhouse Gases，GHG）排放，推广低碳排放技术，将产品生命周期（即从原料、制造、储运、废弃到回收的全过程）的温室气体排放（碳足迹）量在产品标签上用量化的指数标示出来，以标签的形式告知消费者产品的碳信息。也就是说，利用在商品上加注碳足迹标签的方式引导购买者和消费者选择更低碳排放的商品，从而达到减少温室气体的排放、缓解气候变化的目的。

碳标签只是鼓励消费者和生产者支持保护环境与气候的一种方法，更多地还取决于消费者和生产者的社会道德与责任感。碳标签的实施需要核定生产过程中导致的温室气体排放量，会给厂商带来额外成本，消费者也要因此承担一部分的加价。国际贸易中碳标签的实施能否达到既定目标取决于两个基本因素：一是生产者和消费者要有理性，他们必须有保护气候和环境的倾向，并愿意支付因碳标签的实施导致的加价；二是核定国际贸易品的碳足迹方法要简单，并且标识要统一，逐步试点推广。

二、碳标签在行动中

从 2007 年起，国外关于碳标签的讨论不断涌现，并有不少国家的政府部门、行业协会和企业开始了这方面的推广活动。

（一）在欧洲

英国政府为应对气候变化专门资助成立了节碳基金（Carbon Trust）。该基金是英国一家公益性的组织，其目的是鼓励英国企业推广使用碳标签，帮助各行各业的企业实现节碳减排，从而促进环境的保护。

除政府外，英国的很多商家都展开了诸多碳标签的尝试。乐购（Tesco）是英国最大的超市，市场份额达到 31%，并且全球化程度也较高。2007 年 1 月乐购总裁 Terry Leahy 先生表示长期来看要在所有上架的 7 万种商品上都加注碳标签，并从 2008 年 4 月开始在 20 种商品上进行试点，承诺到 2009 年底将为 500 个产品贴上“碳足迹”标签，其中包括销量最高的产品——牛奶。在过渡性期间会在空运的商品上加注飞机标志的小标识，表明空运在商品的生命周期中是主要的 GHG 排放来源之一，便于购买这些商品的消费者可以一目了然地查看商品从开始加工到摆上售货架这一过程中排放的二氧化碳的量，使消费者进入超市后可以根据自己的环保理念，查看商品“碳足迹”标签，帮助消费者做出“绿色”采购决策。

法国政府也鼓励零售商对碳足迹进行核算，签发了零售商和贸易企业可持续发展的规定。

法国的超市巨头卡西诺（Casino）也采用了自身的气候变化标签体系，用食物里程（Food Miles）的概念来表述 GHG 排放的衡量，在自有品牌的商品上同时标注环境友好和 CO_2 排放量两个商标。卡西诺的碳标签尝试行为受到了法国环境能源管理局的认可，法国政府呼吁其国内所有零售商采用相似的碳足迹和碳标签体系。

（二）在美洲

美国的 Timber-land 制定了要在所有商品上向消费者提供环境方面的信息的目标，它采用了厂商自己设计的简化的 LCA 方法，用 0～10 数字范围的绿色指数来代表商品的环保指数。目前大概有 20 多家厂商生产的 75 种商品已经加注了碳标签。

连锁零售巨头沃尔玛（Walmart）也要求 10 万家供应商必须完成碳足迹验证，贴上不同颜色的碳标签。以每家沃尔玛直接供应商至少有 50 家上、下游厂商计算，影响所及超过 500 万家工厂，其中大部分在中国。

百事（Pepsico）的附属公司生产的 Walkers 奶酪洋葱薯片是最先加注碳标签的商品。GM、Dell、Home Depot 等都表示要在公司生产的商品上注入环保理念，体现缓解气候变化的意识，引导消费者在做购买决策时像关注价格和品质一样关心商品的碳足迹指数，将碳标签的价值充分凸显出来。

（三）在亚洲

日本紧随英国，鼓励各公司自愿推出产品碳标签，在商品包装上详细标注产品生命周期每个阶段的碳足迹，以便消费者能够作出理性判断，支持同类产品中温室气体排放更少的产品。

泰国航空公司总裁披亚萨瓦 2010 年 2 月 20 日在曼谷宣布，为减少碳排放量，真正响应“低碳飞行”号召，该公司自 22 日起在曼谷飞往欧洲、澳大利亚和新西兰的航班上为乘客提供印有“碳足迹”标签的飞机餐，表明这是将碳排放量减少至最低程度的菜单。此外，菜单上还针对“碳足迹”进行了详细解释，以便让对此感到陌生的乘客接受低碳生活新概念，泰航也成为全球首家正式在飞机餐上使用“碳足迹”标签的航空公司。泰国也是东盟国家中唯一使用“碳足迹”标签的国家，泰国目前已经有 25 种商品获得许可使用“碳足迹”标签。

在我国台湾，为落实节能减碳，环保署推出了“台湾碳足迹标签”，鼓励商品标示生产、制造及运送过程中，所需耗费的二氧化碳总和，以方便消费者选购低碳产品，碳标签预估最快今年 3 月就会上路。

三、碳标签——我国企业需要跨越的绿色壁垒

所谓绿色壁垒，也叫环境壁垒，产生于 20 世纪 80 年代后期，90 年代开始兴起，被发达国家用来实行新贸易保护主义策略的一种隐性的非关税贸易壁垒，是指在国际贸易中一些国家为了保护本国制造业免受国外竞争压力，以保护生态资源、生物多样性、环境和人类健康为借口，设置一系列苛刻的高于国际公认或绝大多数国家不能接受的环保法规和标准，对外国商品进口设置高关税、限制贸易配额等措施，这种新型的贸易保护主义具有广泛性、隐蔽性、灵活性等特点。在国际社会广泛呼吁发展低碳经济的同时，碳标签概念随之提出，这一方面起到了监督减排责任的作用，另一方面也成为新的潜在贸易壁垒。由碳标签衍生出的绿色壁垒，将给发展中国家及新兴经济体的出口产品增加沉重的生产成本，严重影响其出口贸易的发展。

碳标签无论从研究进度还是实际应用来看目前还仅仅处于初级阶段，以碳排放为主要限制指标的贸易保护主义尚未成熟，但随着社会各界对环境保护和气候变化关注的日益加深，对进出口商品的碳足迹进行统一测度、推广碳标签的使用指日可待，发展中国家和新兴经济体必须抓住这一阶段特点，探索和创新形成低碳竞争力的方式与途径，结合资源禀赋和劳动力成本的优势，降低产品单位能耗和碳排放，提高产品技术附加值，以低碳竞争力来冲破碳标签带来的潜在封锁。原材料企业、制造商、物流商、零售商必须进行碳足迹验证，承担减排责任，否则将拿不到跨国公司的订单。假若碳标签像其他标签，如生态标签（Okeo-Tex Standard 100）一样普遍应用在国际贸易中，就有可能会被某些国家或商家滥用来设置绿色贸易壁垒，从而碳标签成为贸易保护的有力工具。特别是发展中国家可能会受到来自发达国家强制加注碳标签的要求，引发更多的贸易摩擦。

发达国家由于对环保意识水平更强，设置了广泛而严格的环保标准和标志要求。碳标签的使用在推动降低能耗、减少温室气体排放方面的具有较大的潜力，因而发达国家会要求发展中国家在出口商品时加注体现产品在整个生命周期导致温室气体排放量的碳标签，而发展中国家一方面由于国内技术水平较低，使用的商品加工与生产方法很有可能会导致更高的温室气体排放，对缓解气候变化不利，往往具有较高的碳足迹，在出口目标市场上不具有竞争优势，很容易被赶出发达国家的市场；而且环保型的生产方法和技术需要较高的投入，这对于发展中国家来说难以在短期内实现环境友好型产品；另一方面，发展中国家的出口商品要想获得碳足迹的认定和碳标签的加注，需负担一定的时间成本和不菲的申请价格，这是依靠低廉劳动力获得微薄利润的发展中国家厂商难以承担的。

碳标签是一把“双刃剑”，对我国经济和环保产业的发展来说既是挑战也是机遇。从短期看，实施碳标签导致企业生产成本提高，市场竞争力下降，碳标签的短期影响是负面的。不过从长期看，碳标签的实施，再一次提醒我国企业必须改变发展方式，通过技术进步实现产业升级，以可持续发展方式逐步缓解碳标签形成的消极影响。未来的竞争不是劳动生产率的竞争，也不是石油效率的竞争，而是碳生产率的竞争。“碳标签”是大势所趋，延迟行动将带来更大的成本损失，若先人一步实施碳标签，实现低碳化，实现经济、环境协调发展，就等于拿到了出口市场的入场券，在激烈的竞争中才更有优势。为此，我国企业必须及早采取应对措施。

四、我国企业的应对措施

我国作为全球最大的发展中国家和第二大出口国，经常遭遇发达国家的贸易壁垒，一旦碳标签开始普及，我国出口的商品很容易受到发达国家强制要求碳标签的限制，从而影响贸易的可持续发展。所以我们要及早采取应对措施，应从以下几个方面入手，抢占和稳定国际碳标签市场，推动碳标签的推广运用，为缓解气候变化做出努力。

（一）政府层面

1. 健全完善已有相关法律法规，规避绿色贸易壁垒

虽然我国核准了《联合国气候变化框架公约》和《京都议定书》，并发布了《中国应对气候变化国家方案》，全面阐述了2010年前我国应对气候变化的对策，但是在制定这些政策的同时，相应的辅助法律规则还是不够健全。应对气候变化需要一个完善的法律结构来确定进一步兑现承诺的具体措施，我们要借鉴和吸收低碳经济的先进理念，深入研究和制定国家低碳经济发展战略，构建完善的低碳经济法律法规体系，制定相应的鼓励、扶持政策，推动社会经济朝着低碳方向转型。碳标签的顺利推行需要有相关的法律法规来约束和给予保证，确定具体的核算法则、实施方案和标准等。对于国外设置的碳标签方面的技术贸易壁垒，我们也可以用相应的方式来进行规避，对出口商品做严格的碳排放量方面的规定，对进口商品也同样实行一定的标准和认证要求，在一定程度上缓解贸易摩擦。

2. 积极参与国际气候制度谈判，协调气候政策的国际博弈

在国际上，转变政府职能并开展环境外交，积极参与国际气候体制谈判和低碳规则制定，为我国的工业化进程争取更大的发展空间。通过选取合适的指标（如能源消耗强度或碳排放强度），承诺符合国情和实际能力的适当的自愿减缓行动，为防止气候变暖做出新的贡献，提升负责任大国的国际形象，融合气候变化的贸易措施。除实施碳标签外，应对气候变化还可以实行碳关税、碳排放交易机制等手段，而这些贸易措施并不是独立的，可以协调起来综合运用。征收碳关税可以依照碳标签上的碳足迹值组成碳关税的计税基础，在碳排放交易时碳足迹值也可作为碳排放权分配的参考，在引进产业投资决策时碳足迹值也可纳入考察标准之一。气候政策的实施也是多边协商的结果，在贸易措施的论证阶段也要考虑贸易伙伴国的反应，选择最优博弈均衡解。

3. 积极参与国际碳交易，减少二氧化碳排放增长率

2008～2012年是《京都议定书》的第一个承诺期。在这个期间内，我国作为发展中国家不需要承担减排义务，但应抓住这一机会，储备新能源替代技术，积极参与国际碳交易，并从中获得技术进步、结构升级、经济可持续发展的机遇：一是推广清洁发展机制（CDM），培养碳交易

市场体系，以充分利用现阶段的有利条件，使我国可持续发展的目标落到实处；二是在实践过程中要加强碳交易知识普及和相应培训，学术界要深化对碳交易活动的理论研究，为我国可持续发展奠定理论基础；三是启动探索清洁发展机制的模式，形成具有我国特色的绿色技术和市场机制的综合创新；四是借鉴发达国家的经验，积极参与国际碳交易市场的竞争，在国际碳交易市场中争得一席之地；五是配合国际碳交易，在国内开展出口企业碳排放许可证交易工作试点。

（二）行业层面

1.加强环保理念的推广，提高气候变化的意识

改革开放 30 多年来中国经济虽然取得了举世瞩目的成绩，但是在很大程度上却付出了生态破坏和环境污染的惨重代价。这种现象的产生有一个共同的原因就是整个社会对环保的关注程度不够，对气候变化的意识不到位。所以需要媒体舆论、非政府组织（NGO）、政府组织的大力宣传，在全社会掀起关注气候变化的热潮，将环境保护的理念深入传播到所有生产者、消费者的观念中，甚至上升到社会道德的层面。这样在进出口商品中推广碳标签才会有一定的社会基础，也能真正达到推动经济和社会可持续发展的目标。

2. 鼓励碳足迹问题的研究，展开碳标签的试点工作

目前国内关于碳足迹的研究处于起步阶段，如何研究出合理科学的方法将产品生命周期中导致的温室气体排放衡量出来还有待进一步的探究和实践。在此基础上，将产品的碳足迹标在包装上，消费者从这些信息中做出合理的判断和选择，才能达到从消费的角度影响生产，从而缓解气候变化的目的。所以碳标签工作首要的一步就是要鼓励碳足迹方面的研究工作，形成合理的碳足迹核算方案，然后就可以开展实际的试点工作。先在部分商品上加注碳标签，看实行的效果后再进一步实行推广的策略。

（三）企业层面

1. 尽快实现产业转型升级，增强企业的国际竞争力

碳标签的实施，使得当前国际贸易中更多地考虑了绿色、低碳方面的因素，这不仅要求企业加快产业优化升级，开发市场欢迎的高附加值和节能环保型产品，适应世界各国对减少碳排放的要求。与此同时，出

口导向型企业要在产业转型的过程中，提高自主创新能力、提高风险防范和国际化运作能力，以抵御国际贸易中出现的各种不确定风险。在有利有理有节的基础上，抵御各种愈加隐蔽的贸易保护行为，使贸易争端在双边协商或多边贸易规则框架内得到合理解决。

2. 改变粗放式贸易增长模式，减少“两高一资”产品的出口

目前我国企业出口利润的获得很大程度上依靠的是传统的数量增长，出口的大多是“高耗能、高污染和资源性”产品，凭借的是廉价的劳动力优势，不具有可持续性，因此必须把传统的经济增长模式转变到依靠高新技术上来，发展绿色经济、低碳经济。为了应对气候变化，保护生态环境，我们鼓励高能效、高科技含量和高附加值的产品出口，改变粗放型经济增长模式，实现贸易与资源环境的协调发展，优化进出口商品结构。

3. 努力调整出口市场结构，积极开拓新兴市场

一方面，将调整的重点放在新兴市场。金融危机后经济全球化加速，全球需求的重心向新兴市场转移，采购、生产、销售的国际化继续提速，发达国家经济严重衰退迫使全球供应商加速寻求新兴市场。另一方面，调整重点要放在国内需求上。自金融危机爆发以来，出口导向型国家纷纷将扩大内需作为振兴经济之策，中国更是如此。2009 年，中国扩大内需政策取得了实质性进展，出口商应调整只依赖出口市场的经营策略，着手在满足国内消费者需求方面下功夫，切实提高“两个市场、两种资源”的综合运作能力。

（作者：天津商务职业学院　杨金玲　教授）

中国企业"走出去"的新方式
——境外经济贸易合作区的功能与发展探析

赵晓晨

自 2006 年中央经济工作会议上胡锦涛总书记提出"通过建立境外经济贸易合作区等方式，有序转移竞争力强的生产能力"以来，我国境外经济贸易合作区的建设开始启动。在政府、相关部门和企业的共同努力下，几年来对外经贸合作区迅速发展，并取得了初步成效。境外经济贸易合作区已经成为我国实施"走出去"战略的重要举措和企业"走出去"的平台。

一、境外经贸合作区发展现状

（一）境外经贸合作区的含义

境外经济贸易合作区（Overseas Economic and Trade Cooperation Zone，以下简称 OETCZ）是在国家统筹指导下，国内企业在境外建设或参与建设的基础设施较为完善、产业链较为完整、辐射和带动能力强、影响大的加工区、工业园区、科技产业园区等各类经济贸易合作区域。它是由我国政府和牵头企业与东道国政府谈判签订协议，由东道国在协议所限定的地域范围内，提供良好的投资环境和减免关税等优惠政策的特殊区域。从本质上讲，境外经济贸易合作区是我国与其他国家之间在有关限定区域内更加紧密的双边经济贸易联系的一种制度安排，是我国企业跨境对外直接投资建设的经济开发区，是我国政府首创的以两国优惠政策为依托、具有双边国家互利互惠特征的国际经济合作新模式。

（二）境外经贸合作区发展现状

自2006年11月26日巴基斯坦海尔—鲁巴经济区揭牌拉开我国境外

经贸合作区建设的序幕以来，中国已在15个国家建设了19个境外经贸合作区。从区位选择来看，已批准建设的19个境外经贸合作区，主要分布在东南亚、非洲、南美及东欧等发展中国家。其中，设在东南亚国家的有7个，非洲7个，俄罗斯3个，南美2个；从投资产业看，投资项目主要集中于机械电子、轻纺服装、建材家具、汽车及配件、食品医药等我国具有比较优势的行业和木材深加工、矿产开发等国民经济建设急需的能源、资源领域；从经贸合作区的建设进程来看，截至2010年底，境外经贸合作区投资总额31.69亿美元，其中实施企业基础建设投资6.69亿美元，入区企业投资25亿美元；获得开发权的土地共计132.75平方公里，各合作区实际平整土地16.85平方公里；19个合作区中有13个合作区已有企业入驻，入区企业数量201家。第一批通过确认考核的6家合作区近两年累计向当地缴纳税费1.29亿美元，提供就业人数7577人（见表1）。

表1　中国境外经济贸易合作区概况　（单位：亿美元，平方公里）

合作区名称	实施企业（牵头企业）	计划投资	规划面积	园区地点	主导产业
巴基斯坦海尔-鲁巴经贸合作区	青岛海尔集团电器产业有限公司	2.5	2.33	巴基斯坦拉合尔市	家电、汽车、纺织服装、建材等
俄罗斯乌苏里斯克经贸合作区	康吉国际投资有限公司（浙江康奈集团、黑龙江吉信集团、温州华润钢材公司合资成立）	2.9	2.28	俄罗斯远东滨海边区乌苏里斯克市	轻工业、木材加工业和家电业
毛里求斯天利经济贸易合作区（毛里求斯晋非经贸合作区）	山西晋非投资有限公司（由太原钢铁集团有限公司、山西焦煤集团有限责任公司、山西省天利实业有限公司合资成立）	2.2	2.11	毛里求斯鸠比地区、富裕之地	轻工、纺织服装、医药保健品、食品加工、物流贸易、生产加工
赞比亚中国经济贸易合作区	中国有色矿业集团有限公司	4.1	17.28	赞比亚谦比希地区、卢萨卡地区	铜钴开采与冶炼、有色金属、型材加工、仓储、物流

续表

合作区名称	实施企业（牵头企业）	计划投资	规划面积	园区地点	主导产业
泰国泰中罗勇工业园	浙江省华方医药科技有限公司	1.2	3.5	泰国东部海岸安美德工业城	汽配、机械、家电等
柬埔寨西哈努克港经济特区	江苏太湖柬埔寨国际经济合作区投资有限公司（江苏红豆集团、无锡光明集团、无锡益多投资发展有限公司、华泰投资置业咨询有限公司合资成立）	3.2	11.13	西哈努克港东郊布雷诺区	轻纺服装、机械电子、高新技术、物流等配套服务业
尼日利亚广东经贸合作区	广东新广国际集团中非投资有限公司	25亿元人民币	20（1期）	尼日利亚奥贡州伊格贝萨地区	家具、建材、五金、医药、电子
俄罗斯波罗的海明珠经济贸易合作区	上海实业集团、上海百联集团、上海锦江国际集团、上海工业投资集团、上海绿地集团	16.45	2	俄罗斯圣彼得堡市西南部	房地产开发为主、写字楼、宾馆、购物中心、商品房等
尼日利亚莱基自由贸易区	中非莱基投资有限公司（中国铁建股份有限公司、中国土木工程集团有限公司、中非发展基金有限公司、南京江宁经济技术开发总公司合资成立）	3.3	30	尼日利亚拉各斯州莱基半岛地区	商贸物流、机械制造、房地产开发
中俄托木斯克木材工贸合作区	烟台开发区经销中心、烟台西北林业公司、中国国际海运集装箱（集团）股份有限公司联合实施	6.56（1期）	6.95	俄罗斯托木斯克州	木材加工、林地抚育采伐
埃塞俄比亚东方工业园	江苏永元投资有限公司	8.49	5	埃塞俄比亚OROMIA地区	冶金、建材、机械等
中国越南龙江工业园	浙江省前江投资管理有限责任公司（由四川乾盛矿业有限责任公	1.05	6	越南前江省新福县	纺织轻工、机械电子、建材化工等

续表

合作区名称	实施企业（牵头企业）	计划投资	规划面积	园区地点	主导产业
	司、浙江海亮集团有限公司、浙江协力皮革股份有限公司等合资成立）				
墨西哥中国吉利工业经济贸易合作区	浙江吉利美日汽车有限公司、浙江汽车制造有限公司	25亿元人民币	5	墨西哥中部阿瓜斯卡连特斯州	汽车整车和汽车零部件生产
委内瑞拉库阿科技工贸区	山东省浪潮集团有限公司	1	5	委内瑞拉库阿市	电子、家电和农业机械等
韩国韩中工业园	重庆东泰华安国际投资有限公司（重庆地产集团、东兆长泰投资集团合资成立）	3.6	3.96	韩国全罗南道务安郡	汽车、摩托车、船舶零部件、生物技术、物流及批发业
埃及苏伊士经贸合作区	中非泰达投资股份有限公司（由天津泰达投资控股有限公司、中非发展基金有限公司合资成立）	4.6	7	埃及苏伊士湾西北经济区	石油装备、纺织服装、运输工具、机械电子和新型材料
中国-印度尼西亚经贸合作区	广西农垦集团有限责任公司	0.93	2	印度尼西亚贝卡西县绿壤国际工业中心	精细化工、生物制药、农产品精深加工、家用电器、机械制造及新材料相关产业
阿尔及利亚中国江铃经济贸易合作区	江铃汽车集团公司、江西省煤炭集团	38亿元人民币	5	阿尔及利亚奥兰市奥克巴镇	汽车、建筑材料及相关产业
中国越南（深圳-海防）经贸合作区	深越联合投资有限公司（由深圳中航技集团、中深国际、海王集团等 7 家企业合资成立）	2	8	越南海防市安阳县	纺织轻工、机械电子，医药生物等

资料来源：根据商务部网站资料整理。

二、境外经贸合作区的功能与作用

境外经贸合作区是我国对外直接投资的一种新模式，它为企业搭建起分享国际市场资源和参与国际经济合作的平台，使我国出口可以有效地绕过贸易壁垒，减少贸易摩擦。与此同时，它还为企业消化过剩产能、缓解国内生产经营成本压力等提供了有效渠道。

（一）改变产品原产地，规避贸易壁垒

自加入世界贸易组织以来，我国出口贸易迅速增长，贸易摩擦也随之加剧，且已经成为影响对外贸易健康发展的制约因素。在国外建立经贸合作区，可以将“中国制造”转变为“东道国制造”，由从中国出口改变为从东道国出口。出口产品原产地的变化，可以使我们有效地避开关税、配额等贸易壁垒，缓解和减少贸易摩擦，规避贸易制裁。

出口产品的原产地（原产国）是各国海关凭以进行贸易管制的基础，也是各国政府间实施贸易优惠或制裁的判定依据。它涉及最惠国待遇、关税待遇、普遍优惠制、贸易限制和配额、贸易救济措施等的实施。因此，出口产品的原产地在国际贸易中具有特别重要的意义。境外经贸合作区的建立，正是利用这个载体，通过在东道国直接投资进行生产，改变了出口产品的原产地，从而有效地绕过贸易壁垒、规避贸易救济措施、减少贸易摩擦。如俄罗斯乌苏里斯克经贸合作区建立以后，温州的兴特皮鞋由以往国内生产、运到俄罗斯销售，改为将鞋底、鞋面等半成品运往合作区加工组装。由于产品在俄罗斯经贸区发生了实质性的改变，因此，被贴上“俄国制造”的标签，在改变“经济国籍”后在当地销售或运往其他国家。这样不仅绕开了欧盟、美国等国家对我国出口产品的限制，而且消除了中俄贸易中“灰色清关”、“高关税”等不利因素给双方贸易往来带来的负面影响。

（二）发挥比较优势，转移过剩产能

随着工业化进程的推进和全球性产业结构的调整，我国第二产业中部分行业产能过剩的问题日益严重，纺织、轻工、家电、建材、化工、冶金等生产能力大、竞争优势强的相对成熟产业供大于求，国内市场饱和的现象尤为突出。金融危机导致国际市场对我国出口产品需求减少，加剧了我国这些产业产能过剩的压力。而对于经济发展水平相对落后的

发展中国家，这些则是它们经济建设急需和更为适用的技术及物质资本。通过在国外建立经贸合作区，一方面，可以将国内部分产能过剩、具有相对优势的边际产业转移到有需求和潜力的国家，摆脱国内产能过剩、竞争激烈的压力，提高企业资金、技术、设备等的使用效率，延长产品的生命周期，使企业在更广阔的空间进行资源的优化配置，获得更大的市场空间；另外一方面，利用我国边际产业转移和全球性产业转移的时机，对我国的产业结构进行调整和优化，使国内企业更快地转向深加工、精加工等高端的生产环节，推动传统工业向高效能、高附加值、低能源消耗的高端产业发展，从而推动我国产业结构的升级和经济发展方式的转变。

（三）降低生产成本，提高产品竞争力

近年来，随着我国市场化进程的推进和改革的不断深入，土地、劳动力、原材料、水电煤等要素价格持续上涨，企业的生产经营成本不断增加。此外，人民币的不断升值，造成以美元结算的出口贸易收益减少，出口企业的利润空间越来越小。受到来自国内要素价格上升和人民币升值的双重压力，我国出口产品优势不断削弱。境外经贸合作区的建立，可以推动国内企业“走出去”，在劳动力等要素价格相对较低的其他发展中国家进行投资，利用东道国人工成本、土地成本等较低的区位优势，降低生产成本，缓解国内生产经营成本压力，提高产品国际竞争力。我国投资建设经贸合作区的15个国家，大部分为劳动力成本低于我国的发展中国家。如2007年柬埔寨工人最低月工资标准是50美元，劳动力成本远远低于中国平均水平，且实行6天工作制；尼日利亚从业人员平均工资保持在8000～10000奈拉（约合500～600元人民币）。在这些国家投资，既可以享受低工资的成本优势，又可以享受欧美等发达国家给予这些欠发达国家的特殊优惠政策。此外，经营成本的降低还来自关税税率的差异。仍以我国在俄罗斯建立的乌苏里斯克经贸区为例，来自国内的一双半成品鞋出口关税为5%，而成品鞋的关税则达到15%。我国企业在国内生产鞋底、鞋面等半成品，而将半成品组装加工的最后一道工序放在合作区，由此减少的关税可以使每双鞋的成本降低、利润增加。

（四）开发稀缺资源，弥补国内不足

随着我国经济建设规模的不断扩大和人们需求的日益增加，资源短缺、资源要素价格不断攀升，已经成为、且在未来相当长一段时期内严重制约我国经济发展的一个重要因素。面对这种严峻的局势，资源依赖型产业或企业要谋求生存与发展就必须开辟新的渠道。"走出去"，到资源丰富的国家和地区投资开采，对弥补我国国内资源不足、稳定全球稀缺资源价格水平、促进全球资源的优化配置具有重要的战略意义。我国在俄罗斯和在赞比亚设立的资源开发型经贸合作区正是看中了当地丰富的森林资源和矿产资源。这些地区虽然自然资源丰富，但经济却不够发达或受自身条件的限制，丰富的资源得不到有效开发。我国经贸合作区的设立，充分利用了这些国家的区位优势，扩大了我国利用国外资源的范围和力度，有效地支援了国内建设。如为了促进俄国内的森林木材深加工企业的发展，从 2009 年 1 月 1 日起，俄海关对出口原木征收 80% 的关税，而对已加工的木材产品则实行出口零关税，且对引进的木材加工设备不征收任何关税。托木斯克木材工贸合作区和中俄乌苏里斯克经济贸易合作区的建立，充分利用了俄罗斯丰富的森林资源、木材加工优势和这项关税优惠政策，把原木粗加工后，将半成品低关税或零关税出口到国内，弥补了我国对木材需求的缺口。再如在被称为"铜矿之国"的赞比亚设立经济贸易合作区，我们可以参与开发、冶炼和加工赞比亚金、银、铜、钴、铅、锌、锰等丰富的矿产资源，并将这些产品返销国内，弥补国内资源的不足。

（五）搭建投资平台，促进产业集群的形成

由于境外经济贸易合作区的特殊性质，在该区域投资的企业可以利用投资国和东道国在金融、保险、出入境、税收等方面的双边优惠政策和良好的商务环境以及多方面保障，降低投资风险和生产经营成本，提高境外投资的成功率。由此，OETCZ 吸引了大批相关企业入驻，成为我国企业、特别是中小企业集群式"走出去"的依托和平台。境外经贸合作区的建立，不仅有利于生产同类产品的企业相互之间在信息、设施、市场等方面的互补和资源共享，降低经营成本；而且提高了企业对外投资的集中度，促使相关产业在境外尽快地形成产业群或产业链，便于发挥协同效应和产业集聚效应，更快地形成产业合力和产业竞争力。如在海尔—鲁巴经济区的建设中，牵头企业海尔集团邀请了大批中国名牌家电企业入区办厂，并以产业配套和产业链延伸为主线，引进包括服务业、制造业等相关产业的中资企业，形成品牌家电产业集群和配套企业的聚居地。赞比亚中国经济贸易合作区的建设，主导产业是以铜钴开采为基础，有利于我们发展以铜钴为原料的有色金属冶炼和加工的产业链，同时形成如耐火材料、电线电缆、化工、贵金属、化肥、建材等有色金属衍生产品的产业群。

（六）规避发达国家的技术出口管制，获取先进技术

除转移过剩产能、利用国外资源、降低生产经营成本、规避贸易壁垒等功能外，设在新兴工业国或发达国家的技术研发型工业园区（科技园区）还发挥着获取先进技术和管理经验的特殊职能。通过在新兴工业国或发达国家建立研发型的科技园区，一是可以利用东道国的优惠政策和良好的投资环境，在吸引大批相关企业和研发机构参与投资与建设的同时，吸引东道国大批专业人才，加速新技术的研制与应用，缩短技术密集程度高、具有市场潜力的新产品的开发周期；二是在科技园区的建设和运作中，利用企业和市场间的知识流动与技术溢出，获取东道国的先进技术和科学管理方法、培养高技术人才；三是在单纯通过技术贸易和技术引进获取高新技术的方式难以奏效的情况下，通过在这些国家设立科技园区，以技术或产品共同生产和研发的形式，在“干中和看中”获取新技术，从而有效地规避发达国家的技术输出障碍和技术出口管制；四是利用发达国家产业结构调整和转移的时机，将境外科技园区作为先进技术和产业的传导与桥梁，加速国外先进技术和在我国市场具有发展潜力的产业传递到我国，推动国内产业的升级和外贸发展方式的转变。目前我国主要投资于汽车、船舶零部件和生物技术等产业的韩中工业园区，致力于促进中韩两国在这些项目上的研发与合作，在一定程度上具有技术研发型科技园区的功能。

三、发展境外经贸合作区的对策建议

（一）搞好布局规划，注意宏观协调

境外经贸合作区首先是政府意向、政府政策和政府扶持的产物，因此，政府的规划与引导具有特别重要的意义。要保证这一国际经济合作新方式的功效和健康发展，政府规划、协调的作用至关重要。在合作区建设中，政府要根据国内的产业发展规划、产业结构调整目标、对外贸易和经济发展方式转型的国民经济发展总目标，对境外经贸区的设立在区域布局、主导产业和投资类型等方面进行统筹规划和必要指导，对地方政府的申报项目进行严格审查和把关，防止由于一哄而上和开发区功能过度重复所导致的资源浪费和不必要损失，同时为地方政府和企业的投资决策提供指导和必要的建议。

（二）落实配套政策，加大扶持力度

由于种种原因，我国绝大部分经贸合作区分布在经济不够发达的发展中国家，东道国基础设施、信用制度、投资环境等均不够完善，这些在一定程度上加大了企业投资的风险和合作区建设的难度。这就需要我国政府除资金扶持以外，还要尽快落实财税、信贷、外汇、保险等配套措施。一是帮助企业解决融资难问题。资金是企业境外投资首先面临的问题。政府应采取措施鼓励国内金融机构在境外经贸合作区所在地先行设立分支机构，为企业融资提供便捷的本地化服务；允许国内母公司为其境外子公司在我国银行境外机构贷款提供担保；允许企业以境外资产、股权、矿业开采权等作抵押，从国内银行或其国外分支机构获得贷款；根据境外经贸合作区的建设成本和投资类别，确定资金扶持比例，提供政策性资金或低息优惠贷款。二是加强与东道国政府沟通，帮助企业与东道国政府的谈判和协商，从财政税收、企业融资、土地使用、设备折旧、水电煤等要素价格方面最大限度地争取优惠和便利，尽可能地与东道国政府签订《双边投资保护协定》，以保护中资企业的合法权益不受侵害。三是为企业提供信息服务。发挥政府信息渠道广、信息资源丰富的优势，帮助企业尽快了解和熟悉东道国的法律法规、宗教信仰、风俗习惯、经营理念等有关情况和环境，向企业提供投资咨询、国别风险和行业风险分析等服务，加强风险防范指导工作，以帮助企业在获取投资机会的同时规避投资风险。四是为合作区企业提供风险保障服务。鼓励各类保险机构针对合作区建设特点，研究和开发更多的保险品种，为入区企业提供出口信用保险和担保、投资保险、战争和政府违约等政治风险保险和企业海外销售商业信用风险保险等一揽子保险服务。

（三）发挥民营企业优势，促进投资主体多元化

由于民营企业分布的行业多为家电、纺织服装、 皮革、鞋类、箱包、轻工、家具等技术含量和进入门槛均较低的充分竞争行业，这些行业市场竞争激烈，市场趋向饱和，因此，民营企业面临着国内市场发展空间受限的巨大压力。“走出去”在国外进行直接投资是许多民营企业拓展发展空间、利用国外资源提高企业竞争力的需求，也是企业自身生存和良性发展的必然选择。经贸合作区对于拓展各类企业发展空间、特别是加速发展民营经济提供了难得的契机，为国内实力相对薄弱的民营及中小企业提供了集群式国际化发展的平台。

各级政府应该充分认识民营企业在境外经贸区建设中的中坚力量，充分发挥民营企业自主决策、自主经营、自担风险的灵活运作机制和对市场供求反应迅速、调整及时等优势，出台更多鼓励民营企业“走出去”参加建设境外经贸区的相关政策，在行政审批、财政税收、出口信贷、企业融资、抵押贷款、出口信用保险等方面给予与民营企业与其他企业同等的待遇和更广泛的支持，为广大民营企业特别是规模小、资金少、实力弱的中小民营企业提供走出去的平台和机会；同时注意发挥行业协会、商会等中介组织的作用，加强对民营企业对外投资的引导与服务，使境外经贸合作区成为各类企业聚集、各种所有制企业协力共同发展的境外经济贸易开发区。

（四）以境外经贸合作区的建设，带动境外加工贸易发展

境外加工贸易（Outward Processing Trade），即我国企业以现有设备和成熟技术到国外投资生产，在境外加工装配，产品复进口或销往其他国家的贸易方式，可以带动我国技术、设备、劳务、原材料和零配件的出口，有效地转移过剩生产加工能力。

政府应利用境外经贸合作区的契机，有意识地将境外经贸合作区的优惠政策和境外加工贸易的优惠政策结合起来，鼓励企业以境外加工贸易（特别是境外带料加工贸易）方式在合作区进行投资，在出口退税、金融服务、外汇管理等方面给予扶持；简化开展境外合作区加工贸易的审批手续，包括企业设立手续、申请用汇手续、技术管理人员派遣审批等手续；对合作区境外加工贸易出口设备、技术、零配件、原材料等所需的资金优先提供出口信贷；帮助在合作区开展境外加工贸易的企业申请国外优惠贷款或提供国内的低息优惠贷款；对合作区境外加工贸易项目下作为实物性投资的出境设备、器材、零配件、原材料等，实行全国统一的出口退税或不缴不退政策；允许境外加工贸易企业将获利后五年内所获利润充实资本金，同时免交汇回利润保证金。

在设备、技术上有较强比较优势的轻工、纺织、家用电器等机械电子行业以及服装加工等企业，应该充分利用境外经贸合作区的优惠政策和有利条件，借鉴境内加工贸易发展的成熟经验，积极地“走出去”，以加工贸易的方式在境外经贸合作区投资设厂，以此带动我国产品出口和相关零部件产业的发展。企业在开展境外加工贸易时，要以自主品牌为龙头，注意自主创新，利用境外经贸区的优惠政策、自然资源、加工能力和要素价格等优势，扩大我国品牌在国际市场的知名度和销售量，提升产品的附加值和竞争力。

（作者：赵晓晨　天津财经大学　教授）

贸易环境措施倒逼我国转变外贸增长方式

王玉婧

20世纪80年代以来，与贸易有关的环境措施逐渐增多（Trade-related Environmental Measures，TREMs），涵盖了R&D、生产、加工、包装、运输、销售、消费以及回收等各个环节。由于发展中国家和发达国家在环境技术标准等方面的差异，许多发展中国家的产品出口受到了限制，中国也不例外。中国目前出口产品面临越来越多的与贸易相关的环境措施的限制，对中国出口贸易的影响每年超过200亿美元，而且进口国的环境措施和标准几乎涉及所有行业。站在保护环境和可持续发展的高度看，环境措施是国际贸易中不能回避的现实，因此应积极探索转变我国外贸增长方式，实现贸易可持续发展的路径。

一、与贸易有关的环境措施的表现形式

与贸易有关的环境措施是指一国为了保护环境而采取的明显有贸易影响的环境措施，包括法律、规则、管理措施以及执行或签署的区域和多边协定对贸易产生影响的环境措施。一般包括三类，一是为环境目的所采取的直接管理工具；二是自愿安排，即自愿执行与产品有关的环境措施、环境管理体系（ISO14000）；三是环境经济工具，如环境税、贸易许可证等工具。这些措施影响到生产、销售和消费，对贸易有直接的影响。

1. 直接管制措施

直接管制措施也称强制手段或指令与控制手段（Command and Control，C&C），是行政当局根据法律、法规、规章和标准，通过限定生产过程、限制产品的消费或在规定的时间和地点限制生产者产生外部不经济的数量和方式的行为。使用指令与控制手段要求有完善的法律法

规体系，根据法规对生产者和消费者确定生产与工艺中的污染指标、污染物排放的方式与数量等。由于各国的经济发展和科技水平的差异，环境法规和标准的严格程度也不同，标准是目前使用的最广泛的环境管制方法，涉及污染排放的种类、数量、方式以及与生产工艺过程相关的各项污染指标，与污染排放限制有关的法律和规章条例，也属于标准之列。一般来说发达国家的环境标准比较严格，而发展中国家相对宽松一些。表 1 为各种常用的命令控制手段。

表 1　各种类型指令控制手段的应用

部门或领域		应用类型		
		标准	禁止	配额限制
资源管理	水资源	水质量标准	对水资源某种利用的季节性限制	水使用量配额
	渔业	捕鱼标准	捕鱼禁令	捕鱼配额
	土地管理	土地使用标准	建立环境敏感区	土地划分
	森林	伐木管理	伐木/原木出口禁令	伐木配额
	可持续农业	分区制度	农药使用禁令	
	生物多样性	保护区建立	国家公园建立	
	矿产资源	废物与矿渣控制	采矿禁令	
污染控制	空气污染	空气质量与排放标准	进口禁令	排放配额
	水污染	废水排放标准	禁止某些污染物排入水体	工业废水排放配额
	固体废物	填埋标准和分区		
	危险废物/有毒化学品	遏制/处理标准	巴塞尔公约、某些农药禁用	

资料来源：王玉庆.环境经济学. 北京：中国环境科学出版社，2002.

2. 自愿安排

自愿安排包括与生产有关的环境标准、产品包装标准、废物回收、生态或环境标志等管理体系。环境标准可以理解为管理自然和人造环境的措施，还包含保护人类和动植物健康与安全要求，针对产品、生产过程或相关产品要求，包括术语、符号、标签要求和包装方式等。一般环境标准包括以下两种形式：

第一，产品标准。产品标准是指对最终产品的特征设立规则，这些特征是有形的或可以在最终产品准确检测出来的。环境产品标准包括可回收包装要求、杀虫剂最大残留限制、染料使用限制、在使用或处理过程中可渗透到土地或水源中的重金属或其他破坏环境物质投入限制。作为技术性规制采用的产品标准必须对国内产品和进口产品一视同仁。

第二，加工和生产方式（PPMs）。PPMs 与产品生产、加工和处理或处置有关，通常为生产某种产品的投入和产出制定指导规则，包括废水排放标准、某种颗粒的空气排放限值或有害废物处理要求，产品是否符合 PPMs 并不能在最终产品表面或通过检测看出来。GATT/WTO 不允许国家采用技术性法规区别基于 PPMs 的进口和国内生产的相同产品，除非与卫生和检疫措施相关，这样就阻止一国的环境规制通过域外权强加给另一个国家的产品。

1996 生效的 ISO14000 环境管理标准由于国际统一性和透明性而受到欢迎和认可，包括环境管理体系标准、环境审核与环境检测标准、环境标志标准、环境影响评价标准、产品生命周期评估以及产品标准中的环境指标等 6 个子系统，规定 100 个标准号，从 ISO14001 至 ISO14100，将环境管理贯穿于企业的原材料、能源、工艺设备、生产、审核等各项管理之中。其目的是指导组织建立和保护一个符合要求的环境管理体系（Environmental Management Systems, EMS），再通过不断的环境评价、管理审核和体系审核活动，帮助企业预防污染，达到不断改善环境质量，促进环境与经济协调发展的目的。ISO14000 系列标准以预防、减少和消除污染为原则，为解决经济与环境协调发展，使世界各国在统一的环境管理水平上平等竞争提供有效途径和有利条件，目前已被 100 多个国家采用。

环境标志或生态标志（Ecolabels）是由第三方授权，印在产品或包装上的图形，用以说明该产品的生产、使用和处理过程符合环境保护的要求，对环境无害或危害很小，有利于资源的再生利用。环境标志产品涉及一些对人类和环境有害，但如采取适当措施后就可减少或消除的产品。主要有：节能节水低耗型产品；可回收再循环利用的可再生产品；清洁工艺产品；低污染、低毒产品以及可生物降解产品。目前广泛采用的环境标志制度有德国的“蓝色天使”标志、北欧的“白天鹅制度”、奥地利的“生态标志”、加拿大的“环境选择方案”等（见表2）。

表2　主要国家环境标志

生态标志	国家	实施时间	生态标志	国家	实施时间
蓝色天使	德国	1977	环境选择	澳大利亚	1991
环境选择	加拿大	1988	NF环保标章	法国	1991
北欧天鹅	北欧四国	1989	生态标签	印度	1991
绿标签	美国	1990	欧洲之花	欧盟	1992
生态标志	日本	1989	绿色标签	新加坡	1992
生态产品	葡萄牙	1991	生态标章	韩国	1992
环境选择	新西兰	1990	环境友好	克罗地亚	1993

二、与贸易有关的环境措施对中国出口产品规模的影响分析

2008年中国出口贸易因与贸易相关的环境措施造成的直接损失为505.42亿美元，同比增长10.83亿美元，占同期出口额的3.54%；30.06%的出口企业受到国外TREMs影响，比2007年增长1.5个百分点，企业新增成本240.72亿美元；影响较大的行业是机电、农食产品、化矿、塑料皮革和纺织鞋帽，分别占直接损失总额的24.20%、23.77%、23.76%、9.30%和7.72%；影响我国工业品出口的TREMs类型集中在技术标准要求、有毒有害物质限量要求、保护臭氧层的受控物质、包装及材料的可回收性和环保要求、纺织品染料指标等几个方面；影响农产品和食品出口的TREMs类型集中在对农兽药残留要求、重金属等有害物质限量要求、细菌等卫生指标要求、食品标签要求和食品接触材料的要求等层面。

1. 机电产品

自1995年以来，机电产品出口已经取代纺织品出口，成为我国第一大类出口商品，出口市场主要集中在欧美国家。但是随着机电产品出口的增长，面临发达国家的TREMs和环境技术标准也越来越多，这些环保法规往往是最严格、最完善的，许多条款涉及机电产品的性能、排污量限制、兼容性、可回收率、节能性以及防电磁污染等，这些环境技术标准和措施对我国的机电产品出口产生很多影响，出口增长速度呈现

缓慢增长的态势，除了2003年和2004年，机电产品出口增长速度都低于1995年，见表3。

表3 1995～2008年机电产品出口额及增长速度

年度	出口额（万美元）	增长率（%）	年度	出口额（万美元）	增长率（%）
1995	4385585	37.2	2002	15707777	32.3
1996	4820563	9.8	2003	22733338	44.7
1997	5931718	23.0	2004	32340363	42.3
1998	6654327	12.2	2005	42672905	32.0
1999	7697422	14.7	2006	54943430	29.0
2000	10531284	36.9	2007	70117093	27.6
2001	11878653	12.8	2008	82292974	17.4

资料来源：根据中国统计年鉴（1995～2009）数据计算。

据不完全统计，我国每年约有 90 亿美元的出口机电产品受到《臭氧层保护国际公约》及其国别相关标准的限制而被禁止销售，约80亿美元的出口产品受到国外环境标志制度的影响，240 亿美元的出口产品达不到发达国家的环保包装要求而间接受到影响。欧盟《关于报废电子电器设备指令》（WEEE 指令）规定自2005年8月3日起，欧盟市场上的电子电气产品生产商必须自行承担报废产品回收、处理及再循环的费用；另一项《关于在电子电器设备中禁止使用某些有害物质指令》（ROHS指令）要求在2006年7月1日以后，对进入欧盟市场的电气和电子产品以设备中汞、镉、铅、六价铬等6种有害物质的最大限量做了规定，从原材料投入就将产品对环境的破坏程度降低到最小。这一指令是针对电子电气产品迄今为止最严厉的环保法规，涵盖了各种电子电气产品及相关原材料。欧盟这两项指令的实施，至少影响到我国560多亿美元的机电产品出口；占出口欧盟机电产品总值的70%以上。于2008年8月11日生效的《关于制定用能产品环保设计要求框架的指令》（EuP 指令）要求对用能产品加施 CE 标志，虽然是框架性指令，但其管辖内容和覆盖产品范围广，对中国用能产品的出口造成重大影响。

2. 纺织产品

据不完全统计，我国纺织品和服装不符合国外环境措施要求的覆盖面约 15%，我国纺织品服装出口因环境措施要求而造成的损失已从 20 世纪中后期的每年 4～5 亿美元上升到 21 世纪初的每年 10 亿美元左右。其中，受欧盟和美国影响最大，受影响合同金额分别为 23 亿美元和 5 亿美元，对欧盟出口在行业受影响总额中约占 79%。

当前国际纺织服装行业环境技术标准的发展已经呈现新的趋势，第一，受限的内容涉及面广，涉及技术法规、技术标准和合格评定各个方面。从 1996 年下半年起，德国正式颁布法令，全面禁止使用芳香胺类偶氮染料染色的纺织品和服装进口，凡违反规定的进口产品将被销毁，接着荷兰、瑞典、法国和丹麦等国也相继颁布了类似的法律。欧盟也于 2002 年 9 月 11 日通过了第 2002/61 号指令，禁止在有机会与人体皮肤或口腔接触的纺织品和皮革制品中使用偶氮类染料，随后日本、美国等国家也采取了类似措施，这使我国普遍使用偶氮染料的纺织品出口受到极大打击。第二，环境标准日益严厉。欧盟于 2002 年 5 月 12 日通过了《生态纺织品标签》指令（2002/371/EC），正式开始对纺织品和服装加附生态标签，其中使用的纺织品标准对服装和纺织品中某些物质的含量要求高达 PPb 级，如对苯乙烯的要求是不超过 5PPb，乙烯环乙烷不超过 2PPb。2006 年 10 月欧盟议会正式通过决议，规定欧盟市场上制成品中全氟辛烷磺酰基化合物（PFOS）含量不能超过质量的 0.005%，使我国众多行业出口受到巨大影响，而纺织服装业首当其冲，势必大量增加生产成本。第三，认证制度越来越严格。美国和欧盟规定，只有获得 ISO9000 认证的服装企业所生产的服装产品才能参加其展销会；欧盟要求纤维、服装贴上生态标签方可进入欧盟市场，而且检验手段和要求日益提高。

由于中国出口的纺织品和服装产品遭遇国外环境标准的限制，与中国出口贸易连续多年迅速增长的势态相反，在与主要贸易伙伴的出口额增长率比较中，纺织品和服装产品的出口增长缓慢，甚至出现负增长。

3. 农产品和食品

在农产品和食品方面，欧盟、美国、加拿大、日本以及韩国等国近年纷纷在对农产品和食品加工的规定、农药与有毒物质残留量以及动植物病虫害等方面实行严格的卫生检疫标准和措施，我国许多农产品和食品因此被拒绝进入相关国家市场，造成巨大损失。有关数据表明我国 90% 的农业及食品出口企业受环境措施的影响，造成每年损失约 90 亿美元，出口受阻的产品涵盖了蔬菜、水果、茶叶、蜂蜜、冻虾、禽肉、水产品等，由于环境措施给国际贸易造成的障碍已经由 20%上升到目前的 80%左右。综合分析，我国农产品和食品出口受到的环境技术标准和措施的影响主要来自严格的卫生检疫制度、生产和加工技术标准、农药及有毒物质残留量以及包装和标签要求。

三、TREMs 倒逼我国转变外贸增长方式的战略思考

1. 提升自主创新能力，加快推动产业链高端化

从全球的产业链来看，一方面我国制造业产业链层次较低，处于垂直分工体系低端、“微笑曲线”的弧底，存在自主核心技术不足的现象，绝大部分依靠引进技术，或者缺乏自主知识产权的产品技术；另一方面是对国外先进技术的消化、吸收、创新不足，基本上没有掌握产品开发的主动权。要在产业链分工中占据有利位置，真正成为现代制造业研发转化基地，首先，要鼓励原始性创新，推进产业技术跨越式发展。加强集成创新，形成一批产业带动力强、关联度大、优势资源集成度高的战略产品。其次，以提升自主创新能力为手段，大力推动我国优势出口产业，逐步实现从产业链低端向高端升级，从曲线弧底向两端攀升，由 OEM（Original Equipment Manufacturer，原始设备生产商即贴牌生产）到 ODM（Original Designed Manufacturer，原始设计制造）再发展到 OBM（Original Brand Manufacture，原始品牌制造），实现外贸增长由劳动密集要素和资源环境要素驱动转变为创新驱动。最后，健全创新支撑服务体系。加大财政科技投入的力度，调整和优化投入结构，增强政府投入，调动全社会科技资源配置的能力，形成多元化、多渠道、高效率的科技投入体系。

2. 从环境输出转向生态修复

我国对外贸易的增长方式总体上是粗放型的，具体表现为“两高一资”型产品（高能耗、高污染和资源型）在出口产品中占有很高比例，“十一五”期间，我国 SO_2 排放水平高或中行业产品出口约占总出口额的 40%，而 COD 排放高或中行业产品占 44%。这种贸易模式明显带有“环境输出”的特征，出口获得的经济利益是以消耗和牺牲国内资源环境为代价的，是不可持续发展的贸易模式。为了使贸易与生态环境协调发

展，贸易的增长方式需要从环境输出向生态修复转变，逐步实现三个层次：一是控制和减少资源和环境消耗型产品在出口总量中的比重，缓解我国环境压力；二是增加进口能替代我国环境消耗的产品，实现“环境输入”；三是通过调整进出口结构，发展绿色产品贸易、环境友好型技术贸易和其他有利于环境的贸易活动，实现贸易、环境、经济发展的三赢格局。在环境输出到生态修复的转变过程中，以保护日益稀缺的环境资源、减少能耗和提高环境资源配置效率为目的，依据自然生态的有机循环原理，将清洁生产、资源综合利用、生态设计和可持续发展等融为一体的循环经济发展模式，作为改变我国外贸增长方式的战略选择。

3. 建立贸易可发展的评价指标

（1）对外贸易环境要素密集度指标

对外贸易环境要素密集度指标反应对外贸易的发展对环境的影响程度，进出口产品在生产、运输、使用、消费以及处理过程中，不可避免地会释放废物，留下污染足迹。如果贸易的发展对生态环境带来巨大的负面影响，则这种发展是不可持续的。环境要素密集度指标反应的是贸易与生态环境是否能够协调，从环境保护的角度考察对外贸易的发展。根据我国主要工业制成品出口行业的工业三废排放量与总排放量比重的变化，可以测算出我国外贸出口产品的环境要素密集度。首先根据年度出口产品分类统计指标统计出主要出口产品及行业分类，然后分别测算在一定时期内工业三废排放量在总排放量中的占比，可以使用如下公式：

对外贸易环境密集度指标 1=主要出口行业工业废水排放量/废水排放总量

对外贸易环境密集度指标 2=主要出口行业工业废气排放量/废气排放总量

对外贸易环境密集度指标 3=主要出口行业固体废物产生量/固体废物产生总量

该指标将出口行业的三废排放量与工业排放总量进行对比，分析两个变量之间的关联，在环境质量变化与外贸可持续发展之间建立联系。

（2）对外贸易环境效益评价指标

环境效益评估采用清洁型产品的贸易额作为评价指标，反应清洁型或环境友好型产品的贸易额在总贸易额中的比重。用进出口环境效益、出口（进口）环境效益指标考察货物贸易的环境技术效益；对于服务贸易，环境服务贸易进出口占服务贸易进出口额的比重可以反应环境服务贸易的发展状况。

产品进出口环境总效益=（清洁产品出口额+清洁产品进口额）/进出口总额

产品出口（进口）环境效益=清洁产品出口额/出口（进口）总额

环境服务贸易出口（进口）效益=环境服务贸易出口（进口）额/服务贸易出口（进口）总额

该项指标可以反应进出口贸易额对环境的影响程度，比值越大，说明贸易对环境的破坏越小。

（3）对外贸易技术效益评价指标

技术效益指标反应对外贸易投入对技术改造、技术进步、技术转化的程度。如果对外贸易能够带来技术进步和技术成果的转化，使生产力提高，则表明对外贸易技术效益高，同时技术效益指标可以避免不顾资源环境约束，只追求出口量的不可持续的发展方式。该指标将高新技术产品的进出口额作为主要指标进行分析，包括进出口技术效益、出口技术效益和进口技术效益三个指标。一定时期内，高新技术产品的进出口额与制成品进出口总额之比为进出口技术效益指标，将高新技术产品出口额与出口产品总额进行比较，为出口技术效益指标，相应地可以得到进口技术效益指标。该指标反映了高新技术产品和产业结构的比例，尤其是出口技术效益指标，指标越大说明出口产品竞争力越强，环境负面效应越小，对外贸易可持续发展的潜力越大。

（作者：王玉婧　天津商业大学　副教授）

低碳时代我国碳足迹初探
——基于碳关税作用机制的分析

孟建斌

一、引言

——碳关税产生背景、实质以及影响

IEA（国际能源署）《世界能源展望2010》报告称，以中国、印度为代表的新兴经济体能源消费需求增长过快，2009年中国超过美国成为全球第一能源消费大国。紧接着人民网等各大媒体纷纷指出，该报告高估了未来中国能源消费需求和二氧化碳排放水平，其能源消费数据与中国的实际值有较大出入。

但从总量上看，目前我国二氧化碳、甲烷、氧化亚氮等温室气体的排放量居世界前列。1990～2001年，我国二氧化碳排放量净增8.23亿吨，占世界同期增加量的27%。从人均来看，目前我国人均低于世界平均水平，但在逐年递增，如图1所示。

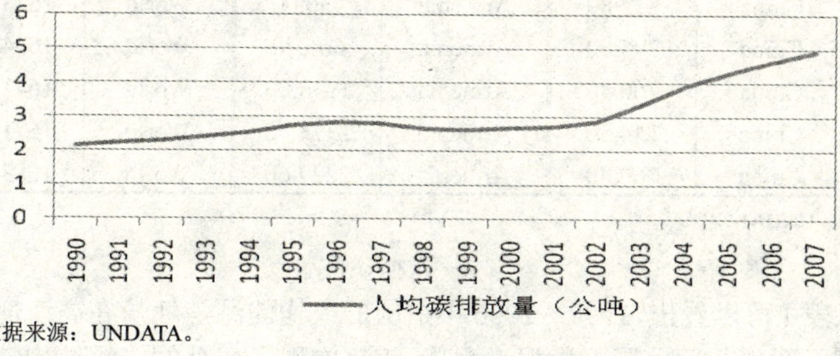

数据来源：UNDATA。

图1　我国人均碳排放量

中国能源研究会公布的数据显示：2010 年，中国一次能源消费量为 32.5 亿吨标准煤，同比增长了 6%。该研究会常务副理事长周大地表示，中国已成为全球第一能源消费大国，能源消耗强度仍偏高，是美国的 3 倍、日本的 5 倍；同时又是世界第二大 CO_2 排放国。中国过多地依赖单一能源，其中煤炭高达 70%，这一事实已使经济发展和环境保护亮起红灯。尤其是当前中国正处在工业化中期阶段，重化工业特征非常明显。表 1 为人均能源消耗量。

表 1　人均能源消耗量

（Energy use（kg of oil equivalent per capita））

Year	Country	Volume	Country	Volume	Country	Volume
2006	China	1433.00	Armenia	842.80	World	1817.80
2005	China	1319.40	Armenia	832.00	World	1794.90
2004	China	1222.70	Armenia	693.00	World	1766.10
2003	China	1057.30	Armenia	652.60	World	1708.10
2002	China	934.40	Armenia	627.30	World	1671.20
2001	China	868.30	Armenia	671.00	World	1654.90
2000	China	875.80	Armenia	671.70	World	1668.10
1999	China	872.90	Armenia	596.40	World	1652.90
1998	China	877.80	Armenia	613.10	World	1641.60
1997	China	886.60	Armenia	596.50	World	1654.90
1996	China	892.60	Armenia	563.70	World	1662.00
1995	China	869.80	Armenia	517.20	World	1639.80
1994	China	822.80	Armenia	430.00	World	1623.60
1993	China	795.60	Armenia	666.40	World	1634.20
1992	China	760.40	Armenia	1238.00	World	1641.70
1991	China	744.50	Armenia	2373.50	World	1671.40
1990	China	760.40	Armenia	2227.60	World	1683.00

数据来源：UNDATA。

从表 1 可以看出，1990～2006 年中国的人均能源消耗量在高速增长，整整翻了两倍。而美国的数据说明 16 年来实现了成功的能源结构转型，人均能量消耗减少了将近 2/3。从世界总体形势来看，全球的能源消耗在不断增长，而非集约式增长。

从全球范围内来看，发展低碳经济越来越成为国际社会的共识，尤其在联合国哥本哈根气候变化大会后，各国为应付气候变化，为保证可持续发展，都将目光投向了绿色发展模式——低碳经济。低碳经济是一种以能源的清洁开发与高效利用为基础，以低能耗、低污染、低排放为基本经济特征，顺应可持续发展理念和控制温室气体排放要求的社会经济发展模式。其实质是可持续发展经济。

低碳规则作为低碳经济的运行方式，正在逐渐推行、逐步完善，为各国所遵循，是一种新型的贸易规则，以碳足迹、碳减排、碳关税等方式对贸易产品进行设限。

碳关税问题是在世界经济发展面临全球变暖和能源危机这两大压力的背景下产生的。碳关税的提出，恰恰顺应时代发展要求，为解决高排放、高耗能提供了一条明确的道路。具体来说，碳关税是指如果某一国生产的产品不能达到进口国在节能和减排方面设定的标准，就将被征收特别关税。

从本质来说，碳关税是一种绿色贸易壁垒（Green Trade Barriers），它是指进口国以保护自然资源和生态环境，保护人类和动植物生命健康与安全为由制定的一系列限制或禁止进口的贸易措施。发达国家率先提出征收碳关税，征收“碳关税”不仅可以获得高额财政收入，减少贸易赤字。同时，可使该类产品进口量减少，并迫使该类产品在国际市场上降价，发达国家将能以更低的价格进口，获得更大利益，提高本国竞争力，维护经济霸权，削弱中、印等发展中国家的制造业出口竞争力，维护其国家经济利益，转嫁环境治理责任和成本。

对发展中国家来说，碳关税是挑战也是一次机遇，能否在这个过程中不处被动地位，取决于各国的态度及应对措施。

二、文献综述

国外学者在研究关税对经济结构及经济增长的影响方面有不少成果，Galor（1994）发现了在一个小的重叠的经济范围里关税对于收入的重新分配效应，他验证了在充足条件下，关税无穷小的一个提高，提高了短期和长期的社会福利。Dinopoulos 和 Segerstorm 利用一个两国经济增长模型——两国在技术过程和长期增长上完全一样，分析对称性关税和长期增长的关系。他们同样发现了用于保护国内落后企业的关税和经济增长之间存在一个 U 型关系。Osang 和 Pereira 研究了在一个小的人力资本积累基础上的内生性增长的经济中，关税对增长和福利的影响。

关于绿色壁垒对我国能源结构、经济增长方面的影响，国内外学者也做过不少研究。国内学者许海清（2008）以中日蔬菜贸易为例，运用引力模型对绿色贸易壁垒影响我国农产品出口做出实证分析。经研究发现，如果日本对蔬菜毒死蜱限量标准提高 10%，我国蔬菜对日出口量就将减少 2%。吴艳（2008）从理论分析了绿色壁垒通过其带来的环境规制引起了不同国家同一部门之间的资源配置的变化，从而产生了对于贸易品生产和国际贸易的静态效应；绿色壁垒通过对关税保护的替代和对外贸易乘数作用，产生了对于发展中国家贸易发展的动态效应。潘菁（2004）认为随着关税壁垒和非关税壁垒在国际贸易中的地位逐步提高，发达国家凭借其在技术和资金上的优势，设置技术壁垒，保护国内产业，阻碍国际贸易的正常运行。用 Panal Data 模型对技术壁垒影响中国出口贸易进行计量分析，将技术壁垒设为虚拟变量，通过理论与时间分析技术壁垒对中国出口产品的出口数量和出口额的影响，提出中国跨越国外技术壁垒的途径。

随着低碳经济的不断推进，碳关税等一系类低碳规则的出台，必将会对我国的能源结构、碳排放及经济增长造成影响。本文侧重于研究碳关税作用机制的理论分析，并运用 VAR 模型，对关税、碳排放、能源消耗之间的动态关系进行分析，更清楚地认识到碳关税对我国能源结构转型带来广泛而深远的影响，所以面对这次低碳革命应当做好长期应对措施。

三、理论分析框架

——碳关税的价格理论传导机制

从理论上来看，低碳经济的切入点——碳关税的征收，作为一种贸易保护政策，对各国生产分配有不同程度的影响。下面基于贸易价格理论分析碳关税的作用机制。

试对某高碳产品加征碳关税，假定该产品在全球范围内自由流通：

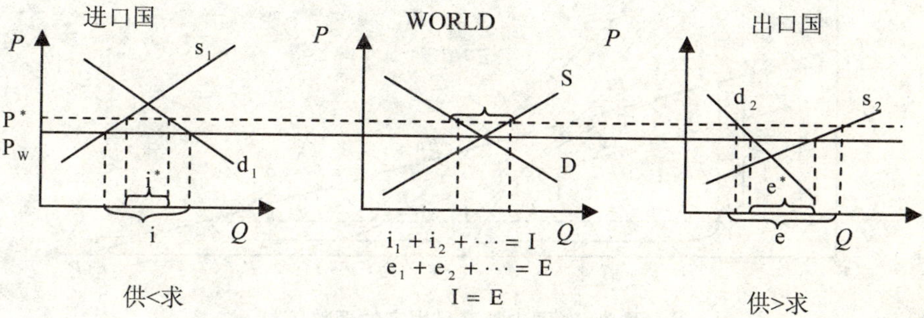

图 2 征加碳关税后贸易格局变化情况

碳关税的加征使该产品的世界价格上升。见图 2。

推广至更广泛意义，可以得出：

$$\begin{cases} i_1^* + i_2^* + \cdots = I^* \quad I^* < I \\ e_1^* + e_2^* + \cdots = E^* \quad E^* > E \end{cases} \Rightarrow E^* > E = I > I^*$$

碳关税的加征，必然导致高碳含量产品在全球范围内的需求减少，进出口减少，从而实现预期效果。然而从短期来看，碳关税的征收导致贸易的失衡 $E^* > I^*$。因此为寻求世界贸易平衡，各国不断调整。由加征碳关税引起全球范围内的贸易调整分为两部分。

（一）一国内部产品生产的调整机制

假定：该国出口 1 产品、进口 2 产品（高碳产品），碳关税的征收使 2 产品的世界价格上升。见图 3。

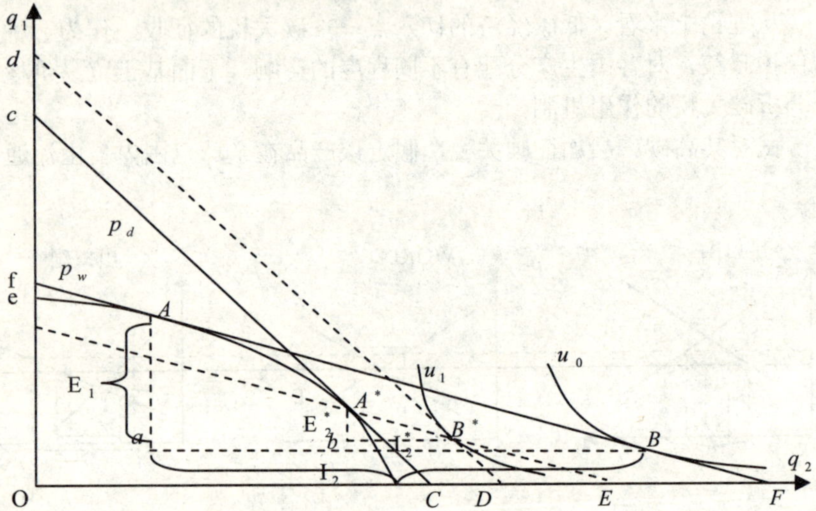

图 3　一国内部产品生产的调整机制

P_2 上升 → { 国内：生产可能性曲线上 A 移至 A^*；贸易：$I_2^* < I_2$、$E_1^* < E_1$ }

$\rightarrow U_1 < U_0$

为弥补效用的减少，寻求相关替代产品，加大对低碳新型产业探索研发，从而出现两种结果：

第一，碳利用效率提高，单位产品含碳量下降，即资源利用率提高。

第二，新技术的诞生对生产率有极大的改善。

（二）世界范围内各国对产品进出口结构的调整

假定：各国的贸易产品为 a、b、c…x、y、z（根据含碳标准分类，且从 a 到 z 含碳量递增），由于成本的差异，各国根据相对比较优势进行国际间贸易，且贸易发生在 I、II 两国之间。见图 4。

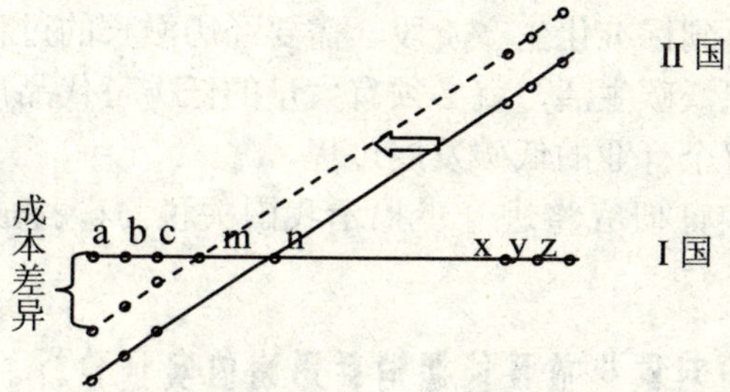

图 4　全球产品生产调整机制

由于碳关税的征收，使 n 类产品的出口成本增加，不再具有价格优势，别国对 n 的需求减少，取而代之的是 n 类高含碳量产品逐渐退出贸易，含碳量大于 n 的别的产品受到类似标准的影响，高碳行业的萎缩使各产品的生产成本扩大，相反新型产品、低碳类产品由于替代作用，需求受到极大的刺激，扩大的生产给这些产品带来规模效应，从而使生产成本降低，各国加大此类产品的贸易。

对于一国来说，体现产品生产结构的变化，一些产品逐渐退出生产而为另一些产品所替代。

通过上述分析，可以看出高碳行业的萎缩，为低碳经济、能源结构的转变、发展提供了机遇。而作为新型低碳产品，整个发展过程必然符合弗农的产品周期理论。见图 5。

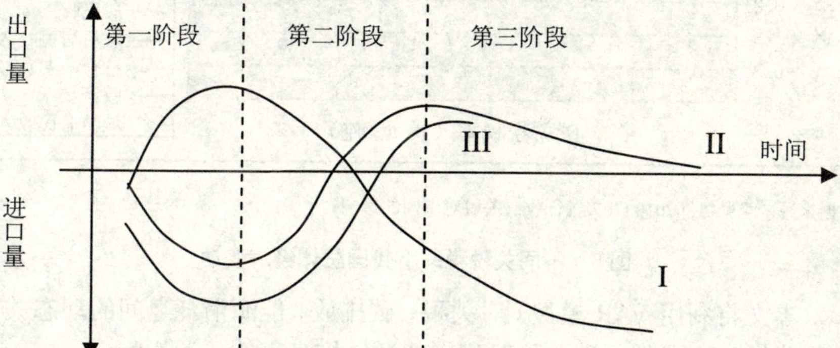

图 5　产品生命周期

整个产品分为三个阶段，由初始的创新、研发阶段，到成熟的扩大生产阶段，再到标准化生产阶段，需要经历漫长的过程。那么在实际生活中，要实现低碳生活，就必须有大量的低碳替代品出现，而各自的生命周期组成整个行业的低碳发展过程。

下面的实证研究将进一步揭示我国关税与碳排放和能源消耗量之间的关系。

四、关税对碳排放及能源消耗影响的实证分析

国内学者鲍勤等（2010）在《美国征收碳关税对中国的影响》一文，利用一般均衡（CGE）模型，分析了美国征收碳关税对我国的影响，特别是对我国对外贸易、经济生产、环境改善的影响。

从图 6 可以看出，就生产方面，随着税率的增加，实际 GDP、名义 GDP，以及三大产业的产值都大幅下降。其主要原因是，碳关税的征收通过影响出口贸易，对相关行业出口利润造成损失，从而影响了相关行业的生产，以及我国整个经济的生产。社会福利水平也相应降低。

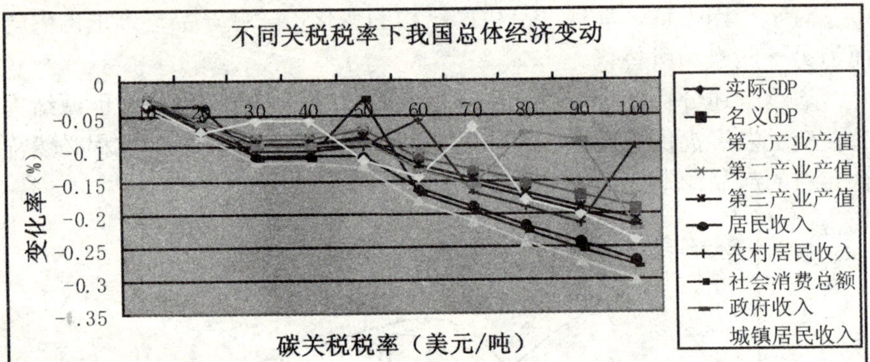

数据来源：鲍勤等（2010）《美国征收碳关税对中国的影响》。

图 6　不同关税税率下我国总体经济变动

本文将利用 VAR 模型，对关税、碳排放、能源消耗之间的动态关系进行分析，主要揭示碳关税对我国能源结构带来的长远影响。

（一）数据的选取及处理

绿色壁垒的动态效应是指在相对较长的时期内绿色壁垒所产生的相关效应，它表现为绿色壁垒对碳排放量和能源消耗量之间的相互作用关系。绿色壁垒的设置将直接影响到相关高碳产品的贸易及生产。

绿色壁垒用历年关税总额 TARIFF 表示。

碳排放用单位 GDP 的碳排放量表示，$\frac{\text{碳排放量}}{\text{GDP}}$，用符号 CE（Carbon dioxide Emissions）表示。

能源消耗用单位 GDP 的油当量（按标准油的热值计算各种能源量的换算指标，中国又称标准油。1 千克油当量的热值，联合国按 42.62 兆焦（MJ）计算。1 吨标准油相当于 1.454285 吨标准煤）表示。$\frac{\text{油当量}}{\text{GDP}}$，用符号 EU（Energy Use）表示。三个变量间的动态关系将反映我国实施碳关税的现实基础。

首先对历年（选取 1990～2008 年度数据样本）关税总额 TARIFF、碳排放 CE、能源消耗 EU，进行 ADF 平稳性检验。检验结果如表 2 所示。通过检验发现，三个序列的 ADF 值都大于 5%临界值，即不能拒绝有单位根的原假设，因此 TARIFF、CE、EU 均是非平稳序列。对三个序列进行一阶差分后，再进行 ADF 检验，发现值仍大于 5%的临界值；二次差分后，发现 ADF 小于 5%的临界值，说明二阶差分后的序列为平稳序列，因此可判定 TARIFF、CE、EU 是同阶 I（2）序列。

表 2　TARIFF、CE、EU 的 ADF 检验

序列名称	ADF 检验值	5%临界值	检验结果
TARIFF	-0.056544	-3.052169	不平稳
△TARIFF	-1.378194	-3.052169	不平稳
△△TARIFF	-3.500524	-3.065585	平稳
CE	-2.837015	-3.052169	不平稳
△CE	-1.534993	-3.052169	不平稳
△△CE	-4.093402	-3.065585	平稳
EU	-2.541218	-3.081002	不平稳
△EU	-2.088188	-3.052169	不平稳
△△EU	-3.585959	-3.065585	平稳

（二）VAR 模型的建立

本文首先就关税波动与碳排放、能源消耗之间的关系，运用向量自回归（Vector Auto-Regressive，简称 VAR）理论及脉冲响应函数（Impulse Response Function，简称 IRF）建立相应的经济计量模型进行分析。VAR 模型为经济系统动态性分析，常用于预测相互联系的时间序列系统及分析随机扰动对变量系统的动态冲击，从而解释各种经济冲击对经济变量形成的影响。本模型中使用的时间序列向量 Y 由 3 个变量组成：关税（TARIFF）、碳排放（CE）、能源消耗（EU）。

1. 因素之间的协整检验

检验结果，显示（见表 3），在零假设 H_0: r=0 下，统计量值大于 10%显著性水平下的临界值，接受备择假设。H_1：r=1，同时在 H_0：r≤1 下，统计量值小于 10%显著性水平下的临界值，接受零假设。H_0：r≤1，表明，TARIFF、CE、EU 这 3 个变量之间存在着协整关系。

表 3 TARIFF 与 CE、EU 之间的协整检验（Johansen Cointegration Test）

Unrestricted Cointegration Rank Test（Trace）

Hypothesized No. of CE（s）	Eigenvalue	Trace Statistic	0.1 Critical Value	Prob.**
None *	0.662486	28.92137	27.06695	0.0628
At most 1	0.498433	11.54299	13.42878	0.1802
At most 2	0.03093	0.502699	2.705545	0.4783

Trace test indicates 1 cointegrating eqn（s）at the 0.1 level.

注：* 表示在 10%的显著性水平下拒绝原假设。

2. VAR 模型与脉冲响应函数

（1）VAR 模型

本文模型估计所采用的数据为 1990～2008 年的年度数据。

表 4 VAR 模型滞后期的选择（VAR Lag Order Selection Criteria）

Lag	LogL	LR	FPE	AIC	SC	HQ
0	32.07578	NA	5.30E-06	-3.634472	-3.489612	-3.627054
1	82.20235	75.18986*	3.20E-08	-8.775293	-8.195852*	-8.745621
2	92.7461	11.86172	3.09e-08*	-8.968263*	-7.95424	-8.916336*
3	97.58981	3.632778	8.23E-08	-8.448726	-7.000122	-8.374545

* indicates lag order selected by the criterion.

由表 4 可知，通过滞后期标准选择应该建立 VAR（2）模型，其次利用 VAR（2）模型对变量 LNTARIFF、LNCE、LNEU 之间的关系进行了实证研究，其结果如下：

$$\begin{bmatrix} \ln tariff \\ \ln ce \\ \ln eu \end{bmatrix} = \begin{bmatrix} 2.816759 \\ 0.079274 \\ -0.566647 \end{bmatrix} + \begin{bmatrix} 0.986982 & -1.248496 & 2.617320 \\ 0.123285 & 1.021452 & 0.278255 \\ 0.026719 & 0.994920 & 0.317458 \end{bmatrix} \begin{bmatrix} \ln tariff(-1) \\ \ln ce(-1) \\ \ln eu(-1) \end{bmatrix} +$$

$$\begin{bmatrix} -0.023950 & -0.718259 & -0.745746 \\ -0.144953 & -0.069243 & -0.396571 \\ -0.125667 & 0.128707 & -0.718669 \end{bmatrix} \begin{bmatrix} \ln tariff(-2) \\ \ln ce(-2) \\ \ln eu(-2) \end{bmatrix} + \begin{bmatrix} e_{1t} \\ e_{2t} \\ e_{3t} \end{bmatrix}$$

（2）模型的稳定性检验

如图 6 所示，特征根全部落在单位圆之内，这说明建立的 VAR 模型是稳定的。

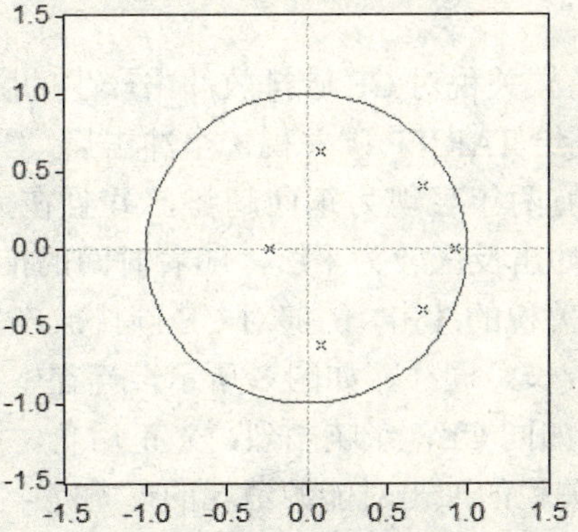

图 6　模型的稳定性检验

（3）TARIFF 对冲击因素的脉冲响应分析

根据 VAR（2）模型可以得到关税因素对碳排放及能源消耗冲击的响应效果，这里脉冲期为 50，如图 7 所示。

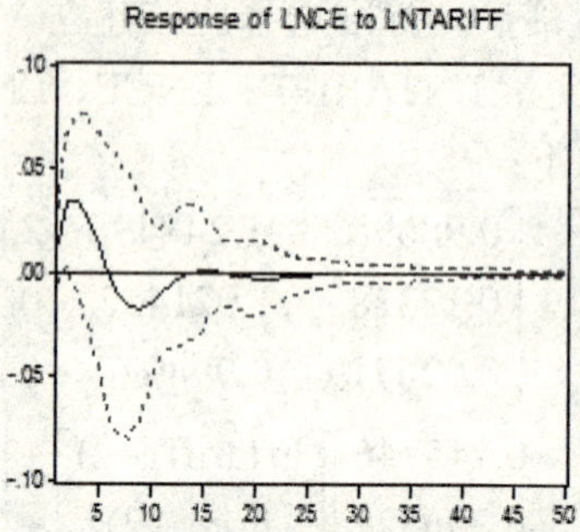

图 7　TARIFF 对 CE 冲击的影响

由脉冲响应图形可知，关税的加征、提高，会在短时期内提高部分产品的价格，从而使这类产品短期内生产增多，进而加剧了能源的消耗与碳排放量。但从长期来看，这种逆向的趋势凸显，正是碳关税作用的显现，减少能源消耗与碳排放，从而达到预期效果。最后趋于平稳，体现了系统的稳定性。

图 7 是 TARIFF 碳关税对 CE 碳排放冲击产生的脉冲响应图。从图 7 可以看出，当在本期给 TARIFF 碳关税一个冲击后，CE 碳排放的变化先正后负，在最初的前两年表现为正向趋势，并且在第三年达到最大值 3.7%，15 年之后，冲击反应较为平缓，随着时间的推移不断趋于平稳。这说明，TARIFF 碳关税的冲击，能够对 CE 碳排放产生很明显的影响作用，并且持续时间较长。同样，如图 8 所示，当在本期给 TARIFF 一个冲击后，EU 的变化如同 CE，影响剧烈，先正后负，第三年达到最大值 2%，并且五年之后关税的冲击对能源消耗的影响完全为负，即关税对减少能源消耗起到实质性作用。这说明，TARIFF 的冲击，也对 EU 产生很明显的影响作用，并且持续时间较长。CE 与 EU 的强烈反应说明 TARIFF 关税对碳排放和能源消耗的巨大影响。

图 9 是 EU 能源消耗对 CE 碳排放冲击产生的脉冲响应图。当在本期给 EU 能源消耗一个冲击后，短期内由于能源价格上涨引起的高碳类产品的集聚生产，碳排放量增大，因此表现出正向的变化趋势。但长期来看能源消耗量的减少也必然减少碳排放量。对于碳关税的实施，能源消耗对碳排放的影响具有一定的时滞。长期能源消耗减少，相应的碳排

放也会明显减少，影响也比较直接。这源于两者之间的直接相关关系。

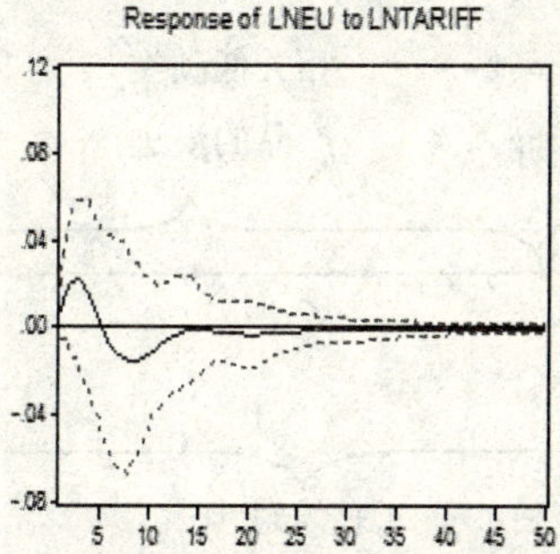

图 8　TARIFF 对 EU 冲击的影响

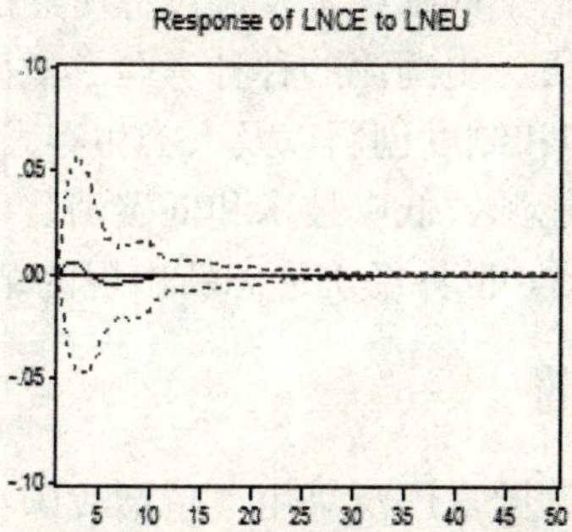

图 9　TARIFF 对 EU 冲击的影响

关税的征收和提高会促使碳排放以及能源消耗的减少，从而对贸易、碳排放及能源结构构成较大的影响。但整个过程对碳排放及能源消耗的影响不能仅以 TARIFF 关税指标为参考，应该考虑更多因素，综合判断分析，从而探索更合理措施。

综上分析，碳关税的作用机制可以清晰表示为图 10。

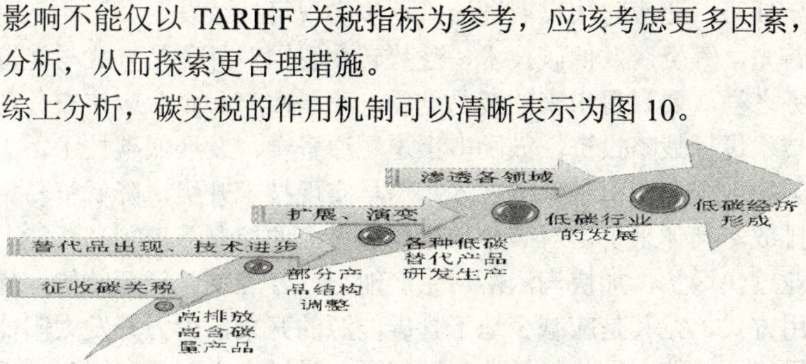

图 10　碳关税作用机制

通过上述宏观机制，可以做出大概的低碳革命演变周期（见图 11）。

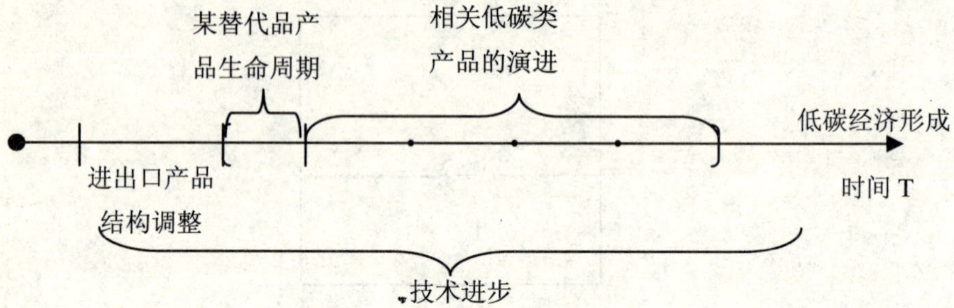

图 11　低碳革命演变周期

可以大概估计出整个低碳经济发展过程所经历的时间，作为一种革命式的演变，必将经历历史潮流的种种考验。低碳经济是能源技术和减排技术创新、产业结构和制度创新以及人类生存发展观念的根本性转变，涉及低碳产业、低碳能源、低碳技术和低碳消费，它是继农业革命、工业革命、信息革命之后，世界经济形态新出现的革命浪潮，即低碳革命。

五、新型贸易战略

一旦碳关税被发达国家广泛采用，包括我国在内的新兴经济体在碳标准上将受到越来越大的压力，产品出口将会遭到更加苛刻的绿色壁垒，从而使“中国制造”面临丧失市场份额的风险，同时，拥有 13 亿人口的大国面临“碳排放大”的巨大环境压力。所以应当审时度势，及时制定贸易新战略，适应时代发展潮流，逐步实现可持续发展。

首先，筹资研发低碳技术，趁势转变我国对外贸易方式与能源结构是当务之举。要赢得未来的贸易竞争，我国政府和企业应该充分考虑对低碳技术进行战略投资，鼓励多渠道融通资金，发展低碳技术，大力扶持低碳技术开发和引进低碳技术。尽早实现技术升级，降低贸易出口产品碳排放。具体来讲，对碳排放进行总量上的控制，控制高耗能、高污染行业过快增长，加快淘汰落后生产能力，合理调整能源结构，优化能源利用方式，尤其是应减少地下含碳能源的开采，大力开发太阳能、水能、风能、核能、地热能等非化石能源。通过自主创新和国际技术合作与转让，争取尽快掌握和推广低碳技术，稳固我国贸易地位，促进我国经济发展。与此同时，更多地转向低碳、高技术、高附加值产品研发方向，从而在低碳经济发展同时，转变我国贸易方式，优化我国贸易结构。

其次，积极参与国际机制规则制定，争取低碳经济“游戏规则”制定的话语权是必经之路。在全球气候变化谈判中，我国应采取更为主动的策略，积极参与全球气候谈判及相关法律度的建设，以获取低碳领域的规则制定权。发达国家在低碳经济方面虽然比中国先行一步，但是也并没有走太远。所以必须积极参与构建后京都时代国际气候法律秩序的国际谈判，参与国际规则的讨论和制定，争取主动权。

最后，积极探索具有中国特色的碳税路线是关键之策。开展建立碳交易市场的可行性研究，加强政策力度，努力降低碳关税可能对我国高碳行业出口造成的负面影响和收益损失。将我国现有贸易产品进行“碳分类”，结合各类产品的生产环境、特点，从而对各产业进行针对性改革，进而适应国际碳标准。

六、结语

从 VAR 模型的分析显示，我们要成功征收碳关税，并在更深层的国际贸易中应用实施，需要经历漫长的完善过程。要有效应对碳关税的冲击，提高能源利用效率，降低二氧化碳排放强度，减少能源密集型产品的出口。一旦发达国家对我国出口产品征收碳关税，我国很难补偿国内节能减排的成本。因此中国在国内进行更为彻底的能源价格改革，理顺现有价格体系，取消能源补贴，通过更为灵活的财政手段，来调整社会收入分配，使各群体不会因此而受到影响，并对节能减排和新能源的开发提供有效的制度保障和物质支持。

国家发改委能源研究所副所长李俊峰在世界自然基金会亚太低碳经济论坛上表述，中国的资源禀赋决定了发展低碳经济的进程将是曲折和艰难的，并且能源技术相对较落后。“我国将继续从调整产业结构、提高能效、发展清洁及可再生能源三方面积极应对气候变化，发展低碳经济”。发改委应对气候变化司司长苏伟提出开发利用可再生能源和清洁能源的关键是要研发和推广相关的技术，制定相应的政策，建立必要的激励机制，探索重点行业的低碳发展。

在“后哥本哈根”时期，我们国家更要探索出“中国特色的低碳之路”，“十二五”时期是我国发展低碳经济的新起点和重要战略期，我们应当做好更充分准备，为低碳经济发展铺平道路，这样才能顺应国际形势，才能实现可持续的低碳发展。

（作者：孟建斌　天津财经大学　硕士研究生）

转型期中国企业国际化路径与内部化生产组织选择——基于新—新贸易理论的分析

王　康　潘艳芳

一、引言

目前，中国正处于全力推动经济转型和外经贸发展模式转换的关键时期，逐步走向国际化的中国企业，在这一重大调整中无疑扮演着基础性的、非常重要的角色。据商务部统计，到2010年底，共有1.2万家境内投资者在国外设立企业1.3万家，它们分布在全球177个国家（地区），累计实现非金融类投资590亿美元，FDI存量超过2500亿美元。另据联合国贸发会议《2010年世界投资报告》显示，中国的FDI已占全球流量的5%以上，名列全球国家（地区）第五位、发展中国家（地区）的首位，中国FDI连续八年保持增长势头，年均增长速度达到54%。从某种意义上说，中国企业已经迎来了国际化发展的好时机。

与此同时，受大国经济地位变迁和金融危机的持续影响，中国企业进入国际市场亦受到种种阻挠。例如，2011年初中国华为为开拓欧美市场有意收购美国公司3Leaf，并出资5000万英镑为伦敦地铁铺设手机网络均被两国以国家安全为由拒绝申请。可见，面对国际投资壁垒，中国企业需要对其国际化战略进行缜密分析，尤其要在选择如何进入国际市场及合理安排组织生产方面，进行深入的思考和研究。从理论上讲，新—新贸易理论为我们阐释这一论题提供了基本的思路。

新—新贸易理论作为贸易理论发展的最新成果，突破了以往理论关于企业同质性的假定，将研究视角从传统的国家和产业层面转向企业和产品层面，以生产率差异作为企业主要特征，从微观层面详细剖析了企业出口、FDI 以及国际化生产组织行为，为国际贸易的利益来源提供了新的解释。本文拟依据这一理论，分析转型期中国企业在国际化路径和内部化生产组织方面应做出何种选择，以应对全球化日益激烈的市场竞争环境。

新一新贸易理论的突出特征在于假设企业是异质的。异质性体现在生产率的差异上，其以微观企业为研究对象，主要用于解释最新的国际贸易和投资现象，研究企业的全球生产组织行为和贸易、投资行为。该理论主要包括两大研究方向（见图 1）：一是以 Melitz（2003）为主导方向的异质性企业贸易理论，Melitz（2003）以 Krugman（1980）贸易模型和 Hopenhayn（1992）动态产业模型为基础，引入企业生产率差异，解释国际贸易中企业的差异和出口决策行为。Helpman、Melitz 和 Yeaple（2004）拓展了 Melitz 模型，考虑企业是以出口还是 FDI 形式进行国际化。Bernard、Eaton、Jensen 和 Kortum（2003）同样建立了一个异质企业贸易模型，主要关注企业生产率和出口之间的关系。Melitz 和 Ottaviano（2005）研究了市场规模、生产率和贸易的关系，其对于研究区域贸易一体化影响也有一定价值。Yeaple（2005）建立了一般均衡模型，试图解释出口企业与非出口企业的系统性差异，以及企业的产品或服务如何具有异质性贸易优势；另一方向是以 Antras（2003）为主导方向的企业内生边界理论，Antras（2003）、Antras 和 Helpman（2004）最早引入了企业内生边界典型模型，共同探讨企业异质性如何影响企业边界、内部一体化和外部一体化战略的实施，并就企业组织制度形式如何影响贸易模式的问题进行了有益探索。Grossman 和 Helpman（2005）建立了一般均衡的外包和贸易模型，分析国内外市场中间品供给、每个市场的相对搜寻成本、一国合约制定以及环境保护等对外包选择的影响。Grossman et al.（2006）研究了跨国公司的生产组织策略，分析国外垂直 FDI 的固定成本、运输成本以及国外市场的需求等因素对于跨国企业一体化策略选择的影响。Marin 和 Verdier（2006）根据欧美企业显示分析了国际竞争加强对于企业外包和一体化选择的影响。Antras 和 Helpman（2007）在 Antras 和 Helpman（2004）基础上，从合约摩擦角度分析了其对于企业全球生产网络选择的作用和影响。

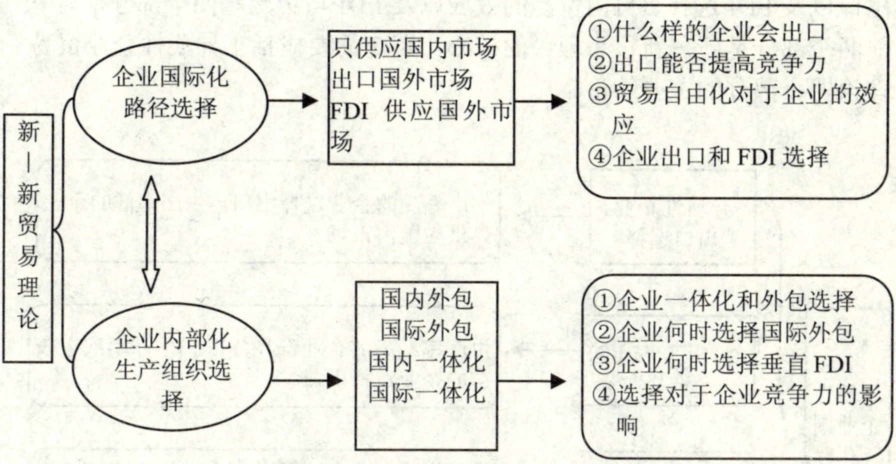

图 1　新-新贸易理论的主要研究方向和内容

从图 1 可以形象地看到，异质性企业贸易理论主要解释企业的国际化路径选择，企业可以选择退出市场、供应国内市场、出口国外市场以及 FDI 供应国外市场等四种类型。企业内生边界理论主要解释企业内部化生产组织选择，其所要回答的问题是，企业是通过外包还是一体化来组织生产，外包和一体化是在国内进行还是在国外进行。新—新贸易理论具有很强的实践指导意义，在目前我国经济快速发展、企业不断发展壮大并逐步开展国际化战略的背景下，了解新—新贸易理论，对于探讨中国企业在国际化路径和内部化生产组织方面如何做出更合理的抉择具有十分重要的现实意义。本文基于新—新贸易理论的两大理论研究方向进行分析，得出相关的基本命题并作进一步诠释，为我国企业在国际化路径选择和内部化生产组织选择方面提出相应的结论与政策建议。

二、基于异质性企业贸易理论模型的企业国际化路径选择

企业国际化是指企业由国内企业向国际企业的转变过程，其产品成为国际产品以及供应全球市场。异质性企业贸易理论主要涉及异质性企业的国际化路径选择以及由此而扩展的相关分析，是新—新贸易理论的主要部分。这部分理论内容大致可以分为企业不出口和出口选择、企业

出口以及FDI选择、自由贸易的效应以及FDI与集聚等四个部分，其中前两个部分是新—新贸易理论的核心。图2简要概括了异质性企业贸易理论四个部分的主要结论。

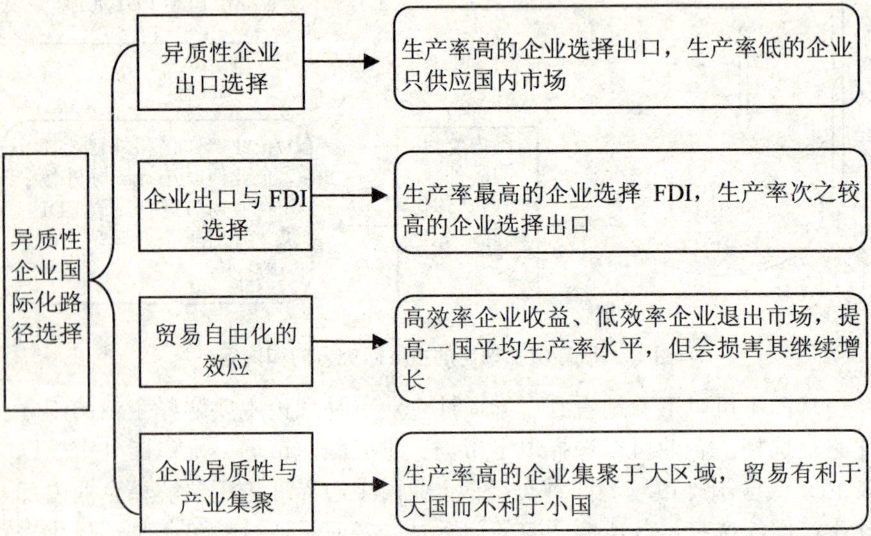

图2　异质性企业贸易理论主要内容

下面主要结合理论中企业出口以及FDI选择部分来分析企业的国际化路径选择，也就是企业如何在出口贸易与FDI之间做出抉择。首先，从理论上说明现有的框架模型，得到异质性企业生产率差异与国际化路径选择之间的关系；然后，根据理论模型得到相关基本命题并作进一步诠释；最后，在本文的第四部分针对中国企业如何选择国际化路径提供相应的结论与政策建议。

1. 模型设立

异质性企业贸易理论的模型框架被称为“异质性边际成本和固定市场进入成本模型”（HMCFMEC 模型，Melitz，2003），其以新贸易理论模型为基础，再加入边际成本差异的企业异质性变量以及固定的市场进入成本而形成。下面就结合 HMCFMEC 框架，将模型扩展到研究出口与FDI的行为选择。

（1）基本假设

第一，设定模型拥有 M 个国家，N+1 个不同生产部门，并且使用单一生产要素劳动。对于生产部门，只有 1 个部门生产同质产品，生产率为单位劳动生产单位产出，其余 N 个部门生产差异化产品。

第二，令 λ 代表 n 部门生产差异产品所需投入占总投资的比例，则生产同质产品的投资比例为 $1-\sum_{n=1}^{N}\lambda_n$。假定 i 国的劳动要素禀赋为 L_i，工资率为 w_i。

第三，成本方面，以劳动单位来表示。β 代表企业的边际生产成本变量，则 $1/\beta$ 表示企业的生产率水平，并设 β 的密度函数为 f（β）；令 C_E 表示企业进入市场需要支付的固定成本；令 C_D 表示企业进入市场需要承担的固定间接成本；令 C_X 表示企业选择出口进入市场须承担的固定出口成本；令 C_I 表示企业选择 FDI 进入市场须承担的额外固定成本；令 θ 代表运输成本，且 $\theta \geqslant 1$，表示企业选择出口方式到达进口国 1 单位的商品，须输出 θ 单位，（$\theta-1$）代表运输成本。同时，设定企业对于自身生产率信息充分，从而在观察到固定市场进入成本时，能够自主决定是否进入市场。

（2）模型分析

需求方面，根据 Helpman（2004）的假设，设定一国代表性生产部门 n 的需求弹性为标准常替代弹性（CES）形式，则替代弹性为 $\sigma=1/(1-\alpha)>1$，从而得到 i 国对于每种产品的需求函数，即：

$$D(p)=\frac{\lambda E_i p^{-\sigma}}{\int_0^{n_i}[p_i(j)]^{\sigma-1}dj} \tag{1}$$

（1）式中，E_i 代表 i 国总支出，n_i 表示 i 国差异产品总数，p_i（j）表示 j 产品的消费价格。此时，假定垄断竞争市场条件，企业将其自身价格定为：

$$p_i=\frac{w_i\beta}{\alpha} \tag{2}$$

（2）式可由垄断竞争厂商的利润最大化一阶条件得到，其中 α 代表企业生产的常边际成本。那么，j 国选择出口方式，其在 i 国的产品价格为：

$$p_j = \frac{\theta^{ji} w_j \beta}{\alpha} \tag{3}$$

（3）式中，θ^{ji} 表示 j 国出口到 i 国的运输成本系数。

供给方面，首先为简化模型，设每个国家的单位劳动工资为 1，即 $w_i=1$，则价格 $p=\beta/\alpha$。由（1）式得到其均衡产出为：

$$Q(p) = \frac{\lambda E_i}{\int_0^{n_i} [p_i(j)]^{\sigma-1} dj} \times (\frac{\beta}{\alpha})^{-\sigma} \tag{4}$$

由 CES 效用函数的性质，已知 α 为企业生产的常边际成本，则生产该产出的成本为：

$$C(Q) = \frac{\alpha\lambda E_i}{\int_0^{n_i} [p_i(j)]^{\sigma-1} dj} \times (\frac{\beta}{\alpha})^{-\sigma} \tag{5}$$

所以，i 国企业国内生产和国内销售的利润（不考虑 C_E）为：

$$\Pi_D = (1-\alpha) \times \frac{\lambda E_i}{\int_0^{n_i} [p_i(j)]^{\sigma-1} dj} \times (\frac{\beta}{\alpha})^{-\sigma} - C_D \tag{6}$$

令 $A_i = \frac{(1-\alpha)}{\alpha^{1-\sigma}} \times \frac{\lambda E_i}{\int_0^{n_i} [p_i(j)]^{\sigma-1} dj}$，则（6）式中 $\Pi_D = \beta^{1-\sigma} A_i - C_D$。同样地，用$\prod_X$和$\prod_I$分别代表 i 国企业 j 国和到 j 国直接投资的利润，可以得到：

$$\Pi_X = (\theta^{ij}\beta)^{1-\sigma} A_j - C_X \tag{7}$$

$$\Pi_I = \beta^{1-\sigma} A_j - C_I \tag{8}$$

根据先前的假设有：$C_I > C_X > C_D$，即 FDI 的固定成本最高，因其不仅包括固定投资成本，还包括国外市场进入成本，出口的固定成本又高于国内销售，因其还包括在国外设立销售机构和营销渠道所需的沟通成本。由此，可以得到企业选择三种不同市场进入方式的曲线（见图 3）。图中，横轴为 $\beta^{1-\sigma}$，且 $\sigma > 1$，故其与生产率 1/β 同向变动，可表示生产率变化；纵轴代表利润 Π，Π_D 和 Π_I 斜率相同，因为二者生产技术相同，差别仅在于进入市场的固定成本不同；Π_X 的斜率相比更为平坦，因为选择出口须承担运输成本，相当于增加了产品的边际成本，故利润增速更为缓慢。

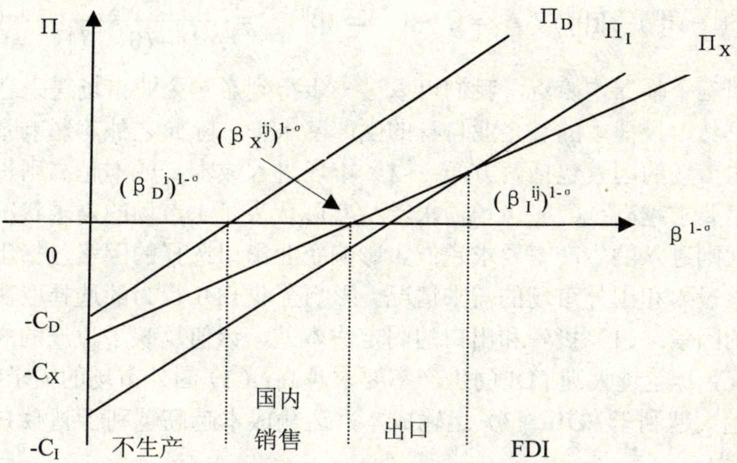

图 3　企业三种不同市场进入方式的利润曲线

根据图 3，可以分析得出：生产率水平 $\beta^{1-\sigma}$ 位于[0，$(\beta_D{}^i)^{1-\sigma}$]的企业选择不进入市场，位于[$(\beta_X{}^{ij})^{1-\sigma}$，$(\beta_X{}^{ij})^{1-\sigma}$]的企业选择只供应国内市场，位于[$(\beta_X{}^{ij})^{1-\sigma}$，$(\beta_I{}^{ij})^{1-\sigma}$]的企业选择同时供应国内市场和出口，位于[$(\beta_I{}^{ij})^{1-\sigma}$，+∞]的企业选择同时供应国内市场和 FDI。

2. 基本命题与进一步诠释

从以上分析结果可以得到生产率水平与企业国际化路径选择之间的关系：最有效率的企业会选择 FDI，较有效率的企业会选择出口供应国际市场，生产率一般的企业只在国内销售，生产率较低的企业则不会进入市场。下面，求出上图中几个临界点的生产率值$(\beta_D{}^i)^{1-\sigma}$、$(\beta_X{}^{ij})^{1-\sigma}$以及$(\beta_I{}^{ij})^{1-\sigma}$，并作进一步的诠释。

由（6）式，均衡时有 $\Pi_D=0$，可以得到：

$$(\beta_D^i)^{1-\sigma}A_i = C_D \Rightarrow (\beta_D^i)^{1-\sigma} = \frac{C_D}{A_i} \qquad (9)$$

同理，由 $\Pi_X=0$，可以得到：

$$(\theta^{ij}\beta_X^{ij})^{1-\sigma}A_j = C_X \Rightarrow (\theta^{ij}\beta_X^{ij})^{1-\sigma} = \frac{C_X}{A_j} \qquad (10)$$

临界值（β_I^{ij}）$^{1-\sigma}$实现均衡时有 $\Pi_X=\Pi_I$，得到：

$$[1-(\theta^{ij})^{1-\sigma}](\beta_I^{ij})^{1-\sigma}A_j = C_I - C_X \Rightarrow (\beta_I^{ij})^{1-\sigma} = \frac{C_I - C_X}{A_j[1-(\theta^{ij})^{1-\sigma}]} \tag{11}$$

由三个临界均衡点，我们可以进一步得到影响企业市场进入选择的因素，其中最根本的是企业自身的生产率水平。除此之外，影响企业进入国内市场的因素包括两方面：（1）市场进入成本，成本越高则进入的生产率要求越高；（2）市场需求，A_i 实际代表了 i 市场的需求状况，需求越大则进入的生产率要求越低。影响企业出口选择的因素包括出口固定成本投入和国外市场的需求情况。影响企业 FDI 行为的选择取决于三方面的因素：（1）投资和出口的固定成本差，该值反映了生产的规模经济状况，其差越大则 FDI 的生产率要求越高；（2）国外市场的需求状况，需求越大越利于 FDI；（3）运输成本，运输成本越高越利于刺激 FDI。

三、基于企业内生边界理论模型的企业内部化生产组织选择

企业内生边界理论模型从单个企业的生产组织选择问题入手，结合国际贸易理论和企业理论，解释了目前普遍存在的本土市场一体化、本土外包、国外一体化和国外外包等四种主要的企业组织形式，为研究企业全球化和产业组织提供了全新的视角。Antras 和 Helpman（2004）将 Melitz（2003）异质性企业贸易模型和 Antras（2003）企业内生边界模型进行结合，在两个模型的基础上建立一个新的理论模型。在该模型中，不同产业部门的生产率水平差异和不同产业部门的技术与组织形式差异对是否进行外包或一体化，是否在国内或国外进行等企业内生组织决策产生影响。下面就按照前文相同的步骤首先解释说明企业内生边界理论模型，然后总结模型基本命题并作进一步诠释，最后在本文第四部分针对中国企业如何抉择内部化生产组织提供相应的结论与政策建议。

1. 模型设立

（1）需求方面

设定两国两种生产要素。令国家 $l\in\{N, S\}$，其中 N 代表发达国家，S 代表发展中国家。生产要素为劳动和资本。假定消费者偏好相同，则有连续的效用函数：

$$U = X_0 + \frac{1}{\mu}\sum_{j=1}^{J} X_j^{\mu} \qquad 0 < \mu < 1 \tag{12}$$

其中，X_0 为同质产品的消费量，X_j 代表对异质品生产部门 j 的消费量。令 z_j 表示部门 j 的生产规模，则可得到 X_j:

$$X_j = [\int_0^{z_j} x_j(i)^{\alpha} di]^{1/\alpha} \qquad 0 < \mu < \alpha < 1 \tag{13}$$

其中，x_j（i）表示异质品 i 的消费量，$i \in [0, z_j]$，且令产品替代弹性 $\sigma = 1/1-\alpha$，$\sigma \in [1, \infty]$。$\alpha > \mu$ 则规定了相比 X_0 与异质品部门，异质品部门 j 之间更富有弹性。进而给出消费者预算约束：

$$p_0 x_0 + \sum_{j=1}^{J} \int_0^{z_j} p_j(i) x_j(i) di = W \tag{14}$$

W^l 为 l 国消费者收入。则均衡时有：

$$\begin{cases} \text{Max} \quad X_0 + \frac{1}{\mu}\sum_{j=1}^{J} X_j^{\mu} \\ \text{s.t.} \quad p_0 x_0 + \sum_{j=1}^{J} \int_0^{z_j} p_j(i) x_j(i) di = W \end{cases} \tag{15}$$

所以，得到部门 j 异质品 i 的需求函数：

$$p_j(i) = x_j^{\mu-\alpha} x_j(i)^{\alpha-1} \tag{16}$$

（2）供给方面

假定世界是开放的，资本自由流动，劳动流动性相对较差。并且，资本要素供给是完全弹性，发展中国家劳动要素供给是完全弹性（因其人口众多），发达国家劳动要素供给弹性较小（其劳动力相对少，社会福利较好）。

令 $C^N{}_j$ 表示发达国家企业部门 j 生产产品 i 的单位成本，$C^S{}_j$ 表示发展中国家企业部门 j 生产产品 i 的单位成本。

设定只有发达国家掌握先进技术，能够生产最终产品。令 f_E 代表跨国企业进入一个行业的固定成本；令 θ 表示跨国企业的生产技术水平，且满足分布 G（θ）。跨国企业的生产投入包括两部分：跨国企业自身投入量 h_j（i）和外包投入量 m_j（i）。则有柯布—道格拉斯生产函数：

$$x_j(i)=\theta[\frac{h_j(i)}{1-\eta_j}]^{1-\eta_j}[\frac{m_j(i)}{\eta_j}]^{\eta_j} \quad 0<\eta_j<1 \tag{17}$$

其中，η_j 表示跨国企业对部门 j 的外包程度。η_j 越大代表跨国企业外包程度越高，$\eta_j \to 0$ 时，跨国企业无外包，$\eta_j \to 1$ 时，跨国企业完全外包。

θ 可以表示企业生产技术的不同，η_j 可表示部门间组织技术的不同。跨国企业自身投入 h_j（i）由发达国家 N 提供，而进口外包投入 m_j（i）可由发达国家 N 也可由发展中国家 S 提供。一单位成本可产出一单位自身投入量 h_j（i）或外包投入量 m_j（i）。

设定需要两种类型的企业共同生产部门 j 的异质品，即包括生产最终品的跨国企业 H 和生产中间品的外包企业 M。跨国企业是否选择外包取决于组织和产品成本。令 $C_j f^l_k$ 代表组织成本，l 是外包企业所在国，其可为发达国家 N 也可为发展中国家 S。k 是组织模式，包括垂直一体化（Vertical integration，V）和外包（Outsourcing，O），故有，k∈{V，O}，l∈{N，S}。

Grossman 和 Hart（1986）定义了企业的不完备合约，即由于个人的有限理性、外在环境的复杂性和不确定性等不完美因素的存在，合作双方不可能订立完备的合约，从而不可能达到最优投入。跨国企业和外包企业双方必须通过谈判来分配最终合约利润。所得利润的大小取决于谈判力度，假定跨国企业的谈判力度为 β∈（0，1）。

若跨国企业选择外包，双方未达成最终利润分配谈判，则双方收益均为 0。若跨国企业选择垂直一体化，且外包企业被剔除，则跨国企业占有外包企业投入 m_j（i），而外包企业投入为 0。考虑到外包企业专业化从事中间品生产，具有生产效率更高的优势，若剔除外包企业，跨国企业会蒙受一定损失。假定跨国企业因谈判失败而导致的损失产品为：$1-\delta^l$。

2. 基本命题与进一步诠释

为简化模型，省略所有变量中的 j，下面考虑均衡情况，得出基本命题：

（1）若跨国企业选择外包，且与外包企业达成最终利润分配谈判，则从最终品销售中得到的潜在收入为：

$$\begin{aligned}R(i) &= p(i)x(i)\\ &= x^{\mu-\alpha}\theta^{\alpha}[\frac{h(i)}{1-\eta}]^{\alpha(1-\eta)}[\frac{m(i)}{\eta}]^{\alpha\eta}\end{aligned} \tag{18}$$

那么，跨国企业把中间品外包出去后所得的收益为 βR（i），外包企业收益为（1－β）R（i），0＜β＜1。

（2）若跨国企业选择垂直一体化，且未达成谈判，此时跨国企业售出的产品为 $\delta^{l}x$（i），收益为（δ^{l}）^{a}R（i），损失的收益为[1－（δ^{l}）^{a}]R（i）。若此时双方谈判，跨国企业对额外收入的谈判力度为β，那么跨国企业所得（δ^{l}）^{a}R（i）＋β[1－（δ^{l}）^{a}]R（i），外包企业所得（1－β）[1－（δ^{l}）^{a}]R（i）。用 $\beta^{l}_{k}R$（i）表示外包在 l 国组织模式为 k 时跨国企业的收入。

根据先前对于企业不完备合约的讨论，合作双方不可能达到最优投入（h（i），m（i））。跨国企业和外包企业会各自按自身的利润最大化生产产品。跨国企业最大化 $\beta^{l}_{k}R$（i）－$C^{N}h$（i），外包企业最大化（1－β^{l}_{k}）R（i）－C^{l}[Q（z^{l}）m（i）]。其中，Q（z^{l}）∈（0，1），表示外包企业由于产业集聚效应、专业化优势而引起的效率提高，Q（z^{l}）随生产规模 z^{l} 增大而减小。

下面，数学推导出跨国企业的最大化利润，以期获取影响利润的各种因素，从而得到进一步的模型结论。首先，由以上分析得出总利润函数：

$$\pi^{l}_{k}(\theta,x,\eta)=R(i)-c^{N}h(i)-c^{l}[Q(z^{l})m(i)]-cf^{l}_{k} \tag{19}$$

为消除部门内生参数，做进一步运算。首先，对（18）式一阶导得：

$$\frac{\partial R(i)}{\partial h(i)}=\alpha x^{\mu-\alpha}\theta^{\alpha}[\frac{h(i)}{1-\eta}]^{\alpha(1-\eta)-1}[\frac{m(i)}{\eta}]^{\alpha\eta} \tag{20}$$

$$\frac{\partial R(i)}{\partial m(i)}=\alpha x^{\mu-\alpha}\theta^{\alpha}[\frac{h(i)}{1-\eta}]^{\alpha(1-\eta)}[\frac{m(i)}{\eta}]^{\alpha\eta-1} \tag{21}$$

跨国企业最大化利润，即对 $\beta^{l}_{k}R$（i）－$C^{N}h$（i）微分得：

$$\frac{\partial R(i)}{\partial h(i)}=\frac{c^{N}}{\beta^{l}_{k}} \tag{22}$$

外包企业最大化利润，即对（$1-\beta^l_k$）R（i）$-C^l[Q(z^l)m(i)]$ 微分得：

$$\frac{\partial R(i)}{\partial m(i)}=\frac{c^l Q(z^l)}{1-\beta^l_k} \qquad (23)$$

整理（18）、（19）、（20）、（21）得：

$$c^N=\beta^l_k\alpha x^{\mu-\alpha}\theta^\alpha[\frac{h(i)}{1-\eta}]^{\alpha(1-\eta)-1}[\frac{m(i)}{\eta}]^{\alpha\eta} \qquad (24)$$

$$c^l Q(z^l)=(1-\beta^l_k)\alpha x^{\mu-\alpha}\theta^\alpha[\frac{h(i)}{1-\eta}]^{\alpha(1-\eta)}[\frac{m(i)}{\eta}]^{\alpha\eta-1} \qquad (25)$$

由（24）、（25）得：

$$\frac{m(i)}{\eta}=\frac{1-\beta^l_k}{\beta^l_k}\frac{c^N}{c^l Q(z^l)}\frac{h(i)}{1-\eta} \qquad (26)$$

（26）代入（24）得：

$$h(i)=(1-\eta)\{\beta^l_k\alpha x^{\mu-\alpha}\theta^\alpha(\frac{1-\beta^l_k}{\beta^l_k})^{\alpha\eta}[\frac{c^N}{c^l Q(z^l)}]^{\alpha\eta}\frac{1}{c^N}\}^{\frac{1}{1-\alpha}} \qquad (27)$$

（27）代入（24）得：

$$m(i)=\eta\frac{1-\beta^l_k}{\beta^l_k}\frac{c^N}{c^l Q(z^l)}\{\beta^l_k\alpha x^{\mu-\alpha}\theta^\alpha(\frac{1-\beta^l_k}{\beta^l_k})^{\alpha\eta}[\frac{c^N}{c^l Q(z^l)}]^{\alpha\eta}\frac{1}{c^N}\}^{\frac{1}{1-\alpha}} \qquad (28)$$

最后，（27）、（28）、（18）代入（19），得到总利润函数：

$$\pi^l_k(\theta,x,\eta)=x^{\frac{\mu-\alpha}{1-\alpha}}[Q(z^l)]^{\frac{-\alpha\eta}{1-\alpha}}\theta^{\frac{\alpha}{1-\alpha}}\psi^l_k(\eta)-cf^l_k \qquad (29)$$

其中，$\psi^l_k(\eta)=\dfrac{1-\alpha[\beta^l_k(1-\eta)+(1-\beta^l_k)\eta]}{[\frac{1}{\alpha}(\frac{c^N}{\beta^l_k})^{1-\eta}(\frac{c^l}{1-\beta^l_k})^{\eta}]^{\frac{\alpha}{1-\alpha}}}$

根据以上式子，我们作进一步诠释，得到一些对我国特别是具有较高产业化、专业化优势的中小企业更具有指导性的命题。

（3）发展中国家外包企业谈判力度越强，跨国企业的外包程度就越大；发达国家外包企业谈判力度越强，跨国企业的外包程度就越小。

在（19）式中可以发现，国家 1 与隐含在 $\psi_k^l(\eta)$ 中的外包企业谈判力度 $1-\beta_k^l$ 存在关系，且 π_k^l 与 $\psi_k^l(\eta)$ 成正向关系，故有：

$$\frac{\pi_k^S}{\pi_k^N}=\frac{\psi_k^S(\eta)}{\psi_k^N(\eta)}$$

$$=\frac{1-\alpha[\beta_k^S(1-\eta)+(1-\beta_k^S)\eta]}{1-\alpha[\beta_k^N(1-\eta)+(1-\beta_k^N)\eta]}\left[\frac{\frac{1}{\alpha}(\frac{c^N}{\beta_k^N})^{1-\eta}(\frac{c^N}{1-\beta_k^N})^{\eta}}{\frac{1}{\alpha}(\frac{c^N}{\beta_k^S})^{1-\eta}(\frac{c^S}{1-\beta_k^S})^{\eta}}\right]^{\frac{\alpha}{1-\alpha}} \tag{30}$$

可以发现，$\psi_k^l(\eta)$ 与 $\alpha[\beta_k^l(1-\eta)+(1-\beta_k^l)\eta]$ 及 $\frac{1}{\alpha}(\frac{c^N}{\beta_k^l})^{1-\eta}(\frac{c^l}{1-\beta_k^l})^{\eta}$ 成反向关系。为方便讨论，令：

$$f(\beta_k^l,\eta)=\frac{\beta_k^N(1-\eta)+(1-\beta_k^N)\eta}{\beta_k^S(1-\eta)+(1-\beta_k^S)\eta}(\frac{\beta_k^S}{\beta_k^N})^{1-\eta}(\frac{1-\beta_k^S}{1-\beta_k^N})^{\eta}(\frac{c^N}{c^S})^{\eta} \tag{31}$$

从而得到，$f(\beta_k^l,\eta)$ 与 $\psi_k^l(\eta)$，即与 π_k^l 成正向关系。所以，当发展中国家外包企业谈判能力更强，有 $1-\beta_k^S>1-\beta_k^N$，即 $\beta_k^S<\beta_k^N$，若使得总利润 $\psi_k^l(\eta)$ 最大，便要使 $f(\beta_k^l,\eta)$ 最大，由（31）式可知，代表跨国企业国外外包程度的 η 也应该更大，可以解释为是由于发展中国家外包企业的更高的专业化优势；同理，当发达国家外包企业谈判能力更强，有 $1-\beta_k^S<1-\beta_k^N$，即 $\beta_k^S>\beta_k^N$，若使总利润最大，就要使 $f(\beta_k^l,\eta)$ 最大，从而代表跨国企业本国外包程度的 η 应该更小，此时跨国企业或许选择垂直一体化。

（4）跨国企业选择谈判能力强的企业外包，且跨国企业对发达国家的外包程度要小于对发展中国家的外包程度。

若 $f(\beta_k^l,\eta)$ 取得最大，同时 $\frac{\pi_k^S}{\pi_k^N}=\frac{\psi_k^S(\eta)}{\psi_k^N(\eta)}>1$，为使得 $\psi_k^l(\eta)$ 最大，跨国企业亦会在发展中国家选择外包；反之，若 $f(\beta_k^l,\eta)$ 取得最大，且 $\frac{\pi_k^S}{\pi_k^N}=\frac{\psi_k^S(\eta)}{\psi_k^N(\eta)}<1$，为使得 $\psi_k^l(\eta)$ 最大，跨国企业会选择在发达国家外包，

但此种情况下对发达国家的外包程度要小于对发展中国家的外包程度。

（5）发展中国家外包企业单位成本较低（生产率水平较高）时，跨国企业选择发展中国家外包企业进行外包；发达国家外包企业单位成本较高（生产率水平较低）时，跨国企业对发展中国家直接投资。

由（31）式可知，$(\frac{c^N}{c^S})^\eta$ 与 $f(\beta_k^l,\eta)$，即与总利润 $\psi_k^l(\eta)$ 成正向关系。若 $\frac{c^N}{c^S}>1$ 时，即发展中国家外包企业成本更低，要使得 $f(\beta_k^l,\eta)$，$\psi_k^l(\eta)$ 最大，有 $\eta\to1$，此时，跨国企业会选择发展中国家全部外包；若 $\frac{c^N}{c^S}<1$，即发达国家外包企业成本较低，要使得 $\psi_k^l(\eta)$ 最大，有 $\eta\to0$，此时，跨国企业不在外包中间业务，会在发展中国家选择垂直一体化的组织模式。

四、结论与政策建议

综上所述，通过对新—新贸易理论的两大主要研究方向，即异质性企业贸易模型和企业内生边界模型的理论阐释，我们得到了具有实践指导意义的基本命题。下面就结合上述两个理论模型以及中国实际，从中国企业的国际化路径选择和内部化生产组织选择两方面给出相应的结论与政策建议。

1. 企业国际化路径选择

根据异质性企业贸易理论模型，企业在选择国际化路径时面临两个关键抉择：选择进入国际市场，亦或继续作为一个本土企业；企业以何种方式进入国际市场，即选择出口还是 FDI 的形式。通过理论模型得出的关于企业生产率和国际化路径选择间的关系，我们可以得到一些结论与政策建议：

第一，企业应根据自身生产率水平来选择相应的国际市场进入方式。不是所有的企业都可以走出去，只有生产率最高的厂商才适合从事对外直接投资。所以企业在选择以何种方式进入国际市场时，必须做到：（1）确定本企业生产率水平在本行业所有厂商中所处的位置。如果处于上游水平，可以选择对外投资；若处于中游水平，则可以选择出口；若处于下游水平，则仅适合在国内生产销售。（2）企业想要改变现有的市场进入方式，从事更复杂的生产活动，就必须提高自身的生产率水平。从方法上来讲，企业需要增加产品研发投入、进行技术更新和改造、聘用更多的人才、提高管理方法等。

第二，政府应激励和帮助企业提高生产率。因为只有生产率高的厂商才能够从事出口或者对外投资，所以发展外向型经济，实施走出去战略，首先要求政府必须帮助和激励本国厂商提高生产率水平。从这个角度看，需要政府建立创新基金，增加 R&D 投入，增加企业科研补贴，建立国家创新体系，鼓励并支持企业技术创新，做好企业技术创新的所需要的相关服务活动。

第三，政府补贴政策的使用要与企业异质性特征相结合。具体地说：一是停止无效率地对亏损企业补贴，应将补贴资源主要分配给盈利企业。二是增加对资本密集型出口企业补贴，这类企业是产品创新和技术进步的主要推动者，其产品代表中国出口产品的技术水平和能力，是中国未来出口持续增长的引擎。三是增加对中西部地区出口企业补贴，以降低内陆企业的出口成本，进而带动外延型出口增长。四是鼓励国内企业引进和利用外资，发挥外资在国内出口企业中的特殊优势。

第四，政府应努力帮助企业降低东道国市场进入成本。东道国市场进入成本的高低，是决定企业能否成功走出去的重要因素，过高的进入成本会将中国企业挡在门外，这需要政府帮助企业降低市场进入成本、出口固定成本、FDI 固定成本和出口运输成本等。具体讲：一是政府要比企业先走出去，与各个国家和地区建立良好的经贸合作关系，签订更多的投资保护协定，从法律和制度框架上给中国企业对外投资以保护，为企业走出去建立制度性保障。二是政府应为想走出去的企业提供全方位的服务和培训。提供有关东道国的全面信息，包括东道国的法律规章、税收体系、用工制度、社会稳定状况、文化习俗等，帮助企业走出去以后能尽快融入当地市场环境。三是加强国内基础设施建设，降低出口厂商的运输成本。

2. 企业内部化生产组织选择

企业内生边界理论模型，解释了异质性企业会根据自身需要选择本土市场一体化、本土外包、国外一体化或国外外包等不同的企业生产组织形式。选择合理的内部化生产组织形式，能更好地满足厂商的生产管理需要，保证企业充分利用自己的比较优势参与到国际分工中来，以攫取更大利润，促进一国经济社会的发展。

为适应新的经济发展形势，根据企业内生边界理论模型得到的基本命题，我国企业针对不同的生产组织形式进行选择，是实行一体化战略，亦或选择外包业务，应根据不同市场环境和企业自身生产率水平等实际情况，分析不同生产组织形式各自的优缺点，综合评价其成本风险，从而选择最佳的生产组织形式。

第一，充分权衡选择外包的利弊。随着技术的不断发展，客户需求的多样化，任何企业要想在整个产品价值链中取得全面的竞争优势已是非常的困难。企业必须明确自己在价值链中的优势所在。通过确立其核心业务范围，可以使企业免于把能量花在自己并不擅长的专业领域，企业能够集中资源满足顾客的需求。一般来说，外包可以降低经营成本，因为外部提供者具有规模经济或在技能方面的优势，能以更低的成本提供这些产品或服务。外包同时还可以降低内在化成本，使其关注核心业务，获取内部没有的资源。外包是企业从外部环境中筹集其企业发展所必需资源的一种可行选择。新企业的创立、新产品的开发、新技术的研制、企业的扩张等都必需从一开始就考虑能否通过外包获取更大的利益。从根本上说，外包开拓了企业发展的思路，为企业的超常规发展提供了一种可能。

同时，还应认识到外包风险的存在。企业面临管理不确定性，会使得管理失控。外包常会使企业丧失对一些产品或服务的控制，如供应商会要求提高价格，或者服务水平下降，从而增加企业生产活动的不确定性。一些除了契约成本和供应商的机会主义带来的成本以外的其他因素同样给企业带来风险。综合考虑企业组织方式的成本和风险，若我国企业进入市场面临较高成本和较低风险，则可以选择外包，以降低上述成本。

第二，对于选择一体化生产组织形式，会导致企业规模扩大，增加企业内部组织费用。一方面，科研组织的庞大既增加维持运转的费用，又影响其运作效率；另一方面，一体化的结果使得激励减弱，与直接面对市场的独立企业相比，企业内部各部门的积极性明显下降。我国企业在安排生产组织形式时，应考虑到企业在纵向链条所处的位置，必须确定自己的边界。如果企业内部专业化程度不高或不足以达到技术要求，就必须使用外部市场。但从长期来看，如果使用市场的风险超出它的成本，企业就最好寻找途径积聚自身力量，实施一体化战略，否则就必须承担使用市场所带来的低效率。为了适应市场竞争的需要，我国企业在实行一体化战略时，应根据不同的市场环境和企业的实际情况，综合评价其成本风险，选择最佳的经营战略。

（作者：王康　天津财经大学　硕士研究生；潘艳芳　硕士研究生）

出口业务风险识别程序研究

张 志 张 瑞 庞 静

一、我国企业面临的国际贸易风险现状

2005 年 12 月 8 日，中国唯一一家政策性出口信用保险机构——中国出口信用保险公司发布了《国家风险分析报告（2005）》。作为全球第三大贸易体的中国，正面临日益严峻的国际贸易风险，出口坏账率 10 倍于发达国家。

据中国商务部研究院的梅新育博士介绍，中国企业在很多国家都遭遇过外贸诈骗，欧洲、非洲、亚洲等都有，估计每年外贸诈骗给中国企业造成的损失至少有数十亿美元。

2006 年 2 月 27 日香港凤凰网转载环球时报消息，据浙江义乌市警方提供的数据，仅 2004 年，义乌市公安局受理的涉嫌外贸诈骗案件就达 20 余起，680 多位经营户被骗，每起案子涉案金额从 20 万元到上千万元不等，总额达 2380 万元。

以上严酷的现实要求我国企业应加强对从事国际贸易所引发的风险进行有效地管理。

二、风险管理及其过程概述

风险管理始于二战后的德国。1931 年，美国管理协会保险部开始倡导风险管理，并研究风险管理问题。1953 年，通用汽车公司的一场火灾震动了美国企业界和学术界，成了风险管理科学发展的契机。1963 年，美国学者发表了《企业的风险管理》一文，引起欧美各国的普遍重视。此后对风险管理的研究逐步趋向于系统化、专门化，使风险管理成为企业管理领域的一门独立学科。20 世纪 70～80 年代，风险管理迅速发展，

美、英、日、法、德等国纷纷建立全国性和地区性风险管理协会。1986年，欧洲 11 个国家共同成立了欧洲风险研究会；同年 10 月在新加坡召开的风险管理国际学术讨论会表明，风险管理运动已经走向世界，成为全球性运动。

风险管理过程包括风险识别、风险评估、风险测量及风险响应风险监测等步骤，如图 1 所示。风险管理的关键环节就是在识别风险的基础上，建立解决问题的系统模型，对风险因素的影响进行定量分析，并估算各种风险的发生概率及其可能导致的损失大小，从而找到该项目的关键风险，为重点处置这些风险提供科学依据。

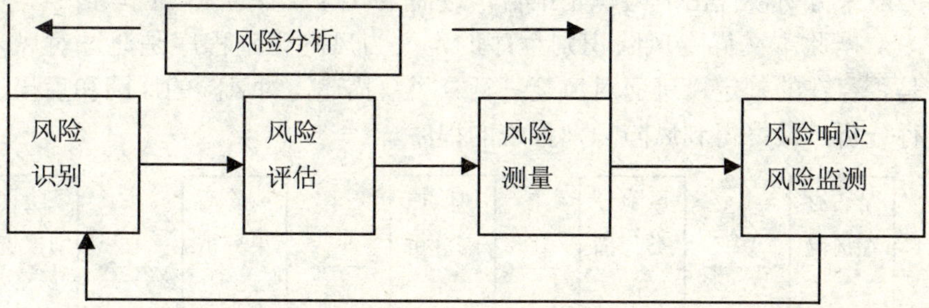

图 1　风险管理的过程解析

资料来源：汪忠、黄瑞华，国外风险管理研究的理论、方法及其进展 [J]，外国经济与管理，2005 年第 27 卷年 2 月，第 2 期：第 28 页。

三、风险识别程序及其步骤

1. 风险识别

风险识别一般是指企业在外部复杂的宏观、微观风险环境和内部经营环境中识别出可能给企业带来意外损失或额外收益的各种风险因素。风险识别的功能是识别出直接风险因素，这是风险管理的第一步，它为风险分析与评估确定了范围和方向，离开风险识别就无法谈及有效的风险管理。

关于风险识别比较全面的解释出现在项目管理中，项目风险识别是一项贯穿于项目全过程的项目风险管理工作。这项工作的目的是识别和确定出项目究竟有哪些风险，这些风险究竟有那些特性，可能会影响项目的哪些方面。

风险识别的方法很多，使用最多的是系统分解法、流程图法、头脑风暴法、情景分析法等。本文是采用流程图分析法，对国际贸易中出口业务中的风险进行识别。

2. 风险识别程序

风险识别有一定的程序（如图 2 所示），该程序从判定是否存在风险开始，如果存在风险，则进行风险的分类与描述，风险原因分析，风险后果分析，提出风险识别报告，进而采取进一步的风险管理措施。

据此本文界定风险识别程序的定义为风险识别程序是通过对风险是否存在的判定，进而对风险进行分类与描述，对风险的原因和后果进行分析，最终得到风险识别报告的程序。

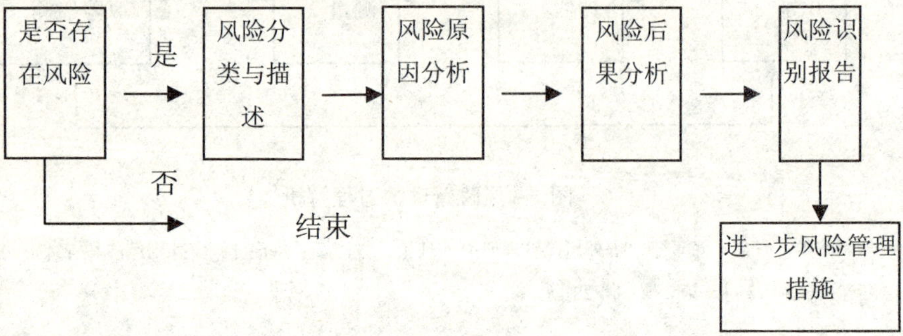

图 2　风险识别程序图

资料来源：戚安邦、现代项目管理［M］，北京:对外经济贸易大学出版社，2001 年，第 436 页，经作者结合自身经验整理而成。

四、风险识别程序在出口业务流程中的运用

现以 CIF 价格条件、L/C 付款方式的出口业务为例，并运用风险识别程序就其基本流程进行分析。出口业务基本流程图如图 3 所示。

1. 出口业务中是否存在风险的问题

国际贸易风险有其客观存在性，其表现为形成国际贸易风险原因的

客观性和必然性。产生和诱发国际贸易风险的原因主要源于企业生产和经营活动规律的复杂性和市场参与主体的认识与其他方面能力的局限性。

可见国际贸易活动，不论是进口业务还是出口业务，在其操作过程中都是客观存在着风险的。

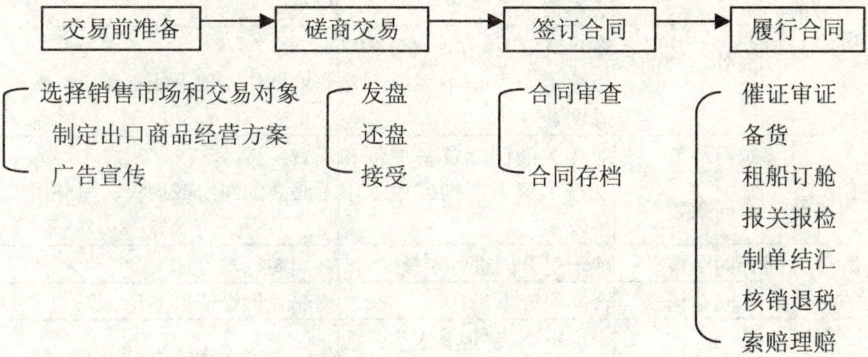

图 3　出口业务流程图

资料来源：韩经纶，国际贸易基础理论与实务［M］，天津:南开大学出版社，2001 年，第 356～367 页，经作者结合自身经验整理而成。

2. 风险分类与描述

从图 3 中我们不难看到，在国际贸易中出口业务流程中所涉及到的风险类别主要包括交易前风险、磋商交易风险、签订合同风险和履行合同风险。

交易前的风险主要是国外市场环境和客户资信所带来的风险。

磋商交易的风险是在磋商过程中所发生的失误可能带来的风险。

签订合同的风险则是由于合同审核不严所带来的风险。

履行合同中的风险更是容易出现在审证、备货、租船订舱、报关报运、制单结汇、核销退税、索赔理赔等方面。

3. 常见的出口风险原因分析和风险后果分析

常见的出口风险原因分析和风险后果分析见表 1。

表1　出口风险产生的原因及后果

项目 风险类别	风险类别 类别细分	风险产生的原因	风险的后果
交易前的风险	国外市场环境	国外市场环境复杂，企业外销人员业务素质较低、责任心不强	放弃或推迟进入该目标国际市场产生不可预计的费用或带来额外损失
	国外客户的资信	客户资信不好，企业对客户资信调查意识不强或不熟悉调查方法	商业欺诈实现，钱货两空
磋商交易的风险	磋商环节	对相关的国际贸易惯例和法规了解不透彻或根本不了解	不必要的纠纷或损失，商誉损失
	合同条款		
签订合同的风险	合同审核	疏于对合同进行审核	合同履行难度加大
	合同存档	合同保管不当	索赔或诉讼证据不足
履行合同中的风险	信用证	审证不严，怠于要求客户改证	收汇难度加大或收汇困难
	备货	对供应商的考察有问题	价高质次或交货期难以保证
		产品质量监督不严	引起客户针对产品质量提出索赔
	租船订舱	装运时间安排不当	延迟交货
		对船公司考察不周	出现无单放货等运输欺诈现象
	报关报检	对相关政府部门或服务企业考察不周 装运时间安排不当	延迟或延误交货，单据出现错误，以致受到海关、商检等部门处罚
	制单结汇	制单人员素质较差 汇率波动	信用证不符点、拒付，使收汇难度加大或难以收汇；汇率差
	核销退税	国家政策影响 办理人员工作态度恶劣或能力较差	外汇管局制裁、不能或不及时办理退税、收回退税款，占压资金
	索赔理赔	经办人员业务素质	产生不必要的麻烦或纠纷
		客户关系问题	遭到讹诈，或在经济、商誉方面受损

资料来源：胡小娟，国际贸易风险管理与案例评析，湖南人民出版社，2002 年 9 月第一版，以及作者工作经验总结。

4. 风险识别报告

详细列明以上国际贸易出口业务各个环节中存在的风险分类、产生风险的原因和可能会出现的结果。

五、个案分析

（一）真实案例

2005 年 2 月浙江一家服装厂收到了一份来自巴基斯坦进口商的传真，传真声称要购买价值 4 万美元的各式服装，这对于一家县城小厂来说是很大的订单。厂里领导不敢怠慢，副厂长亲自与巴基斯坦大客户联系，巴基斯坦客户在几轮交涉中都表现出了足够的诚意。不久，双方就签订了出口合同，巴基斯坦厂商痛快地支付了 10%的定金。5 月份，中方的货物顺利抵达巴基斯坦卡拉奇港口。可等了一个星期，还不见人来提货，巴方客户也联系不上，正当中方厂商焦急万分地等待之时，巴进口商主动打来了电话，声称暂时资金短缺，没钱赎单提货，继而又以产品质量不好为由要求浙江方面以 1 万美元的价格把货物卖给他们。在此期间，浙江的这家服装厂曾想把货物退运回国，但由于巴基斯坦退运手续非常复杂，再加上滞港费用昂贵，最后还是不得不以低价卖给巴方进口商。这笔生意让这家小服装厂血本无归，很久不能恢复元气。

（二）案例分析

1. 风险分类

细读案情我们可以发现，在交易前风险、磋商交易风险、签订合同风险和履行合同风险中，本案所涉及的风险类别主要是交易前风险、磋商交易风险两种。

2. 风险原因分析和风险后果分析

（1）交易前风险原因分析和风险后果分析

该企业没有注意到巴基斯坦市场影响因素的调研，特别是疏于了解该国有关外贸方面的法律法规，导致货物退运回国困难，是不得不以低价卖给巴方进口商的主要原因之一。

没有注意对客户资信进行调查，单凭巴基斯坦客户在几轮交涉中表现出的“诚意”和 10%的定金，便以为客户资信良好，造成货物到达港口无人提货、联系不上客户、没钱赎单，最终使骗子得逞。

（2）磋商交易风险原因分析和风险后果分析

案例中针对合同的条款约定不是十分清晰，如产品的质量规定不明确，给外商以产品质量不好的借口，造成最终以 1/4 的价格低价出售；从付款条件看，银行没有介入，使用了10%预付和90%到付相结合的电汇付款方式，到付的方式本身存在着风险，极易导致收汇困难。

（3）风险识别报告

通过对案例的分析，我们可以得出以下结论：

此单业务涉及出口业务流程中所列出的两类风险：交易前风险和磋商交易风险。交易前风险的原因为缺乏市场调研和客户资信调查，导致的风险结果是货物退运困难和受骗；磋商交易风险的原因是合同条款不清晰，付款方式选用有失误，导致的风险结果是给外商以产品质量不好的借口，导致低价出售，造成收汇困难。

当然，案例中还可以找出其他方面的风险信息，限于篇幅，本文仅做以上分析。

六、结束语

在实际的出口业务操作中，会存在着各种风险，我们可以通过运用以上的风险识别程序，对出口业务中所存在的风险进行有效的识别，以求在最大程度上规避风险、获得更大收益，更好地保证我国外经贸事业的可持续发展。

（作者：张志　天津商务职业学院　副教授；张瑞　助理讲师；庞静　助理研究员）

加入 WTO 对中国对外贸易影响的实证分析及启示

关　鹏

一、引言

中国自 2001 年 12 月加入世界贸易组织以来至今已有十载，这十年见证了中国经济发展的重要里程，中国渡过了承诺条款的过渡期，克服了经济危机的重重困难，保持了经济快速平稳的增长态势。正如许多学者在十年前预测的那样，中国加入 WTO 后外贸总量高速增长，产业结构快速调整，贸易结构优化升级，这对中国经济的稳健发展和保持世界经济的活力都有着重要的意义和深远的影响。因此，本文试图对入世后促进我国对外贸易总量高速增长和贸易结构优化升级的各种影响因素进行分析，以期为我国对外贸易发展的决定因素研究提供经验证据，发现规律，发现问题，为我国对外贸易发展乃至全国经济的健康稳健增长提出较为可行的建议。

二、文献综述

中国加入 WTO 至今的十年时间里，有很多学者研究论证了入世对中国经济的影响，潘圆圆、海闻（2008）研究表明加入 WTO 对中国经济产生了巨大影响，贸易总量快速增长，进出口商品结构在量变的基础上逐步完成质变过程，外商投资迅速增加使得我国产业结构不断升级。赵欣欣、鞠成晓（2003）年采用多元回归分析得出结论，GDP、投资、储蓄、利用外资、外汇储备、货币发行、全球经济增长率等内外部因素促进了我国对外贸易的高速发展。陈继勇（2008）运用协整分析和向量自回归模型从我国对外贸易总额、结构、方式、地区分布以及参与对外贸易的企业性质等五方面入手，分析得出外商在华的直接投资与我国对外贸易发展之间表现为互补为主、替代与互补交织的关系。沈坤荣（1999）利用各省的外商投资总量和各省的综合要素生产率作横截面的相关分析，发现外商直接投资对我国经济具有显著的拉动作用。但是现有文献还鲜有对我国对外贸易总量和贸易结构影响因素的系统研究，本文将甄选可能对我国贸易产生影响的变量，选取较长的时间窗口（15 年），以期能为我国对外贸易发展的影响因素分析提供证据。

三、实证分析

本文通过实证分析来验证加入 WTO 后影响我国对外贸易总量快速增长，带动贸易结构（尤其是出口结构）优化升级的因素及其作用效果，以期发现我国对外贸易发展过程中的有利因素和不利因素，扬长避短，进一步提升我国对外贸易的竞争力，保持经济的高速健康发展。本文首先甄选可能有影响的变量，然后构建模型分别采用多元回归及一元回归的实证方法检验模型，最后对实证结果进行分析并提出较可行的建议。

（一）变量和样本

1. 变量

中国加入 WTO 后在降低关税税率、削减非关税壁垒、实际利用外商投资、提升本国产品竞争力、改革汇率机制等方面都采取了积极的措施，这些因素促进了我国对外贸易水平的不断提升。根据对外贸易理论和经济学原理，对外贸易总量和出口商品结构（包括初级产品、资本和技术密集型产品以及劳动密集型产品）是衡量一个国家对外贸易水平的重要指标。因此，本文选取中国对外贸易总量、资本和技术密集型产品[①]的出口比重、劳动密集型产品[②]的出口比重这三个能反映我国对外贸易水平的重要指标作为因变量，分别设为 Y1、Y2、Y3。选取关税税率、外商投资总额、汇率、加工贸易出口比重、产品竞争力等指标为自变量，考察这些因素对我国对外贸易水平及对外贸易结构的影响。

① 通常将 SITC 分类中的第 5 类、第 7 类工业制成品定义为资本和技术密集型产品。
② 通常将 SITC 分类中的第 6 类、第 8 类工业制成品定义为劳动密集型产品。

2. 样本

本文选取 1996 年 1 月至 2010 年 12 月的有关样本为基础数据库，覆盖我国加入 WTO 前 5 年和入世后 10 年的时间分布，直接反映了加入 WTO 这一重要事件对我国经济的影响，数据来源于《中国统计年鉴》和中国经济数据库。

（二）模型的构建与检验

1. 我国对外贸易总量影响因素模型

我们将 1996～2010 年的进出口贸易总额作为因变量 Y1，选取对外贸易依存度、外商投资总额（FDI）、汇率、平均关税税率为自变量，分别设定为 X1、X2、X3、X4，构建如下模型：

$$Y1=\partial+\beta 1\cdot X1+\beta 2\cdot X2+\beta 3\cdot X3+\varepsilon \qquad \text{（模型 1）}$$

$$Y1=\partial+\beta 4\cdot X4+\varepsilon \qquad \text{（模型 2）}$$

使用 Eviews6.0 软件对模型做如下检验，见表 1、表 2。

表 1　对外贸易总量与贸易依存度、FDI、汇率（模型 1）的检验结果

因变量：进出口贸易总额 Y1		
自变量：X1、X2、X3	系数	T 值
常数项：	6546712	5.312696
X1	2326752	6.819893
X2	9.745890	2.087194
X3	-895535.9	-6.643453
Adj R-Sq	0.992286	
F Value	601.2610　（<0.0001）	

表 2　对外贸易总额与平均关税水平（模型 2）的检验结果

因变量：进出口贸易总额 Y1		
自变量：X4	系数	T 值
常数项	3519074	6.344421
X4	-17635626	-4.358431
Adj R-Sq	0.562444	
F Value	18.99592　（<0.0001）	

检验结果表明：因变量与自变量之间具有显著的相关性，拟合度良好，自变量可以很好地解释因变量。对外贸易依存度、外商投资总额（FDI）与对外贸易总额呈正相关关系，即随着外贸依存度、外商投资总额的提高，对外贸易总额也随之提高。关税税率和汇率与对外贸易总额呈负相关关系，且这种相关性显著，随着关税税率、汇率的降低，对外贸易总额显著提高。

2．我国对外贸易结构影响因素分析

我们将资本和技术密集型产品的出口比重、劳动密集型产品的出口比重作为因变量，分别设为 Y2、Y3。将资本和技术密集型产业国际竞争力指数、外商投资企业出口占全部出口比重、制造业外商投资金额作为自变量 X1、X2、X3。将劳动密集型产业国际竞争力指数、加工贸易出口占全部出口比重作为自变量 X4、X5。构建如下模型：

$$Y2 = \partial + \beta1 \cdot X1 + \beta2 \cdot X2 + \beta3 \cdot X3 + 3\varepsilon \quad \text{（模型 3）}$$

$$Y3 = \partial + \beta2 \cdot X2 + \beta3 \cdot X3 + \beta4 \cdot X4 + \beta5 \cdot X5 + 3\varepsilon \quad \text{（模型 4）}$$

使用 Eviews6.0 软件对模型检验结果见表 3、表 4。

表 3　资本和技术密集型产品出口比重与各影响因素（模型 3）的检验结果

因变量：资本和技术密集型产品出口比重 Y2		
自变量：X1、X2、X3	系数	T 值
常数项	-0.097987	-5.662788
X1	0.207545	11.64462
X2	1.020399	30.25810
X3	7.41E-06	4.074075
Adj R-Sq	0.958203	
F Value	1368.865　（<0.0001）	

表 4　劳动密集型产品出口比重与各影响因素（模型 4）的检验结果

因变量：劳动密集型产品出口比重 Y3		
自变量：X2、X3、X4、X5	系数	T 值
常数项	0.553987	16.19136
X2	-0.826908	-37.46313

X3	-2.88E-06	-1.887695
X4	0.180457	8.194404
X5	0.522105	12.09603
Adj R-Sq	0.948989	
F Value	833.5038 （<0.0001）	

检验结果表明，因变量与自变量之间具有显著的相关性，拟合程度良好，自变量可以很好地解释因变量。资本和技术密集型产业国际竞争力指数、外商投资企业出口比例、制造业外商投资金额与资本和技术密集型产品的出口比例呈正相关，即随着资本和技术密集型产业国际竞争力指数、外商投资企业出口比例、制造业外商投资金额的提高，资本和技术密集型产品的出口比例也相应增加。劳动密集型产业国际竞争力指数、加工贸易出口比重与劳动密集型产品出口比例呈正相关，而制造业外商投资比例和外商投资企业出口比例与劳动密集型产品的出口比例呈负相关。见图 1 和图 2。

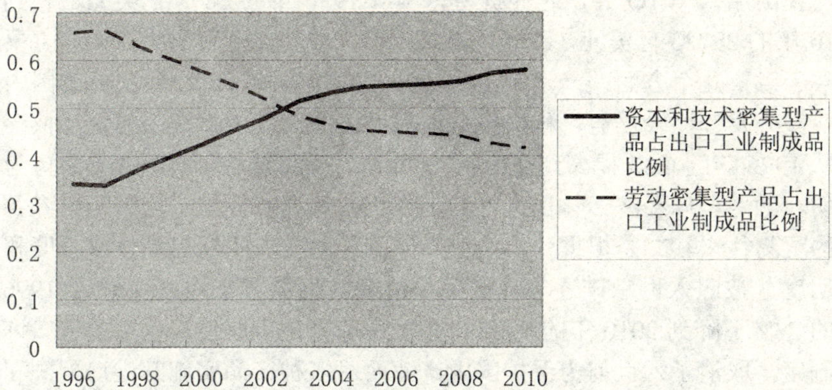

图 1 资本和技术密集型产品、劳动密集型产品占出口工业制成品比例

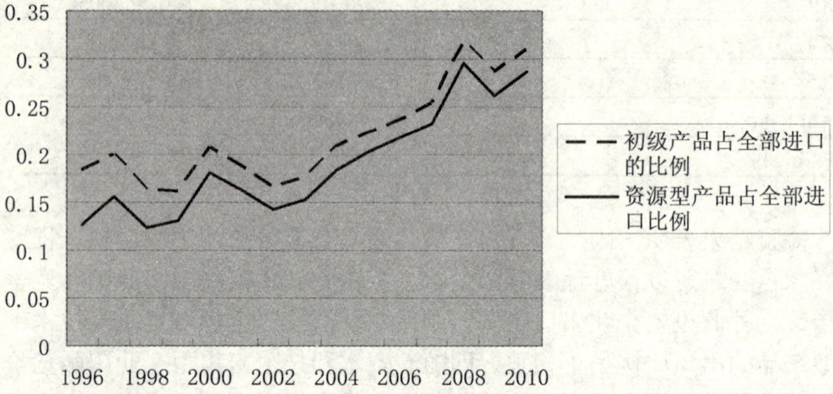

图 2　初级产品和资源型产品占全部进口的比例

（三）实证结果分析

根据上述四个方程的检验结果和两个图表的曲线变化，我们可以得出如下结论：

1. 加入 WTO 后我国对外贸易总量迅速增长

我国加入 WTO 后，对外贸易总额从 1996 年的 2898 亿美元增长到 2010 年的 29723 亿美元，跃居世界第二位，成为一个贸易大国。这主要得益于以下几个方面：一是制定更加开放的经济政策，鼓励更多的国内企业充分发挥比较优势，积极投身世界经济的大潮中，我国的贸易依存度从 1996 年的 0.33 提高到 2010 年的 0.49，与世界各国的经济关系更为密切，融入全球经济一体化进程的步伐正在加速，促进了我国与世界各国的贸易往来。二是根据"自由贸易原则"的要求不断提高开放程度和透明度。按照入世承诺逐年降低关税税率，将算数平均关税率从 1996 年的 23%下降到 2010 年的 9.8%。非关税壁垒逐步取消，调整了进口许可制度，取消了入世前为保护国内产业而对多种产品实施的进口配额和进口许可，扩大了进出口贸易经营权，取消了对从事进出口贸易企业的各类限制，促进了对外贸易的便利化。三是不断创造更加开放、透明、友好的投资环境，扩大外商投资领域，放宽外商投资限制，使更多的外商来华投资建厂，我国实际使用外资从 1996 年的 412.67 亿美元增长到 2010 年的 1057.35 亿美元，年均增幅 10.4%，外商投资企业在资金和技术上的优势进一步巩固了我国对外贸易高速增长的基础。四是制定更加灵活有效的汇率机制，逐步与世界接轨，人民币对美元的汇率从 1996 年的 8.2988 过渡到 2010 年的 6.6215，使人民币在国际货币体系中占有更加重要的位置，增强了世界各国与我国开展国际贸易的信心和信任。而且人民币对美元的升值刺激了进口商品总额的增长，维持了我国进出口的平衡，促进了我国对外贸易的均衡发展。

2. 加入 WTO 后我国进口产品结构不断优化

由图 2 我们发现，我国加入 WTO 后，各类产品的进口比例发生了巨大的变化，进口产品结构正在不断优化。主要体现在以下几个方面：一是初级产品的进口比例不断提升，从 1996 年的 18%上升到 2010 年的 31%，而资源型商品进口总额的增加是推动初级产品进口比例增加的主要因素。这主要是由于我国 GDP 高速增长，制造业、交通运输业、建筑业等支柱行业对初级产品的需求旺盛，尤其是对 SITC 分类中的第 2 类非食用原料和第 3 类产品矿物燃料、润滑油及有关原料的需求大幅提高。而且初级产品进口关税的持续下降，人民币对美元汇率的持续走高使得该类商品的进口成本降低，市场供求机制和价格机制促使其进口比例大幅提高。二是工业制成品的进口比例持续降低。经过“十五”、“十一五”期间在产业结构调整工作中的不懈努力，我国的工业体系更加完善，产业链逐渐延伸，深加工能力不断增强，机械装备、电子机电等产品的制造水平不断提高，国产工业制品已能较好地满足市场的大部分需求，国内制造业的替代能力日益增强。因此，对进口工业制成品的依赖程度逐渐降低。

3. 加入 WTO 后我国出口产品结构不断升级

由表 3、表 4 及图 1 我们发现，加入 WTO 后我国出口产品的结构不断升级，资本和技术密集型产品出口比重由 1996 年的 34%上升到 2010 年的 58%，在 2003 年首次突破 50%，而劳动密集型产品的出口比重则由 1996 年的 65%下降到 2010 年的 41%，资本和技术密集型产品已经成为我国主要出口产品，是推动我国出口总额持续增长的主要动力。促进我国出口产品结构不断升级的因素主要有以下几个方面：第一，我国自主创新能力正在提高，国内产业结构优化调整是推动出口产品结构升级的根本因素。入世后，我国为了应对国外商品的冲击，更加重视在自主品牌建设、知识产权保护、自主核心技术研发等方面的投入和努力，使得我国资本和技术密集型产品的国际产业竞争力指数由 1996 年初的 -0.36 提升到 2010 年末的 0.14，逐步摆脱对进口的绝对依赖，在满足国内需求的同时，参与国际水平分工的程度得以提升，具备了参与国际竞争的能力，我国逐步由以劳动密集型产品为优势产业过渡到以资本和技术密集型产品为主导的生产模式，以廉价资源和劳动力为基础的传统出口产品逐渐被高端、高质、高新产品所代替，产业结构更加优化。第二，外商投资成为推动我国贸易结构升级的重要因素。加入 WTO 后，对外商来华投资的限制逐步取消，第二产业和第三产业对外商投资更加开放，在机械制造、金融保险、物流运输、服务咨询等领域的外商投资比例不断增加，外商来华投资建厂必然会引进更雄厚的资本和更先进的技术，带动我国制造业水平的提升，尤其是资本和技术密集型产品等高科技产品的生产制造能力不断提升，使得我国产业结构不断升级，出口结构不断优化。第三，贸易方式的转变带动出口结构的调整。改革开放以来，加工贸易一直占据着我国进出口贸易的半壁江山，但是这种贸易方式主要集中在劳动密集型产业上。由于两头在外，加工贸易企业很难掌握产品的研发、销售等重要环节，产品的溢出价值大多被国外母公司和经销商所占有。近年来，随着我国贸易方式的不断升级，一般贸易出口比例逐渐提高，更多的具有自主核心技术，自主知识产权，附加值高的产品成为出口的主力，有效地带动了我国出口贸易结构的优化和升级。

四、对策建议

加入 WTO 这十年来，我国采取了更加开放的对外政策，更加友好的投资环境，更加务实、灵活的调控机制，使我国从一个经济大国走向了经济强国，但是面对日益复杂激烈的国际竞争环境，我们还要采取更加积极的态度和措施，应对各种机遇和挑战。

（一）完善宏观调控手段，建立适应全球经济竞争的对外贸易调控体系

多年来我国的对外贸易管理体系已经取得了明显的成效，通过税收、汇率、利率、信贷、储蓄等经济杠杆的综合使用，已经初步建立了

一套符合我国国情的宏观调控机制。但是面对日益复杂和激烈的全球竞争时，还存在尚未成熟的地方，如调控手段滞后、调控措施被打折执行等问题。因此，我们应加强对外贸易调控政策的前瞻性和一贯性，继续推动我国宏观调控体系的完善，强化宏观调控的效果，保证我国对外贸易的快速增长。

（二）加强自主品牌建设，提高中国产品的国际竞争力

我国的资本和技术密集型产品发展迅速，已经占据了出口工业制品的半壁江山，但是由于部分产品缺乏自主品牌，产品的定价权仍然被境外企业、财团所垄断，产品的增值部分大多流向海外。而劳动密集型产品在我国出口结构中仍占有重要位置，但此类产品加工程度低，技术含量不高，缺乏自主品牌和知识产权，国际竞争力较弱，容易受到原材料成本和汇率变动的影响。此外，我国对精密仪器、大型机械等高端制造加工设备仍然要依靠进口。因此，必须从以下几方面入手，提高我国出口产品的国际竞争力，从根本上优化我国出口结构：一是加快自主品牌的建设和自主知识产权的保护，激发国内企业自主创新热情，加大在研发上的资金和人力投入，掌握核心技术，打造具有国际竞争力的产品，树立具有国际影响力的品牌；二是深化产业结构升级，培育经济发展新的增长极，加大对资本和技术密集型产品的帮扶力度，重点发展高端、高质、高新等高附加值的产业，加大政策支持，给予资金和技术倾斜，使我国的高科技产品在国际市场中具有更强的竞争力。

（三）积极有效地利用国外资源，促进中国企业的海外投资，开拓新的国际市场

自上世纪 90 年代以来日趋活跃的直接投资是促使整个世界贸易快速发展的主要动力之一。我国加入 WTO 后，对外贸易的高速增长和贸易结构的优化升级在很大程度上得益于外商直接投资的带动作用。但是，目前中国企业向海外的投资发展缓慢，在充分利用国外资源发展国民经济、通过国际化生产扩大进出口、开拓新的国际市场等方面只是刚刚起步。中国和南亚、非洲、南美洲、东欧、中亚地区各国之间具有较强的经济互补性，许多发展中国家所需要的技术和设备已经成为中国的一种比较优势，而中国经济发展所急需的能源、原材料等资源正是其中一些国家的优势所在，这充分说明了中国发展海外投资具有巨大的潜力。中国企业向发展中国家的投资有利于促进中国的技术和机械设备出口，有利于实现部分已经失去成本优势之出口型产业的转移，同时有利于开发海外资源、增加有效进口以满足国内日益扩大的生产需求。

（四）加快加工贸易向深加工、高附加值的产业转移

加工程度较低、附加值含量不高的加工贸易出口在全部出口中占有较大比重是目前我国对外贸易结构中的一个突出问题。如果无法实现加工贸易产业链在国内的延伸，不能带动相关产业的发展从而实现有效的进口替代，则加工贸易随时可能由于劳动力成本的上升和政策性优势的消失而导致出口产品国际竞争力的严重下降，丧失加工贸易的发展条件和自身优势。因此，加快加工贸易升级是促进对外贸易结构优化的重要举措，我们应做好以下几方面工作：一是制定科学合理的产业发展政策，对技术领先、科技含量高的上游产业实行鼓励政策，吸引更多的世界500强企业在华建立研发中心，带动加工贸易产业链在国内的延伸发展；二是采取积极措施促进加工贸易企业转变发展模式，通过税收、信贷、政策支持等多种手段，鼓励加工贸易企业由粗放型发展方式向集约型转变，建立自已研发中心，开发具有自主核心技术和自主知识产权的产品参与市场竞争，全面提升加工产品的质量。

（作者：关鹏　天津海关　科员）

产业结构由工业为主向服务业为主的转型研究——以天津为例

王炳才　陈　晓

发达的服务业是经济中心城市的标志。天津作为北方的经济重镇，拥有良好的工业基础和区位优势。2010年，天津市常住人口达到1228.16万，城镇人口占总人口的比例为78.01%，人均GDP接近1万美元，工业增加值占GDP的比重为53.1%，产业结构呈现出“二、三、一”的状态，从需求角度看，天津已具备从制造经济向服务经济转型的基础。近年来，天津市服务业一直保持着较快的发展速度，但是无论从总量还是从在GDP中的比重来看，天津都与经济中心城市的定位存在较大差距；国际经验表明，工业化后期是工业化阶段向发达经济阶段过渡的关键时期，因此整个“十二五”时期，天津市肩负着转变经济发展方式，促进产业结构由工业为主向服务业为主转型，提升天津城市竞争力，打造国际港口城市、北方经济中心和宜居生态城市的重任。

一、天津经济现状

2008年全球金融危机对我市经济发展的国内国外环境产生了较大冲击，但2010年，天津市GDP增加值仍达到9108.83亿元，同比增长17.4%，比上一年提高了0.9个百分点，比2006年增加了两倍多。

（一）天津正处于工业化后期阶段，工业仍是国民经济的主导产业

主导产业一般是指在产业结构系统中处于主体地位，发挥引导和支撑作用的产业，这些产业的状况很大程度上决定该产业结构系统未来的发展方向。2006年，天津市工业增加值为2457.08亿元，同比增长17.6%，占GDP的比重为55.1%（见表1），比服务业在GDP中的比重高12.5个

百分点，产业结构呈现出“二、三、一”的状态；2009 年天津工业实现增加值 4110.54 亿元，增长 18.2%，比 2006 年上升 0.6 个百分点，增速比第三产业快 3.1 个百分点，占 GDP 的比重达到 53%，高于同期服务业 7.7 百分点；从工业吸收就业人数占社会从业人员的比例来看，2001 年工业吸收就业人数占社会从业人员的 43.6%，比服务业高 4.1 百分点，2009 年工业从业人员的比例下降到 41.5%，比服务业低 5.8 个百分点，工业吸收就业比例呈缓慢下降趋势。从对 GDP 的贡献率来看，2009 年工业对 GDP 的贡献率达到 61.5%（见表 1），同比上升 0.4 个百分点，比 2006 年上升了 1.4 个百分点，比同期服务业高 23.4 个百分点。显然，工业是拉动 GDP 增长的主要动力。

表 1　天津市三次产业的比较

年份	三次产业在 GDP 中的比重	三次产业贡献率比例	三次产业吸收就业人口比例
2006	2.3：55.1：42.6	0.7：60.1：39.2	14.4：41.7：43.9
2007	2.1：55.1：42.8	0.2：59.2：40.6	12.5：42.6：44.9
2008	1.8：55.2：43.0	0.4：61.1：38.5	11.8：42.0：46.2
2009	1.7：53.0：45.3	0.4：61.5：38.1	11.2：41.5：47.3

资料来源：根据天津市国民经济和社会发展统计公报整理。

根据三次产业在 GDP 中比重的变化对工业化阶段进行划分，2009 年天津三次产业比例为 1.7：53.0：45.3，即第一产业小于 10%，第二产业大于第三产业的比重，正好与库兹涅茨关于工业化后期的划分相符合，说明天津处于工业化后期；人均 GDP 是衡量一个国家或地区经济发展水平的综合指标和主要依据，霍利斯·钱纳里等依据人均 GDP 对工业化阶段进行划分（见表 2），2009 年天津市人均生产总值达到 62403 元，按年平均汇率折合为 9136 美元，增长 11.1%，天津处于工业化后期。

表 2 钱纳里工业化阶段划分

阶段	时期	人均国民生产总值（单位：美元）			
		1970	1982	2001	2005
初级产品生产	1	140～280	364～728	668～1336	745～1490
工业化阶段	2	280～560	728～1456	1336～2671	1490～2980
	3	560～1120	1456～2912	2671～5342	2980～5960
	4	1120～2100	2912～5460	5342～10017	5960～11170
发达经济阶段	5	2100～3360	5460～8736	10017～16027	11170～17890
	6	3360～5040	8736～13104	16027～24041	17890～26830

资料来源:陈佳贵等，《中国工业化进程报告》，社会科学文献出版社。

（二）产业结构进一步优化，服务业发展空间扩大

产业结构优化升级是推动经济发展方式转变的重要途径。产业结构演进的一般趋势是由“一、二、三”到“三、二、一”。如图 1 所示，2001 年天津工业在 GDP 中的比重为 50%，此后工业比重逐渐上升，到 2008 年达到峰值 55.2%，农业比重持续下降，服务业比重呈现先降后升的特点。目前，产业结构仍然是“二、三、一”的状态，但二、三产业的比重差距正在缩小。在新型工业化背景下，工业与服务业的关系日益密切，工业的大发展为服务业的发展提供了可能，甚至某些工业产品的生产本身就是为了提供某种服务，随着分工的深入和细化，对作为中间投入的生产性服务业需求上升，服务业发展的空间扩大。

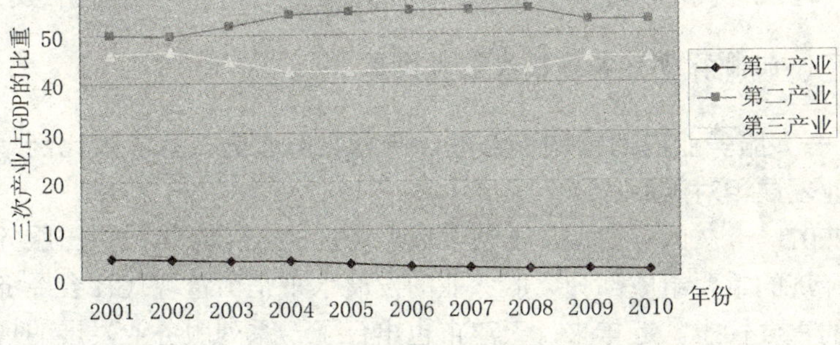

图 1 2001-2010 年三次产业在 GDP 中比重的演变

（三）国民经济服务化趋势上升

服务业的发展与城市的经济发展密切相关。首先，从总量和增速来看，服务业占 GDP 的比重不断增加，增速明显加快（见表 3）。2009 年天津服务业增加值达到 3405.16 亿元，占天津市生产总值的 45.3%，同比增长 15.1%，增速从全国第三位上升到全国第一位，比全国服务业平均增速高 6.2 个百分点，与 2006 年相比，上升了 4.1 个百分点；从增速来看，除 2006 年增速为 11%外，其他年份服务业增速都在 14%以上，对经济增长的贡献率也始终在 38%以上。

表 3　天津市服务业发展概况

年份	增加值（亿元）	占 GDP 的比重	增速	吸纳就业人数比例
2006	1902.31	42.6%	11.0%	43.9%
2007	2250.04	42.8%	14.0%	44.9%
2008	2886.65	43.0%	14.7%	46.2%
2009	3405.16	45.3%	15.1%	47.3%

资料来源：根据天津市国民经济和社会发展统计公报整理。

其次，从服务业吸收的从业人员占社会从业人员的比重来看，2006 年服务业从业人员占全市总从业人员的比重为 43.9%（见表 3），往后呈逐年递增的趋势，到 2009 年这一比例达到 47.3%，比同期工业吸收就业人员的比例高 5.8 个百分点，这也正好符合配第-克拉克关于劳动力在三次产业间流动的论述，即随着国民收入的上升，劳动力先从第一产业向第二产业转移，随着国民收入的进一步上升，劳动力再向第三产业转移。服务业已成为我市吸收剩余劳动力、扩大就业、降低失业率的主要渠道。

二、向服务业为主转型的制约因素

（一）服务业内部结构不合理，传统服务业仍占有较大比例，新兴服务业发展相对滞后

2007 年，《国务院关于加快发展服务业的若干意见》指出服务业是国民经济的重要组成部分，服务业的发展水平是衡量现代社会经济发达程度的重要标志。近年来，天津市也出台了一系列服务业发展的规划和

措施，天津市服务业在快速发展的同时，也暴露出服务业内部结构不合理的问题。服务业内部结构不合理，首先表现在批发和零售业、住宿和餐饮等传统服务业仍然占据较大份额。例如，2009 年在天津市服务业内部结构中，排名一、二位的批发和零售业，运输、仓储、邮政业，增加值分别为 840.24 亿元、464.37 亿元，所占比重分别是 24.68%和 13.64%。其次表现在现代服务业和新兴服务业发展相对滞后，如信息传输、计算机服务和软件业所占份额较小，发展滞后，分别比北京、上海低约 7 个和 3 个百分点。从另一个角度看，与北京、上海等发达城市相比，天津市消费性服务业占比较大，而与工业联系密切、附加值高、税收贡献大的生产型服务业发展却相对滞后，2009 年天津市生产性服务业实现增加值 2067 亿元，约为北京和上海的 1/3，广州的一半。

表 4　2009 年天津与部分发达城市服务业构成对比（%）

地区	批发和零售业	运输、仓储、邮政	金融业	住宿和餐饮业	房地产业	其他服务业
天津	24.68	13.64	12.37	3.67	8.11	37.53
北京	17.11	5.10	18.75	3.00	9.75	46.29
广州	19.00	14.15	9.98	5.10	12.73	39.13

资料来源：根据三个城市国民经济和社会发展统计公报整理。

（二）服务业发展受到北京等国内发达城市的强烈竞争

20 世纪 70 年代，主要资本主义国家纷纷进入了后工业化时期，实现了国民经济的高度服务化，服务业成为推动经济发展的主要力量。“十二五”时期在全国各地区普遍大力发展服务业的背景下，天津服务业的发展将受到来自各方的强烈竞争。首先，从服务业增加值来看，2010 年天津服务业实现增加值 4121.78 亿元，占 GDP 的比重为 45.3%，增加值仅为同期上海的 42.85%、北京的 39.9%、广州的 63.76%，占 GDP 的比重也远远低于同期上海的 57%、北京的 74.98%、广州的 61%；其次，从服务业内部结构来看，北京的信息服务和创意产业，上海的金融和物流等现代服务业都是天津目前无法比拟的，也是天津未来的发展方向，由于传统服务业主要面向本地居民生活，可比性较小。总的来说，天津在发展相关服务业时必将受到这些地区的强烈竞争。

（三）高素质人才的缺失

城市化水平、人均可支配收入、制造业发展程度以及高素质人才的多寡等因素都会对服务业发展产生影响，其中充足的高素质人才对服务业的发展至关重要。一方面，以现代金融、科技服务业、创意产业为代表的生产性服务业需要大量高素质专业人才，统计显示，我市律师从业人数仅相当于北京律师从业人数的 13.7%、上海的 28.4%，注册会计师从业人数为北京的 11.8%、上海的 32.9%，高素质人才的缺失直接导致我市现代服务业和新兴服务业的发展缓慢，制约了我市经济的转型；另一方面，天津市在现代服务业和新兴服务业方面的发展缓慢，竞争力不强，又导致本市人才难以留住，同时也难以吸收外来人才，这产生了一种恶性循环。

（四）认识上存在偏差，支持服务业发展的政策体制机制还不够健全

我国地方政府政绩考核主要是依据地区 GDP 和财政收入等，因此，地方政府在制定产业政策时往往偏向于支持 GDP 贡献大，投资见效快，税收贡献大的项目，如大的制造业项目。而服务业对 GDP 的贡献以及税收不及工业，往往轻视服务业，重视工业的思想仍然存在。虽然近年来我市相继出台了一些鼓励服务业发展的政策措施，但仍显不够，实施起来也比较困难，如行政审批环节过多，管理不一，鼓励民营经济发展的门槛过高，以及文化创意产业等新兴服务业的政策还是空白等。

三、对策建议

经济中心城市必须对周边地区具有强大的辐射带动作用。天津作为北方经济中心，应充分利用国家赋予滨海新区“先行先试”的政策优势，进行政策体制机制创新；根据自身的区位优势，大力发展现代物流业、现代金融等能与工业相配套的生产性服务业，提高服务层次，完善服务功能，扩大辐射半径，构建与目前发展阶段相适应的产业服务体系，真正把天津打造成立足中国北方、辐射东北亚、具有国际影响力的服务型大都市。

（一）大力发展生产性服务业，优化服务业内部结构

生产性服务业也称生产者服务业，是指主要为企业生产提供中间服务的服务业，具有专业化程度高、知识密集的特点，在当今经济社会的发展中有很重要的作用。目前我市正处于工业化后期，主导产业仍是工业，服务业份额虽不断升，但内部结构不合理，现代服务业发展相对滞后，传统服务业占据了较大份额，因此，在相当长一段时间内，我市仍要致力于工业产业机构的升级。日本经济学家筱原三代平研究指出，一个区域或国家应发展“需求收入弹性高”和“生产率上升较快”的产业，赫希曼指出应大力发展前后产业关联度高的产业。工业的升级需要服务业来支撑，生产性服务业具有产出高、税收贡献大，与工业联系密切等优势，因此结合我市区位优势，应以天津国际物流和航运中心为依托大力发展现代物流业，以滨海新区的开发为契机大力发展现代金融业，大力发展楼宇经济及总部经济等生产性服务业。在全球产业价值链中，处于两端的是服务，中间是制造业，核心价值正在向两端延伸，处于上游的设计、研发和下游的营销、物流等都包含了高的附加值，中间制造业的利润受到进一步压缩。大力发展生产性服务业是优化服务业内部结构，转变经济发展方式的需要，也是承接国际产业转移，与经济中心城市定位相符合的需要。

（二）处理好与北京等服务业发达城市的关系，“错位竞争”

服务业是现代产业中最具成长力的产业。天津市服务业的发展水平远落后于北京、上海等国内发达城市，如北京作为国家的政治文化中心，拥有全国最强的科技研发实力，汇聚了大批全国顶尖的人才以及丰富的资金流，服务业增加值占到了 GDP 的 70%以上，无论是从服务业规模还是从辐射半径来看，天津与北京都有很大差距，天津往往成为被辐射对象。尽管中央政府给天津的定位是北方经济中心，但经济中心城市也不可能在所有服务业领域都存在优势，在这种情况下，天津服务业的发展，首先要认真分析京津各自服务业的比较优势所在，合理规划布局，选择“错位竞争”，避开北京服务业中的优势产业，如信息、软件等知识密集型服务业，挖掘自身的比较优势，如港口优势，大力发展港口物流业；其次要加强与北京间的合作，通过享受北京高端服务业的“溢出效应”促进本地区相关服务业发展，逐渐缩小同北京的差距。

（三）建立健全服务业人才培养和引进机制

现代服务业的发展水平是一国经济实力和文明程度的重要标志，现代服务业的竞争，最终是人才的竞争。天津服务业整体落后于北京、上海等的一个重要原因就是服务业高端人才缺失，据统计，天津市注册评估师从业人数仅为北京的 13.4%、上海的 55.4%。建立健全服务业人才培养和引进机制，首先要创新职业教育体制，培养一批适应市场需求的合格人才，同时，加大与国内外科研机构的合作，通过优势互补，资源共享的方式，引进智力成果；其次要制定有利于人才培养、引进和留住的优惠政策，一方面保证本地服务业人才不至于流失；另一方面，对外部人才产生一个巨大吸引力。

（四）继续推进服务业体制改革，推动服务业政策创新

当前，服务业体制仍是阻碍天津市服务业发展的一个重要因素。在服务业体制改革过程中，要充分发挥市场的基础性作用，以及政府的引导作用，在坚持坚持市场化、产业化、社会化方向的基础上，打破金融、保险、电信、民航等垄断行业的垄断，引入市场机制，简化服务业行政审批手续，建立公平的服务业市场准入机制，鼓励民营经济参与服务业的发展，提高整个服务业行业的效率。经验表明，传统发展发模式下的经济不会有大的突破，因此，“十二五”时期，天津经济要实现跨越式发展，就要破除传统观念，充分利用国家赋予滨海新区先行先试的权利，积极推进服务业政策创新，率先开拓新兴服务业发展之路，为周边地区提供高质量的服务配套，完善服务业体系，提高服务业层次，扩大辐射半径。

（作者：王炳才 天津商业大学 教授；陈晓 研究生）

中印服务贸易出口与 GDP 增长关系的比较研究——基于 1980 ~ 2008 年的计量检验

过晓颖　张召利

一、文献综述

对于服务贸易的理论研究是从 20 世纪 80 年代才开始的，国外的理论研究主要是运用传统贸易理论、新贸易理论和国际分工理论来研究服务贸易，例如 Stern、Hoekman（1987）认为比较优势原理同样可以解释服务贸易与经济增长，服务贸易自由化可以增加参与国收益；Markusen（1989）认为生产性服务贸易可以使贸易双方均获得比自给自足状态更大的收益，以此促进经济增长；Marrewijk、Stibora、De Vaal 和 Viaene（1997）采用一个融合了要素禀赋理论和 Spence-Dixit-Stiglitz 垄断竞争模型的框架，构建了一个两国三部门一般均衡模型；Markusen、Eutherford 和 Tarr（2005）将生产性服务作为高度差异化且具有规模报酬递增性的中间投入品，由此构建动态模型，得出的结论是国内熟练劳动力的真实工资随着允许国外生产者服务自由进入而增长，且提供该服务的国外企业越多，真实工资的上升就越多，从长期看，熟练劳动力和非熟练劳动力的真实工资都将上升。从实证研究来看，国外也有学者通过计量模型分析和检验了服务贸易与经济增长之间的关系。Mattoo、Rathindran 和 Subramanian（2001）利用政策信息为基础电信和金融服务两个部门构建了贸易开放度指标，并与经济增长率回归，发现服务部门的贸易开放度对长期经济增长绩效具有显著影响；Robinson、Wang 和 Martin（2002）建立了一个包括 10 个区域、11 个部门的 CGE（可计算一般均衡）模型，提出服务贸易提高了进口国的全要素生产率，尤其是在那些对服务投入有更高需求的生产部门[6]。

国内也有一些专门讨论服务贸易与经济增长关系的实证研究。危旭芳、郑志国（2004）通过计量实证研究了服务贸易对我国 GDP 增长贡献，提出服务贸易进出口额与 GDP 存在正相关性，且服务贸易进口对国民经济增长的促进作用大于服务出口。张亮（2006）运用单位根和协整检验方法分析得出服务出口对 GDP 增长的贡献大于服务贸易总额的贡献，我国服务贸易与 GDP 之间由短期偏离向长期均衡调整的速度很快。蒋昭乙（2008）运用计量经济模型分析了我国服务贸易与经济增长（人均产出）的影响机制，通过服务贸易进口和出口两个变量与人均资本、人均受教育年限、制度变量、技术变量四个因素进行相关性实证研究。韩振国、王玲利（2009）对我国 1985～2006 年服务贸易出口总额，旅游、运输、其他商业服务三个部门服务出口与 GDP 的数据进行了回归分析，认为服务贸易出口是经济增长的原因，三部门服务贸易出口对经济增长有不同程度的贡献，服务贸易出口结构不尽合理。

但目前的研究也存在一定的局限性：第一，多数研究着眼于中国自身的服务贸易发展和经济增长，而较少横向比较研究中国与其他国家的服务贸易对经济增长是否产生不同的影响，即使运用横向比较研究方法来研究服务贸易，也多数集中在服务贸易国际竞争力的比较上，如尹翔硕和申朴（2005）、陈怡（2006）、赵放和冯晓玲（2008）对中国和印度、美国等国家的服务贸易竞争力进行了研究。第二，多数计量实证研究以 2006 年以前的数据为统计范围，而近几年我国和世界经济都发生了变化，尤其是源自美国次贷危机而爆发的金融危机对世界各国经济和贸易都产生了很大影响。因此有必要在新形势下，对服务贸易出口与 GDP 的影响做进一步的实证分析。第三，中国和印度已经成为危机过后备受世界瞩目的经济体之一，从发展阶段来讲，两国均处于国内经济和贸易快速发展时期，并对世界经济产生重要影响，而两国的国内经济结构又有着很大的不同，服务贸易的发展程度也有着相当的差距。因此，有必要对中印两国服务贸易出口对 GDP 的影响作一比较研究。

二、中印服务贸易出口与GDP总体发展状况比较

随着经济全球化的加深和国际产业结构的调整，全球经济竞争的重点正从制造业转向服务业，从货物贸易转向服务贸易。近 30 年来，世界服务贸易发展迅猛，1980～2008 年期间，世界服务贸易出口额从 3650 亿美元扩大到 37313 亿美元，29 年间增长了 8.2 倍，占世界贸易出口的比重从 1/7 增长到近 1/5。仅 2000～2008 年间，全球服务贸易出口年均增长率达到 12%。其中，作为发展中国家代表、“金砖四国”中的两个亚洲国家，中国和印度服务贸易的发展更是引人关注。中国服务贸易出口从 1980 年的 19 亿美元增加到 2008 年 1471 亿美元，增长了 76.4 倍，年均增长率为 16.8%，占世界服务贸易出口总额的比重为 3.9%，已经发展成为世界第五大服务贸易出口国。印度服务贸易出口从 1980 年的 29.7 亿美元增加到 2008 年的 1031 亿美元，增长了 33.7 倍，年均增长率为 13.5%，占世界服务贸易出口的比重为 2.7%，位居世界第九大服务贸易出口国。因此，从总量上看，中国服务贸易出口总规模和增长速度都领先于印度。

从经济增长来看，中国的实际 GDP 总量从 1980 年的 2479 亿美元，增加到 2008 年的 79265 亿美元，29 年间增长了约 31 倍，年均增长率为 13.2%，2007 年超越德国成为全球第三大经济体，同期印度的 GDP 从 2773 亿美元上升到 32978 亿美元，增长了 11 倍，年均增长率为 9.2%，排名世界第 12 位，因此中国的 GDP 总量和增长速度也超过印度。图 1 显示了 1980～2008 年中国和印度 GDP 与服务贸易出口总量的变动趋势。

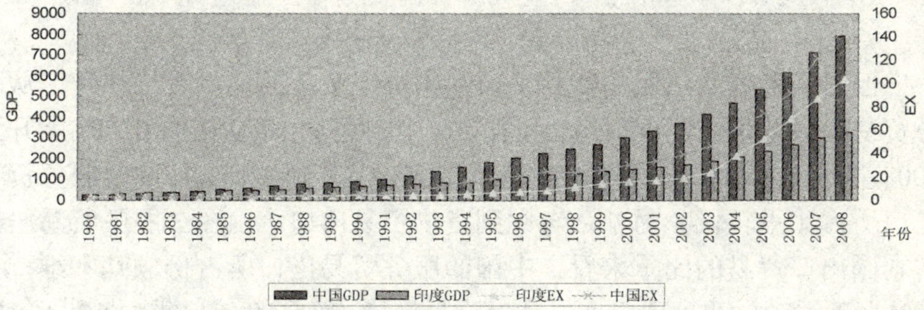

图 1　中国和印度 GDP 与服务贸易出口（EX）总量（1980～2008）

数据来源：OECD 官网统计数据。

从图 2 显示的中印两国 GDP 的环比增长速度比较来看，中国的 GDP 增长相对比较平稳，且基本高于印度同期 GDP 增长；而印度的 GDP 增长中间有波动，且只在个别年份接近中国的增长水平。从服务贸易出口的环比增长速度比较来看，中国和印度都比 GDP 增长的波动幅度大。中国除了 1989 年和 1998 年出现服务贸易出口的负增长外，其他年份均显示为正增长，1994 年环比增长甚至达到 48%。1990～1994 年和 2002～2008 年中国服务贸易出口出现了两波高增长，增长率都基本接近，有的超过了 20%，这与两个时期中国货物贸易的快速增长和中国入世后服务业不断开放有着紧密的联系；而印度服务贸易出口的增长波动幅度比中国更大，印度从 1986～1990 年和 1992～1998 年以及 2001～2007 年出现了三波高增长，尤其以 2001～2007 年这波增长最为显著，2004 年环比增长率更是高达 60%，而这一时期正是印度软件服务外包迅猛发展的阶段。

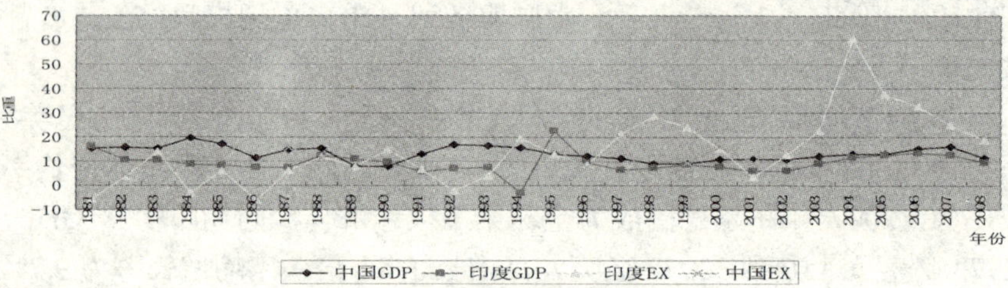

图 2　中印两国 GDP 和服务贸易出口（EX）环比增长速度

数据来源：OECD 官网统计数据。

但是当考察两国服务贸易出口在本国经济中的地位时，却发现从服务贸易出口总量占 GDP 的比重来看，中国是从 1980 年的 0.77%上升到 2008 年的 1.86%，而同期印度是从 1.07%上升到 3.13%，中国服务贸易出口所占比重较低。另外，考虑到货物贸易出口，由图 3 服务贸易出口占本国出口贸易的比重来看，中国的服务贸易出口所占份额基本维持在 10%上下浮动，并呈现出“先升后降”趋势，而印度该比重由 1980 年的 25%上升到 2008 年的 36.8%，并呈现出“先降后升”趋势。可见，服务贸易出口在两国经济中的地位不同，印度服务贸易更显重要。

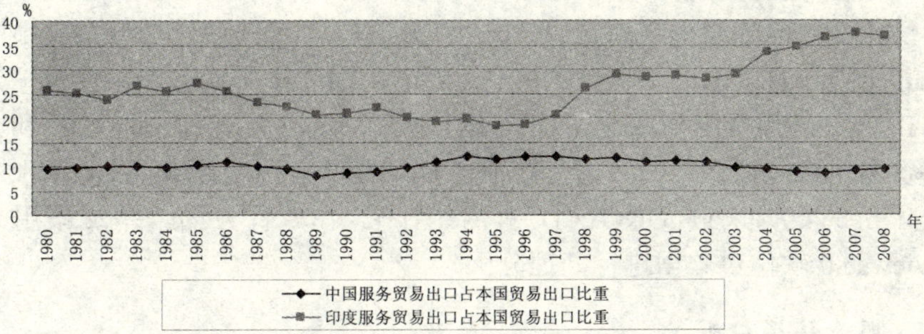

图 3　中国和印度服务贸易出口在本国贸易出口中的地位比较

数据来源：OECD 官网统计数据。

三、模型与数据的选取

（一）模型的确定

在模型方面，本文拟采用英国著名计量经济学家、诺贝尔经济学奖获得者格兰杰（Granger）于 1969 年提出的格兰杰（Granger）因果关系检验模型来分析服务贸易出口与 GDP 的相互关系。

其基本理论思想为：对于两个给定的服从平稳随机过程的时间序列 X_t、Y_t 来说，利用序列 X_t、Y_t 过去和现在的所有数据来预测 Y_t，如果预测效果好于单独由 Y_t 的过去数据对 Y_t 的预测，即如果 X_t 是有助于 Y_t 预测精度的改善的，则存在着从 X_t 到 Y_t 的因果关系。

其基本流程为：首先对数据进行平稳性检验。在现实经济生活中，时间序列数据往往都是非平稳的，若直接进行回归分析，会产生“伪回归”问题。格兰杰因果检验的使用前提是要求数据必须具有平稳性。然后对两个变量之间的长期关系进行检验，即如果对两个变量回归后的残差序列进行检验是平稳的，则可说明两者之间存在长期稳定关系。在进行协整分析时，要求两个变量的协整检验结果是同阶单整的。协整检验主要有 EG 两步法。最后，当变量之间存在协整关系时，则其至少存在一个方向的格兰杰因果关系。故这时可对变量进行格兰杰因果关系检验。

（二）数据的选取

本文选取的样本区间是 1980～2008 年。为便于统计分析，将中国 GDP 记为 CHI-GDP，印度 GDP 记为 IND-GDP，中国服务贸易出口记为 CHI-EX，印度服务贸易出口记为 IND-EX。以上中印两国的 GDP 和服务贸易出口统计指标的数据全部来自 OECD 的官网统计数据（除个别缺失年份的数据来自 UNCTAD 官网统计）。在软件方面，本文采用了 Eviews6.0 软件对数据进行处理分析。

四、计量分析

（一）相关性分析

借助计量 Correlation 相关系数，对中印两国的 GDP 和服务贸易出口 EX 进行相关性检验，得到中国的相关系数 β_1=0.9759，印度的相关系数 β_2=0.9317，证明了中印两国的 GDP 与本国的服务贸易出口 EX 之间确实存在较强的相关关系，可以对两个变量进行进一步协整分析和格兰杰因果关系检验，来判定 GDP 与服务贸易出口 EX 是否存在长期稳定的相关关系和因果关系。

（二）平稳性检验

在协整分析之前，需要对两国各变量的平稳性进行检验。采用 ADF 检验方法分别对中印两国的 GDP 与 EX 变量进行单位根检验，检验结果见表 1，从中可以看出，各变量一阶差分的 ADF 检验统计量均小于对应的 1%或 10%临界值，所有变量序列都是平稳的，表明两国变量 GDP 与 EX 均为一阶单整，满足变量之间协整关系的前提条件。

表 1　ADF 检验结果

变量	检验形式（c,t,k）	ADF 检验值	临界值	结论
CHI-GDP	（c,t,0）	20.17998	-2.625121***	非平稳
CHI-EX	（c,t,0）	13.69524	-2.625121***	非平稳
ΔCHI-GDP	（c,t,0）	-2.690018	-2.627420***	平稳,一阶单整
ΔCHI-EX	（c,t,0）	-4.312485	-3.699871*	平稳,一阶单整

变量	检验形式（c,t,k）	ADF 检验值	临界值	结论
IND-GDP	（c,t,0）	10.12810	-2.625121***	非平稳
IND -EX	（c,t,0）	11.07229	-2.625121***	非平稳
ΔIND -GDP	（c,t,0）	-5.805275	-3.699871*	平稳,一阶单整
ΔIND -EX	（c,t,0）	-2.716905	-2.627420***	平稳,一阶单整

注：①检验形式中 C、T 和 K 分别表示单位根检验方程中的常数项、时间趋势和滞后阶数;N 是指不包括 C 或 T。②滞后期 k 的选择标准是以 AIC 和 SC 值最小为准则。③***、**、* 分别表示显著水平为 10 %、5 %与 1 %的临界值。④Δ 表示变量一阶差分。

对于中印两国而言，两变量之间均为一阶单整，则它们之间可能存在协整关系，故下一步我们将对其进行协整检验。

（三）协整检验

关于协整关系的检验应用 Engle 和 Granger 在 1987 年提出的基于协整回归残差的 ADF 检验的 EG 法。对中印两国 GDP 和 EX 先利用 LS 法得出回归方程，见表 2。

表 2 模型回归系数及相关参数表

国别	回归因子	回归系数	t 值	R^2	DW
中国	C	702.419879685	6.175701	0.952334	0.191782
	EX	56.4337712839	23.22583		
印度	C	655.818517585	9.297960	0.868015	0.092708
	EX	29.4285237528	13.32551		

根据 DW 统计量表得，dl=1.34，du=1.48，4-du=2.52（n=29，k=1，α=0.05），因此要对上述回归方程进行修正。根据上述回归结果分析，两回归方程的 DW 值均非常低，明显存在自相关，对其残差进行分析，也存在较为明显的异方差，因此，需要对上述回归模型进行修正。所以应用取对数法并用 Cochrane—Orcutt 迭代法进行修正，得出回归方程，见表 3。

表 3　修正模型回归系数及相关参数表

国别	回归因子	回归系数	t 值	R^2	DW
中国	C	15.3568627594	2.611476	0.999518	1.605388
	LNEX	0.06757021914	1.574650		
印度	C	11.4018461946	1.672666	0.996776	2.255249
	LNEX	0.09589638480	1.064389		

DW 值均大于 du，而小于 4-du，说明修正后的模型已经不存在自相关，对残差进行怀特检验，也已经修正了异方差，模型符合要求。

再根据公式：

$$\hat{Y}_t = \hat{\alpha}_0 + \hat{\alpha}_1 X_t$$

$$e_t = Y_t - \hat{Y}_t$$

计算残差项 e_t，并对 e_t 序列进行平稳性检验，计算结果如表 4 所示。

表 4　残差 ADF 检验结果

	中国	印度
ADF 检验值	-4.975564	-157.2889
临界值	-3.689194	1%显著性水平
	-2.971853	5%显著性水平
	-2.625121	10%显著性水平

在 1%的置信水平下，残差项 e_t 的 ADF 值中国为-4.975564，印度为-157.2889，均小于 1%显著性水平下的临界值-3.689194，两者协整关系明显，表明残差项为平稳的时间序列，即中印两国的 GDP 与 EX 之间存在长期稳定的关系。

（四）格兰杰因果检验

对中印两国的变量 GDP 和 EX 分别进行滞后 2 到 6 期的格兰杰因果检验，结果见表 5 和表 6。

表 5　格兰杰因果检验结果（中国）

原假设	滞后期	F 值	P 值	结论
CHI-GDP 非 CHI-EX 的格兰杰原因	2	6.73927	0.0052	拒绝原假设
CHI-EX 非 CHI-GDP 的格兰杰原因	2	2.10289	0.1460	接受原假设
CHI-GDP 非 CHI-EX 的格兰杰原因	3	5.80468	0.0054	拒绝原假设
CHI-EX 非 CHI-GDP 的格兰杰原因	3	2.27218	0.1130	接受原假设
CHI-GDP 非 CHI-EX 的格兰杰原因	4	3.47106	0.0318	拒绝原假设
CHI-EX 非 CHI-GDP 的格兰杰原因	4	9.75485	0.0003	拒绝原假设
CHI-GDP 非 CHI-EX 的格兰杰原因	5	4.46773	0.0137	拒绝原假设
CHI-EX 非 CHI-GDP 的格兰杰原因	5	8.26814	0.0010	拒绝原假设
CHI-GDP 非 CHI-EX 的格兰杰原因	6	7.10935	0.0037	拒绝原假设
CHI-EX 非 CHI-GDP 的格兰杰原因	6	5.72375	0.0081	拒绝原假设

注：各次检验均在 5%的显著水平下进行。

表 6　格兰杰因果检验结果（印度）

原假设	滞后期	F 值	P 值	结论
IND-GDP 非 IND -EX 的格兰杰原因	2	2.36952	0.1170	接受原假设
IND -EX 非 IND -GDP 的格兰杰原因	2	6.95788	0.0046	拒绝原假设
IND-GDP 非 IND -EX 的格兰杰原因	3	1.16924	0.3475	接受原假设
IND -EX 非 IND -GDP 的格兰杰原因	3	5.40824	0.0073	拒绝原假设
IND-GDP 非 IND -EX 的格兰杰原因	4	0.23407	0.9151	接受原假设
IND -EX 非 IND -GDP 的格兰杰原因	4	3.86941	0.0220	拒绝原假设
IND-GDP 非 IND -EX 的格兰杰原因	5	2.42629	0.0919	接受原假设
IND -EX 非 IND -GDP 的格兰杰原因	5	3.61466	0.0287	拒绝原假设
IND-GDP 非 IND -EX 的格兰杰原因	6	2.01226	0.1569	接受原假设
IND -EX 非 IND -GDP 的格兰杰原因	6	3.63475	0.0353	拒绝原假设

注：各次检验均在 5%的显著水平下进行。

据此，可以得出：在滞后 2 到 3 期的情况下，对中国而言，GDP 是 EX 的格兰杰原因，而相反 EX 不是 GDP 的格兰杰原因。当滞后 4 期及以上时 GDP 和 EX 互为格兰杰原因。对印度而言，从滞后的 2 到 6 期的检验结果显示，GDP 一直不是 EX 的格兰杰原因，而相反 EX 一直是 GDP

的格兰杰原因。这个检验结果说明：中国与印度的服务贸易出口对GDP的贡献是不同的，印度的服务贸易出口一直是推动GDP增长的重要因素。而中国在短期内，服务贸易出口并不是我国GDP增长的推动力，而在长期内我国的GDP增长和服务贸易出口互为因果，相互影响。

五、结论与启示

本文通过对中国和印度服务贸易出口与GDP增长的统计和计量分析，经比较研究结果表明：

1. 两国服务贸易出口都与GDP增长具有较强的相关性，但中国的相关系数高于印度。中国服务贸易出口和GDP虽然在总量上超过印度，但服务贸易出口占GDP的比重和在对外贸易出口中的比重都低于印度，尤其是服务贸易出口仅占对外贸易出口的10%，不仅远低于印度36.8%，还低于全球平均20%的水平。因此中国的服务贸易出口虽然已在快速增长，但还有相当大的进一步增长的空间。因此，进一步推动中国服务贸易的发展将有利于中国实现国民经济发展战略和外贸战略的转型。一方面使得出口更加多元化，不再过分倚重商品贸易出口，有利于减少贸易摩擦。另一方面通过服务贸易增长提升国内服务产业的结构升级，从而为国内生产商提供更多所需的核心服务，延伸产品价值链，提升我国企业产品的附加价值、品牌声誉和核心竞争力。

2. 外部经济环境的变化对服务贸易出口增长进而拉动GDP增长具有重要的影响。中国服务贸易出口的增长速度从1996年开始落后于印度（除个别年份外），只是2007年开始又超过了印度。印度是在1995年加入了世界贸易组织，由此加快了开放的步伐，尤其是在软件、信息、金融等服务领域开放度较大。因此，1996年服务贸易出口表现出高于中国的增长速度。1998年的东南亚金融危机对印度服务贸易出口虽然产生了一定影响，呈现出减速增长的态势，但危机过后，印度抓住了上世纪末的世界产业结构调整的机会，凭借语言、文化、地缘、历史等因素与西方国家的亲近融合的优势，积极承接和扩大软件外包和离岸服务外包等业务，服务贸易从2001年以后出现了一枝独秀的“井喷式”发展，并且服务贸易出口增长远远高于同期GDP的增长。2008年世界性的金融危机使欧美等国大量缩减了海外业务，对印度的服务外包等业务产生了较大影响。出于对成本等因素的考虑，欧美国家开始将印度的业务向中国、爱尔兰、东欧等国家转移，印度的服务贸易出口减速增长，而这给中国服务贸易的发展提供了一次宝贵的机遇。

由此可见，经济危机的波动对服务贸易影响较大，进而影响国家的整体经济增长。因此，中国应不失时机地抓住后危机时代世界范围产业结构调整和产业转移的契机，充分发挥后发优势，学习印度服务贸易发展的成功经验，制定产业政策，合理优化产业布局，提高服务业尤其是生产性服务业在国民经济中的比重，加强基础设施及相关配套设施建设，充分发挥资本、技术、劳动力密集等优势，积极承接国际产业转移，扩大服务贸易。同时加强政策引导，适时促进服务贸易内部产业结构升级，加大生产性和知识密集性服务贸易比重，建立产业预警和评估机制，增强服务贸易相关产业抵御未来经济危机和世界经济波动的影响，增强服务贸易的弹性，进而最大限度地实现服务贸易对国民经济增长的正效应。

3. 通过计量分析得出，印度的服务贸易出口与 GDP 无论是长期还是短期都是单向因果关系，即印度的服务贸易出口一直是该国经济发展的重要推动力量，因此属于典型的“外贸拉动型”，而中国短期内是国民经济发展推动服务贸易的进步，属于“内部推动型”，而长期内，国民经济发展和服务贸易相互推进。这一结论与现实基本吻合，一方面印度的国内经济发展水平远没有服务贸易出口发展快，由于印度国内产业结构的不均衡发展，导致其他产业并没有伴随着印度的服务外包等服务贸易同步发展，这种“一枝独秀”的发展也使得印度经济在遭遇了外部经济危机冲击时而变得相对脆弱，印度 2008 年的经济表现印证了这一点。另一方面，从长远角度看，中国的服务贸易更易于与国民经济发展形成良性互动，相互推进，发展的后劲更足。中国有优于印度的经济基础和宏观环境，尤其在交通等硬件设施上优于印度，在人才储备和政策软环境方面，中国也具有相当的优势，只要能够抓住机遇，适时调整，辅以恰当的政策，中国的服务贸易必将改变以往“短板效应”状况，迎来较印度更飞速更坚实的发展，进而带动国民经济的快速健康发展。

（作者：过晓颖　天津商业大学　讲师；张召利　研究生）

中国对美制成品出口中的本土市场效应
——对“扩大内需”战略的佐证

王　岚

一、引　言

改革开放以来，中国对外贸易的迅猛发展引起国际经济社会的广泛关注。特别是加入世界贸易组织以后，中国外贸发展的速度更加迅猛。我国对外贸易总额从2001年的5096.5亿美元增长到2009年的22070亿美元，成为世界第三大贸易国。近年来中国的贸易增长不仅体现在总量上，更深刻的变革体现在贸易模式和贸易结构上。一方面，随着产品内分工的发展和全球分工网络的形成，中国凭借自身的优势融入国际分工体系的程度逐渐加深。加工贸易作为我国参与国际分工的重要模式，在我国对外贸易中的比重不断加大，中间品贸易成为推动我国外贸增长的重要力量。另一方面，中国对外贸易商品结构由以初级产品和劳动密集型产品为主向高附加值和传统优势产品并重转化，而目前中国出口的主导行业大多具备大规模生产的特征。由此可见，除了充裕的劳动力禀赋外，还有其他因素推动中国出口的贸易增长。这意味着，单纯的传统贸易理论（比较优势论和要素禀赋理论）已经不能很好地解释中国出口贸易的增长模式，而以规模经济和不完全竞争为特征的新经济理论将成为解释中国出口竞争力更加行之有效的工具，更全面客观地分析中国出口竞争力的来源。

本文在新经济地理框架下，以本国市场效应为分析工具，揭示中国对美制成品出口竞争力的源泉。文章后续结构安排如下：第二部分，关于本国市场效应的文献综述；第三部分，中国对美制成品出口的现状以及中国与其他发展中国作为美国进口来源地的竞争关系的描述性分析；第四部分，运用面板数据模型对中国对美制成品出口的本国市场效应进行实证分析；第五部分，结论和启示。

二、贸易和本土市场效应：文献综述

近年来，以克鲁格曼为代表的一批经济学家，通过将区位因素引入到传统的一般均衡分析框架中，开创和发展了以规模经济为基础的新经济地理学，用来解释经济行为的定位问题。该理论框架下的本土市场效应（Home Market Effect，HME）将规模经济、运输成本以及贸易模式相结合分析了出口国本国市场规模对其出口的影响，为解决本文提出的问题提供了行之有效的分析工具。

（一）本土市场效应运行机制

规模经济、垄断竞争市场结构和运输成本是本土市场效应存在的基础和前提。规模经济意味着生产规模的扩大会带来平均成本的降低。因此，生产具有规模经济效应的厂商在垄断竞争的市场结构中，可以通过扩大生产规模实现利润的增加。开放国际贸易带来的需求增长，会促使厂商扩大生产规模，实现规模经济，降低价格提高产品竞争力。运输成本的引入使厂商在考虑生产定位时，会倾向于将生产定位在靠近市场规模大的地区，以节约运输和贸易成本。因此，在存在规模经济和运输成本的情况下，一个企业面临生产区位选择时，会选择那些具有较大国内市场规模的地区进行大规模生产满足全球需求，在供应生产地需求的同时，通过出口供应其他国家的需求，以最大限度发挥规模经济效应和节约运输成本，由此产生本土市场效应。

图 1 更加直观地揭示了两地区模型中本土市场效应的产生机制。其中 S_n 和 S_L 分别表示本国在差异产品产出中的份额和需求中的份额，T 表示两地区之间的贸易自由度。如图 1 所示，如果本国市场规模很大，即 $S_L > 1/(1+T)$ 时，差异产品将完全由本国生产（即 $S_n = 1$），同时供给两国需求；如果本国市场规模过小，即 $S_L < T/(1+T)$ 时，此时差异产品全部由外国生产（$S_n = 0$）。如果两国在规模上相差甚远，则规模大的国家将生产全部的差异化产品。如果两地市场规模相差不大，即 S_L 介于

$T/(1+T)$ 和 $1/(1+T)$ 之间时，两国共同生产差异化产品。在不完全专业化区间内，$S_n/S_L=(1+T)/(1-T)>1$，即生产规模的扩张大于需求规模的扩张。这就意味着规模大的国家生产的差异化产品在能满足国内需求的同时，还会通过出口以满足别国的需求，成为该产品的净出口国，而这就是本土市场效应。

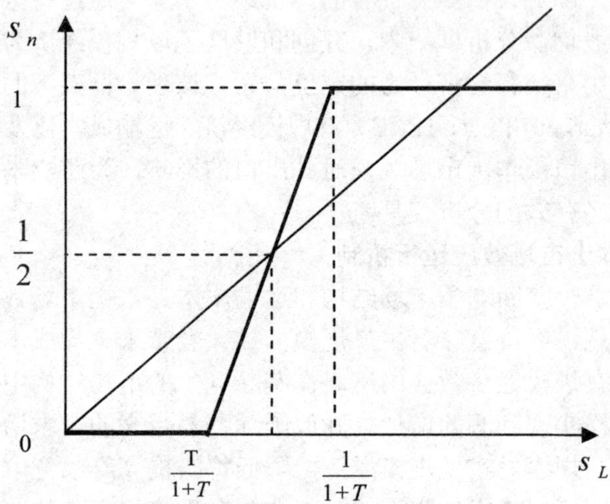

图 1　本土市场效应图解

资料来源：赫尔普曼和克鲁格曼著. 市场结构和对外贸易. 尹翔硕和尹翔康译. 图 10.4。

（二）本土市场效应的实证研究综述

Head 和 Mayer（2004）指出，对本土市场效应的实证检验必然面对模型差异和数据统计口径不一致带来的三个问题。首先，如何在检验本土市场效应的同时剔除传统要素禀赋理论对贸易模式的影响？其次，如何将多部门之间的关系模型化？最后，如何度量多国框架下的需求份额？此外，用什么数据才能衡量需求差异也是摆在研究者面前必须解决的问题。理论模型的不断扩展和数据处理技术的不断完善，为我们提供了有效的经验检验手段。

Davis 和 Weinstein（1996，1999）构建超常需求指标衡量市场规模，考察了比较优势理论和规模报酬递增对所考察国家生产和贸易结构的影响程度，证实了本土市场效应在决定一国制造业生产和贸易结构方面的重要性。Trionfetti（2001）、Brülhart 和 Trionfetti（2005）引入了"本地偏向需求"（Home Biased Demand）这一概念，指出本地偏向的需求与规模报酬递增部门的产出正相关，验证了本土市场效应。Schumacher（2003）将单位资本收入（即资本劳动比）对本土市场效应的影响纳入到考虑范畴，考察总需求和单位资本收入对贸易模式的影响，表明制造业部门出口存在本土市场效应。Hanson 和 Xiang（2004）通过设定倍差引力模型（difference-in-difference gravity specification），将行业按照规模经济效应和运输成本大小进行分类，在控制比较优势因素对出口竞争力影响的基础上，利用面板数据考察 OECD 国家之间的贸易是否存在本国市场效应。

国内学者借鉴上述研究中的模型，对中国的本土市场效应问题进行了检验。张帆和潘佐红（2006a）运用 Davis 和 Weinstein（1996，1999）的方法，根据我国 1997 年 31 个省、市、自治区 19 个产业的投入—产出数据，发现本土市场效应在决定中国区域间生产和贸易的类型上起着显著的作用。张帆和潘佐红（2006b）以及钱学锋和陈六傅（2007）分别借鉴 Davis 和 Weinstein（1996，1999）以及 Schumacher（2003）方法对中美贸易中的本土市场效应进行了实证检验。

表 1　本国市场效应实证研究文献整理

	市场规模衡量指标	模型设定	HME 的判定	研究对象
Davis 和 Weinstein（1996，1999）	超常需求（IDIODEM）	$X_g^{nr}=\alpha_g^n+\beta_1 Share_g^{nr}+\beta_2 IDIODEM_g^{nr}+\Omega_g^n V^r+\varepsilon_g^{nr}$	β_2 大于 1	22 个 OECD 国家 27 个三位数行业 69 个四位数行业
Trionfetti（2001）	本地偏向需求（HBD）	$\frac{n_{si}}{N_s}=\beta_0+\beta_1\frac{E_{si}}{\sum_i E_{si}}+\beta_2\frac{E_{hsi}}{\sum_i E_{hsi}}+u_i$	β_2 大于 0	8 个 OECD 国家 18 个行业

续表

	市场规模衡量指标	模型设定	HME的判定	研究对象
Schumacher（2003）	相对市场规模（$\frac{Y_i}{Y_j}$）	$\ln\left(\frac{X_{aij}}{X_{aji}}\right)=(\beta_1^a-\beta_3^a)\ln(\frac{Y_i}{Y_j})+(\beta_2^a-\beta_4^a)\ln(\frac{y_i}{y_j})$	$(\beta_1^a-\beta_3^a)$大于0	22个OECD国家25个行业
Hanson和Xiang（2004）	相对市场规模（$\frac{Y_j}{Y_h}$）	$\ln(\frac{S_{mjk}/S_{mhk}}{S_{ojk}/S_{ohk}})=\alpha+\beta\ln(Y_j/Y_h)+\phi(X_j-X_h)+\ln(\frac{d_{jk}}{d_{hk}})+\varepsilon_{mojhk}$	β大于0	19个OECD国家273个产业组合
张帆和潘佐红（2006a）	超常需求（IDIODEM）	同D&W（1996，1999）	β_2大于1	31个省、市、自治区19个行业
张帆和潘佐红（2006b）	超常需求（IDIODEM）	同D&W（1996，1999）	β_2大于1	中美双边贸易11个行业
钱学锋和陈六傅（2007）	相对市场规模	同Schumacher（2003）	$(\beta_1^a-\beta_3^a)$大于0	中美双边贸易10个一位数行业35个两位数行业

资料来源：作者整理。

三、中国与其他发展中国对美制成品出口的竞争关系

本文选取经济发展水平与中国类似的“金砖”四国中的巴西和印度，与中国国际分工中处于相似地位的马来西亚、印尼、菲律宾和泰国（亚洲“四小虎”），以及与中国同为G20集团发展中国国家成员的阿根廷、土耳其和墨西哥，考察这些发展中国家与中国在美国市场上的竞争关系。

从表2可以看到，中国作为美国主要进口来源国的地位逐年上升，2000年中国对美制成品出口在美国总进口中的比例为10.06%，到了2009年将近1/4的美国制成品进口都来自中国。其他发展中国家（除印度外），对美出口占美国总进口的比例都呈现下降或不变局势。9个发展中国家作为一个整体在美国进口市场上的份额由2000年的19.67%下降到2009

年的 18.72%，出现小幅下降。1996～2008 年，10 个发展中国家在美国进口市场上份额实现了明显增长，增长源泉几乎全部来自中国。可以看到，与其他发展中国家相比中国对美出口增长呈现一直独秀的情况，在占领美国进口市场时有着明显的竞争优势。

表 2　中国与其他发展中国家制成品在美国市场上的份额

国家	1996	2000	2004	2008	变化趋势
中国	7.77%	10.06%	16.94%	22.6%	↑
阿根廷	0.10%	0.13%	0.12%	0.17%	→
巴西	1.01%	1.07%	1.42%	1.15%	↓
印度	0.84%	0.96%	1.22%	1.62%	↑
印尼	0.91%	0.86%	0.71%	0.76%	→
马来西亚	2.61%	2.42%	2.27%	1.90%	↓
墨西哥	9.09%	11.24%	10.55%	10.54%	→
菲律宾	1.13%	1.32%	0.72%	0.50%	↓
泰国	1.43%	1.39%	1.31%	1.29%	↓
土耳其	0.20%	0.27%	0.39%	0.26%	↓
9 国	17.32%	19.67%	18.72%	18.19%	↓
中国+9 国	25.09%	29.72%	35.66%	40.79%	↑

数据来源：根据美国统计局贸易统计数据计算整理获得。

美国作为世界最大的进口国，具有较为稳定的进口商品结构。在美国主要进口品中，既包括交通设备及其零部件（SITC 781 和 784）、通信类产品（SITC 761 和 764）、办公及自动数据处理设备（SITC 751 和 752）、电子机械和设备（SITC 776 和 778）以及飞行器（SITC 792）等高新技术产品，也包括家具（SITC 821）、纺织品及服装（SITC 845）、鞋类（SITC 851）和玩具（SITC 894）等劳动密集型产品。

表 3 列出了在美国主要制成品进口市场上，中国和其他 9 个发展中国家的市场份额的变化。由表 3 可以看到，在几乎所有进口商品中，中国所占份额都出现大幅增长。而 9 国集团在不同产品市场上的份额则涨跌互现。特别是在 SITC761、764、821、845、851 和 894 上跌幅较大，与此相对应的，中国在上述产品市场上的份额则大幅上升，这说明中国

与9国集团在上述产品市场上存在较为显著的竞争关系。进一步来说，中国市场份额的增幅完全可以弥补其他9国的降幅，导致10个发展中国家整体在美国相应产品市场的份额实现增长。由此，中国与其他发展中国家在美国市场上的竞争，同时存在于高新技术产品和劳动密集型产品。显然中国取得了明显优势。中国对美出口增长的强劲动力来自哪里，中国与其他发展中国家的竞争优势的来源成为本文试图解决的核心问题。

表3　中国和其他发展中国家在美国主要进口品市场上的份额（%）

产品	中国					9国					竞争关系
	1996	2000	2004	2008	趋势	1996	2000	2004	2008	趋势	
751	16.1	29.4	44.6	40.3	↑	12.4	20.8	7.6	13.9	↓	
752	3.7	11.5	41.2	53.0	↑	19.3	28.2	30.6	30.4	↑	
761	1.6	2.6	14.5	43.1	↑	87.1	82.7	57.0	48.7	↓	√
764	11.3	10.6	24.2	37.7	↑	31.3	28.8	29.2	24.8	↓	√
776	0.6	1.6	5.1	8.2	↑	25.7	31.4	30.0	27.3	↑	
778	8.7	12.1	21.5	29.3	↑	19.9	22.1	24.7	23.5	↑	
781	0.0	0.0	0.1	0.1	→	11.7	14.4	9.2	11.0	→	
784	0.8	1.6	4.1	9.2	↑	15.6	18.8	20.1	26.4	↑	
792	0.4	0.2	0.5	0.9	→	2.2	8.7	15.9	12.3	↑	
821	12.4	25.6	41.7	50.6	↑	27.4	26.8	24.3	19.3	↓	√
845	13.7	11.0	17.0	31.9	↑	27.3	28.4	22.0	19.4	↓	√
851	50.3	62.2	69.0	74.2	↑	24.3	18.1	13.5	8.3	↓	√
894	55.0	65.6	78.8	85.4	↑	11.7	7.3	5.3	3.8	↓	√

数据来源：根据美国统计局贸易统计数据计算整理获得。

四、模型构建与结果分析

（一）模型选择和设定

Hanson和Xiang（2004）把产业按照规模经济效应强弱和运输成本的高低进行分类，将规模经济强、运输成本高的行业称为处理组（m组），将规模经济弱、运输成本低的行业称为处理组（o组）。核心假设为：产品规模经济越强，运输成本越高，出口中的本土市场效应就越强。Hanson

和 Xiang（2004）指出倍差引力模型与其他方法相比其独特优势在于："（1）通过采用不同行业出口额相对值的比例，可以剔除关税、价格指数以及国内偏向需求的影响；（2）对于那些具有相似生产成本的国家而言，倍差法剔除了除距离和国家规模以外的所有影响因素；（3）可以检验存在多个差异产品部门时的本土市场效应。"因此，本文主要借鉴 Hanson 和 Xiang（2004）的方法对中国对美多部门制成品出口中的本土市场效应进行检验，并由此考察与其他发展中国家相比，中国在美国市场上竞争优势的来源。

1. 国家和产业的选取

Hanson 和 Xiang（2004）的倍差引力法要求需要选取不同的国家，两两配对组成一个国家对（country pair），在选取出口国家时应满足：①构成一个国家对的两国应在进口国面临同样的贸易壁垒，以剔除贸易政策对出口的影响；②两国的经济发展水平尽可能相似。在前文分析中选取的 8 个发展中国家（墨西哥除外）能够满足这一条件。为了解决美国和墨西哥之间有自由贸易区协定（NAFTA）这一政策影响问题模型，将设定虚拟变量控制政策因素的影响以保证不损失样本容量。本文选取世界最大的消费国——美国作为进口国，这同时也是考虑到美国是中国最重要的单一经济体贸易伙伴。因此模型包括 10 个出口国，1 个进口国。由于本文主要考察中国对美制成品出口中的本土市场效应，因此以中国为主要考察对象，将其与其他 9 个国家分别组成九个国家对来进行考察。

在产业的选取上，本文基本沿用 Hanson 和 Xiang（2004）中选取的产业作为考察目标，其中去掉了 m 组（规模经济强、运输成本高）中的 SITC 812（卫生和自来水管道）行业，以及 o 组中（规模经济弱、运输成本低）的 SITC 882（照相机设备）行业。修改后的行业类别，详见表 4。其中 m 组包括 20 个行业，o 组包括 12 个行业，可组成 240 个行业对。结合已经构成的 9 个国家对，本文的样本数据为 2160 个。

表 4　各行业组包含的行业类别

序号	m 组		o 组	
1	671	生铁	541	制药
2	621	橡胶和塑料	752	自动数据处理设备
3	674	钢板	761	视频接收设备
4	679	铸铁	884	光学镜片
5	665	玻璃制品	764	扬声器
6	663	矿物制品	762	音频接收设备
7	666	陶器	759	计算机零部件
8	678	钢管	514	氮化合物
9	642	纸制品	881	照相机
10	625	轮胎	751	办公设备
11	676	钢轨	885	钟表
12	641	纸张和硬纸板	726	印刷机械
13	677	钢缆		
14	672	钢锭		
15	635	木制品		
16	673	钢带		
17	821	家具		
18	634	木板		
19	661	水泥		
20	662	粘土		

资料来源：Hanson and Xiang（2004），The Home Market Effect and Bilateral Trade Patterns，American Economic Review，Vol. 94，No. 4 ，pp. 1117.

2. 模型的设定

本文将中国与其他发展中国家比较优势变量的相对值，采用对数形式引入模型作为解释变量。其次的变化体现在制造业特征解释变量以及虚拟变量的引入。

$$\ln(\frac{S_{mcu}/S_{miu}}{S_{ocu}/S_{oiu}})=\alpha+\beta\ln(\frac{Y_c}{Y_i})+\phi\ln(\frac{X_c}{X_i})+\lambda\ln(\frac{w_{mc}/w_{mi}}{w_{oc}/w_{oi}})+$$

$$\gamma dum_{ci}+\theta\ln(\frac{d_{cu}}{d_{iu}})+\varepsilon_{mociu} \tag{1}$$

由（1）式，被解释变量为中国 m 行业对美出口相对值与中国 o 行业对美出口相对值的比值。解释变量第 1 项是中国相对市场规模的对数形式。系数β是检验本土市场效应的关键，如果$\beta > 0$说明存在本国市场效应；反之则不存在本土市场效应。解释变量第 2 项反映中国除制造业工资以外的各比较优势变量的相对值，反映生产成本优势对中国对美出口的影响。如果$\phi > 0$，说明中国相对于其他国家的比较优势推动了中国对美出口相对比例的增加。解释变量第 3 项为中国制造业各行业劳动成本的相对值，反映中国在劳动力成本上的相对优势，该变量的构造思想与被解释变量一样，具有行业特定效应。若该项系数$\lambda < 0$，则说明中国劳动力成本低这一传统优势对提高我国对美出口的相对比例起到积极作用。解释变量第 4 项为虚拟变量，用来控制签订自由贸易区这一政策变量的影响，表示中国在此方面相对于其他国家的政策优势。当涉及中国和墨西哥的比较时，该虚拟变量赋值为-1，对于中国与其他发展中国家的比较，该虚拟变量赋值为 0。解释变量第 5 项反映的是地理因素，用中国与其他国家相比与美国距离的相对值对数表示。ε_{mociu}为随机误差项。

3. 变量选取和数据来源

本文实证检验部分的贸易数据均来自美国国际贸易委员会（ITC）关税和贸易统计数据库，采用 CIF 计价。对于贸易观测值为 0 的贸易数据，本文借鉴 Hanson 和 Xiang（2004）方法，用 0.5 代替以保证样本数量。在原有模型解释变量基础上，加入人均资本（cperl）、各行业劳动力成本（wage）、人均土地拥有量（land）、人均受教育程度（edu）以及全要素生产率（TFP）。具体的变量选取、指标设定以及数据来源见表 5。

表 6 中列出了不同形式面板数据混合模型计量检验结果。模型中需要加入 AR（1）克服被解释变量的自相关效应。回归式（1）在控制距离因素和政策因素影响的基础上，考察相对国家规模对中国对美制成品相对出口的影响，结果表明这一影响显著为正，验证了中国对美制成品出口存在显著的本土市场效应。回归（2）式与（1）式区别在于用各国最终消费规模取代 GDP 表示国家市场规模，结果表明前者与后者相比

能更好地反应一国市场规模，表现在相对出口对此指标的弹性更大，显著性更强。因此后面的检验统一用最终消费表示一国的市场规模，以更加有效地说明问题。

表 5　模型解释变量选取、指标设定以及数据来源

解释变量	衡量指标（变量标识）		数据来源和计算方法	
	2000	2005	2000	2005
国家市场规模（Y）	GDP（gdp）	GDP（gdp）	联合国统计署国民经济账户统计	联合国统计署国民经济账户统计
	最终消费（cons）	最终消费（cons）	GDP*最终消费占 GDP 的比例；最终消费占比数据来自 2001 年世界发展报告	GDP*最终消费占 GDP 的比例；最终消费占比数据来自 2006 年世界发展报告
	人均 GDP（gdpper）	人均 GDP（gdpper）	联合国统计署国民经济账户统计	联合国统计署国民经济账户统计
比较优势（X）	人均资本拥有量（sperl）	人均资本拥有量（sperl）	联合国工业发展组织世界生产率数据库	固定资本形成额/雇用人员总数；前者数据来自 2007 年世界发展报告，后者数据来自世界劳工组织统计数据库
	劳动力成本（w）	劳动力成本（w）	世界劳工组织统计数据库	世界劳工组织统计数据库
	人均土地拥有量（land）	人均土地拥有量（land）	国土面积/总人口数据均来自联合国统计署	国土面积/总人口数据均来自联合国统计署
	受教育年限（edu）	受教育年限（edu）	联合国教科文组织	联合国教科文组织
	全要素生产率（TFP）	全要素生产率（TFP）	联合国工业发展组织世界生产率数据库	联合国工业发展组织世界生产率数据库
地理因素	各国与美国地理距离（dis）	各国与美国地理距离（dis）	世界银行贸易与生产数据库引力模型数据	世界银行贸易与生产数据库引力模型数据

资料来源：作者整理。

$$\overline{\ln \text{trade}} = c + \sum_i \beta_i \overline{\ln \text{neg}_i} + \sum_j \lambda_j \overline{\ln \text{ca}_j} + \gamma \text{dum} \qquad (2)$$

表 6　混合模型计量检验结果

	(1)		(2)		(3)		(4)	
	2000	2005	2000	2005	2000	2005	2000	2005
c	-4.27*** (-9,25)	-2.96*** (-6.70)	-4.05*** (-10.14)	-2.89*** (-7.48)	-2.50*** (-9.30)	-3.03*** (-12.95)	-3.82*** (-9.48)	-3.71*** (-11.15)
lngdp	1.47*** (5.7)	0.59*** (3.01)						
lncons			1.52*** (6.08)	0.63*** (3.16)			1.45*** (5.82)	0.70*** (3.20)
lncperl					-1.90*** (-5.66)	1.16*** (4.07)		1.22*** (4.18)
lnw					-0.59*** (-4.23)	-0.52*** (-4.14)	-0.56*** (-4.00)	-0.49*** (3.88)
lnland					1.78*** (7.90)	3.23*** (11.58)		2.06*** (6.88)
lnedu					-3.03*** (-6.04)	-7.65*** (-3.81)		
lnTFP					0.07 (0.08)	-8.02*** (-7.47)		-6.68*** (-4.88)
lndis	-1.68*** (-2.8)	-4.26*** (-8.53)	-1.08* (-1.65)	-4.14*** (-8.05)			-1.06* (-1.62)	
dum	-4.7*** (-6.7)	-6.90*** (-10.1)	4.01*** (5.41)	-6.83*** (-9.96)	-0.37 (-0.98)	-0.14 (-0.34)	-3.88*** (-5.24)	-1.41*** (-2.64)
ar(1)	0.57*** (35.7)	0.64*** (38.8)	0.52*** (31.4)	0.64*** (38.8)	0.57*** (31.7)	0.63*** (37.9)	0.56*** (31.5)	0.64*** (38.2)
R^2	0.47	0.56	0.47	0.56	0.47	0.57	0.47	0.57
DW	2.35	2.15	2.35	2.14	2.35	2.11	2.34	2.12

注：（）中为对应系数的 t 统计量，***，**，*分别表示在 10%、5%和 1%水平上显著。为保证计量结果的准确性，通过对系数的 Redundant Viraibles-Likelihood Ritio 检验，剔除了多余变量，因此 2000 年与 2005 年的计量形式不同，只保留有效变量。

（二）计量结果和分析

回归式（3）考察的是比较优势对中国对美制成品相对出口的影响。对比 2000 年和 2005 年的结果可以得出以下信息：首先，相对人均资本拥有量在两个时点的符号发生了显著变化。2000 年，人均资本提升有利于中国对美制成品相对出口的增长；2005 年这一作用的方向发生逆转。笔者认为，发生此种变化反映出随着中国经济和产业结构的发展，我国的贸易结构逐渐由劳动密集型转化为资本密集型。相对劳动力成本这一变量对中国出口的影响方向始终为负，表明中国低劳动力成本有利于中国出口竞争力提升，但这种作用在逐渐减弱。人均土地拥有量对中国出口的促进作用在不断增强。与之相反，人均受教育程度和全要素生产率均提高不利于中国出口的增长，这反映出我国出口产品技术含量不高的特征。

$$\frac{\sum_i \beta_i \overline{\ln neg_i}}{\overline{\ln trade} - c} \tag{3}$$

$$\frac{\sum_j \lambda_i \overline{\ln ca_j}}{\overline{\ln trade} - c} \tag{4}$$

回归式（4）综合考察比较优势因素和新经济地理因素，检验各因素对中国对美出口竞争力的影响。从 2000 年的结果来看，本土市场规模和对中国对美出口有着显著地促进作用，而中国低廉的劳动力成本则通过另一个渠道增强了中国在美国进口市场上的竞争优势。2005 年的结果表明，市场规模对中国出口依然重要，意味着中国对美制成品出口存在本国市场效应。与 2000 年不同的是，2005 年越来越多的比较优势因素对中国出口竞争力产生影响。其中，人均资本、人均土地拥有量都对中国出口有着显著的拉动作用，说明中国对美出口竞争优势强的行业多出现在资本密集和生产规模大的行业中，解释了中国对美制成品贸易结构的升级和转化。相比之下，低廉的劳动力成本对中国出口的拉动作用则出现减弱趋势，而全要素生产率的提高显著不利于中国出口竞争力的提升。反应政策因素的虚拟变量在所有回归式中都与被解释变量之间呈现负相关关系，表明中国与其他国家在政策上的劣势不利于中国对美出口的增长。

为了衡量新经济地理因素和比较优势因素对中国出口竞争力的解释力度，本文将计量检验结果改写成等式（2），其中等式左边表示解释变量的均值，等式右边第二项表示具有显著影响的新经济地理因素（用 neg 表示）和对应相关系数的乘积之和，第三项表示具有显著影响的比较优势因素（用 ca 表示）和对应相关系数的乘积之和，最后一项表示政策因素的影响，表 7 列出了各变量的均值及其相关系数的乘积。本文分别采用公式（3）和公式（4）衡量新经济地理因素和比较优势因素对被解释变量的影响程度。由表 7 所示，以规模经济为特征的新经济地理因素对中国出口竞争力的影响程度超过比较优势因素的影响程度，成为促进中国出口的主导因素。但值得注意的是，新经济地理因素在解释力上的优势在逐渐减弱，而比较优势的作用在逐渐增强，特别是全要素生产率的影响尤为显著，但如何解释 TFP 对中国出口的抑制作用仍是个值得探讨的问题。

表 7　新经济地理因素与比较优势因素对中国出口竞争力的影响程度

	2000				2005			
ln trade	-1.5590				-1.5593			
c	-3.8169				-3.7054			
	被解释变量均值	相关系数	乘积	解释程度	被解释变量均值	相关系数	乘积	解释程度
lncons	1.4550	1.78	2.5899	1.14	1.7496	0.7	1.2247	0.57
lndis	0.1245	-1.06	-0.1319	-0.06				
加总				1.08				0.57
lnw	0.2383	-0.56	-0.1335		0.2383	-0.49	-0.1168	-0.05
lncperl					-0.2859	1.22	-0.3487	-0.16
lnland					-0.5163	2.06	-1.0635	-0.50
lnTFP					-0.3438	-6.88	2.3655	1.10
加总				-0.06				0.39

资料来源：作者整理。

五、结论和政策含义

综上所述，中国对美制成品出口中存在明显的本土市场效应。中国对美出口增长的主导商品普遍具备资本密集和大规模生产的特征。作为中国传统优势的劳动力成本较低这一因素，对中国出口的促进作用在逐渐减弱。以规模经济为核心的新经济地理因素已经替代比较优势因素成为影响中国出口竞争力的主导因素，中国可以借此实现贸易的自主式增长。由此，作者对中国贸易竞争力提升提出以下建议：

（一）将经济发展模式由依靠出口转为扩大内需

在金融危机背景下，中国作为出口大国在此次危机中并没有独善其身，对外贸易受到很大冲击，影响了我国经济发展。自此中国政府提出经济发展模式由依靠出口向扩大内需转变。本文的研究结果为这一政策提供了可靠的理论和实证支持。依据本文的观点，扩大内需一方面可以在规模经济的作用下实现一国对外贸易的自主增长，从而摆脱对外需的依赖；另一方面还可以取代中国在劳动力成本上的比较优势，成为我国出口增长的新的推动力。

（二）加快提升产品附加值

本文的研究结果表明中国出口增长的主导产品具有规模经济的特征，但是普遍存在技术含量不高的特点。这在一定程度上反映出我国在国际分工体系中的地位。我国的商品贸易结构已经由原来的劳动密集型转变为以机电产品为代表的高新技术产品，实现了贸易结构的升级。但这并不能掩盖一个事实，我国目前的出口结构是国际分工垂直专业化不断发展的结果，我国出口的是高新技术产品，但从事的是高附加值产品的低价值生产环节，即加工装配环节。这就提醒我们，必须加大力度提高产品附加值，真正实现我国产业和商品贸易结构的升级。

（三）实现政策配套推动我国外贸健康有序发展

研究结果表明，中国劳动成本低这一传统优势难以为继，巨大的本土市场规模对中国出口有着显著拉动作用。要充分发挥本土市场效应对我国外贸的推动作用，需要我国政府有关政策做配套。首先，要制定有关产业政策，加大力度扶持规模经济效应强的产业的发展；其次，在鼓励发展的同时，要有相关的竞争政策相协调，保证市场的正常有序进行；最后，应加快贸易自由化进程，降低贸易成本使本土市场效应运行得更加顺畅，以增强我国与其他国家竞争时的优势。

（作者：王岚　天津财经大学　助教）

原料进口依存度与输入型通胀

李金松

一、引言

中钢协的数据表明，2009 年我国进口铁矿石 6.2 亿多吨，比 2008 年增加了 1.8 亿吨，铁矿石的进口依存度节节攀升至 62%。此外，原油、粮油、煤炭等各种资源性物资的进口依存度也持续攀升并维持在高位，这些重要原材料、能源进口依存度的大幅度提高引起国内各界对我国经济安全的担忧。从国内现有的文献看，有关进口依存度的研究也多是集中在谈论能源产品的高进口依存度与我国的经济安全问题方面。

我国在 2007 年下半年到 2008 年上半年发生了严重的通货膨胀，这轮通货膨胀是在国际市场大宗商品价格上涨，我国食品价格上涨，主要原材料、能源进口依存度不断提高的背景下发生的。国内很多学者把此轮通胀定义为输入型通胀（王鹏云（2007），黄慧慧、蔡则祥（2008）等），认为国际市场大宗商品的价格上涨传导到国内，增加了我国的通胀压力。

但是，此轮通货膨胀持续的时间非常短，可谓来得快去得也快。2009 年末我国 CPI 开始由负值转为正值，并且在 2010 年一直持续走高，11 月份 CPI 已达到 5.1%，12 月份略有下降，降为 4.6%，面临着又一轮通胀威胁。与此同时，国际市场上大宗商品价格在持续上涨。这部分商品的国际市场价格会通过国际贸易途径传导到国内。

国内对通胀依然高度关注，本文着重从进口依存度的角度分析国际市场价格波动对国内通胀的传导。

二、我国进口依存度的结构分析

（一）我国进口产品状况分析

从我国的进口结构来看，依据商务部以及中国海关统计局网站公布的数据整理发现，我国初级产品进口额占进口总额的比例由 2000 年的 16.7%，上升到 2008 年的 32.03%，一直以来呈稳步上升趋势。而工业制成品的进口占进口总额的比例一直呈下降趋势，由 2001 年的 83.08%下降到 2008 年的 68.01%。2009 年这一情况有所变化，初级产品的比重比 2008 年下降了 3.27 个百分点，而工业制成品的进口却比 2008 年上升了 3.23 个百分点。

由图 1 可见，我国初级产品的进口依存度近年来呈现逐步上升趋势，由 2001 年的 4.81%逐渐上升到 2008 年的 10.97%，达到历史峰值。此后，2009 年降为 6.68%。事实上，工业制成品的进口依存度则在同一期间出现稳步下降趋势。工业制成品的进口依存度由 2001 年的 16.50%，下降到 2008 年的 22.77%。2009 年骤降了 6.23 个百分点，成为降幅最大的一年。

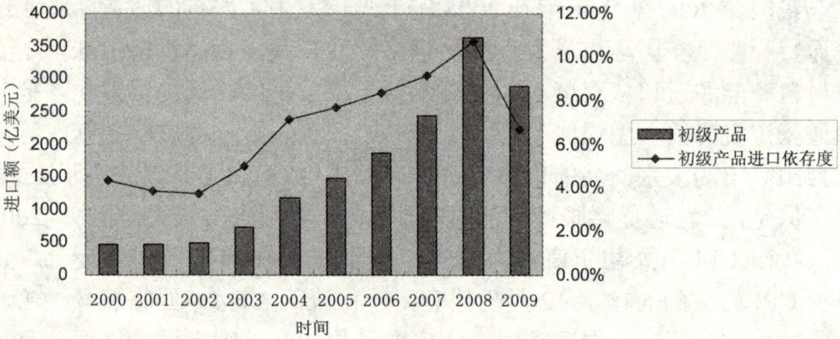

图 1　初级产品进口额与进口依存度

可见，虽然工业制成品仍是我国进口的主要产品，但是近几年来，初级产品的进口无疑表现出比工业制成品进口更加快速的增长趋势。此外，工业制成品主要是半成品和零部件，这部分产品中进口额较大的主要是金属加工机床、集成电路及微电子产品。这部分产品的进口价格一般不会于当期反应在消费者价格指数中。

根据王晋斌、李南（2009）测算的进口产品价格指数反应出，我国初级产品及原材料的进口价格指数上升较快，从2001年1月至2008年3月基础产品及原材料进口物价指数从100点上涨到191.7，工业制成品进口物价指数上涨较小，而且加入工业制成品的进口价格指数后，事实上存在将总的进口物价指数拉下了的趋势，因此国际市场价格的波动主要是通过影响我国的初级产品的进口价格进而影响国内的物价指数。因此，在本文的分析中不考虑工业制成品的进口依存度，主要从初级产品的进口依存度角度分析通货膨胀的国际传导。

（二）初级产品进口依存度的结构分析

本文按照BEC广义经济分类法，进一步将初级产品划分为原料和燃料。其中将原料细分为：工业原料和食品原料。根据本文的测算，原料是初级产品的主要构成部分，其进口比例始终占初级产品进口总额的近60%。进一步细分，原料中工业原料占比近年来一直稳定在50%左右，食品原料的进口占初级产品的比重还不到10%。

由图2可见，原料的进口依存度呈现出波动中稳步攀升的趋势，2008年达到3.63%后，2009年降为2.64%。燃料的进口依存度始终低于原料的进口依存度，从2001年的0.89%上升到2006年2.56%后，2007年略有下降，但2008年升至3.08%的高值后2009年骤降为2.01%。而原料中食品原料的进口依存度还没有达到0.001%，所占比例非常小。

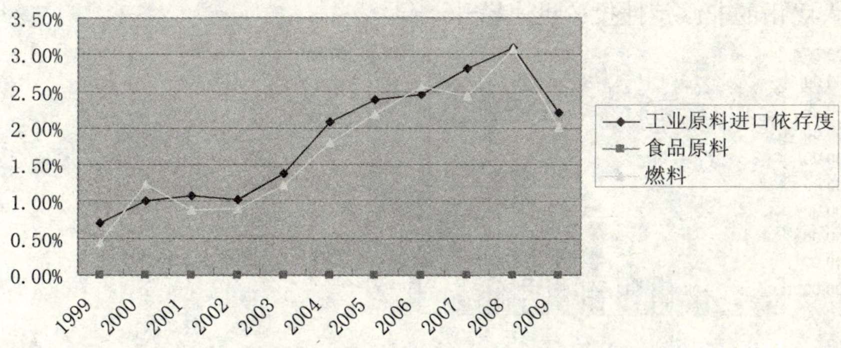

图2　初级产品的分类进口依存度

我国初级产品进口依存度的结构变化反映出我国进口结构的变化，即国内急需的原材料、能源的进口增加。这种需求的上升是工业化的必然，尤其是在最终品向中间品及基础装备业转换的过程中必然导致对原材料和能源的需求激增。此外，由于我国原油、铁矿石等资源比较匮乏，目前我国的经济发展开始超过国内的资源禀赋条件，而且这些商品的供求弹性低，加之近年来能源等初级产品的价格不断上扬，即使出口数量不增加，进口金额也会增加。因此，能源等资源性产品的进口依存度开始持续上升。

三、通胀的类型及输入型通胀的传导路径

（一）输入型通胀的类型

关于通过膨胀的分类主要有两种：需求拉动型通胀和成本推动型通胀。

1. 需求拉动型

为了抵御 2008 年的全球金融危机，我国政府于 2008 年底推出 4 万亿元投资计划，截止到 2010 年底收尾。图 3 反应了 1999～2010 年我国广义货币 M2 增量的变化。M2 增量从 1999 年以来一直呈现逐渐递增趋势，尤其是 2009 年增幅达到 28.42%，2010 年虽然较 2009 年有所下降，但是仍高于其余各年份，增幅为 18.94%。此外，我国的“双顺差”持续增长，加大了中国银行对基础货币对冲的压力，使外汇市场上换购外汇的人民币的非政策性投放迅速攀升。

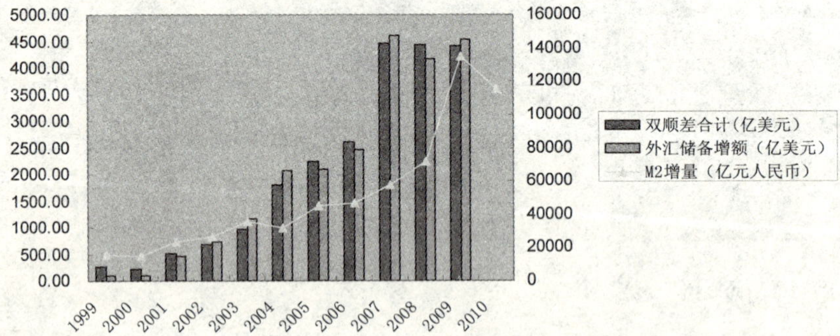

图 3　△M2、双顺差及外汇储备增额

2. 成本推动型

（1）国内劳动力成本快速上升

经济学理论认为，在一个通胀预期的高环境中，工资上升可能从要素成本和消费两方面推动价格总水平的上升。我国加工贸易的出口依存度从 2001 年的 11.13%迅速攀升至 2006 年的 19.20%。加工贸易的出口拉动导致用工成本上升，伴随局部地区出现的“民工荒”现象，国内工资水平在 2006 年后出现了较快的增长。

（2）原料、能源价格成本上升加快

如图 4 所反应的国际市场上初级产品的市场价格变化，从 2006～2008 年国际市场上原油、大豆、小麦、铁矿石的价格涨幅分别为：50.9%、94.6%、109.7%、81.7%。由于我国自 2001 年入世以来，进口渗透率不断提高，导致国际市场价格传导到国内的可能性增强。

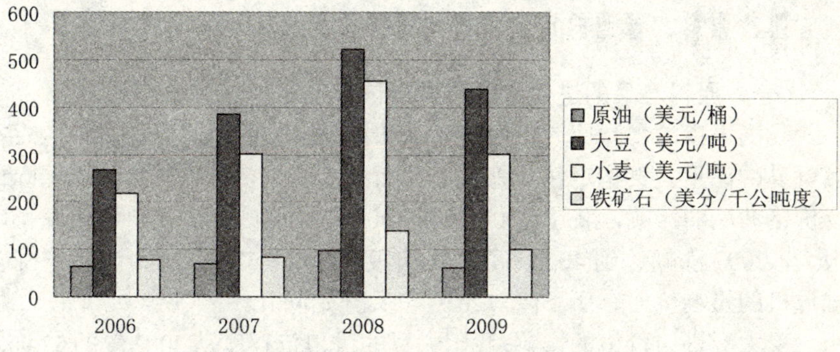

图 4　2006～2008 年国际市场初级产品价格

（二）输入型通货膨胀的国际传导路径

1. 国际资本流动途径

若一国利率升高，在国内外利差加大的情况下，会使该国金融资产价格相对而言更具有吸引力，导致国际资金流入，从而使本国的货币供给增加，进而引发通胀。但是，这种情况适用于资本账户开放，资本在国际间可自由流动以及汇率市场化的情况下。而我国目前的情形是，既不开放资本账户，又无国内市场利率机制，我国对利率实行严格的管制。

2. 国际贸易途径

（1）价格传递

我国初级产品进口依存度近年来持续上升，并且主要原料、能源的进口依存度更是持续攀升并维持在高位。除成品油外，国内价格基本上与国际市场接轨。进口价格的上涨主要通过两种方式作用于国内的价格水平：若进口商品为粮食、食品等最终消费品，则直接推动居民消费价格水平的上涨；若进口商品为原油、铁矿石等原材料，则首先会导致中间品的价格上涨，进而导致最终消费品价格的上涨。

（2）货币传递

由于近年来我国货物贸易顺差一直持续增加，这部分顺差作为需求拉动因素不仅加大了我国的通胀压力，而且也使我国的人民币升值压力增加。目前我国人民币升值的幅度不能抵消国际市场价格传递的作用。这也使得我国的成本推动因素得以维持。

四、原料、能源的进口价格与进口依存度

（一）原料产品的进口价格与进口依存度

我国进口的食品原料主要是大豆和小麦。其中，大豆的进口占农产品贸易的比重一直稳定在25%左右，而小麦的进口波动较大。受国际市场价格波动的影响，我国2007年和2008年通胀时期大豆价格上涨幅度很大，2007涨幅达到40.51%，2008年更高为56.52%。2009年受全球金融危机的影响价格有所下降，2010年又开始回升。

受大豆进口价格的影响，我国大豆的进口依存度从2003年的57.9%，上涨到2009年的70%。2008年我国的进口量涨幅仅为12.7%，但是进口金额却上涨了90%多。大豆的进口单价逐年上涨直接导致了其以金额计算的进口依存度的高位。见表1。

表1　大豆进口数量、金额及均价

时间	数量（万吨）	金额（万美元）	均价	价格涨幅（%）
2007	3082	1147217.2	372.23	40.51
2008	3744	2181265.4	582.60	56.52
2009	4255	1878727.7	441.53	-24.21
2010	5480	2508123.3	457.69	3.66

数据来源：根据中国海关总署数据统计整理。

无独有偶，作为原料铁矿石也出现了同样的变化。表2显示了由于近年来国际市场铁矿石价格上涨，我国铁矿石进口价格的变化。我国进口铁矿石到岸价格2007年涨幅为37.71%，2008年1～9月份的涨幅为61.66%。由于进口铁矿石价格的上涨，其中间产品钢铁的进口价格也出现了同样的上涨趋势。2007年我国钢材进口1687.0万吨，同比减少8.8%，但是金额却同比增长了3.7%，为205.5亿美元。进口价格的上涨也推动了铁矿石进口依存度的攀升，2006年铁矿石的进口依存度为46.32%，2007年上涨为47.21%，而近年来铁矿石的进口依存度已经攀升至62%。

表2 我国进口铁矿石到岸价

年份	2003	2004	2005	2006	2007	2008年 1-9月
进口铁矿石到岸价（美元/年）	32.79	61.02	66.78	64.09	88.26	141.32
比上年增长（%）	7.96	28.23	5.76	-2.69	24.17	62.0
增长幅度	32.06	86.09	9.44	-4.03	37.71	60.11

资料来源：刘栋，《近年我国进口铁矿石的现状与分析》，2009年。

（二）能源产品的进口价格与进口依存度

我国主要的能源产品是煤炭、石油和天然气，这三种能源产品占到了我国能源的92%以上，其中煤炭所占的比重最大，在66%以上。而我国从国外进口的能源产品主要是石油，近年来石油在我国能源产品的构成中占到20%左右。

受国际原油价格的影响，我国原油的进口价格在2007～2010年出现了较大幅度的变动，并且与世界市场价格变动趋势相同。原油、成品油进口价格在2007～2008年期间都出现了较大幅度的上涨，2009年有所下降，2010年价格开始回升，并且高于2007年的同比价格水平。

石油价格的上涨传导至替代产品，导致替代产品价格的提高。2007～2008年我国煤炭的进口价格由每万吨47.46万美元上涨到每万吨86.86万美元，涨幅达到85.1%。此外，国际市场原油价格的提高还导致了其中间产品塑料制品价格也水涨船高（见表3）。

表 3 原油、成品油进口数量、金额及均价

时间	原油			成品油			初级形状的塑料		
	数量	金额	均价	数量	金额	均价	数量	金额	均价
2007	16317	797.7	488.88	3380	164.4	486.39	1897	323.6	1705.85
2008	18000	1293.3	718.50	3885	300．4	773.23	1771	340.6	1923.21
2009	20378.6	892.6	438.01	3696	169.8	459.42	2381.1	347.9	1461.09
2010	23930.9	1351.5	564.75	3688.2	223.4	605.72	2390.6	435.6	1822.14

数据来源：中国海关总署。

注：数量单位：万吨；金额单位：亿美元。

国际市场能源产品价格的上涨直接推动了我国高的能源进口依存度，从而使我国的经济安全问题提上日程。2009 年虽然原油的进口价格每吨下降了 280.49 美元，降幅达到 64%，但是原油的对外贸易依存度却首次超过了 50%。2010 年原油的进口价格开始回升，每吨上涨 126.74 美元。据有关统计，2010 年前 11 个月我国原油的对外依存度达到了 53.7%

（三）刚性的进口依存度与输入型通胀

从上文的分析可知，我国的主要原材料、能源产品价格的上涨使得我国的进口依存度度呈现出刚性的变化。此外，我国这些产品的进口依存度还存在进口地依存度高的特点。我国原油主要进口来源国或地区有 20 多个，但是从石油输出国组织进口的原油所占的比重很大，2006 年达到 56.86%。我国每年铁矿石的进口量占全球贸易量的 48%，铁矿石的进口主要来源于澳大利亚、巴西、印度，2007 年我国铁矿石的进口依存度达到了 84.21%。

刚性化的进口依存度不仅与国际市场价格的上涨有关，与我国对国际市场的强劲需求也是密切相关的，在国际市场价格高的 2008 年，我国这些主要原料的进口量一直在持续上涨。

因此，高的进口依存度以及进口来源地的集中，导致国内价格水平与国际市场价格水平的联动性增强，为我国的输入型通胀奠定了基础。

五、输入型通货膨胀的计量经济学考察

（一）变量选取和数据

本文选取净进口（NX）作为国际市场的需求因素，大豆、原油这两种具有代表性的高进口依存度且国际市场价格波动较大的原料产品的进口价格作为国际市场价格因素，来考察其对我国通胀的国际传导。由于本文选用的数据是我国这些产品的进口价格，而非国际市场价格，因此避免了再讨论汇率因素对价格的传导。数据区间为2001～2010年的季度数据。在下文中，我们将利用VECM（向量误差修正模型）来检验进口价格以及国外需求与CPI之间的长期静态关系和短期动态关系。

1. 平稳性检验

非平稳的时间序列在做回归分析时，容易产生伪回归的现象，所以必须对选择的变量进行平稳性检验。为去除量纲对所有的变量都取对数，进行弹性分析。大豆和原油的进口价格分别用字母DD和YY表示，净进口用字母NX表示，取对数后的数据分别记为LNCPI、LNDD、LNYY、LNNX。我们通过AIC和SIC准则确定最优的滞后阶数对各变量及其一阶差分进行ADF单位根检验，模型检验结果如表4。

表4　序列单位根检验结果

序列	检验类型（c，t，k）	ADF检验值	5%临界值	检验结果
LNCPI	（c，0，2）	-3.744	-2.9434	平稳
LNNX	（c，t，3）	-2.1233	-3.5875	不平稳
DLNNX	（c，0，3）	-3.7387	-2.986	平稳
LNDD	（c，t，1）	-3.3910	-3.1983	不平稳
DLNDD	（0，0，1）	-4.7408	-1.9501	平稳
LNYY	（c，t，2）	-2.3992	-3.5366	不平稳
DLNYY	（0，0，1）	-5.3109	-1.9501	平稳

注：D表示一阶差分，检验形式中c、t、k分别表示单位根检验方程中含有常数项、时间趋势项和滞后阶数。

检验结果为，除被解释变量LNCPI为平稳序列，所有解释变量均为非平稳序列，而它们的一阶差分是平稳序列，即LNCPI是I（0）过程，解释变量LNNX、LNDD、LNYY均为I（1）过程，这种情况下解释变

量之间可能存在CI关系。

2. 协整检验与误差修正模型

由于变量中存在一阶差分平稳过程，因此需要进一步对变量之间是否寻在协整关系进行检验。我们采用 Johansen 协整检验，检验结果见表 5。

表 5 Johansen 协整检验结果

Hypothesized No. of CE（s）	Eigenvale	Trace Statistic	0.05 Critical	Prob
None	0.7377	70.9478	47.8561	0.0000
At most 1	0.4865	28.1208	29.7971	0.0071

由协整结果可以看出，这些变量之间存在 1 个协整关系。由于误差修正模型的表达式仅仅适用于协整向量，因此，在存在协整关系的基础上就可以建立误差修正模型了。

误差修正模型不仅可以反映变量之间的长期静态关系，还可以反映变量之间的短期动态关系。建立的误差修正模型如下：

$$DLOGCPI = 0.5754DLOGCPI_{t-1} + 0.3036DLOGCPI_{t-2} + 0.001DLOGNX_{t-1}$$

S.E （0.209） （0.304） （0.003）

T （2.747） （1.307） （0.361）

$$-0.0019DLOGYY_{t-1} - 0.011DLOGYY_{t-2} + 0.0396DLDD_{t-1} - 0.009DLOGDD_{t-2}$$

（0.011） （0.011） （0.0396） （0.026）

（-0.170） （-0.918） （1.878） （-0.357）

$$-0.278ECM_{t-1} \quad ①$$

（0.102）

（-2.724）

其中：

$$ECM_{t-1} = LOGCPI_{t-1} - 4.579 - 0.0233LOGNX_{t-1} + 0.0169LOGYY_{t-1} + 0.006LOGDD_{t-1}$$

t （-61.649） （-2.504） （1.109） （0.302）②

方程①反映了变量之间的短期动态关系，由模型结果可知短期内，只有CPI的滞后一期以及大豆进口价格的滞后一期经过了模型的t检验，只有这两个解释变量比较显著。因此，短期内 CPI 只与它前一期以及大豆的前一期进口价格的变动有关。模型表明，短期内前一期 CPI 每提高 1 个百分点，将会导致当期 CPI 提高 0.575 个百分点，CPI 的前期只对当期值的影响非常显著，即对通货膨胀的预期会导致当期居民消费价格指数的提高。此外，大豆的前一期价格的变动也通过了 t 检验。短期内，大豆的进口价格每上涨 1 个单位将会导致 CPI 上涨 0.0396 个单位。而短期内原油价格的变化对 CPI 的影响在模型中表现的不显著。误差修正项的系数大小表明了对短期内偏离长期均衡的调整力度。模型中误差修正项的系数为-0.278，表明当短期内波动偏离长期均衡时，将以 27.8%的调整力度将非均衡状态拉回到均衡状态。

以上进行的是短期动态分析，方程②反应的是变量之间的长期均衡关系。模型表明，长期内净出口 NX、大豆的进口价格 DD、原油的进口价格 YY 对 CPI 的长期弹性分别为：0.233、0.006、0.0169。并且长期内大豆和原油的进口价格对 CPI 的解释作用不显著，变量没有通过 t 检验。因此，长期内 CPI 的变动主要是受净出口的影响，净出口每增加 1%，将会导致 CPI 上涨 0.023 个百分点。

六、简要结论与政策建议

（一）结论

本文采用 VECM（向量误差修正模型），通过分析验证 CPI 与净出口 NX、大豆 DD 以及原油 YY 的进口价格之间的关系来分析我国输入型通货膨胀的因素。通过分析得出，短期内国际市场价格的波动会通过国际贸易途径传导到我国。这些产品几乎都存在高的进口依存度以及高进口地依存度的特点，因此，这种价格的传导与我国主要原料的高进口依存度是密切相关的。作为需求方面因素的净出口在长期内对通货膨胀的影响不能忽视。

（二）政策建议

第一，应关注我国高进口依存度对国际大宗商品价格因素传导的影响。目前，我国的工业化加速发展的特征，使得工业原料的需求急剧扩张，而同期国内资源供应能力无法满足快速发展的需求。因此，我国国内工业原料的进口依存度居高不下，为国际市场价格的传导奠定了基础。

第二，不能忽视净出口这一需求拉动因素对 CPI 的影响。顺差的加大近年来不仅导致国内的货币投放增加，而且还使人民币面临巨大的升值压力，从而加大了国际游资的流入。

第三，我国应该重视汇率抵消价格传导效应的作用。我国目前的汇率升值幅度难以完全抵消进口品到岸价格水平（以外币计价）的上升。一些学者也指出，汇率的变化对于吸收国外物价冲击所起的作用明显增加。因此，对于我国高进口依存度的经济状况来说，通过人民币的升值可以更有效吸收国际市场物价水平变化对国内消费价格水平造成的冲击。

（作者：李金松　天津财经大学）

供应链视角下中国出境旅游贸易中零团费问题治理的对策研究

徐 虹 陈永昶

一、问题的提出

我国公民自费出境旅游的发展起步于 1983 年广东居民赴港澳探亲游的试办，最初的目的地只有香港、澳门两个地区，而到 2010 年，中国公民出境旅游目的地国家和地区已达 140 个，与此同时，出境旅游人数也从最初的十几万人次增加到 2010 年的 5739 万人次，首次超越入境旅游（2010 年中国入境过夜旅游人数 5566 万人次），2010 年中国公民出境旅游消费 480 亿美元，消费总量稳居世界第四，中国已成为亚洲最大的出境旅游客源国。我国旅游业发展中入境旅游、国内旅游和出境旅游三大板块均衡发展的态势正在逐步成型。

在我国出境旅游蓬勃发展的同时，一些新的问题也随之而来，零团费就是其中之一。零团费是指地接旅行社不向组团旅行社收取游客在目的地的接待费用，而通过游客在目的地的某些消费来弥补团费并获取利润。伴随着我国出境旅游的发展，零团费从无到有并不断演化升级。自 20 世纪 90 年代中后期起，零团费就一直困扰着我国旅游业的发展，对我国的旅游形象和出境旅游发展产生了严重的负面影响。

针对这一问题，我国各级旅游主管部门出台了大量的规范措施，但是效果并不理想。虽然经历了多次严厉整顿，零团费却依然大行其道，在某些目的地区域甚至有愈演愈烈之势。来自香港旅游发展局的数据表明，目前只有 15%的内地访港旅行团参加团费较贵的优质“诚信游”，其余 85%都是低团费或超低团费的旅行团。自 2010 年以来，港澳旅游中已发生多起因强迫或变相强迫消费而引发的恶性事件。零团费的治理过程中形成了“边犯边治，治完再犯”的治理怪圈。因此，我国出境旅游中零团费的治理问题仍然有待深入探讨。本文将从“供应链满意”的视角对这一问题展开进一步的分析，以求深入了解零团费治理困局出现的原因，并能有针对性地提出相应的治理措施。

二、旅游供应链相关理论

供应链的研究始于20世纪60年代企业的物料计划以及物流运输的研究，最初供应链被视为企业内部的一个物流过程，现已成为一种跨企业的、包括原材料采购、生产、销售、运输等各个环节的通路管理。在传统上，供应链被默认为制造业内讨论的课题，这种状况一直持续到20世纪末。直到20世纪90年代，国外才开始关于旅游供应链的研究，而国内对于旅游供应链的研究则基本上是在进入21世纪之后的事情。

旅游供应链是指以满足旅游者需求为最终目的的供应系统。旅游供应链包括旅游产品供应体系中所有用来满足旅游者需求的商品和服务的供应者，这些企业直接或间接与旅游经营商、旅游零售商或仅提供住宿的供应商合作，此外还包括在旅游者旅游过程中直接向其购买商品或服务的目的地其他供应商。相比于许多其他行业的供应链，旅游供应链是一个更为复杂的功能网络。供应链的思想从根本上说体现的是一种系统思维，而系统理论强调的核心是构成要素的相互关联和相互依赖。因此，供应链的理论强调供应链上各主体之间的相互合作，强调供应链上各方之间的合作共赢，追求供应链整体满意，在此基础上实现长期、稳定、可持续发展。

三、基于供应链视角对零团费治理困局的解析

1997年7月1日，《中国公民自费出国旅游管理暂行办法》发布实施，中国公民自费出国旅游正式开始，我国出境旅游的发展开始进入快速增长的阶段。但与此同时，零团费问题给我国出境旅游发展带来的困扰也在不断增加。自1997年以来，针对零团费问题，我国各级旅游主管部门出台了大量的规范措施，投入了大量的人力、财力、物力，但是治

理效果并不理想。零团费的程度不断深化，由最初的“零利润”（地接社向组团社收取团费但没有利润，如图 1）升级到“零团费”（此处指狭义零团费，即地接社不向组团社收取团费，如图 2），最后到“负团费”（地接社向组团社交纳费用，如图 3）[9]。近两年，在港澳旅游中，零团费似乎还有愈演愈烈之势，因强迫消费与变相强迫消费引发的导游与游客之间的纠纷事件频发，甚至个别还演变为造成极大负面影响的恶性事件。零团费的治理似乎走入了一个屡治不愈的困局。

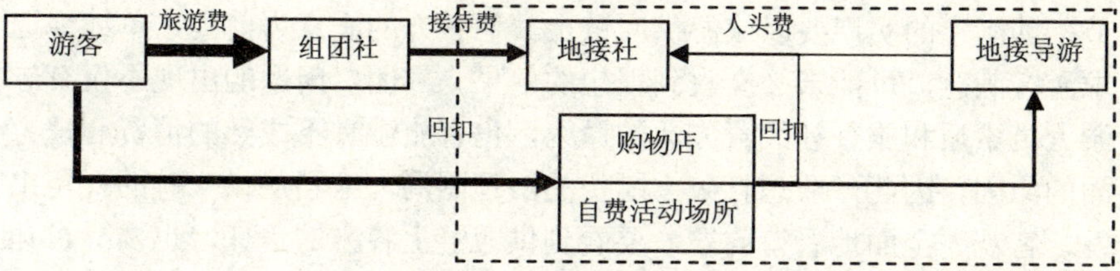

图 1　零利润接待模式

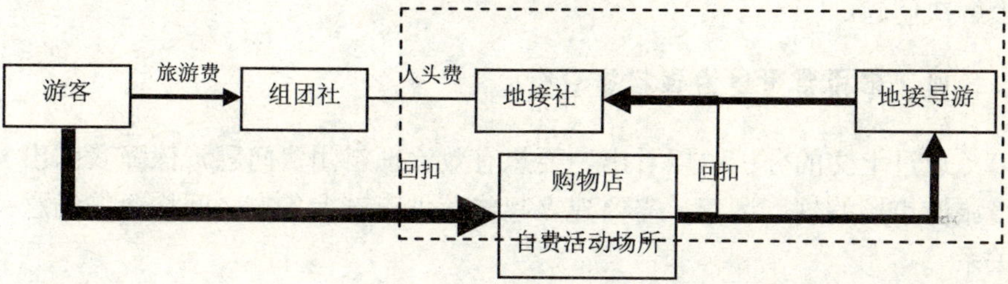

图 2　零团费接待模式

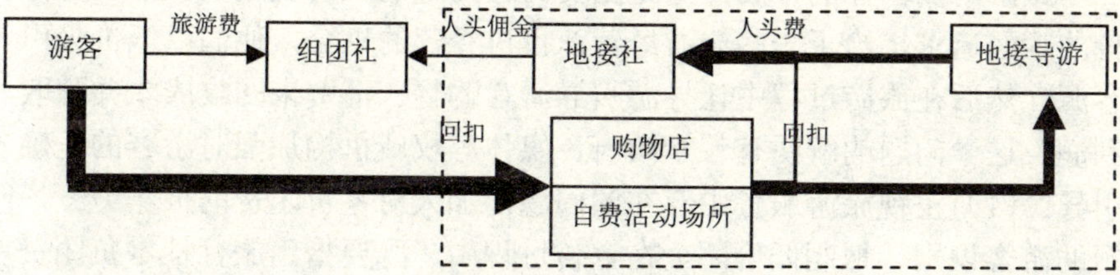

图 3　负团费接待模式

注：图 1 至图 3 中箭头方向均表示资金的流向。

但是，如果从供应链的角度来审视一下零团费的问题，似乎可以为打破治理的困局提供有益的启示。由图1、图2、图3可以看出，零团费是一个旅游供应链的整体运营问题，零团费治理是为了构建健康的旅游供应链运营模式。因此，在治理零团费的过程中必须要注意保障旅游供应链上各方的利益，实现旅游供应链的整体满意，这一点在如今零团费治理的过程中明显考虑不足。旅游主管部门在出台各种措施，保障游客权益，追求游客满意的同时，对培育负责任的旅游者、保障导游人员的权益等问题似乎尚未给予足够的重视。游客仅是旅游供应链上的一个环节，其满意的实现要以旅游供应链上其他各方的满意为前提，单纯地追求游客满意，可能未必会收到理想的效果。零团费问题的出现不仅有导游人员素质和旅行社经营方面的原因，也有旅游者不成熟的消费心理方面的原因。因此，要想打破零团费的治理困局，应当从供应链的视角出发，客观、全面地看待问题，要看到供应链上各方的责任，也要寻求让供应链上的各方都满意，树立"供应链满意"的理念，这样才能从根本上解决问题。

四、零团费现象治理措施分析

通过上文的分析可以看出，要想有效治理零团费问题，保障我国出境旅游市场的规范运营，需要建立起旅游供应链上各方之间均衡的满意关系。

（一）宣传教育，培育成熟的出境旅游消费群体

旅游消费群体的不成熟是零团费问题出现的深层次原因。游客对低价的片面追求，给了一些旅游经营商投机经营的机会，他们以低价吸引客源，然后在旅游过程中让导游引导游客购物、消费来回收成本并赚取利润。这一问题的解决有赖于政府、媒体等权威机构加强对游客的正确引导：（1）正视旅游服务中存在的问题，加大对零负团费的披露力度，帮助游客识别、抵制低价团。在宣传过程中，既要指出旅行社零负团费运作中存在的消费陷阱，也要指出旅行社在零负团费模式下的生存困境，引导游客客观、公正地认识旅游购物问题，切莫片面宣传，夸大旅行社的不规范经营，加深游客对旅行社的负面认知。（2）加大对旅行社和导

游的正面宣传，树立旅行社和导游的良好形象。既要正视旅行社和导游服务中存在的问题，更要肯定旅行社和导游服务取得的成绩。虽然存在旅游购物问题，但是仍有大量的旅行社一直在坚持规范运营，众多优秀的导游人员为游客提供优质的服务，政府和媒体要通过积极的宣传让游客对旅行社和导游树立信心，让游客认识到，只要理性消费，就能获得优质的旅游体验。（3）设立专门的旅游咨询机构，提供专业的旅游咨询服务。理性消费要以有效的信息获取为前提。旅游消费的异地性和综合性增加了游客信息获取的难度，虽然游客可以通过政府、媒体的宣传获得对零负团费的了解，但是要想全面地掌握一次旅行的相关信息并非易事，因此游客的理性消费存在很大的不确定性。旅游咨询机构应通过其咨询服务帮助游客做出理性的消费选择。这样的机构可由政府部门设立，保证机构的权威性和公信力，通过宣传让民众广泛知晓，运用先进的信息技术，方便游客咨询。（4）引导游客理性维权，增强游客的自我保护意识。政府和媒体应通过宣传引导增加游客的维权意识，教会游客如何维权，同时还应通过有效的途径，方便游客维权，降低维权的难度，有效克服游客消费惰性。引导游客理性维权可以有效降低游客与导游之间暴力冲突发生的概率，也可有效制约旅游购物问题的发生。（5）提高游客素质，转变消费观念。政府和媒体应当通过宣传教育增加游客对导游服务工作的了解，引导游客尊重导游人员的劳动付出，尝试熟悉和接纳小费制度。同时，引导游客树立正确的旅游消费理念，重视旅游体验，避免盲目购物，不给个别旅游经营商投机经营的机会。

（二）联合调控，营造健康的行业运行环境

零团费问题的出现，一方面是由于游客不成熟的消费心态，另一方面则是由于旅游企业的不规范经营。某些旅行社为实现自身收益的最大化，利用其信息和资源优势，与购物店、自费活动场所等联合，以低价招揽客源，通过安排游客购物、消费等方式收回成本并赚取利润。游客由于在信息和资源方面的弱势，很多时候对于企业的不规范经营难以做出有效识别和应对。而导游对于旅行社的安排，基本上也只能被动接受。因此，要想消除零团费问题，政府部门应当加强对旅游市场的宏观调控，从根本上遏制旅游企业的不规范经营。由于出境旅游的复杂性，涉及不同国家和地区的管理主体，因此健康的行业运行环境的营造需要客源地与目的地旅游行政主管部门的联合调控：（1）建立客源地与目的地之间健全、稳定的联合监管机制。有效的协作是相关的市场监管措施能够得到有效落实的基础。（2）加强市场监管。目前，我国旅游当局已经制定了相对完善的监管措施，问题的关键在于落实。应当全面规范旅游广告，强化合同监管，查处无资质经营，治理旅行社部门承包、挂靠经营，坚决把不良业者淘汰清理出旅游行业。（3）鼓励规范经营。基于游客评价，结合专业考察，实行旅行社星级评定制度，实施购物店诚信、质量认证，鼓励旅游企业依靠质量、创新赢得发展。（4）构建健康的旅游购物体系。“购”是旅游六要素之一，购物需求是游客的基本需求。在反对诱导购物、强迫购物的同时，鼓励引导游客理性购物，为游客创造美好的购物体验。旅游当局应鼓励旅行社与经营规范、特色鲜明的购物店建立合作关系，通过有效监督，建立企业间合理、透明的旅游购物佣金制度。

（三）制度支持，建设高素质的导游服务队伍

在零团费的利益链条上，导游是弱势的一方，对于旅行社的不规范经营，他们往往只能被动接受。尽管零团费问题的出现主要责任不在导游，但是导游却是强迫消费、变相强迫消费等的具体实施者，这也反映出我国导游人员素质良莠不齐的现状。因此，要想消除零团费问题，实现游客满意，在培育成熟的旅游消费群体，营造健康的行业运行环境的同时，还应加快打造一支高素质的导游服务队伍：（1）加强对导游人员权益的制度保障。零团费问题从表面上看是侵害游客权益的问题，而背后隐藏的则是长期以来导游人员权益保障方面的制度缺失。导游人员一般没有底薪，只能通过游客购物与额外消费来获取提成，因此，要想消除零团费，必须要有合理的制度安排，确保旅行社向导游人员的薪金支付，并逐步完善导游人员的社会保障。只有真正落实导游人员的权益保障，才能改变导游人员利益导向的服务心态，树立顾客导向的服务理念，也才能吸引和留住高素质的人才从事导游工作。（2）严格导游人员的选拔、监管和审查制度。旅游行政管理部门和旅行社应联合加强对导游服务工作的监管，通过合同明确行程，借助游客监督，建立监管档案，明确惩处措施，防止导游人员为追求个人利益的最大化而出现的败德行为。强化年审，除考核专业知识外，将监管记录引入对导游人员的年终审查，重点加强对导游人员职业道德素质的考察，落实奖惩制度，汰劣存优，

实现导游队伍的良性循环。在导游人员的选拔方面可考虑适当提高导游队伍的准入门槛。(3)完善导游人员学习培训体系。服务质量是顾客满意和顾客忠诚的基础，通过学习培训不断提高导游人员的职业技能和道德素质，提高导游服务质量，以优质的服务坚定游客抵制低价团的决心。

五、结语

零团费操作形式反映的是旅游供应链整体运营的扭曲，零团费治理的目标是要建立健康的旅游供应链运营模式，这一目标的实现需要以供应链整体满意的实现为前提。因此，要想走出零团费的治理困局，保障我国出境旅游市场的健康发育，维护、树立健康的国际旅游形象，必须以供应链的核心思想为指导，明确旅游供应链上各方的责任，平衡旅游供应链上各方的利益。

（作者：徐虹　南开大学　教授；陈永昶　博士生）

基于APEC的贸易便利化测评及对我国出口影响的实证分析

单君兰

一、贸易便利化的定义

对于贸易便利化，目前还没有国际通用的标准定义，但不同的国际组织对贸易便利化都有相应的表述。例如，世界贸易组织将贸易便利化定义为“国际贸易中货物流动所需数据要进行收集、呈报、传递以及处理，贸易便利化就是对这个过程中涉及的行为、惯例以及手续进行简化与协调”。欧洲国际商会对贸易便利化作出了界定：“贸易便利化，是对货物在国际间从销售者到购买者流动所需手续和相关信息流动以及支付方式的简化与标准化”。APEC 在其贸易便利化行动计划中指出，“贸易便利化是指对阻碍、延迟跨境货物流动或增加其流动成本的海关及其他行政手续的简化及理顺”，或者说“对进出口货物贸易边境措施的削减，使得国际货物贸易能以最有效率的方式跨境流动”。简言之，贸易便利化就是简化和协调货物在国际贸易各项活动中所涉及的各种程序以提高贸易政策透明度和降低贸易成本。

二、贸易便利化的成本与收益分析

贸易便利化的主要目标在于减少国际经贸活动中的交易成本，降低交易的复杂性，改善贸易环境，同时使政府的管制措施更为有效，为国际贸易活动创造协调、透明、可预见的环境。

在推行贸易便利化的过程中，所涉及的成本主要有以下几个方面：

1. 硬件设施的建设、维护成本

贸易便利化是与贸易过程、贸易管理的自动化紧密联系的。实现贸易便利化的现代化通关改革，EDI 系统的建立，相关软件的维护、升级换代，政府、海关、外汇管理局、商务部门、企业之间的联网，运输、仓储、检验检疫等环节的设施设备及技术服务等，都需要大量的投入。

2. 软件设施的重组、改革成本

在推行贸易便利化的过程中，相关行政管理机构的观念转变、机构重新整合、人员的培训等成本，现行贸易制度和法规的健全完善所需的成本，争端解决方面直接的、间接的、现实的、潜在的成本以及其他联动成本。

3. 关税损失

推行贸易便利化以后，透明、便捷、可预测的通关手续，统一使用海关估价协议，清晰的申诉制度和便利的程序，将直接或间接降低关税收入和其他手续费等规费收入，导致关税对财政的贡献效应弱化，这对于那些靠从关税中获得很大一部分财政收入的国家来说，是个不小的损失。

同时，贸易便利化也带来了可观的有形与无形的收益，主要有：

1. 提高控制效率，增加政府收益

清晰便利的制度程序、简捷的通关手续更有利于政府相关部门对贸易活动进行控制监管，从而促进贸易活动的正规化与便利化。贸易便利化所带来的种种贸易上的优惠便捷以及较高的贸易效率也会促进国家贸易量的增长，增加政府收益，同时吸引更多贸易商来华投资，带来有利商机，促进经济发展。

2. 提高通关效率，促进企业发展

由于效率的低下，货物在海关、港口及检查点的滞留时间过长，交货的滞留会造成延期支付、罚款、货物质量下降、存储货物被盗等一系列的问题，又会给本来就已经很昂贵的交通费用和仓储费用再增加一笔巨大的成本。海关程序的便利化所能节约的海关处理时间少则几分钟，多则几天甚至几个星期，这无疑对进出口企业是极为有利的。

3. 降低商品价格，消费者得利

纷繁复杂的各项进出口手续带来的成本增加，导致了消费者面临更高的价格，带来福利水平降低。根据 APEC 的研究，贸易便利化的推行，可以使该地区消费者减少消费支出，减少的比例大致占商品进口价格的1%~2%，这一比例远远高于当前关税水平的福利增加效应。

三、贸易便利化的测评体系

由于贸易便利化涉及的范围宽泛，数据搜集统计难度很大，目前还没有专门针对贸易便利化的统计数据，对于该指标的测算，本文借用Wilson（2003）对贸易便利化指标体系的构建思想，对包括我国在内的APEC 主要成员国及部分我国主要贸易国家的贸易便利化水平进行了测算。

（一）测评指标的选定

本文以口岸效率、海关环境、规制环境以及电子商务这四个一级指标作为贸易便利化的测算指标。

1. 口岸效率。该指标是衡量一国港口和航空运输的基础设施建设及工作效率的指标，该指标得分越高则反应口岸工作效率越高。其包括两个二级指标：

（1）港口设施质量（1～7），包括一国的港口基础设施和海岛交通。

（2）空运设施质量（1～7），包括一国的航空运输（1=极差，7=极好）。

2. 海关环境。该指标主要考察企业的通关税收成本以及政府在进出口征税和过境管理的透明度。海关环境测评的是一国关税政策软环境是否清廉，指标得分越高则越有利于降低贸易商的成本，越有利于便利贸易。其包括三个二级指标：

（1）非常规支付与行贿（1～7），指企业为取得进出口许可，是否经常会有不入账的额外付款与行贿（1=经常行贿，7=从未行贿）。

（2）海关程序（1～7），该指标反应海关程序的繁琐程度（1=非常繁琐，7=非常便捷）。

（3）腐败指数（CPI，0～10），反应的是各国商人、学者及风险分析人员对世界各国腐败状况的评判（0=最腐败，10=最廉洁）。

3. 规制环境。该指标用来衡量一个国家政策环境的规范性与透明度，反映了贸易商能否在优良的宏观环境中进行国际贸易。其主要包括三个二级指标：

（1）政策制定透明度（1～7），表示政府政策的制定是否透明、稳定（1=法规混乱且不稳定，7=法规十分透明稳定）。

（2）法规可靠性（1～7），反映一国法规的执行程度，执行的越彻底表示该法规越可靠（1=法规未被贯彻执行，7=法规彻底贯彻执行）。

（3）管制标准严格性（1～7），衡量一国管制标准是否严格（1=极不严格，7=非常严格）。

4. 电子商务。一个国家国际贸易的发展离不开互联网的普及以及电子商务的运用。本文选用互联网使用者数（0～100）对此一级指标进行测算（0=没有人使用互联网，100=所有人都使用互联网）。

（二）数据的规范化处理

本文数据均来源于世界经济论坛：全球竞争力报告（The Global Competitiveness Report 2010～2011，GCR）；透明国际：腐败指数（Corruption Perceptions Index 2010，CPI）以及瑞士洛桑国际管理发展学院：世界竞争力年度报告（World Competitiveness Yearbook 2009，WCY）。

由于测评指标数据的来源不同，标准不同，因此需要对这些数据进行指数化处理，使它们变为可比数据，方便其后进行比较或数据处理。例如，GCR 数据一般取值范围在 1～7，而 WCY 数据的取值范围是 1～10，所以有必要把这些原始数据进行改造，以方便最终贸易便利化的指标测算。利用线性变换法对数据作指数化处理，即用以上 9 个二级指标的原始数据分别除以相应指标的最大值以得到指数化的形式：

设 X_i 表示原始数据，X_{imax} 表示向量指标 i 所能获得的最大值，Y_i 为规范化后的指标，则有 $Y_i= X_i/X_{imax}$。采用上述变换进行数据规范化后，1 代表各指标的最高水平，最差不一定为 0，这样就能很直观地看出每个国家各个指标所处的位置。然后，在此基础上根据公式 $M_j=\sum_{i=1}^{n} m_i /n$ 计算各类二级指标的简单平均数以得到贸易便利化的一级测算指标，其中 M_j（j=1，2，3，4）为一级指标值，m_i 为该一级指标下的二级指标值，n 为二级指标个数。

（三）测算结果及分析

根据初步计算的结果，可以测算 APEC 各国贸易便利化水平，这要求必须对贸易便利化四大指标体系赋予权重。根据贸易便利化四大指标对促进贸易流量的作用大小而赋予相应的权重，这是一个比较合理的办法。根据这样的思路，本文对四大贸易便利化指标分别赋予权重：口岸效率为61.7%、海关环境为6.2%、规制环境为23.0%、电子商务为9.1%。根据公式 $TWTFI_i = \sum_{j=1}^{4} W_{ij}C_{ij}$ ，其中 W_{ij} 为四大贸易便利化一级指标的权重，C_{ij} 为对应指标的数值，并最终得到贸易加权的主要APEC国家的贸易便利化指标（TWTFI，Trade-Weighted Trade Facilitation Indicator），结果如表1所示。

表1　25 国（地区）2009 年贸易便利化测评指标值及排名

国家（地区）	TWTFI	排名	国家（地区）	TWTFI	排名
新加坡	0.94	1	日本	0.74	14
中国香港	0.92	2	泰国	0.68	15
德国	0.88	3	中国	0.60	16
新西兰	0.85	4	意大利	0.57	17
加拿大	0.83	5	印度	0.56	18
法国	0.82	6	墨西哥	0.55	19
英国	0.79	7	越南	0.54	20
美国	0.78	8	秘鲁	0.54	21
澳大利亚	0.77	9	印度尼西亚	0.54	22
智利	0.77	10	巴西	0.51	23
韩国	0.76	11	俄罗斯	0.50	24
马来西亚	0.76	12	菲律宾	0.44	25
中国台湾	0.75	13			

数据来源：根据世界经济论坛：全球竞争力报告 2010～2011；透明国际：腐败指数 2010；瑞士洛桑国际管理发展学院：世界竞争力年度报告 2009 整理计算所得。

一般把TWTFI测评指标得分值分为四个等级：0.8 分以上为非常便利，0.7～0.8 分为比较便利，0.6～0.7 分为一般便利，0.6 分以下为不便利。通常一国的经济越发达，特别是贸易越发达其贸易便利化水平就越高，因此欧美等发达国家和“亚洲四小龙”基本位于贸易非常便利和比较便利的行列，而南美洲和亚洲经济贸易欠发达的国家多属于一般便利和不便利国家的行列。从表1可以看到，在 25 个国家（地区）中贸易便利化水平位列第一的是新加坡，TWTFI 值达到 0.94，最不便利的是菲律宾，TWTFI 值为 0.44，还不到新加坡的一半，与菲律宾进行国际贸易要比同新加坡进行贸易难两倍还多，因此菲律宾低下的贸易便利化水平会严重阻碍其国际贸易的发展。我国的 TWTFI 得分为 0.60 属于贸易一般便利的国家，与非常便利的国家和地区相比还存在很大的差距，若我国贸易便利化的不利因素长期得不到改善将严重阻碍我国国际贸易的发展。

四、贸易便利化影响的实证分析

（一）模型的选定及构建

由于贸易引力模型对两国（地区）之间的双边贸易进行了量化，为国际贸易开辟了计量研究的新空间，因而自 20 世纪 60 年代以来在国际贸易研究中得到广泛应用。一般认为，贸易引力模型形式可表示为：$M_{ij}=a_0 Y_i^{a1} Y_j^{a2} D_{ij}^{a3} A_{ij}^{a4}$。其中，$M_{ij}$ 为某一时期 i 国对 j 国的出口额；Y_i 为出口国的 GDP；Y_j 是进口国的 GDP；D_{ij} 为两国之间的距离；A_{ij} 为其他促进或阻碍两国之间贸易流动的因素。为了便于回归，一般将原模型转化为自然对数线性形式，得到：$\ln M_{ij}= a_0+ a_1\ln Y_i+ a_2\ln Y_j+ a^3\ln D_{ij}+ a_4\ln A_{ij}+\varepsilon_{ij}$，其中 a_0 为常数项，ε_{ij} 为随机误差项，系数 a_1、a_2、a_3 和 a_4 均为弹性系数。

本文研究中国对贸易伙伴的出口情况，选取的数据为 2009 年的截面数据，因此中国的数据为常量，不影响回归结果，可以剔除掉。根据本文的研究目的，在模型中加入我国贸易伙伴国的贸易便利化测评指标值和关税指标值，进而将贸易引力模型调整为：

$$Y_{ij}= a_1 GDP_j+ a_2 TWTFI_j+ a_3 TAX_j+ a_4 BOR+ u_{ij} \quad (1)$$

（二）解释变量的说明

本文选取 2009 年中国与 24 个国家（地区）的相关数据进行实证分析，其中包括 18 个主要 APEC 成员国以及 6 个如德国、巴西等与我国贸易量较大的国家。

1. GDP_j。GDP 反映了一国经济规模总量，该指标值增长，一国的贸易需求也会增长，从而进出口贸易也会增加。

2. $TWTFI_j$。这一指标是对口岸效率、海关环境、规制环境以及电子商务四个贸易便利化一级指标的加权平均数。贸易便利化能促进一国对外贸易的发展，可通过实证研究来检验这一变量对我国出口量是否具有显著影响。

3. TAX_j。本文所采用的关税是一国贸易加权的平均关税率。APEC是本文的写作背景，因此需要作为解释变量因素之一，关税减让是贸易自由化的目标，可以通过这一解释变量来量化贸易自由化对一国贸易的影响，同时也可将其与贸易便利化的回归系数进行对比。

4. BOR。此变量是虚拟变量。BOR是指如果我国与该贸易伙伴国接壤，则取值为1，如果不接壤，则取值为0。如果两国接壤，交通发达，那么两国经济文化交流都会比较便利，有利于两国贸易量的增加。

（三）回归结果及分析

1. 模型回归

本文运用Eviews5.0计量软件，基于2009年截面数据采用最小二乘法对（1）式进行回归，回归结果如表2所示。

表2　模型回归结果

自变量	回归系数	t统计量	DW统计量	1.557987
GDP	0.013542	6.572243	可决系数（R^2）	0.756473
TWTFI	3.230128	2.628043	调整的可决系数	0.719944
TAX	—0.399087	—2.726987		
BOR	5.234239	3.280595		

由回归结果可得：

$$Y_{ij}=0.013542\,GDP_j+3.230128TWTFI_j-0.399087TAX_j+5.234239BOR+u_{ij}$$

从上式可以看出，对模型（1）的回归结果是比较理想的，通过了t检验且拟合优度较高。GDP仍然影响贸易量；贸易便利化对贸易的影响更大，其回归系数为3.230128，这说明贸易伙伴的贸易便利化整体水平每提高1%，我国对其出口量将增加3.230128%；关税对贸易具有负面影响，其回归系数为-0.399087，这说明贸易伙伴的平均关税率每降低1%，我国对其出口量仅增加 0.399087%，远远小于贸易便利化对出口量的影响，可见关税减让确实能够促进贸易的发展，但其效果远不及贸易便利化，在众多区域性自由贸易组织存在的今天，各组织成员都相互积极减免关税，给予关税互利，甚至有的国家（地区）之间进出口的关税已经为零，减免关税对贸易量已无影响，在这些情况下，贸易便利化的推进对于国际贸易就具有更加重要的意义。

2. 贸易便利化指标的影响

贸易便利化涉及口岸效率、海关环境、规制环境等许多领域，由于各国的资源有限，政策制定者需要明确不同贸易便利化指标的重要程度以及从哪方面加强改进以使国家最大程度上受益。我们将 4 个贸易便利化一级指标分别替换到（1）式中，POR、 CUS、 REG、 EB 分别代表口岸效率、海关环境、规制环境和电子商务，则有：

$$Y_{ij}= a_1GDP_j+ a_2POR_j+ a_3TAX_j+ a_4BOR+ u_{ij}$$

$$Y_{ij}= b_1GDP_j+ b_2CUS_j+ b_3TAX_j+ b_4BOR+ u_{ij}$$

$$Y_{ij}= c_1GDP_j+ c_2REG_j+ c_3TAX_j+ c_4BOR+ u_{ij}$$

$$Y_{ij}= d_1GDP_j+ d_2EB_j+ d_3TAX_j+ d_4BOR+ u_{ij}$$

运用 Eviews5.0 计量软件对上式分别进行回归，结果综合如表 3 所示。

表 3　模型回归结果

自变量	回归系数	t 统计量	DW 统计量	可决系数	调整的可决系数
POR	3.183540	2.716166	1.568616	0.760662	0.724762
CUS	3.229966	2.554329	1.534467	0.752966	0.715911
REG	3.100741	2.412613	1.524562	0.746231	0.708166
EB	2.875170	2.010316	1.584110	0.727450	0.686567

以上各式均通过了 t 检验且拟合优度较高，可以看到口岸效率的回归系数为 3.183540，海关环境的回归系数为 3.229966，规制环境的回归系数为 3.100741，电子商务的回归系数为 2.875170。通过预测推进贸易便利化水平对出口量的影响发现，当四个贸易便利化一级指标值按公式 Y=X+（1−X）×0.5 各自推进 50%时，测算出各国贸易增长的百分比如表

4 所示。

表 4 贸易增长百分比 （单位：%）

经济体	LPOR	LCUS	LREG	LEB
新西兰	130.88	73.40	92.06	107.56
新加坡	1.13	4.25	5.16	10.90
中国香港	0.21	1.07	1.15	3.36
日本	4.30	3.72	3.92	3.82
加拿大	14.80	15.97	13.37	17.81
澳大利亚	18.17	14.56	14.66	18.10
德国	2.28	6.89	5.62	5.96
英国	10.18	12.24	11.80	7.54
智利	59.99	71.16	52.43	192.53
法国	9.54	20.93	17.20	19.02
中国台湾	18.85	25.28	16.20	21.17
美国	1.39	2.27	1.91	1.55
韩国	5.30	11.63	11.28	4.93
马来西亚	14.48	33.77	23.32	31.05
秘鲁	NA	NA	NA	NA
泰国	26.49	60.39	43.27	80.16
巴西	56.91	60.23	41.64	62.12
意大利	32.57	38.63	31.00	36.36
印度	21.08	28.49	17.42	45.99
墨西哥	NA	NA	NA	NA
印度尼西亚	44.80	61.33	41.63	89.16
越南	43.24	58.08	36.23	64.11
俄罗斯	42.20	58.97	45.10	47.28
菲律宾	100.65	121.11	80.84	156.57

注：LPOR、LCUS、LREG、LEB 分别代表推进贸易便利化一级指标值后的贸易增长百分比；秘鲁、墨西哥数据受统计年鉴可得性所限不可得由表 1 与表 4 结合起来可以看出，贸易便利化水平非常高的国家（或地区）如新加坡、中国香港、加拿大等，贸易量增长的空间比较小，新西兰的贸易便利化水平虽然也比较高，但由于同我国贸易量较小的缘故，改进的空间也比较大，应首先注重港口效率和电子商务方面的建设；贸易便利化水平一般便利及不便利的国家（地区）改进的空间就比较大，例如印尼、菲律宾、越南的便利化程度普遍较低，在资源有限的情况下，可以首先关注海关环境和电子商务方面的改进以达到增加贸易量的目的。我国的贸易便利化水平值为 0.6，属一般便利，和泰国、意大利差不多，也应注意加强海关环境和电子商务方面的改进。

五、相关对策建议

1. 大力发展电子政务

出口贸易的一般流程包括：报价、订货、选择付款方式、备货、包装、商检、通关、装船、运输、保险、结汇、税务等诸多环节，流程复杂，需要多个部门和机关的协同配合。推进国际贸易便利化，一个最有效的手段就是贸易无纸化，即实现无纸贸易，利用计算机和通信网络来提高贸易效率。在贸易便利化过程中政府须承担重要角色，积极采取措施简化贸易手续，提高海关行政工作效率，从而提高贸易效率、降低贸易成本。大力发展电子政务，是提高管理效率、减少单证成本、加速贸易流程的更为积极主动的战略之举和重要手段。

2. 加强相关制度建设

由于贸易便利化涉及领域较广、部门较多，应建立起一个快捷有效的协调机制。首先，应在政府层面上形成有效的信息沟通和决策协调机制；其次，政府部门应与企业建立咨询机制，及时了解贸易便利化对企业的影响及需要解决的问题，依法管理对外贸易，继续清理和取消行政审批项目，简化审批程序和手续，提高贸易政策与措施的透明度，加大对相关贸易政策的公布、评议、听政范围，听取行业、企业、个人的意见，改善对外贸易环境，提高服务和管理效率。

3. 有效利用互联网络

互联网到了今天已经发展成全球性的工具，广大企业应认识到互联网络的重要作用，明确电子商务所具有的开放性和全球性的特点，积极应用 B2B、B2C、C2C、B2M 等电子商务模式，有效开展国际贸易业务。同时加强与贸易伙伴的信息交流与沟通，促进商务人员之间的互访与学习，从而达到学习先进经验、增强自身实力及提高贸易水平的目的。

4. 积极加强国际合作

我们要借鉴贸易便利化综合得分较高国家的改革经验，促进包括我国在内的全球贸易便利化水平。作为发展中国家，我们要积极表明自己的立场观点，在推进贸易便利化谈判进程的同时，积极争取在多边规则制定中的主动地位，确保自身利益。此外，还应加强贸易便利化国际合作与援助，共同推进贸易便利化的发展。

（作者：单君兰　天津财经大学　硕士研究生）

后金融危机时代中国外经贸发展的形势与对策

虞清清

从金融海啸发生算起，至今已过去几年了。目前，从种种迹象观察，并不能判定金融危机已经结束，而是仍在不断地演进变化中，并会延续一段时间，因此，这个不稳定的时段均可视为后金融危机时期。始于美国次贷危机的全球性金融危机，被认为是1930年经济大萧条以来规模最大的一次危机，在某种程度上甚至超过了20世纪30年代的那场危机，给世界各国的经济体系带来了一系列影响，各国政府纷纷采取了各种救市措施，这些措施在一定程度上起到了稳定和刺激经济的作用。经过一段时间的发展，无论经济衰退见底与否，无可否认，这次全球性的金融危机已经对中国经济特别是实体经济产生了直接而深远的影响，加上社会经济中潜藏着诸多长期积累的问题与矛盾，使中国经济面临越来越大的风险。很多人预测，金融危机之后，世界经济的格局将会发生变化，世界经济体系会因此而重建。

一、金融危机与新能源技术革命

金融危机之后，美国率先把发展新能源作为应对金融危机的重要举措，显示了其对研发替代能源、发展新能源和改变美国能源消费方式的决心。欧盟一直都十分重视其能源政策，欧盟各国认识到建立共同体能源政策的重要性，因而在能源供给安全、可再生能源、能源税、能源技术、市场自由化、能源效率和能源战略储备等方面陆续制定了大量法律规范条例。

调整产业结构，一是要改变一些行业发展散乱的问题。比如汽车产业、新能源产业等，存在明显的布局无序的现象，这些都需要进行重新调整，统筹规划。二是产业需要升级和优化。低碳经济是目前全球发展的一个方向，而我国的产业重点在很大程度上还依赖于能源的高消耗，这种状况必然要在未来的经济发展中逐步改进。三是加强对科技研发的投入，彻底改变经济增长对资源消耗的高度依赖。

从长远的发展来看，发展低碳经济应该成为一种共识，由于世界经济发展不平衡，发达国家和发展中国家处于经济发展的不同阶段，对目前低碳经济的发展存在不同的要求。面对全球性的经济危机，几乎所有大国都把应对气候变化的危机和应对金融危机同步推进，将其作为带动经济复苏的新产业，甚至作为贸易保护的一种新手段。作为发展中的大国，中国要想彻底摆脱被动的局面，必须要从完善自身的能源结构，提高能源使用效率，减少排放做起。碳排放的问题会直接影响中国的对外贸易、经济增长、就业甚至社会稳定。作为一个发展中的人口大国，中国同样需要低碳经济。发展低碳经济就意味着要彻底改变中国一直以来的经济增长方式，可以说金融危机的发生，国际经济形势和格局的转变，给了我们转变经济增长方式的最好时机和理由。

在继续重视传统能源安全的同时，我国应从长远利益出发，把发展新能源放在重要战略位置上予以高度重视。目前我国新能源利用的大部分核心技术和设备制造依赖进口，技术和设备国产化程度不高，而技术和设备部分一般占新能源投资的绝对比重，导致我国新能源利用成本高，同类产出产品竞争能力弱。我国新能源技术的基础研发领域投入明显不足，关键技术瓶颈始终未能有大的突破，自主技术路线迟迟不能成熟。因此，我国目前要抓好新能源重点项目的技术攻关，密切跟踪世界新能源的发展，增加对新能源产业发展的投资。改革现行能源科研体制，充分发挥我们能够集中力量办成大事的优势，力求在重大新能源项目技术攻关方面取得重大突破，在新能源技术革命的过程中占据主动。

二、中国外汇储备的形势及应对

2007 年以来，次贷“余震”和通胀上行使得全球经济布满荆棘。由于国际储备货币国家出现危机，因此以美元为主要储备币种的中国外汇储备体系面临新型金融危机带来的复杂格局和严峻挑战。中国庞大的外汇储备规模，不仅面临美元贬值的汇率风险，还面临美国国债、机构债产品的市场价值下跌的价值重估风险。怎样缓解上述风险的潜在冲击，正是中国外汇储备管理机构面临的一个艰巨任务。

显然，全球新型金融危机与中国外汇储备问题绝非各自独立，而是牵一发则动全身。在此背景下，传统的外汇储备管理思路和战略需要调整。另外，中国作为世界舞台上的经济增长大国，立足于长远的国家利益，人民币是不能长期依附于美元的。换言之，要重视新型金融危机的警示效应，慎重考虑如何部署和实现人民币的国际化战略。近年来，随着中国在国际贸易当中的角色日益突出，人民币的国际货币地位正在不断提高，在亚洲的区域国际化已经具备相当的条件。这为人民币在未来实现国际化提供了一定基础。

从狭义角度看，货币国际化是指一种货币的部分职能或者全部职能，从一国的适用区域扩张至周边国家、国际区域乃至全球范围，最终演化为全球通用货币的动态过程。从广义角度看，货币国际化不仅包括货币职能的国际化，还包括货币作为资本的信贷、投资职能的国际化，即货币作为资本获得利润的投资职能从一国的适用区域或原使用区域扩张至周边国家、国际区域乃至全球范围的动态过程。

人民币国际化，可以降低交易成本和汇率风险，减少中国在国际贸易中的交易成本，还有助于缩减中国当前的巨额外汇储备。另外，人民币国际化可以使中国在国际市场上有更强的融通资金能力，降低持有外汇储备的规模，在一定程度上缓解因外汇储备过多而导致外汇占款过多造成的被动的流动性过剩问题，有助于内外均衡。当然，人民币国际化是需要一定前提条件的，当前，中国已经积累了一定的基础。

第一，从近年来中国的通胀环境来看，已经为人民币国际化创造了一个基础条件。虽然中国在上世纪 80 年代和 90 年代经历了高通胀和高通胀波动性，但是通货膨胀在 1997 年亚洲金融危机之后一直保持相对较低的水平和波动程度。虽然 2007 年以来中国的通货膨胀出现连续攀升的局面，但峰值仍未超过两位数字。

第二，在金融深化程度上，中国的金融改革正在不断深化，金融业发展水平大大提升。金融市场基础性建设为人民币汇率形成机制的进一步完善奠定了坚实的基础。同时，中国利率改革也在加快进行，中国正在朝着利率市场化的目标迈进。随着中国金融改革的不断深化，金融业发展水平进一步提升，银行体系的国际竞争力也在日益增强，这些都为推进人民币国际化打下了较为扎实的金融基础。

第三，从国际贸易的份额和经济产出的规模来看，中国在世界经济舞台上的角色越来越重要。经济产出的强劲增长，显示出中国综合国力的日益增强。这种国力的增强，为本币的国际化进程创造了良好的国际环境。

由于货币国际化是一个复杂渐进的过程，其实现要受到多方面条件的综合影响和制衡，因此必须以渐进的方式推进人民币国际化进程。具体地说，人民币国际化应遵循“周边国际化→亚洲化→国际化”这样一个渐进的过程，这也是支持人民币国际化的众多学者共同强调的核心内容。

首先，人民币周边国际化。人民币周边国际化应该随着我国和周边国家以及地区的经贸往来规模的迅速扩大而进一步强化。我国已经实施的积极推进与周边国家（地区）的贸易投资合作，将会进一步扩大人民币周边国际化的规模，为人民币亚洲化形成良好的市场基础。

其次，人民币亚洲化。人民币亚洲化的进程将是一个更为复杂的长期过程。可以部分借鉴欧洲货币联盟的经验：在亚洲货币区的形成中，我国以强势国的地位参与货币合作，积极主导创建亚洲货币体系，逐步提升人民币的影响力并使之成为区域内的主导货币，并逐渐提升人民币在亚洲货币单位中的权重，待条件成熟时，使人民币分步骤地完全替代货币区内其他国家（地区）的货币，真正实现人民币亚洲化。当然，无论是在人民币亚洲化还是最终国际化的进程中，需要注意国家和区域间的货币合作，认识到人民币国际化不可能一蹴而就，而要将人民币国际化作为一个长期的国家战略目标。

三、结语

全球金融危机给我们的一个最大启示就是：市场和国家有各自不可替代的重要作用。在现阶段，我国的市场发育和各种机制不健全、不完善，政府的调节作用不可或缺。另一个重要启示就是：在资本主义市场经济条件下，资本的投入和运作及各资本要素是私人控制的，是为了私人的资本和财富积累。我们国家的关系国计民生的产业和战略产业的国有资产，特别是国有银行，不可私有化。与资本和金融市场由少数金融寡头的私人控制相比，我们国家对银行的有效控制和核心资产的拥有对于危机时期迅速救市和促使经济迅速复苏有着较强的应对能力，并在主导国民经济发展大方向、集中有限资源解决关系国计民生急需和重点的工程、解决社会需求和提供公共品等方面都有着明显的优势。总之，我们的市场社会主义模式在现阶段是有效的，我们要处理好市场与国家的相互关系和作用，并在实践中不断调整、完善和发展这种模式。

（作者：虞清清　天津海关　副科长）

东亚生产网络受冲击机制及效应研究——基于全球金融危机期间东亚和中国贸易结构的分析

王荣艳

一、引言

如果说 1997 年爆发的亚洲金融危机主要是由于东亚各经济体金融监管和汇率制度问题导致的危机，2007 年末爆发的全球金融危机也同样是由于金融监管不力引发的。但值得思考的是，两次虽都是金融系统产生的危机却出现了完全不同的结果：亚洲金融危机当时影响了众多的东亚国家，但并没有对全球经济造成较大影响，该地区也较快速地恢复了经济活力；而此次由美国次贷危机引发的金融危机，不但迅速地蔓延到全球各国的金融部门，也传播到了全球实体经济部门。而东亚地区经过了十年的历练，在各国都更为成熟地完善自身金融和资本管理之后，以东亚生产网络为特征的本地区经济得以快速发展，而且东亚各国自 2000 年后不断地致力于建立区域 FTA 以加强各国的贸易投资和金融合作，正当学界提出东亚经济“脱钩理论”时，东亚地区建立的一系列“防火墙”似乎并没有完全挡住来自美国进口需求下降的侵袭，对此需要进一步探究从实体层面东亚生产网络在多大程度上受到了这一轮危机的影响，而中国作为该网络的核心生产大国又会有哪些异于该区域的特征，仍值得在当前阶段进一步研究探讨。

从金融体系来看，2007 年全球金融危机对东亚各国的冲击程度相对其他地区较小，只有一些投资于美国金融机构的借贷银行或从事金融衍生产品的金融机构受到较大影响，究其缘由可为两点：一是因为自 1997 年以来的十年发展，欧美发达国家已与东亚各国形成了较为稳定的新型国际分工体系，即东亚地区更多地专业化于制造业生产，欧美国家的比较优势则更多地集中在金融业等虚拟经济部门，此次金融风暴的中心由于是欧美等发达国家的金融系统，因此对东亚国家并没有太直接的金融风险危机，从这一点来看此次危机对东亚各国金融体系冲击应不如1997年金融危机的程度严重；另一个重要的原因是在1997年亚洲金融危机之后，东亚各国政府都对其金融体系实行了深化改革、加强监管的政策措施，且外汇储备都保持在较充裕水平，汇率保持基本稳定，也没有像欧美银行一样大量陷入到“有毒”金融衍生品的交易中，加强了金融体系抵御危机的能力。尽管资本市场发展较快，但加强了对银行的监控和管理，使银行部门具有了较强的抗风险能力和应对突然变化的能力。由此看来，此次全球金融危机将更为持续地影响东亚地区的制造业实体经济，而该地区已形成了以零部件贸易为核心的区域生产网络，因此，了解金融危机对实际生产网络的冲击机制，进而考察金融危机时期该网络的贸易结构变化将会反应出东亚地区受欧美金融危机的冲击程度和模式。

二、东亚生产网络受冲击机制分析

此次全球金融危机对以生产网络为基础的实体经济冲击表现为快速性和广泛性。从微观层面来看，生产网络组织模式下，产业链由很多企业共同组成，当最终组装的企业（特别是生产链条中的核心企业）需求突然减少或倒闭时，会导致一大批为其提供零部件和原材料的企业相继遇到库存积压或需求骤减导致的经营危机，尤其是对那些没有被核心企业纳入到固定战略联盟体系的零部件供应商往往最先受到波及，而更值得注意的是，组装型产品的特点是：一件最终制成品所需要的零部件数量将是最终品的几十至上千倍不等，也就是说，下游企业的需求减少将会给上游零部件供应商带来更大需求减少的冲击，如果在跨国生产网络合作中，就会表现为最终商品需求冲击对各国各类贸易量的影响。学者Backus（1992）和Burstein等人（2008）分别从国家层面就外生需求冲击如何影响零部件生产国和装配国的进出口进行了理论探讨，结论表明，在垂直专业化程度较高的伙伴国之间，最终商品的需求变化更容易使这些国家产生同方向的生产和贸易的变化，也就是说经济危机带来的冲击更容易让这些国家形成协同性效应。从对东亚生产网络冲击的影响因素来看主要体现在以下四个途径：

（一）危机对东亚各国企业和要素的冲击

以垂直专业化分工为主要特征的东亚地区各国，要素异质性是形成该区域生产网络的必要条件，但由于该区域很大比例的最终商品需求主要来自欧美等发达国家，因此金融危机引发的欧美发达国家进口需求下降将对东亚内部各国产生一系列的冲击。从产业链角度来看，处于“微笑曲线”底端的加工型企业会由于业务量减少而受到冲击，而对于技术含量较低的零部件供应商（特别是中小企业）则会出现由于下游企业需求下降而导致其库存积压或不得不降价销售而遭受利润受损；从最终商品需求角度来看，在欧美对最终需求品大幅减少的情况下，生产替代性较强产品的各个厂商将会由于供大于求而面临更为激烈的市场竞争；从全球资本流向来看，由于美国国内预期效益大幅下降，越来越多的投资资金可能会更多地流向资源类产品或投资收益较高的亚洲新兴经济体，导致全球资源价格大幅上升，使一些制造业产品的生产成本提高，从而使制造业企业面临更为困难的生存环境。

（二）危机对技术升级的影响

由于生产网络对产品供应链实现了分区域的分割式生产（Fragmentation），因此较低的“链接”成本是该生产方式的根本保证。而以生产性服务为典型代表的产业发展真正发挥了其对制造业分割生产的“黏合剂”作用。正如Jones（2000）所说，只有当具有连接作用的服务能实现规模经济从而能以较低成本提供时，制造业的生产分割才能成为现实。事实也证明在近30年间，技术进步使得交通运输大幅提高了效率且降低了成本，仅在亚洲区域内，大部分东亚国家都已拥有了良好的港口和基础设施，大大降低了运输成本占进口价值的比例。同时由于信息通讯技术（ICT）的快速发展交流成本也快速下降，且为其他类型的服务实现了技术上的提升，真正刺激了垂直专业化分工和国际生产网络的形成。而此次金融危机也迫使长期以生产低成本为主的企业开始向技术附加值更高的链条升级，但可能会出现短期内原有低成本企业在数量和规模上的行业调整，以及升级企业对资金的需求增加。

（三）危机对东亚“政府主导”发展模式的影响

东亚经济的奇迹一是由于区域内各国要素禀赋差异形成的产业转移效应，二是政府主导的发展模式。Lall（2004）通过考察东亚与拉美国家在电子和机电行业的表现，证明东亚生产网络的形成与东亚各国政府的政策支持紧密相关，相对于拉美国家，东亚各国能够在市场变化迅猛的电子行业发展得更好，与各国政府致力于扶持当地生产能力建设的战略以及引进 FDI 的战略是分不开的。这也进一步表明好的制度安排会带来一国以及一个区域的交易费用下降，促进分工发展从而形成高效的生产网络。然而，此次金融危机对已经形成的以外向需求拉动为基础的东亚生产网络带来了前所未有的冲击，区域内各国愈发感受到以开放战略为主导的东亚发展模式难以为继，必须进行经济结构调整，开辟出内在支撑力，即由区域内需拉动的经济发展方式，这也需要东亚各国内部进一步加强合作，深化区域经济一体化的发展。

（四）危机对生产网络内中国制造中心地位的影响

在中国融入东亚生产网络之前，该区域内主要以日本—“亚洲四小龙”—东盟的线性产业转移形态发展，中国以加工组装基地的形式加入，再加上巨大的潜在需求市场，使东亚真正形成了以零部件贸易为特征的生产网络，中国也成为该网络中的装配制造中心。然而金融危机使得中国低附加值劳动密集型的零部件与加工贸易企业受到严重冲击，随着国际金融危机的深化和蔓延，新订单大幅下降，同时国内劳动等要素成本不断上升，不但加大了中国承接国际资本、技术和产业转移的难度，还可能带来大规模的撤资风险。如果金融危机导致的欧美市场需求持续低迷，中国低成本、低技术含量的零部件制造商将会面临较大的生存危机，而外部市场需求的萎缩也会迫使企业转向国内市场，同时转向技术升级以寻求附加值较高的国外市场。

三、东亚生产网络商品贸易受冲击效应分析

正如 Krugman（2009）指出此次金融危机最大特点就是全球贸易量的大幅缩减，降速甚至比 20 世纪 30 年代的大萧条还要快。本部分仅就危机发生最严重的 6 个季度来分析，数据显示从 2008 年 4 月到 2009 年

6 月间 14 个月的贸易量就下降了 20%，这相当于大萧条早期 30 个月的贸易缩减量。更值得注意的是，东亚地区整体的出口量下降程度高于世界出口缩减量，截止到 2009 年 6 月下降了 32.5%，进口量也下降了 33.1%。Krugman 也指出这种基于产品价值链分割的全球垂直一体化生产方式是世界贸易量在此次危机中大幅缩减的主要原因，而东亚地区贸易增长方式主要都是基于这种生产网络中的零部件贸易，其贸易下降的程度就更为显著。

表 1 数据显示，无论是出口还是进口在东亚地区内都呈现出显著的贸易缩减协同性特征，而这也是以产业内贸易为主导的东亚生产网络遇到外生冲击的典型表现。其中，数据表明日本是受到冲击最严重的国家，从 2008 年第 4 季度开始出现出口负增长，和区域内其他经济体相比其出口降幅最大，2009 年上半年超过 40%。这主要是由于日本生产的出口产品很大比例是资本品以及高科技的消费品，而这些产品的出口市场主要集中于欧美等发达国家市场，因此直接受到这些市场收入下降导致需求减少的影响，同时，由于中国的最终品出口减少而间接导致日本出口到中国的零部件数量下降。数据也表明，日本、韩国以及中国台湾都没有因为向中国出口零部件而缓解其遭受危机的程度，相反，日本出口在危机中受冲击最大。

表 1　2008 年第一季度至 2009 年第二季度东亚总出口量环比变化率（%）

	东亚整体	日本	韩国	中国台湾地区	中国香港地区	中国	东盟	印度
2008Q1	20.6	22.9	17.4	17.4	10.5	21.1	18.9	37.9
2008Q2	21	16.4	23.2	18.2	8.3	22.4	26.9	37.4
2008Q3	19.3	15.2	27.1	7.6	5.7	23	22.9	24.7
2008Q4	-5.6	-8.1	-9.9	-24.6	-2.1	4.6	-10.3	-8
2009Q1	-30.1	-42.1	-24.5	-35.9	-21	-20.1	-36.8	-19.8
2009Q2	-32.5	-41.1	-20.1	-28.3	-23.4	-22.7	-39.3	-20.2

原始数据来源：CEIC 数据库，基于当期美元价值计算。

作为最终商品市场，美国从东亚地区进口各类商品数据变化情况表明（见表2），零部件进口是所有商品类别中下降最快的，这说明在面对需求萎缩的情况下，在生产网络方式中作为中间品的存货调整速度比最终商品更快，表2能清楚显示东亚从整体看，零部件出口首先受到美国市场需求下降的冲击，在2008年第一季度就开始出现负增长，如韩国、中国和东盟在这一时期同时出现了负增长，这在一定程度上说明这三个经济体是美国市场产品所需零部件的主要供应国家，且有快速调整能力（因为2008年第二季度又出现了正向增长）。值得注意的是，日本在东亚区域最先表现了各类商品出口下降的趋势，除东盟以外的其他经济体都在2008的第四季度才表现出全面出口下降的趋势，且零部件出口下降程度最大，这在一定程度上证明日本仍对这一地区制造业具有较强的带动作用。东盟虽然也与日本在同一期表现出各类出口增速下降，但有数据显示该经济体加工装配出口下降幅度较大，表明该经济体仍是由跨国公司主导的贸易下降而引发的出口规模缩减。由此看来，东亚地区经济体并没有因其快速经济增长而提高对此次金融危机的免疫力，整体上仍表现出各类商品的出口量快速下降的趋势。

表2 东亚向美国出口各类产品的季度环比变化率（%）

来源	季度	2008Q1	2008Q2	2008Q3	2008Q4	2009Q1	2009Q2
东亚总体	出口总量	2	4.1	4.9	-6.8	-22.3	-24.2
	零部件出口	-2.5	3.9	2.6	-14.3	-29.1	-29.3
	加工组装品出口	6	8.5	4.8	-13.6	-30.6	-25.9
	生产网络中产品出口总和	2.6	6.7	4	-13.8	-30	-27.2
日本	出口总量	4.6	2.9	-4.1	-16.6	-42.3	-42.5
	零部件出口	1.6	2.1	-1	-17.7	-37.1	-37.4
	加工组装品出口	7.5	6	-6.7	-23.2	-55	-49.6
	生产网络中产品出口总和	5.3	4.5	-4.7	-21.4	-49	-45.3
韩国	出口总量	0.4	7.6	11.5	-0.2	-15.1	-23.1
	零部件出口	-11.3	0.2	1.9	-14.4	-32.1	-33.3
	加工组装品出口	4.3	13.9	14.4	-2.1	-9.4	-12.6
	生产网络中产品出口总和	-1.2	9.3	10	-5.9	-16.5	-19
中国台湾	出口总量	5.8	2.8	4.1	-10.3	-28.5	-32.3
	零部件出口	11.8	12.1	3.9	-16.4	-30.8	-33.1

来源	季度	2008Q1	2008Q2	2008Q3	2008Q4	2009Q1	2009Q2
	加工组装品出口	11	6.4	12.5	-7.5	-31.4	-32
	生产网络中产品出口总和	11	9.3	7.8	-12.4	-31.1	-32.6
中国	出口总量	1.3	5.3	10.1	-0.6	-11.2	-16
	零部件出口	-1.6	5.9	7.7	-8.7	-20.2	-22.3
	加工组装品出口	7	10.9	14.9	-6.1	-11.7	-9.3
	生产网络中产品总出口	3.7	9	12.4	-7	-14.8	-14
东盟	出口总量	0.4	1.8	-2.3	-15.2	-26.5	-24.1
	零部件出口	-6.5	4.3	-2.6	-21.2	-32.5	-31.1
	加工组装品出口	3	4.8	-6.3	-25.1	-39.6	-36.5
	生产网络中产品总出口	-2.1	4.6	-4.7	-23.5	-36.5	-34.2

原始数据来源：美国国际贸易委员会在线数据库，基于当期美元价值计算，公式为：生产网络中产品总出口=零部件出口+加工组装品出口。

四、中国商品贸易受冲击分析

数据表明（见表1）中国自金融危机发生以来，总体出口下降在2008年第四季度开始显现，2009年开始出现较为快速的降幅，但与东亚地区其他经济体相比（包括日本）较为缓和。另外，与出口降幅相比，中国从东亚地区其他经济体的进口减少速度更快，这在一定程度上体现了生产网络框架下零部件需求调整快速的特点。与从区域外欧美等国家进口相比，中国从东亚区域内进口减少幅度更大，这与中国是该区域内加工制造中心的地位相一致。

通过表3和表4也可反映出此次全球金融危机对各经济体冲击的协同程度，中国在2008年第四季度开始出现从东亚经济体进口大幅减少的趋势，在随后的2009年第一季度，中国向美国和欧盟的出口首次开始下降，分别减少了15.4%和22.6%，对东亚地区的出口和进口也开始在同一时期发生较大幅度的整体下降态势，这在一定程度上表明欧美市场需求下降带动了此次东亚地区贸易量大幅下降。

表 3 中国向各区域出口季度环比变化率（%）

	2008Q1	2008Q2	2008Q3	2008Q4	2009Q1	2009Q2
东亚地区	23.7	25.1	28.2	4.5	-22.9	-25.6
日本	12.1	18	18.1	7.9	-16.7	-23.8
韩国	33.1	38.3	52.9	7.5	-29.2	-36.6
中国台湾	15.4	21.1	17.3	-10.4	-34.5	-38.8
中国香港	10.8	6.5	11	-9.9	-24	-21.6
东盟	34.2	26	27.4	2.8	-22.6	-16.8
美国	5.4	12.2	15.3	0.7	-15.4	-18.5
欧盟	25	29.7	23.5	4.1	-22.6	-26.6
世界	16.3	19	20.2	0.9	-21.1	-23.5

原始数据来源：CEIC 数据库，基于当期美元价值计算。

表 4 中国从各区域进口季度环比变化率（%）

	2008Q1	2008Q2	2008Q3	2008Q4	2009Q1	2009Q2
东亚地区	18.8	24.1	13.2	-18.1	-33.3	-22.8
日本	17	23.7	18.7	-5	-29.8	-21.4
韩国	14.9	25	14.8	-18.5	-26.6	-18.8
中国台湾	24.5	24.2	5	-33.3	-43.9	-29.9
中国香港	26	-2.5	11	-21.4	-49.1	-32.9
东盟	19.9	23.8	12.7	-18.9	-33.8	-22.1
美国	29.7	23	15.7	3.7	-17.7	-13.1
欧盟	25.9	33	22.7	2.3	-14.7	-11.2
世界	21.2	25	15.1	-12.2	-28.3	-19.6

原始数据来源：CEIC 数据库，基于当期美元价值计算。

上述分析说明已占据中国 GDP40%的出口作为拉动中国 GDP 三驾马车之一，在东亚生产网络中，中国最终品的出口市场仍主要集中在欧美、日本等主要发达国家。在本次金融危机的作用下，中国的出口贸易所受影响较大，而其中最直接影响是对中国的零部件和组装加工型出口。从具体商品类别来看，中国各类产品出口变化数据表明（见表 5），从 2009 年第一季度开始中国出口产品出现全面下降，与传统的劳动密集型产品相比，在东亚生产网络中占有主要比重的机械品出口下降程度最大，其中信息通讯产品和电子类产品因国外收入下降导致的进口需求缩减程度最为明显。而纺织服装鞋帽类产品出口仅在 2009 年第一季度受金融危机冲击呈现负增长，到 2009 年第二季度就快速调整为出口增长趋势。从进口分类数据来看（见表 6），中国从 2008 年第四季度就表现出显著的进口负增长。其中，除电子类机械制品连续出现进口下降外，纺织服装和鞋帽类商品也出现了连续下降情况，但出口并没有出现类似态势，说明这两个行业在金融危机期间由于库存消化导致了中间品进口减少，这也说明中国仍是传统劳动密集型产品的主要加工国家。

表 5　中国各类产品出口季度环比变化率（%）

	2008Q1	2008Q2	2008Q3	2008Q4	2009Q1	2009Q2
初级产品	16.3	24.9	29.9	8.6	-17.9	-13.6
工业制成品总额	21.2	23.8	22	2.6	-20.7	-18.2
化工制品	48.5	54	42.2	3.1	-25.2	-24.9
塑料橡胶制品	13.8	10.1	16.1	10.7	-21.1	-17.1
纺织服装品	22.5	5.3	4.1	8	-11.4	2.6
鞋帽制品	14.7	14.4	19.7	21.3	-1.3	7.2
基础金属制品	23.3	18.5	26.4	22	-9	-1.5
机器和机械设备	15.9	-15.7	20.9	4.3	-31.6	-38.8
电子产品	6.2	12.5	61.5	17.2	-33.5	-36.5
电子机械设备	20.3	27	20.4	-1.1	-21.5	-19.5
运输航空船只	18.8	26.5	22.9	5.1	-18.4	-16.6
其他各种制成品	41.5	39	31.7	9.1	-17	-19.7
光学胶片制品	21.6	27.5	18.6	-5.4	-24	-22.3

原始数据来源：CEIC 数据库，基于当期美元价值计算。

表6　中国各类进口产品季度环比变化率（%）

	2008Q1	2008Q2	2008Q3	2008Q4	2009Q1	2009Q2
初级产品	73.5	74.9	72.5	5.2	-40.7	-35.3
工业制成品总额	16.3	19.1	11.4	-12.1	-26.2	-21.1
化工制品	19.6	23.5	19.6	-10.5	-23.9	-18.2
塑料橡胶制品	16.3	22.5	22.7	-15.6	-29.2	20.1
纺织服装品	6.3	2.7	-3.4	-9.2	-22.8	-22.8
鞋帽制品	47.5	47.7	24.8	12.6	-2.8	-18.7
基础金属制品	14.1	5.8	8.3	-15	-26.3	-16.9
机器和机械设备	11.7	18	9.8	-10.7	-24.1	-17.9
电子产品	16.3	19.9	15	-1	-19.8	-19.5
电子机械设备	9.5	17.1	7.4	-15.2	-26.3	-17.4
运输航空船只	20	28.5	14.4	-1.3	-17.1	-22.1
其他各种制成品	11.6	20.8	1.4	-8.1	-5.4	1.6
光学胶片制品	42.3	35.1	9.8	-21.4	-40.2	-33.5

原始数据来源：CEIC 数据库，基于当期美元价值计算。

五、结论与启示

以生产网络为经济特征的东亚区域，表现出异于北美和欧盟两大区域集团的新特征，尤其是中国的加入为该网络迅速发展提供了难得的要素和市场资源。在这种模式下值得注意的是中国在大量出口的同时也在以同样的速度进口来自东亚甚至欧美地区的零部件等各类产品，因此中国带来的不是对其他经济体的挤出效应，而更多地为全世界提供了一个巨大的投资贸易市场。

但也应该看到，东亚区域形成这一生产网络并没有因其快速发展而减弱其对世界经济的依赖程度。以零部件为区域内主要贸易产品、最终需求市场来自区域外的特征已经成为东亚区域的经济增长模式，且在短期内不易改变，而正是由于这一模式才使得此次美国引发的金融危机对该区域实体经济造成较大冲击，也表现为东亚经济体对危机的协同性反应，而中国也并没能真正起到类似亚洲金融危机时期的稳定器作用。中国虽有巨大的市场潜力，但由于其整体经济水平仍处于发展中国家阶段而不能完全起到区域最终品内需市场的作用。此次危机让东亚各国认识到目前东亚区域生产网络仍需依赖全球各国贸易投资政策的协调，当然培养东亚区域最终内需市场也将是各经济体共同协作的长期目标。

（作者：王荣艳　天津财经大学　讲师）

关于发挥海关特殊监管区域优势促进国家服务贸易发展的几点思考

鲁子昭

随着经济全球化的进一步加深，国际服务贸易长足发展，如今全球经济竞争的重点正逐步从货物贸易转向服务贸易，伴随着世界产业结构升级和国际产业转移，国际服务贸易作为服务经济发展的重要标志，已成为国际贸易和投资中越来越要的组成部分。依据相关资料显示，“十一五”时期，我国服务贸易进出口总额达3624.2亿美元，年均增长18.2%，为全球年均增数 8.2%的两倍多。由于服务贸易不列入国家外贸统计范畴，能够增加国际服务贸易出口不但不会增加外贸顺差，不引起外贸摩擦，不增大人民币升值压力，而且有利于带动我国高新科技、金融、运输、旅游、会展乃至地区总部等第三产业的壮大发展，增强我国“软实力”。因此，大力发展我国服务贸易已经成为我国确定的新的经济增长点，并纳入《十二五规划纲要》。

海关特殊监管区域是指经国务院批准，设立在中华人民共和国关境内，赋予承接国际产业转移、联接国内国际两个市场的特殊功能和政策，由海关为主实施封闭监管的特定经济功能区域。目前，我国共有各类海关特殊监管区域99个。2010年，我国海关特殊监管区域实现进出口总额3884.9亿美元，同比增长38.6%。海关特殊监管区域进出口值在我国外贸总量中所占比重已由2007年的10.9%提高到13%，成为我国外贸转型升级的重要平台。本文从服务贸易的分类、特点等方面分析，揭示海关特殊监管区域与发展服务贸易的内在联系，更好地利用好这一平台促进服务贸易的发展。

一、服务贸易的分类及特点

服务贸易是指跨越国界进行服务交易的商业活动，即服务提供者从一国境内向他国境内，通过商业或自然人的商业现场向消费者提供服务并取得外汇报酬的一种交易行为。WTO《服务贸易总协定》以部门为中心，将国际服务贸易划分为十五类，包括：国际运输；国际旅游；跨国银行、国际融资公司及其他金融服务；国际保险和再保险；国际信息处理和传递、电脑及资料服务；国际咨询服务；建筑和工程承包等劳务输出；国际电讯服务；广告、设计、会计管理等项目服务；国际租赁；维修与保养、技术指导等售后服务；国际视听服务；教育、卫生、文化艺术的国际交流服务；商业批发与零售服务；其他服务等。

从服务贸易的定义和分类来看，存在着人员、资本、信息以不同的形式跨国移动。国际服务贸易的复杂性以及与商品贸易的差异，使其表现出自身的特性：一是服务标的的无形性。服务贸易的标的是一种看不见、摸不着的生产和消费活动或行为，服务产品的无形性特性，是服务贸易最基本的特性。二是交易过程与生产和消费过程的同步性。三是贸易主体地位的多样性。

据联合国贸发会议对投资促进机构的研究发现．各种各样的办法都被用来促进外商在锁定的服务业目标的投资。一般性的促进手段包括代表团、研讨会和网站以及税收激励．在一系列的服务领域被广泛运用。对于出口导向性外国直接投资．如旅游、呼叫中心、计算机相关服务、医疗和社会服务、地区总部和研发服务等，自由贸易区、出口加工区和自由经济区等各种各样的自由区激励方式也被应用。从这项研究中看，正在向与国际接轨的自由区过渡发展的海关特殊监管区域与推进服务贸易的发展有着密切的关系。

二、海关特殊监管区域在促进国际服务贸易发展中的作用分析

分析保税区、出口加工区、保税物流园区、保税港区、综合保税区和跨境工业园区等 6 类特殊监管区域的功能，可在海关特殊监管区域业务大致有：

1．保税加工：重要发展现代制造业，延伸产业价值链，提高产品

附加值，提升自主创新能力。

2．保税物流：大力发展现代物流业，通过服务外包等形式延伸物流供应链，建立物流中心。

3．保税贸易：开展保税条件下的货物贸易，建立采购中心和分销中心。

4．服务贸易：主要开展生产性服务贸易，如研发设计、产品测试、售后维修、设备租赁等，和流通性服务贸易，如贸易、结算、期货、金融等。

据此可看出，海关特殊监管区域对于发展国家服务贸易激励作用主要体现在如下几个方面：

（一）国际运输服务

从海关特殊监管区域的定义可以看出，进出区保税监管货物以及运载货物的运输工具必须经海关批准才能在口岸、区域、场所间实施空间位移，需要办理海关通关手续，这对于国际运输服务来说，意味着运输服务的中止和服务提供者的更换。另外，近些年来，海关特殊监管区域一直朝向“区域整合”、“区港联动”的发展，所以作为我国国际运输服务的重要组成部分港口服务与特殊监管区域联系更加紧密，因为随着第四代港口的发展，港口服务市场的形成必须要求海关在其关境内划出一片地域实行特殊的监管制度，以“区港联动”来提供方便的进出境手续，吸引国际服务提供者经营存储、包装、加工、交易等活动。

（二）国际加工、修理、售后服务

由于保税加工当中来料加工是进口料件由境外提供，经营企业不需付汇进口，按照境外企业要求进行加工或装配，只收取加工服务费的经营活动，可看作以一种劳动密集型为基础的传统服务贸易。为此，国际货币基金组织于2008年对国际收支平衡表“经常项目”的“货物”和“服务”项做出调整，将原记录在“货物”项下的“来料加工工缴费”调整记录到“服务”项下。所以，如果按此分类，通过特殊监管区域的政策功能优势，带动我国加工贸易的转型升级，对促进服务贸易的发展有着深远的影响，并由此影响到衍生出的商品修理、售后服务等领域。

（三）国际金融服务

由于海关特殊监管区域中从事的保税加工、保税仓储和进出口贸易等业务，具有“两头在外”的准离岸的性质，所以随着这些业务的开展，保税物流的流动，存在着准离岸性质的资金进出、停留，以及相应的结算、融资、保值避险等全方位金融配套服务需求，部分口岸的海关特殊监管区域已经开始了创新金融服务，如上海洋山保税港区于2010年试点期货保税交割业务和天津东疆保税港区开展离岸金融业务的试点等。除此之外，比较明显还有国际货物贸易融资业务，包括租赁、分期付款等，这些服务活动是否有较大的市场，取决于进一步利用特殊监管区域的“境内关外”的政策优势促进租赁行业的发展空间，2009年国内金融租赁公司飞机融资租赁业务的“第一单”和2010年公务机融资租赁业务“第一单”在东疆保税港区的顺利通关进口，就是利用这些区域政策优势发展融资租赁业的具体体现。

（四）国际货物贸易的经纪服务

国际货物贸易在海关特殊区域的发展，同样促进了它的相关经纪服务的发展。例如，随着海关特殊监管区域的发展，保税区、保税物流园区、保税港区以及综合保税区等区域，大力发展国际中转等功能，开展转口贸易。转口贸易中的加工转口贸易就是中转国为第三国产品通过提供加工服务，赚取加工利润，可理解为劳动密集型的服务贸易。同时，理论界普遍认为，《关税及贸易总协定》第五条关于国际货物过境自由的规定是国际上较早的涉及服务贸易的多边规则。

（五）其他方面

除此之外，在海关特殊监管区域内也可进行国际货物贸易的研发服务，如许多跨国企业的研发中心纷纷进驻各地的口岸保税区，再如，以ITO、BPO 等软件和信息技术服务为主的服务外包在我国发展迅速，苏州综合保税区就是利用政策优势促进软件外包业在区内聚集，其中捷讯软件、新宇软件、欧索、奇梦达等 9 家企业被认定中国软件出口工程（COSEP）试点企业，占江苏省的一半，等等。

三、目前海关特殊监管区域与服务贸易发展不适应的方面

经过 20 多年的发展，海关特殊监管区域为我国承接国际产业转移和国际服务业外包，带动服务贸易发展，转变外贸增长方式，提高我国

开放水平等方面做出了突出的贡献。但是随着服务贸易的发展，我国海关特殊监管区域一些不适应的问题也显现出来，主要有：

（一）功能设计单一，综合效益发挥不显著

首先，在我国目前的6类海关特殊监管区域中，除后期批准设立的保税港区、综合保税区和跨境工业园区政策功能基本整合一致外，其他3类海关特殊监管区域在设立标准、优惠政策、主要功能和监管模式上均存在着较大差异。特殊监管区域功能上的条块分割，已难以满足承接服务贸易发展的需要。服务贸易已经是特殊监管区域发展保税业务的重要组成部分，而如果区域功能单一造成的业务单一，影响了整体优势的发挥，难以带动相关货物的服务贸易发展。以出口加工区维修功能为例，目前仅限于原国产出口产品自境外返区，境内销售产品仍不得入区维修。由此导致维修难度较大的内销产品必须出境后复运入区，这样不利于企业整体业务的发展。其次，由于体制原因，我国保税区一般都与港口分开，区港功能没有得到完全协调开发，货运通关不畅，管理手续繁琐，企业运输费用增加等问题日益突出，区港分离成为特殊区域发展服务贸易的“瓶颈”。

（二）区域管理政策的不协调问题突出

海关特殊监管区域的管理过程中涉及海关、商检、外汇、税务、商务等多个部门，各部门的政策既相对独立又相互关联，对相关政策的理解、解释、运作也不尽相同，如“保税间货物”的结付汇问题，外管部门的新法规已规定该贸易方式属于可以结付汇的贸易方式，而海关现行规定仍将该贸易方式列为不得结付汇的贸易方式，区内企业面临无法进行正常结付汇的问题等。这样出现政策间的不协调、不衔接、关联业务难以操作等问题，影响了行政管理的效能和优化，增加了保税物流等相关服务行业的发展成本。

（三）政策存在空白和不完善对相关服务贸易实际运作带来难度

我国的法律体系在服务贸易立法方面显得滞后，尤其是国际外包方面几乎是空白的，只有商务部和地方政府的一些指导性意见，缺乏专门的法律规范。其他部分行业虽然有了明确的政策规定，但实际监管措施仍有不明确的地方，这样使得相关行业在海关特殊监管区域内的实际运作无法开展。如区内承接开展相关保税业务的配套设施设备，还不允许无偿提供，出口加工区开展研发业务，对于研发耗料的监管的有关规定尚不明确等，造成了很多业务开展存在难度。

（四）信息化程度不高，难以体现效率优势，未形成链条式管理

由于我国特殊监管区域、场所类型繁多，难以实现信息化系统的集约性开发，因此普遍存在信息化程度不高，科技应用力度不够，各个现有系统间缺乏联系，大部分系统均处在单兵作战的阶段，由于缺乏信息手段支持，未能形成畅通、密闭的监管链条，难以体现效率优势，未能满足政府有效监管，企业物流高效运作的要求。随着区域内相关金融服务等行业的发展，对政府信息化管理要求更高，这样监管资源的不足矛盾也很突出。

四、进一步发挥海关特殊监管区域优势促进服务贸易发展的思路和对策

从2007年国务院出台的《关于加快发展服务业的若干意见》（国发[2007]7号）到将“大力发展服务贸易”写入《我国国民经济和社会发展十二五规划纲要》，表明国家在继续保持货物贸易出口稳步增长的同时，将推动货物贸易与服务贸易同步发展作为转变外贸增长方式的重点，要求有条件的地区加快形成以服务经济为主的产业结构。2006年温家宝总理视察海关总署时就强调“要推进海关特殊监管区域的整合，充分发挥特殊监管区域的示范、导向和辐射作用，增强国内配套能力，延长加工贸易价值链。加快建立新型保税监管体系，积极支持大型物流枢纽、区域性物流中心建设，更好地承接国际现代服务业转移”。把区域整合工作提高到转变外贸增长方式这一前所未有的高度，可以说通过加快海关特殊监管区域的整合对服务贸易发展有着密切的关系，笔者认为，新时期下，应把握服务产业结构调整的方向，通过加快海关特殊区域的整合，创建新型的保税物流监管体系，带动服务贸易发展。主要思路有：

（一）完善服务贸易的立法，确保与海关特殊监管区发展得到进一步衔接

总体来说，将国际服务贸易的市场准入原则和服务贸易的税收、投资、优惠条件等以法律形式规定下来，以增强我国服务贸易的透明度，

使服务贸易真正实现法律化、制度化和规范化，使我国的服务贸易发展有法可依。具体来说，通过政策、经济、法律方法，大力发展特殊监管区域内的相关服务行业，以促进区域内保税物流服务业为例，运用统筹协调方法，打破物流业内部的区域和行业壁垒，引导企业合理运用供应链管理与现代物流理念、模式与技术，以龙头企业为核心，进行物流服务流程、工具器具和技术装备等的标准化创新，建立起供应链网络协作关系。制定出台“海关特殊监管区发展服务贸易的指导方案”，形成明确的政策导向，同时要积极发挥物流协会行业自律的作用，辅助政府维护市场秩序，保障公平竞争和推进产业进步。

（二）进一步合理规范特殊监管区域的布局、推进特殊监管区域科学规划与发展

以科学的方法进行合理的总量控制和区域布局，有效防止重复建设、“盲目攀比”、浪费资源的现象。具体来说：一是制定全国统一的规划布局和审批标准，逐步按照“优化存量，控制增量，提高质量”的要求，通过整合，促进加工贸易转型升级和有序转移，带动服务业的发展，提高特殊区域土地产出效益，降低行政管理成本。二是完善海关特殊监管区域的布局，积极探索建立具有中国特色的贸易“自由港”和“综合保税监管区域”。根据现代制造业和服务业发展需求，配置更加优惠、更为开放、更具活力的金融、财税、贸易和产业政策，在坚持总体规划的前提下，遵循市场经济规律，转变政府职能，减少行政干预，从外延扩展转向内涵优化，更加注重管理和建设，更加注重发展的质量和效益，为更好地连接国内外两个市场，利用国内外两种资源，发展现代先进制造业和现代服务业。三是进一步发挥保税物流中心的作用，与特殊监管区域促进联动，大力开展包括运输、保管、包装、装卸、流通加工和信息传递等功能实体性流通增值服务。

（三）推进特殊监管区域政策的整合和创新

目前，规范海关特殊监管区域的“国家规定”既有《海关对出口加工区监管的暂行办法》和《保税区海关管理办法》等行政法规，也有规范保税物流园区、保税港区及跨境工业区的海关规章，同时海关特殊监管区域还涉及质检、税务、外汇管理、城乡建设等部门。随着加工贸易的转型升级和特殊监管区域整合的逐步深入，特殊监管区域管理依据层级不一的问题也越来越突出，必须制定“海关特殊监管区域管理条例”，用一个统一的条例规范不同海关特殊监管区域管理模式，配合正在进行的政策叠加、功能整合为统领的区域整合工作，最终建立起功能比较完善、布局比较合理的“综合保税区（港区、园区）+综合保税仓库”的新型保税监管区域体系。另外，针对特殊监管区域发展服务贸易的情况，积极争取在仓储、运输、物流、商贸、服务等经营环节和国内流转环节出台比区外更加优惠的税收政策，允许特殊区域内外贸企业开展进口分销业务，并鼓励特殊监管区域内进行与区域功能相关的金融改革与创新，本着风险可控的原则，在产业发展基金、创业风险投资基金、离岸金融业务、期货交易、结算中心、融资租赁等方面进行试点，并进一步放宽和完善相关外汇管理制度，同时考虑在特殊监管区域内适当放开生活服务及商业设施的管制政策，允许必要的生活服务与商业设施进入，为特殊监管区域提供良好周全的服务等。

（四）推进标准化建设，提升特殊监管区域的规范化、信息化、专业化管理水平

利用特殊监管区域的优势发展服务贸易，不仅需要政策的完善与支持，还需要政府管理措施上的创新。笔者认为主要从两个方面，一是完善创新监管流程。简化相关进出区通关手续，例如对已经使用卡口管理平台的区域，对承接国际维修、研发等业务的，可采取相对简单的验放模式，降低企业的通关成本，同时加快建立港口与区域的联动配合机制，努力推进保税港区的“国外货物入港保税”政策实行，使“物畅其流”，实现产业链和供应链的高度融合、高效运作。二是加强信息化建设。建立特殊区域高效便捷、监管有序的现代管理模式，辅之以统一的信息化管理平台，提高大通关效率。海关、税务、质检、外汇等特殊监管区域主要管理部门要在统一对特殊监管区域发展定位理解的前提下，在统一的特殊监管区域综合立法的框架内，不断完善与特殊监管区域功能政策相配套的管理措施，建立适应特殊监管区域现代制造业、生产性服务业发展特点规律，符合国际惯例、严密监管与高效运作的监管制度。海关、质检等相关部门要进一步创新管理机制、简化作业流程、提高管理效能，做到通关监管的“一次申报，一次查验，一次放行”。国家要建立统一的信息作业平台，将特殊监管区域作为国家电子口岸建设的重要内容，加快应用电子数据交换（EDI）的普及和应用，在推广与普及条码技术的基础上，注意电子标识技术（RFID）的应用，打造特殊监管区域物流联网平台，在相关部门共同协商的基础上，进一步规范电子数据交换标准，在电子口岸信息平台上尽快实现各相关管理部门之间、管理部门与企业之间，特殊监管区域的货物流、单证流与信息流的衔接，实现特殊监管区域间物流、单证信息的即时互换，为部门联动、区域整体联动、政企联动管理提供数据交换平台，为区内企业开展业务提供“一卡通”、“一站式”服务，为管理部门提供决策信息，避免资源浪费和重复建设。

（作者：鲁子昭　天津海关　科员）

我国国际企业营销动态能力研究——来自海尔、海信、长虹企业国际化的启示

许　晖　王睿智

一、引言

改革开放以来，我国经济得到了巨大的发展，企业的实力不断增强，越来越多的国内企业也开始有意识地探索走出国门，寻求在国际市场上的发展。政府也提出了“走出去”的战略，为企业国际化提供了政策上的支持。然而国际化的道路是曲折的，相对于国内市场，国际环境具有更大的复杂性和不确定性。尤其在21世纪以后，不断变化的顾客需求、日新月异的科学技术、愈演愈烈的市场竞争也使国际市场快速地变化着，这为企业的国际经营和管理提出了巨大的挑战。许多中国企业更因国际环境的影响在开拓国际市场进程中连遭挫折，高度不确定性的国际环境要求企业必须具备快速适应环境变化的能力，尤其是获取市场信息、更好地满足顾客需求的能力，而这恰恰是许多中国企业国际化经营的软肋。

二、文献回顾

战略管理中的最基础的问题是企业如何获取和保持竞争优势（Rumelt，Schendel，and Teece，1994）。近年来，由于环境的动荡性增强，动态能力的理论得到了越来越多的学者的关注。动态能力是企业整合、构建和重构内外部能力（Competences）以适应快速变化环境的能力（Teece et.al.，1997）。同时，也有学者提出基于过程的动态能力理论框架。例如，Eisenhardt 和 Martin（2000）认为企业的动态能力是企业的独特的商业流程，例如产品创新流程、战略决策流程等，通过这些流程企

业可以更好的整合、重构所有的资源，从而获得持续的竞争优势。

在动态能力理论不断发展的过程中，一些学者将动态能力的理论应用到了营销的研究当中。Daniele Severi Bruni et al.（2009）采用了案例研究的方法对制药企业进行了研究，他们认为企业的动态营销能力的形成是一个长期的过程，在这个过程中，企业逐渐形成了它的管理信念（Managerial Beliefs）、人力资本（Human Capital）和社会资本（Social Capital）三个要素，这正是企业用于整合、重构企业资源与能力的基础。我国学者韩永强（2010）认为动态营销能力是“将企业的营销资源和能力转化为传递优异顾客价值的产品或服务等产出的一种组织过程”，对顾客价值的特别关注是动态营销能力区别于一般动态能力的根本因素。

Fang 和 Zou（2009）系统地提出了营销动态能力的概念和内涵，他们认为企业的营销动态能力是应对市场变化、创造和传递顾客价值的跨部门商业流程的反应性（Responsiveness）和效率（Efficiency）。通过这种高效的营销流程可以为顾客传递更好的价值，进而能使企业获取优异的财务绩效和持续的竞争优势（Day，1994）。他们进一步认定营销动态能力是由三个流程构成的，它们分别是：产品开发管理流程、顾客关系管理流程和供应链管理流程。

在本文中，我们认同 Fang 和 Zou（2009）的观点，认为企业的营销动态能力是企业创造和传递顾客价值的核心商业流程的反应性和效率。由于信息对现代企业的重要作用（Lehmann et al，1997），我们认为国际企业的营销动态能力不仅应该包括上述三个核心流程，还应该包括信息调研与信息使用流程。

三、提升营销动态能力对于我国国际企业的战略意义

随着人类社会的发展和进步，革新的速度越来越快，这也就导致了我们所面临的不确定因素在不断地增加。对于国际企业来讲，要想在动荡的国际市场中获取竞争优势，就必须具备一定的能力，而营销动态能力就是一项十分重要的能力，它的重要意义主要有以下几点：

第一，营销动态能力是国际企业应对风险的重要手段。

风险的存在是国际企业经营和管理过程中的重要挑战，我国的许多

企业在国际化的过程中屡屡受挫就是因为不能很好地识别和控制风险。而营销动态能力的理论强调企业可以通过提高自身流程的反应性和效率，从而更好地对市场变化做出反应。这种主动的应对可以帮助企业在很大程度上降低风险。

第二，营销动态能力可以帮助企业更好地把握市场机遇。

动态能力的理论认为企业的学习能力与企业对市场的关注是企业能够获得竞争优势的重要原因。而具备营销动态能力的企业不仅具备上述的能力，而且会更加关注顾客的需求，并从顾客的角度思考问题。因此，具备营销动态能力的企业会更加容易发现市场机遇。

第三，营销动态能力是企业获得持续竞争优势的手段。

在当今经济全球化环境下，企业要想通过所谓的“核心能力”来占领全球市场已经变得越来越难，核心能力的“刚性”甚至会限制企业的改革与创新。相反，企业只有根据市场的变化不断调整自身的资源配置，才能够在动荡的环境中存活下来，许多不可一世的跨国公司的快速灭亡验证了此观点。

四、海尔、海信、长虹企业国际化营销动态能力的探讨

我们选取了具有较强的营销动态能力的三家制造型企业，通过内容分析，揭示了这三家企业营销动态能力的内在特征，可以为我国其他制造型国际企业培育营销动态能力提出参考意见。

（一）研究方法简介

内容分析是一种对具有明确特征的传播内容进行客观、系统和定量的描述性研究技术。一般而言，内容分析方法在描述性的研究中应用较多。因为内容分析的方法的特点是在大量繁杂的资料中找到事物本身的特点，或者描述事物的发展过程。颜士梅（2008）认为内容分析的方法在研究“怎么样”的问题时应用较多。这是因为内容分析不是简单的描述现象，而是透过现象发掘隐藏在表面现象中的事物本质属性，这种方法在揭示事物发展过程与发展趋势上尤其适用。

（二）样本企业的选择

之所以选择海尔、海信、长虹三家企业作为案例企业，主要原因有

以下几点：

第一，海尔、海信与长虹都是我国制造企业中的标杆。海尔作为我国家电业的领军企业一直备受追捧，2010年海尔更是以855亿元的品牌价值，连续9年蝉联中国市场最有价值品牌榜首。海信以“技术立企，稳健经营”的策略，一直以来占据着国内家电行业的领先位置，2010年海信实现销售收入637亿元，在中国电子信息百强企业中名列前茅。长虹是我国彩电业的巨头，曾一度占据国内彩电市场的第一把交椅，在经历了一系列的变革和转型以后，长虹彩电、冰箱等产品的实力得到进一步加强，并逐渐成为多元化、国际化的现代化企业。

第二，这三家企业都具有较长时间的国际化经历，国际市场达到了一定的规模。海尔从1996年开始进入国际市场，并从2005年开始正式实施国际品牌战略，具有相当丰富的国际化经验，海尔在全球多个国家设有生产基地，在2010年全球营业额的1357亿元人民币中，海外收入占到了26%。海信在1997年拥有了出口权，开始了其国际化的历程，并从2001年开始在海外投资合资设厂，现在海信在南非、埃及、阿尔及利亚等地拥有生产基地，在全球设有15个海外分支机构，产品远销130多个国家和地区，2009年海外营业收入比例已达16%。长虹虽然在国际化的进程中经历了一些挫折，但是长虹在重新规划企业战略以后，其国际化进程明显加快，现在长虹产品远销100多个国家和地区，并在捷克与韩国设有工厂。

第三，这些企业在国际市场上都具备较强的竞争实力。2010年海尔大型白色家电以6.1%的全球市场占有率再次蝉联全球第一，已跃升为全球白色家电第一品牌，并被美国《新闻周刊》（Newsweek）网站评为全球十大创新公司。海信凭借其技术优势和优异的质量已经成功进入美国、日本、欧洲等地的高端市场。海信电视在澳洲等地的市场份额已经超越日韩企业达到第一。在金融危机中，2010年，海信集团海外市场整体营业收入同比累计增幅更是达45%之多。长虹的国际化也摆脱了以往的单纯的追求销售，而是开始发展品牌并注重开发产品的核心技术，长虹的国际化取得了一定的成绩，其在东南亚的市场占有率一直处于领先。

第四，这三家企业都能较好地满足海外顾客的需求，创造顾客价值。海尔一向以顾客需求为出发点，其人单合一的模式更是其经营上的又一大飞跃，正如美国《新闻周刊》（Newsweek）对海尔的评价：成为一名创新者并不是因为提供廉价的产品，而是创新性地帮助用户做所有你想做的。海信集团之所以能够取得优异的绩效也是因为其能够很好地满足顾客的需求，在以色列、澳洲等地的权威顾客满意度调查中，海信电视都排名第一。长虹坚持“快乐创造 C 生活”的品牌主张，致力于为海外消费者创造聪明（Clever）、舒适（Comfort）、酷（Cool）的生活，成为全球值得尊重和信赖的企业集团。

（三）数据来源

为全面了解样本企业在国际市场上营销战略及营销活动，本研究采用多种渠道收集数据：（1） 以“营销”、“国际化”、“海外”、“全球”、“跨国”等体现企业国际营销特色的词语为关键词搜寻与 3 家公司有关的公开出版物，包括期刊、报纸与学术论文等。关于海尔的资料，在中国期刊全文数据库查找到 52 篇相关文章；关于海信的资料在中国期刊全文数据库查找到 42 篇相关文章；关于长虹的资料在中国期刊全文数据库查找到 24 篇相关文章。（2）其他媒体资料，包括关于 3 家企业国际市场扩张和营销的新闻报道、内部网站信息。在海尔力网站上搜索得到内部新闻 87 篇，公开媒体上报道的新闻资料 112 篇；在海信的网站上搜索到内部新闻 73 篇，在公开的媒体上报到的新闻资料 104 篇；在长虹内部网站上搜索到 59 篇，在公开的媒体上报到的新闻资料 108 篇。

（四）分析过程与结果

为了便于对样本企业的资料进行分析，本文先将搜集到的新闻、报道、论文等进行了汇总，全部转化成文本形式（.txt），分别整理出海尔 17.4 万字、海信 15.8 万字和长虹 12.3 万字的文档，并把三家企业的全部资料汇总到一个文档中，形成了一份 45.5 万字的文档。

在完成以上步骤之后，本文采用了 ROST WordParser 5.8.1.9 内测版软件分别对汇总后的四份文档分别进行高频特征词及频度分析，并分别选出四份文档中前 60 项体现国际营销内容的出现频率最高的特征词。本文接下来就将所得到的频度较高的词语划分到营销动态能力的四个维度中，即产品开发管理流程、顾客关系管理流程、供应链管理流程、信息调研和信息使用流程。当然也存在一些词语本身与企业的国际营销相关，也与顾客价值创造有着紧密的关系，但是不能归入上述四个维度，在此本文将这些词语归入"其他"维度。具体划分如表1所示。

表1　特征词归类分析表

类目	特征词
产品开发管理流程	技术、创新、研发、生产、电视、空调、家电、冰箱、质量、标准化、平板、变频、智能、高端、节能、洗衣机、功能、品质、手机、等离子、液晶
顾客关系管理流程	品牌、服务、用户、销售、国际市场、需求、营销、价值、满足、关系、形象、体验
供应链管理流程	管理、产业、合作、系统、成本、库存、流程、整合、渠道、采购、订单、控制、机制、生产线、产业链
信息调研和信息使用流程	信息化、网络、信息、知识、数据、经验、学习
其他	风险、文化、环境、战略

资料来源：本研究设计。

在以上的论述中我们可以发现，国际企业的营销动态能力绝大多数可以归入产品开发管理流程、顾客关系管理流程、供应链管理流程、信息调研和信息使用流程这四个维度。这说明四个核心流程对企业的国际化有着重要的作用，但是为了说明这四个流程对国际企业的相对重要作用，我们对上述维度中的特征词频率做出了统计，从而得到了四个流程的特征词类目频度，详见表2。

表2　特征词类目频度统计表

案例企业	特征词类目频度（%）					
	产品开发管理流程	顾客关系管理流程	供应链管理流程	信息调研和信息使用流程	其他	合计
总体	46.0	26.4	18.1	5.2	4.3	100.0
海尔	38.6	33.4	19.5	2.4	6.1	100.0
海信	57.3	19.9	16.7	3.1	3.0	100.0
长虹	44.4	26.9	23.4	4.3	1.0	100.0

资料来源：本研究设计。

为了更为直观地描述这三家国际企业营销动态能力的特征，本文还利用 SPSS 软件中对应分析（Correspondence Analysis）功能对这些关键词进行了分析。对应分析又称关联分析，用于分析变量之间的联系，可以揭示同一变量的各类别之间的差异和不同变量各类别之间的关系，相对于其他分析来讲，其主要优势是能够直观地显示出这些类别之间的关系。

在本文，将“关键词”作为列变量，将“企业名”作为行变量，对行变量和列变量进行降维，因子载荷为坐标，可以将行变量和列变量直观地反映在散点图中，图 1 反映了它们之间的相关关系。从表 3 中我们可以看出维度 1 的信息量为 77.3%，能够较好地解释变量间的差异性。

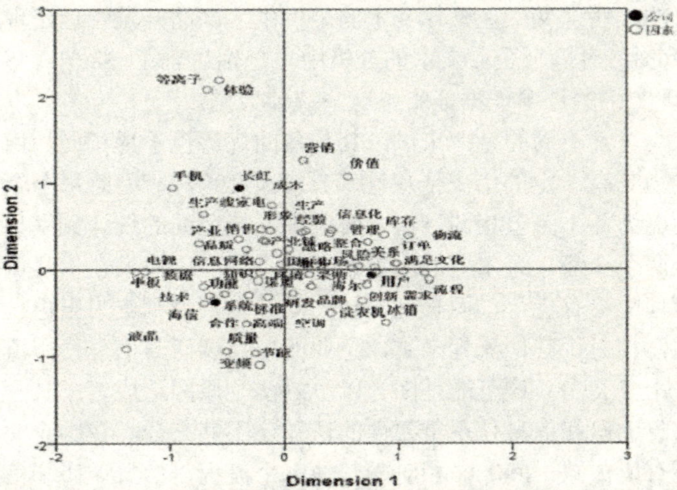

图 1　样本企业与特征词对应分析图

资料来源：本研究设计。

表 3　样本企业与特征词对应分析结果

维数	奇异值	惯量	惯量比例		标准差
			解释	累积	
1	0.412	0.169	0.773	0.773	0.005
2	0.223	0.050	0.227	1.000	0.007
总计		0.219	1.000	1.000	

资料来源：本研究设计。

（五）研究发现

从上文的分析中我们可以得到：

第一，四个流程可以较为充分地解释企业国际营销成功的原因。总体来看，四个流程的相关特征词频度之和所占比率达到了 95.7%之多；在单个企业的词频统计中，四个流程的相关特征词频度之和所占比率也分别达到了 93.9%、97%、99%。因此，我们初步认为产品开发管理、顾客关系管理、供应链管理、信息调研和信息使用这四个流程，是家电类国际企业营销动态能力的主要构成维度。

第二，相对于其他流程来讲，产品开发管理流程对于家电企业具有更为重要的战略意义。在整体文本的分析中，产品开发管理出现的频次达到了 46%，对单个企业文本的分析中也分别达到了 38.6%、57.3%、44.4%。现实中的许多证据证实了这些统计数据。

第三，对于不同的企业来讲，其具备的优势也不尽相同。由于企业的动态能力具有一定的历史依赖性（Teece，1997），因此每个企业所体现出来的能力并不完全相同。在本研究中，特征词的统计频率显示，相对于其他两个企业，海尔更加注重顾客关系管理，海信在信息调研与信息利用管理中更有优势，而长虹的新产品开发管理则更为出色。

第四，相对于其他流程来讲，企业的信息调研与信息使用流程的作用并不是十分突出。这可能是因为以下的两个原因造成的：其一，我国企业对信息调研和信息使用重要性的认知还不够充分，我国企业在这此流程上还有所欠缺。其二，相对于其他三个流程，信息调研和信息使用流程对企业的作用并不能直接地体现在企业绩效之上，是一个更为“隐晦”的因素，而新闻报道往往会集中于表面因素，会忽略此类因素。

五、对我国国际企业的启示

本文通过对国际企业营销动态能力的研究，得到了以下的几点启示：

第一，营销动态能力是企业获取持续竞争优势的有效手段。

相对于国内环境来讲，国际企业面临的国际环境具有更多的复杂性和动荡性，这就导致那些具备动态能力的企业能够获得持续的竞争优势，而那些不具备动态能力的企业可能会在短时期内丧失优势。随着我国综合实力的不断增强，我国企业也逐渐走出了国门，并获得了一些成绩，但是要想在国际市场上占据主动地位并获得持续的竞争优势，企业就必须具备营销动态能力以更好地满足顾客的需求。

第二，提升企业营销动态能力的途径。

本文的分析发现，企业的产品开发流程、顾客管理流程、供应链管理流程、信息调研和信息使用流程是企业创造和传递顾客价值的核心流程，因此，要想提升企业的营销动态能力，就必须增加这四个流程的灵活性和效率。首先，决定产品开发能力的最主要的因素是技术实力，是否能够攻克核心技术难题是其进一步占领国际市场的主要决定因素。其次，现如今顾客已经成为企业最稀缺的资源之一，企业要想获取持续的竞争优势就必须拥有大量的忠诚顾客，对于我国企业来讲，建立自主品牌是实施顾客关系管理的有效方法。再次，高效的供应链管理带来的信息共享可以帮助企业在动荡的环境中寻找到市场缝隙，并能够帮助企业降低风险。最后，加强企业的信息化建设也是提升企业竞争力的有效手段。

第三，企业应该根据自身的特点开发自身的营销动态能力。

在对海尔、海信、长虹的营销动态能力的评价过程中，我们发现不同的企业所具有的优势也有所不同。按照 Teece（1997）的观点，企业的动态能力有其历史的依赖性，与企业的路径和位势是相关的，因此，企业应该明确自身的优势，有针对性地开发自身的能力。例如，在上文的分析中我们得到相对于其他两家企业，海尔的顾客管理流程具有较大的优势，这与海尔长期对顾客的密切关注是分不开的；而海信在产品开发管理上的优势，是与其实施的“技术孵化产业”紧密相关的。

（作者：许晖　南开大学　教授；王睿智　硕士生）

日本复合灾害后投资分析研究

王珂 杨丽

一、日本震后发展现状分析

近年来，我市利用外资已成为经济快速发展的重要动力。2010年，我市全年实际直接利用外资额108.5亿美元，其中利用日资5.35亿美元。今年，正值“十二五”开局之年，我市将汽车、电子、新能源等优势产业列为我市“十二五”规划重点产业。而汽车、电子、新能源一直是我市与日本长期合作的重点领域。此次，受日本复合灾害的影响，我市利用日资面临着一定挑战。

（一）日本震后经济发展情况

“3.11”日本地震引发的复合灾害对日本经济产生了巨大影响，对于处在低落期的日本经济无疑是雪上加霜。在此次地震和海啸中，影响最为严重的是福岛、岩手和宫城三个地区，其GDP总量占全日本的4%。震后的电力短缺更是影响到整个关东地区，该地区约占整个日本GDP的40%，拥有以东京为中心，关东平原为腹地日本最大的工业带“京滨工业区”。其是以机械（汽车、精密机床、电子产品等）、钢铁、石油冶炼和石油化工、印刷出版等部门为主的综合性工业区。此外，金融市场的波动已影响到亚洲经济。日本灾后呈现以下特点：

1. 灾后日本经济再落低谷

日本官方数据显示，日本第一季度GDP远差于预期，经价格因素调整后，日本第一季度国内生产总值（GDP）较去年第四季度下降0.9%。日本一季度GDP环比折年率后收缩3.7%（2010年四季度为3%），已经连续两个季度出现收缩，表明此次灾害对日本经济的冲击可能较预期更为严重，日本经济已经陷入了低谷。预计地震将使日本国内生产总值

（GDP）的增长率下滑 0.4%。2011 年度日本 GDP 增长率由 1.5%下调至 1.1%。

日本经济自去年秋天以来处于停滞状态，而此次灾害迫使众多企业停止生产，这将导致企业效益下降，影响职工收入，降低消费意愿，这会进一步加剧通缩，对日本当前疲弱的经济复苏极为不利。从短期来看，灾害将不可避免地损害供给能力，从而对日本的制造和其他经济活动产生显著影响。

2. 日本经济将呈现“V”型复苏

此次地震及引发的海啸对日本东北部基础设施和居民财产的强大破坏力使得日本灾后重建投资将大幅增加，突发性需求将显著提升。未来一段时间，日本投资拉动经济的作用将明显增强。“复合灾害短期内将给日本经济带来负面影响，但从中长期看，将刺激日本国内需求，有助于日本走出经济低迷，日本灾后经济将呈‘V形走势’”。

据日本官方灾前调查预测，日本经济增长率在去年第四季度出现反弹后，日本经济将在今年保持平稳缓慢增长。受复合灾害影响，日本经济增长率在灾后第二季度跌至谷底。由于灾后重建投资将拉动经济增长，我们预计日本经济增长率将在今年第三季度再次由负转正（见图 1）。

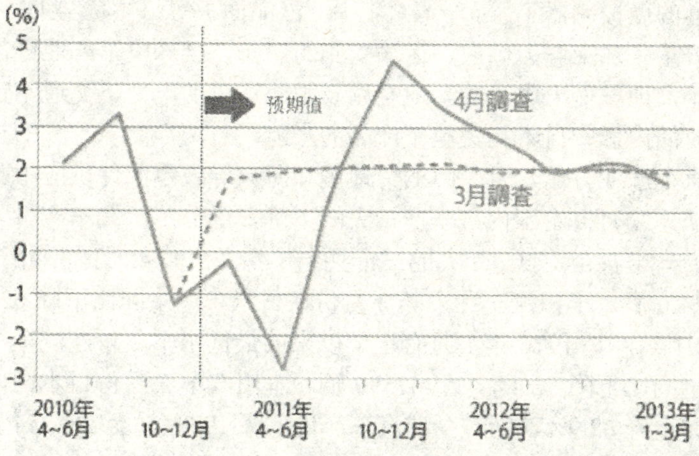

图 1 日本经济增长率趋势图

资料来源：赛迪网。

（二）复合灾害对日本经济的影响

1. 地震“震断”日本供应链

日本强震引发海啸，也引发全球制造业供应链断裂。由于厂房被摧毁，基础设施持续瘫痪以及核电危机所造成的电力短缺，日本企业生产短期内无法恢复到震前水平。其中，海啸给日本的电脑芯片和汽车零部件等生产带来负面影响最大，短期内供应能力将持续下降。

日本处于产业链条的高端，日本制造业的核心零部件基本上在国内生产。因为日本制造业特别是汽车生产实行零库存管理，一旦零部件供应断档就会影响到整个生产体系。丰田和本田等公司因此而导致国内全线停产，北美汽车企业也受到影响；电子领域的索尼、东芝、松下以及美国的苹果等公司也都受到不同程度的影响。此次灾害对日本国内生产造成了严重影响。2011 年 3 月，工矿业生产指数环比下降 15.3%，创历史最高纪录。

2. 电子、汽车两大产业受灾严重

在电子产业方面，2010 年，日本电子设备产值占当年全球市场份额的 13.9%，同年日本半导体产量占全球市场份额的 20%以上。在此次灾害期间，索尼关闭了 6 座工厂，松下选择了暂时停产，东芝也关闭了位于岩手县的微控制器工厂。半导体芯片、液晶面板等日本优势 IT 产业受损较为严重。加上电力供应、运输受到的影响，全球电子产业链都因为这次日本大地震而出现波动。地震以及由此造成的电力、交通不正常将在一定时间内影响日本相关电子产品的产能。

在汽车产业方面，因“3·11”地震和海啸导致零部件供应中断以及电力短缺，3 月日本国内汽车产量大幅下降，部分工厂汽车产量降至正常水平的一半甚至更低。受灾的三个县全年生产汽车 42 万辆，相当于日本的 10%左右。丰田汽车称，其 3 月份在日汽车产量同比下降 62.7%，至 129491 辆，是 1976 年 1 月有记录以来的最低水平。日产汽车 3 月份在日产量同比下降 52.4%，至 47590 辆。本田汽车 3 月份日本国内汽车产量同比下降 62.9%，同时全球汽车产量下降 19.2%，至 282254 辆。

3. 电力供应紧张

灾后日本的总发电量至少下降了 8%。日本政府在日前举行的“电力供需紧急对策本部会议”上预测，今年夏季东电管内电力缺口最多可达 1500 万千瓦，东北电力管内缺口最多达 330 万千瓦。随着夏季用电高峰的临近，供电不足严重影响到企业生产和社会生活，也成为拖累灾后重建和经济复苏步伐的一大障碍。

日本核电占总电量的近 29%，而东京电力公司所属的核电装机容量占全国核电的 35%。遭受如此巨大的冲击，日本今后的核电发展肯定受阻，中长期能源短缺不可避免。

日本第一生命经济研究所测算，如果关东和东北地区电力供应分别减少 15%和 20%，关东地区产值将减少 1.51 万亿日元，东北产值减少 3600 亿日元，中部和近畿地区减产也无法避免。由于关东地区产业集聚，减产较容易波及其他地区。日本经济增长将因缺电而经历一段时间的“停滞”，并且“至少会持续到第三季度”。

二、日本两大“受灾”产业对我国的影响

（一）电子信息产业

此次灾害对中国电子信息产业的影响，主要表现在如下几个方面：

1. 上游原材料将出现供货紧张，国内相关企业生产将受制约

此次灾害对日本硅材料、液晶材料，以及部分半导体、电子元件的生产造成的直接损失较大。且受电力不足、物流不畅的影响，各行业未来的整体开工状况也难以确定。受此影响，一段时间内全球电子材料和元器件市场将出现供应短缺状况。国内 LED 面板、电子元器件制造和汽车电子行业中依赖日本原材料供应的企业，以及依赖日本核心部件进行组装的中国电子企业将面临短期负面冲击。原材料缺货将直接造成相关企业产量的下降。见表 1。

2. 上游产品价格将止跌上涨，下游企业成本负担将有所加重

2010 年初以来，硅材料、液晶材料价格普遍呈现下跌走势。受此次地震的实质与心理影响，全球硅材料、液晶材料价格将止跌上涨。这一涨价趋势估计将迅速沿产业链向下游传递，并导致半导体、电子元件、LCD、LED、光伏等元器件企业，以及下游电子整机企业采购成本的上升，相关企业的利润水平将因此受到较大影响。

表 1　日本地震对中国电子信息产业的影响领域及程度一览表

领域	行业	影响领域	日本产业受影响程度	影响中国产业范围	中国产业受影响程度
上游元器件	半导体	硅材料	严重	半导体芯片制造企业	高
		消费性逻辑 IC	中等	东芝、索尼等在华企业	中等
		模拟 IC	中等	电子整机企业	中等
		存储器	未直接受影响	计算机及消费类电子企业	很低
	电子原件	高端电容	未直接受影响	电子整机企业	低
		高端电阻	中等	电子整机企业	中等
		高端电感	中等	电子整机企业	中等
	LCD	液晶面板	未直接受影响	电视、笔记本、显示器等相关企业	很低
		上游原材料	未直接受影响	液晶面板生产企业	低
	光伏产业	太阳能电池	未直接受影响	中国市场	很低
		多晶硅	轻微	日资在华太阳能电池企业	很低
	LED	芯片/外延	未直接受影响	LED 封装企业	低
		封装	轻微	LED 应用企业	低
	汽车电子	动力控制系统、底盘控制与安全系统、车身电子、车载电子	中等	日系在华汽车企业	较高

资料来源：赛迪网。

（二）汽车产业

2010 年中国汽车零部件从日本进口额达到 109 亿美元，总进口额为 273 亿美元，占比超过 1/3。这些进口零部件，按额度依次为传动系统、车身及其附件、发动机零部件、发动机整机、制动系统、转向系统、行驶系统、汽车电子电器和半挂车及其零部件，其中大部分均为汽车核心部件。这表明，短期内在华日资企业的生产及配套将受到影响。

日本灾后，丰田、日产、本田三大汽车巨头主要工厂先后因零部件供应不上停产。丰田企业更是有45%的产能受到影响，其中生产线受损严重的有年产12万辆雅力士宫城县仙台市中央汽车公司，以及关东地区最大的岩手县金崎町工厂。在地震和海啸的重创下，日本国内汽车生产全面停滞。同时，由于来自日本的零部件供应不上，在华日资企业的产能也先后缩水，甚至停滞。

以丰田汽车为例。丰田汽车在中国的合资工厂因零部件供应困难，调整了其生产计划，丰田汽车整车和零部件企业将开动率下调至50%甚至30%，对其在华所有合资工厂的影响是非常复杂的：开动率的下降，直接导致劳动力的相对富裕，员工面临收入下降的压力，临时员工和劳务员工甚至面临暂时失业的可能，这些会影响到员工的情绪；设备产能闲置，对工厂本身而言也是巨大的浪费和损失；零部件企业由于缺少日本进口部件所造成的减产损失可能比整车厂更为严重；与此同时，由于产量下降，对丰田的物流体系也会造成不小的影响。对经销商而言，客户订单无法满足、库存水平急剧下滑等，都会影响到今年经销商的销售和利润。

三、对日招商重点关注以下三方面

（一）复合灾害引发的产业转移

日本产业早期模式为“雁形模式”，即日本本土企业作为雁头，掌握着上游的产品和技术，如韩国、中国台湾等较发达地区主要为日本技术做配套；如中国大陆则是“雁尾”的角色，为“日本制造”做组装，处于产业链的最下游。虽然近年来，中国的快速发展与企业的跨国布局使“雁形产业”在亚洲早已不适应，但日本电子厂商相对比较保守，只将核心生产技术留在国内，将组装等生产放在国外。

此次受灾也许将迫使日本企业走向海外扩张、技术输出的道路，一些液晶面板、电子产品、汽车等日本龙头企业可能会通过全球化布局来分散风险，改变此前因担忧“产业空心化”而推行的“技术不扩散”战略。而最适合的转移目标便是中国。虽然转移不可能马上产生，但是会有一些力量导致中日相关产业的世界位置的转移或者替换。

从市场竞争潜力来看，我国在产业集群和市场容量上有更多优势。如我国已成为世界第一大汽车生产国和最大消费市场；中国半导体市场占全球份额已超过26%，集成电路市场销售额在未来3年将保持10%的增速，到2012年将实现8354.5亿元市场规模；需求高涨、辐射力强的中国市场将成为日企“保增长”的关键。当前产业尤其是电子和汽车厂家竞争的重点都是对客户需求的反应速度，在我国设厂或扩产也就能更一步贴近客户需求。

在转移方式方面，除了产能转移外，部分日企或将进一步加大零部件特别是有替代能力的核心零部件外包；核心和高端产业转移将首选海外日企，与欧美企业不同，日本在海外企业的中高层管理人员大多是日本人，技术外泄的可能性也比较小。

综上，为尽快恢复生产、盈利水平以及市场竞争力，日本的制造业，甚至食品工业、能源加工业新一轮的海外投资热以及海外产业本土化的进程将会加速。

（二）重点关注电子和汽车产业

1. 电子产业

日本进行灾后重建，将催生相关产品配套需求。此次受灾导致震区的工厂、电力、通信等基础设施不同程度受损，同时众多家庭也受到直接影响。未来的灾区重建需要大量工业设备、通信设备以及家用电器等电子产品。这些需求将为相关国内企业创造市场机会，并使国内企业以及日本在中国的配套企业和代工企业从中受益。

日本电子信息产业将加速向外转移，为相关区域承接转移创造机会。日本企业出于风险转移的目的将重新调整其产业布局，并加速向海外转移生产能力的步伐。亚太区域及中国作为日资企业的主要投资目的国，将在本轮产业转移中获得新的机遇。特别是上游的原材料和设备环节，承接产业转移的机会更大。

2. 汽车产业

一是日系车企高端产业环节转出海外意愿有所加强，汽车产业承接日汽产业高端环节相关壁垒有所松动。日本发展核电已存诸多争议，一旦日本核电发展受阻，日本汽车、尤其是日本新能源汽车如电动车等高端产业环节的本土化进程必将减慢，同时转出海外意愿将增强。二是汽车零部件出现切入机会。在上年我国进口的零部件中，日本在发动机零部件、传动系统零部件、行驶系统、制动系统排在第一位；车身附件、电子电器和转向系统仅排德国之后。震后，由于相关零部件供应的临时中断，中国车企可参与替代生产部分下游零部件，如玻璃、轮胎、底盘基础、简单的电器片等。

（三）新能源将成为核能的替代能源

在日本，核电占据本国电力供应的33%。此次地震使得日本多个核电站关闭，导致日本东北部地区大面积缺电，部分地区电力供应已经停止，这给灾后重建带来一系列问题。这也暴露出了核电集中供电的弊端，即一旦发生大灾难，将导致电力瘫痪。而光伏发电和太阳能发电等新能源刚好相反。光伏发电具有分布式发电的特点，可以安装在居民的屋顶等系统上，自发自用，即使发生灾难，只要屋顶墙壁不倒，且有阳光，电池板就能够提供我们所需的电力。在大电网发生事故时，分布式发电将发挥它应有的作用。太阳能则以其储量的“无限性”、存在的普遍性、开发利用的清洁性和安全性等优势，已经成为解决能源短缺、环境污染和温室效应等问题的有效途径，是人类社会理想的替代能源。

在此次日本受灾之后，人们将会更加注重光伏分布式发电和太阳能发电等新能源利用，新能源市场将会得到更多的发展机遇。

四、关于我市对日招商的几点建议

近 10 年来，天津一直将日本企业作为招商引资的重点目标，我市利用日资总累计达到6382亿美元，今年一季度我市利用日资33434万美元，日本企业在津投资态势保持良好。见图2。

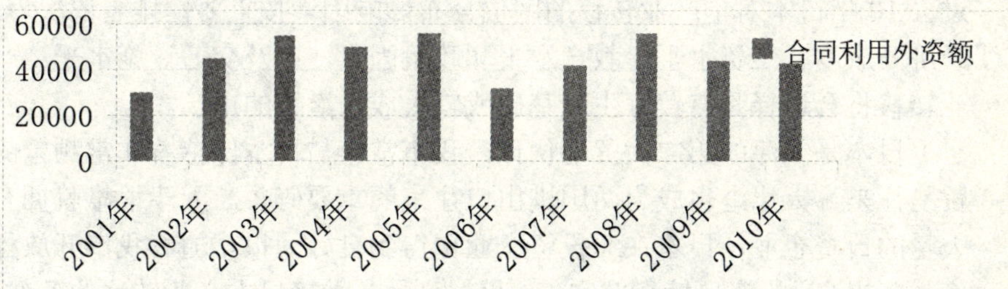

图2　2001～2010年天津市利用日资合同外资额情况（单位：万美元）

日资企业对天津投资在2006年投资额降至最低后，于2007年开始加大对天津投资，并在2008年达到最高值，受金融危机影响，日资企业在津投资有所下降，之后保持平稳发展。

此次日本受灾，对我市也产生了一定影响：一是部分企业的原材料供应被中断；二是部分企业对日出口受到影响；三是一些企业在日本工厂受损后，可能会调整订单到中国，我市部分企业可能需要临时增加设备等。

我们认为对日招商应注意以下几点：

（一）密切关注日本经济、产业发展，及时捕捉对日招商信息

日本是世界第三大经济体，在亚太地区有着举足轻重的影响，尤以制造业影响力巨大。此次灾害，主要冲击了日本的制造业。灾后，日本制造业出现了严重的产业链断裂现象。由于电力缺乏、核辐射及后续影响，受灾地区企业的复产仍然遥遥无期，材料、电子、汽车、造船等日本占优势产业的格局或将发生重大变化。我们建议多走访行业协会和机构，了解及时信息，在关注日本强震所造成的灾难的同时，密切关注日本灾后的持续影响、灾后经济重建和产业转移等问题，在招商工作中及时、准确、迅速地做出反应，采取针对性措施加强对日招商引资。

（二）积极承接日本产业转移

从日本国内来看，关西地区承担部分东北、关东地区生产任务的转移，只是短期的代替生产，其设备性能不足以负荷增产带来的压力，能否实现后补功能仍是未知之数，再加上国内消费意愿低以及经济不景气，日本产业向外转移的大趋势仍然存在。

众多国家和地区都高度关注日本产业转移的动向，研究结果显示，过去10年日本对华产业转移的区位分布影响因素按重要性排名依次为：经济开放度、工资水平、教育水平和政策因素，以及交通设施水平。产业转移将会选择具有较好生产基础或较大成长潜力的市场。

日本是天津的第二大贸易伙伴，我市常年与日本保持着非常频繁的贸易往来，天津港也成为两国进出口往来的重要码头。天津很早就拥有大量的日资企业，日本在津投资企业也得到良好回报。随着我市开放程度不断提高，投资环境日益完善，我市已具备承接日本产业转移的条件。同时，承接日本产业转移对我市招商引资，引进日本高新技术产业和先进制造业也是一个很好的契机。

（三）利用我市产业优势，加强对日招商

以新能源为例，此次日本地震引发的核泄漏，使全世界重新审视发展核电的安全性，风电、太阳能发电、光伏发电等清洁替代能源将受到日本的重新审视。震后日本面对核电停机导致的电力缺口，考虑到建设周期更短以及清洁能源的优势，我们认为风力发电、光伏发电对核电具有较高的替代性，将成为日本弥补电力缺口的重要选择。

近年来，我市一直将新能源产业作为重点发展的战略性新兴产业之一。在风电领域，锂离子电池的生产能力和产值规模占全国的 1/3 以上，已成为国内综合实力最强的绿色二次电池产业基地；在光伏领域，重点发展晶硅电池和薄膜电池产品，太阳能光伏产业发展成为新区新能源产业新的增长点；LED 领域，我市有较强的产业基础和研发实力，不断完善的 LED 产业体系，拥有新型衬底材料、高亮度发光二极管外延片及功率型芯片、白光 LED 封装产品、LED 照明产品及系统等重点产业链上中游高端产品的生产技术。

与此同时，多家知名企业集聚我市：力神、三星 SDI、三洋能源等三家全球排名前十位的绿色二次电池企业聚集我市；京瓷、友达光电、津能、中国电子科技集团十八所等国内外知名企业和科研院所也在我市落户。加之我市在新能源领域的招商引资、项目审批、政策资金等方面给予多项重点支持，因此我们认为可以利用我市的产业优势，有针对性地对日招商，开创我市对日招商新局面。

（作者：王珂　天津外商投资服务中心　项目主办；杨丽　项目主管）

2011年论文优秀奖名单

关于优化天津市出口贸易结构的对策研究

（天津市商务委　刘福强　赵静华　徐洁）

跨境贸易人民币结算试点现状及两种模式分析

（天津财经大学　陈欣）

关于调整出口结构促进外贸发展的调研

（天津市商务委　穆群）

贸易便利化的国际比较及对中国的经济效应影响——基于贸易便利化指数的分析

（天津财经大学　席惠）

FDI、出口--中国传统制造业企业国际化博弈选择

（天津商务职业学院　李津　齐雅莎）

国际直接投资的东道国就业效应研究——以中国为例

（天津商业大学　刘辉群　王洋）

东亚经济一体化内部经济绩效差异分析

（南开大学　李莉　高洪利　赵琳）

中印金融服务贸易竞争力比较分析

（天津财经大学　王敏）

品牌建设的实践与体会——以东疆保税港区发展建设为例

（天津海关　魏亮）

试论人民币国际化的条件和路径

（天津海关　王建锴　虞清清）

政策导航 创新模式 助推天津航空产业健康发展

（天津海关　张晓伟　李强）

中国对外直接投资结构分析

（天津财经大学　张楠楠　何静）

海关如何在滨海新区进一步开发开放中发挥更大作用的思考

（天津海关　孙英培　崔雯）

中日农产品贸易摩擦中日本利益团体的影响机制

（天津社科院　程永明）

低碳型FDI：特征、诱因与政策选择

（天津财经大学　张静）

加强进出境管理宏观调控 促进我国外贸健康发展—后金融危机时代中国外经贸发展的形势与对策

（天津海关　张学瑞　景玉伶）

中国与东盟经贸关系发展特征的评析

（天津财经大学　周苹　姜雅飞）

加工贸易融资业务创新研究

（天津财经大学　王捷　林培）

我国中小企业出口贸易风险管理研究

（天津商务职业学院　张慧颖）

浅析“十二五”时期我国服务贸易发展的制约因素及策略选择

（天津海关　刘鹏宇）

突变情景下日本企业的跨文化管理风险—兼论对中国跨国企业的启示

（南开大学　许晖　郭净　范雅楠）

关于对加快滨海新区研发中心发展的思考—滨海新区发展战略研究

（天津海关　景玉伶）

后金融危机时代中国外贸发展形势与对策

（天津开发区贸发局　白丽莉　解之夏）

中国石油对外依存度现状及其应对措施

（天津财经大学　邱迟）

FDI 对中国出口商品结构优化效应实证研究——基于十五省市的面板数据分析

（天津财经大学　陈进　王虹）

加拿大跨国企业在华进入路径分析—基于 FSAs 与 CSAs 的基础及互动研究

（南开大学　许晖　周斌　李文）

基于国家竞争优势的中加贸易投资互动发展研究

（南开大学　许晖 李文 周斌）

低碳经济对中国出口商品结构的影响及其调整对策

（天津商务职业学院　句超）

关于加快保税港区向自由贸易港区转型的思考——以天津东疆保税港区为例

（天津海关　姜铭　王霆　颜晨）

服务外包对我国外贸结构优化的效应研究

（天津财经大学　苗翠芬）